Dietmar Urmes

Besseres Englisch
in schnellen Schritten

TAKE IT EASY

Etymologische Lerntricks
und grammatische Faustregeln

*„Wer fremde Sprachen nicht kennt,
weiß nichts von seiner eigenen."*

(Goethe, Eigenes und Angeeignetes)

Genehmigte Lizensausgabe für Verlagsgruppe Weltbild GmbH,
Augsburg 2005
Copyright © by Marix Verlag GmbH, Wiesbaden 2004
Covergestaltung: Thomas Jarzina, Köln
Gesamtherstellung: GGP Media GmbH, Pößneck
Printed in Germany

ISBN: 3-8289-3429-3
www.weltbild.de

Inhalt

Vorwort 5

I. Die Bildung der englischen Sprache

1. Die kelto-römische Basis

a) Die Adaption (vulgär-)lateinischer Wörter 13
b) Interessante Ableitungen aus dem Lateinischen 27

2. Sechs Jahrhunderte germanischer Prägung

a) Einige verblüffend einfache Ableitungstricks 41
b) Unerwartete Wortverwandtschaften 86

3. Der tausendjährige französische Einfluss

a) Die Koexistenz normannischer und germanischer Wörter 107
b) Die Mischung beider Sprachanteile 121
c) Die neuzeitliche Flut französischer Sprachimporte 137
d) Unterhaltsames (u. hilfreiches) Stöbern im Wortmuseum .. 179

4. Der Beitrag anderer Sprachen

a) Die Übernahme griechischer Wörter und Präfixe 197
b) Die Bereicherung durch außereuropäisches Wortgut 232

II. Wichtige Lerntipps und Faustregeln

1. Verdoppeln Sie doch einfach Ihren Wortschatz!

a) Deutsche Verben und ihre englischen Kurzformen 248
b) Die Nützlichkeit deutscher Fremdwörter 252
c) Die sinnvolle Verwendung von Anglizismen 275

2. Benutzen Sie die richtigen Präpositionen!

a) Differenzierung der Präpositionen 'at', 'in', 'on', 'to' 322
b) Gewollte Ungenauigkeit mit Hilfe von 'about' 326
c) Die Unterscheidung von 'between' und 'among' 328
d) Vorsicht im Umgang mit 'of', 'by' und 'from'! 330

3. Überspielen Sie Ihre Formulierungsschwächen!

a) Der Synonym-Trick 333
b) Der Understatement-Trick 338
c) Die Allerweltswörter 'get' und 'put' 341

4. Ersparen Sie sich „dumme" Rechtschreibfehler!

a) Konsonantenverdopplung oder nicht? 344
b) Die Qual der Wahl bei 'c' und 'k' 350
c) Der feine Unterschied zwischen '-f' und '-ve' 353
d) Unnötige Konfusion um 'i' und 'y' 356
e) Aufgepasst bei einer 's'-Endung nach Zischlauten! 361
f) Der Haken mit dem Häkchen − der Apostroph 362
g) „Beliebte" Wortvertauschungen 365
h) Bindestrich und Silbentrennung 371

5. Nutzen Sie einfache Aussprachetricks!

a) Eine handliche Zauberformel 374
b) Das End-'e' als verlässlicher Lautumwandler 379
c) Wortarten und ihre typischen Betonungen 384
d) Stumme Konsonanten 390

6. Vergessen Sie das stupide Vokabelpauken!

a) Die Kunst des ökonomischen Vokabellernens 395
b) Langzeiterfolg durch die Assoziationsmethode 397
c) Die bewusste Kodierung von Vokabeln 400
d) Das Ausschalten orthographischer Fehlerquellen 402

7. „Überleben" Sie mit drei Grammatikregeln!

a) Alte Stammformen − neu arrangiert 405
b) Der Unterschied zwischen Infinitiv und '-ing'-Form 420
c) Eine verlässliche Schablone für den Satzbau 423
d) Die „Überlebensgrammatik" auf einen Blick 434

Anhang

Erklärung der phonetischen Zeichen 439
Abkürzungen 441
Bibliographie 442
Wortregister 445

Vorwort

Mit diesem Buch komme ich dem ausdrücklichen Wunsch meiner Schüler nach, etwas mehr über die etymologischen Lerntricks und verblüffend einfachen grammatischen Grundregeln zu erfahren, mit denen ich sie gewöhnlich schon in unserer ersten Englischstunde bekannt mache und die vor allem den weniger Sprachbegabten nach jahrelangen Misserfolgen neue Zuversicht geben, dass „noch nicht alles verloren ist". Auch bei Schülern mit passablen Englischkenntnissen stellt sich spontane Begeisterung ein, wenn sie erkennen, dass man innerhalb von Minuten durch ein simples Aha-Erlebnis Hunderte von neuen Wörtern verstehen und lernen kann und dass selbst die Grammatik, mit der man jahrelang auf Kriegsfuß stand, schlagartig ihre Schrecken verliert.

Die in der Schule eher seltene Beschäftigung mit der Etymologie – d.h. der Herkunft, Geschichte und Grundbedeutung von Wörtern – stößt für gewöhnlich auf großes Interesse, da sie nicht nur den germanischen Sprachanteil im Englischen als für uns leicht verständliches Vokabular „enttarnt", sondern auch viele geographische, historische und kulturelle Zusammenhänge erkennbar macht und somit den allgemeinen Bildungshorizont erweitert; und dass man ganz nebenbei ein wenig Griechisch, Lateinisch und Französisch mitbekommt, wird sicherlich nicht schaden, haben doch diese drei Sprachen auch im Deutschen ihre Spuren in Form von Fremdwörtern hinterlassen, die sich wiederum durch einen einfachen Kniff in englische Vokabeln verwandeln lassen.

Über etymologische Hilfen zum Erkennen von Wortbedeutungen hinaus werden Sie in diesem Buch erfahren, wie Sie typische Rechtschreib- und Aussprachefehler durch bestimmte Lernstrategien vermeiden und zudem Ihre Gedächtnisleistung enorm steigern können. Auch das Lernen selbst will schließlich gelernt sein!

I

Die Bildung der englischen Sprache

Wie stolz waren die Briten stets auf ihre *'splendid isolation'*, diese „herrliche" politische und geographische Abkapselung vom europäischen Festland, die ihnen jahrhundertelang das Gefühl militärischer Uneinnehmbarkeit und kultureller Eigenständigkeit suggerierte und nicht zuletzt die Untertunnelung des Ärmelkanals so lange vereitelt hat, die ja schließlich ihre *'splendid isolation'* im wahrsten Sinn des Wortes zu untergraben drohte.

Dabei konnte die Insellage Großbritanniens seinen Einwohnern eigentlich nie einen dauerhaften Schutz vor Invasionen fremder Völkerschaften garantieren – und mit den Eroberern kam jeweils eine neue Sprache auf die Britischen Inseln, die nach und nach die vorherige ersetzte, zumindest jedoch stark überformte.

1

Die kelto-römische Basis

Überspringen wir die kontinuierlichen Einwanderungen steinzeitlicher Bauernkulturen aus Nord-, West- und Südeuropa, an deren Größe noch heute Kolossalbauten wie *Stonehenge* erinnern, und auch den Einfall keltischer Stämme um 700 v. Chr., die in mehreren Wellen besonders Wales, Schottland und Irland überschwemmten und den um 75 v. Chr. eindringenden nordgallischen *Belgen* (vgl. *Belgien*) Südengland als Siedlungsraum überließen, wo sie ihre Hauptstadt *Venta Belgarum* (= Winchester) gründeten.

Mit der Invasion Englands durch *Julius Cäsar* (55 und 54 v. Chr.) und der endgültigen Eroberung der Insel durch *Claudius* (43 n. Chr.) wird es sprachgeschichtlich interessant. Die siegreichen Legionen gaben der neuen Provinz den Namen *Britannia* nach dem dort ansässigen keltischen Stamm der *Briten*.

Die bewaldeten und daher schwer einnehmbaren Berglandschaften der Insel (Wales, Cornwall und Schottland), die einer Eroberung weitaus häufiger widerstanden als der schmale Wassergraben des Ärmelkanals, und auch Irland blieben bis auf den heutigen Tag die ethnischen und sprachlichen Rückzugsgebiete der Kelten. Besonders in *Wales* machte dieses kriegerische Volk den neuen Herren zu schaffen; möglicherweise erhielten deswegen die Legionäre, die in diesem westlichen Teil der Provinz stationiert waren und immer wieder in Scharmützel mit der aufsässigen Bevölkerung verwickelt wurden, zu Hause in Rom den Beinamen *Waliser* – ein Spitzname, der bald allen römischen Soldaten anhaftete, wo auch immer sie in der Folgezeit auftauchten, um die Grenzen ihres Weltreiches zu erweitern, neue Völkerschaften zu unterwerfen und ihnen römische Lebensart aufzuzwingen (vgl. *Wallonien* = romanisiertes Keltenland in Belgien und Nordfrankreich; *Walachei* = von den Römern kultivierte Landschaft in Rumänien; *Walliser* = noch heute französisch sprechende Nachfahren römischer Siedler in den *Walliser* Alpen der Schweiz; *Kleinwalsertal* = abgelegenes Alpental, in das Kolonisten aus den Walliser Alpen auswanderten). Im Laufe der Zeit wurde gar jeder fremde Einfluss, der von Rom ausging, als *walisisch* oder *welsch* bezeichnet (vgl. *Wallach* = kastrierter Hengst, ursprünglich in der *Walachei; Walnuss* = eine aus Italien eingeführte Nussart; *Rotwelsch* oder *Kauderwelsch* = für die normale Bevölkerung unverständliche Gaunersprache).

Ur 94

Römische Städte und Lager [43 - 410 n.Chr.]

● Londinium = London [Flotten und Zollstation]
■ Camulodunum (Colne Castra) = Colchester [Legionslager]

○ *Römische Städte und ihre heutigen Namen*

Aquae Sulis = Bath
Deva (Castra) = Chester
Dubris = Dover
Durnovaria (Castra) = Dorchester
Durovernum Cantiacorum = Canterbury
Eburacum = York
Glevum (Castra) = Gloucester
Isca (Castra) = Exeter
Isurium = Aldborough
Lindum Colonia = Lincoln
Muridunum = Carmarthen
Ratae (Castra) = Leicester

Segontium = Caernarvon
Sorbiodunum = Old Sarum / Salisbury
Venta Belgarum (Castra) = Winchester
Venta Icenorum = Caistor-next-Norwich
Verulamium = St. Albans
Viroconium (Castra) = Wroxeter

Inseln:

Monapia Insula = Isle of Man
Mona Insula = Anglesey
Vectis Insula = Isle of Wight

[Castra = Lager (lat.); -dunum = Stadt (kelt.); Venta (lat.) = Ausbau einer kelt. Siedlung]

Vergleichsweise leichtes Spiel hatte die Besatzungsmacht in der flachhügeligen, offenen Landschaft Englands. Aus den befestigten Legionslagern (lat. *castra;* vgl. dt. *Kassel*) entwickelten sich häufig mit Wall und Mauer umgebene Städte (lat. *vallum;* vgl. engl. *wall*), in deren Zentrum noch heute die rechtwinklig sich kreuzenden Hauptachsen des ursprünglichen Lagers erkennbar sind.

Auch ihre Namen verraten oft genug ihre römische Entstehung, besonders die Endungen *-cester* und *-chester,* die aus dem lateinischen Wort für Lager (*castra*) abgeleitet sind (vgl. *Leicester, Worcester, Gloucester, Rochester, Winchester, Colchester* etc.). London (*Londinium*) war schon zur Römerzeit Hauptstadt der Provinz *Britannia.*

Neben den ersten Stadtgründungen verdanken die Briten den Römern die Anlage eines leistungsfähigen Netzes schnurgerader und gepflasterter Fernstraßen, die in erster Linie natürlich die Kontrolle und Verwaltung des eroberten Gebietes vereinfachen sollten und sowohl den reibungslosen militärischen Nachschub als auch schnelle Truppenbewegungen innerhalb der von Aufständischen erschütterten Provinz ermöglichten.

Auf den Exerzierplätzen der Lager waren die römischen Legionäre im exakten Marschieren gedrillt worden; etwa 80 Zentimeter hatte ein Schritt zu messen, wobei nach Soldatenusus nur jeder zweite gezählt wurde (vgl. *„Links ..., links ..., links, zwo, drei vier!"*). Tausend solcher genormter Doppelschritte (lat. *milia passuum* = 1,6 km) summierten sich zur Meile (engl. *'mile'*), die Großbritannien noch heute als 2000-jähriges Erbe so standhaft gegen kontinentale Längenmaße verteidigt.

Die vorzüglichen Straßenverbindungen förderten zudem den rasch aufblühenden Tausch römischer Gebrauchs- und Luxusgüter gegen heiß begehrte britische Bodenschätze, vor allem Zinn, Kupfer und Gold, sowie gegen willkommene Getreide- und Wolllieferungen aus dieser nördlichsten Provinz des Imperiums. Gewogen wurden die Waren – aber auch die Gold- und Silbermünzen – auf der römischen *Libra,* und zwar nach dem Standardgewicht des *Libra pondo,* das exakt 327,45 Gramm entsprach; so mag die für einen Mitteleuropäer verwirrende Eigenart der Briten verständlich werden, zwar *'Pound'* zu sagen, aber sowohl die Hauptgewichts- als auch die Währungseinheit mit einem *L* abzukürzen (⇨ *lb* [gesprochen: lib] für ein *Gewichtspfund* und *£* für ein *'Pound Sterling'*).

Die römischen Legionäre erhielten selbstverständlich ein festes Gehalt, das sie als *salarium* ausgezahlt bekamen. Der etymologisch interessierte Leser wird darin das lateinische Wort *sal, salis* (= Salz; vgl. auch *Saline, Salami, Salat* usw.) wiedererkennen, und tatsächlich erhielten die Soldaten Roms, wenn sie sich auf einem Landfeldzug befanden, hauptsächlich ihren Lohn, um sich davon teures Salz zum Würzen ihres selbst gebackenen Fladenbrotes beschaffen zu können, denn Salz stand allenfalls an den Meeresküsten in ausreichendem Maße zur Verfügung. Später übernahmen die Engländer diese *Salzwährung* (= *'salary'*) als Bezeichnung für jede Art von festem Gehalt. Auch das Wort für Zahlungsmittel (= *'money'*) adoptierten sie von den römischen Eroberern, die ihr geprägtes Geld *moneta* nannten, da zu Hause in Rom die staatliche Münzpresse im Tempel der Göttin Juno untergebracht war, die den Beinamen *Moneta* (*Mahnerin;* von lat. *monere* = ermahnen, warnen) hatte. Das begehrteste Geldstück war eine gediegene Goldmünze, der *Solidus,* der wegen seines hohen und unveränderlichen Wertes schließlich auf die Begriffe „zuverlässig, sicher" (= *'solid'*) und die in festem Gehalt stehenden Legionäre (= *'soldiers'*) abfärbte[1].

---

[1] Vgl. auch deutsche Entlehnungen wie *Sold, Soldat, Söldner, Solidarität* und *konsolidieren* sowie *Saldo, saldieren* und *Salpeter,* wörtl. „Salz des Steins".

Wahrscheinlich ist das Lateinische lange Zeit lediglich die Amts- und Schriftsprache der verhassten Besatzungsmacht geblieben und wurde daher wohl von der Mehrheit der Inselbewohner strikt abgelehnt.

Erst seit 450 n. Chr., also mit der Herrschaft der Angelsachsen, die eine große Anzahl lateinischer Erb- und Lehnwörter vom Festland mitbrachten, wird der Einfluss dieser Sprache auf das Altenglische zugenommen haben. Nicht übersehen werden darf die Rolle des Kirchenlateins, das mit Beginn der Christianisierung im ausgehenden 6. Jahrhundert von immer größeren Bevölkerungsteilen verstanden und in abgewandelter Form in die Alltagssprache übernommen wurde.

Die französische Sprachinvasion nach der *'Battle of Hastings'* im Jahre 1066 und der Eroberung des Landes durch die Normannen (*Wilhelm der Eroberer*) brachte der bisherigen keltisch-lateinischen Mischsprache erneut einen enormen Zuwachs an Wörtern lateinischen Ursprungs.

In der Renaissance, also der „Wiedergeburt" der klassischen Antike und der Rückbesinnung auf die alten Sprachen, wurde das Englische abermals um eine Vielzahl an lateinischen Fremdwörtern bereichert, und schließlich hat auch die Entwicklung von Technik und Wissenschaft seit dem 18. Jahrhundert viele lateinische Neuprägungen beigesteuert. So verwundert es eigentlich, dass das Englische allgemein als germanische Sprache eingestuft wird, obwohl fast 60 % aller englischen Wörter romanischer Herkunft sind.

*

a) Die Adaption (vulgär-)lateinischer Wörter

Wer in der Schule kein Latein oder Französisch gelernt hat, wird trotzdem viele interessante und hilfreiche Hinweise zum besseren Verständnis der englischen Sprache in diesem Kapitel entdecken; es sollte also auf keinen Fall übersprungen werden, zumal hier wesentliche Prinzipien der englischen Wortbildung und Grammatik erklärt werden.

Anders als auf dem Festland, wo sich eine germanische Grundsprache kontinuierlich etwa zur deutschen Hochsprache entwickeln konnte, hatte sich die Bevölkerung Britanniens seit *Cäsars* Zeiten immer wieder mit neuen Herren und damit auch fremden Sprachen auseinander zu setzen.

Wie Kinder, die ihre Muttersprache erlernen, imitierten die Einheimischen nach und nach den Klang der fremden Wörter, was ihnen verständlicherweise nur annähernd gelang. Mit der verwirrenden Fülle der diversen Endungen, mit denen z.B. die Tätigkeiten einzelner Personen (*ich, du, wir* etc.) und die Fälle der Hauptwörter (*wer?* [Nominativ], *wessen?* [Genitiv], *wem?* [Dativ] und *wen?* [Akkusativ]) unterschieden wurden, konnten sie dagegen wenig anfangen; die einfachste Möglichkeit, mit diesem Problem fertig zu werden, bestand darin, die unbekannten Wörter – wenn man sie denn überhaupt benutzte – rigoros zu verkürzen, d.h. ihre *Suffixe* (= Endungen), manchmal aber auch ihre *Präfixe* (= Vorsilben) einfach zu kappen. Dieser Rosskur verdankt die englische Sprache zwei ihrer außergewöhnlichsten Merkmale: ihre „Einsilbigkeit" und die Notwendigkeit, fast ohne jede Grammatikregel auszukommen.

Die Entwicklung des Englischen im Sinne der Vereinfachung einer aufgezwungenen Fremdsprache wurde zudem von der Besatzungsmacht gefördert. Im Laufe der Zeit hatte sich im gesprochenen Latein, dem so genannten Volks- oder Vulgärlatein, neben dem ersten Fall (= Nominativ) eines Hauptwortes nur der vierte Fall (= Akkusativ) behaupten können, und von ihm leiteten die Briten fast immer ihre „neuen" Wörter ab, wobei sich oft zwangsläufig eine Verlagerung des Akzentes auf den Wortanfang ergab.

Wer die englische Vokabel *'autumn'* (= Herbst) kennt, fragt sich mit Recht, warum dieses Ungetüm am Ende mit der eigenartigen und gar nicht auszusprechenden Kombination -*mn* geschrieben wird; die Lösung ist recht einfach, wenn man das oben beschriebene Prinzip bedenkt und die ehemalige lateinische Akkusativendung -*um* wieder anhängt, z.B.:

autumn	- autumn-*um*	(lat. Bedeutung ebenf. Herbst)
castle	- castell-*um*	(Burg; vgl. *Kassel*)
member	- membr-*um*	(Mitglied; vgl. *Membrane*)
spirit	- spirit-*um*	(Geist, Seele; vgl. *Sprit*)
state	- stat-*um*	(Zustand, Staat; vgl. *Statut*)

Die gleiche Grundregel gilt natürlich auch für weibliche Hauptwörter (Akkusativendung -*am* oder -*em*) sowie sächliche Nomina (Akkusativendung -*um* bzw. -*a* für die Mehrzahl), wie die folgenden Beispiele belegen:

arms	- arm-*a (pl.)*	(Waffen)
column	- column-*am*	(Säule; vgl. *Zeitungskolumne*)
school	- schol-*am*	(Schule; vgl. *Scholar*)

Selbst wenn Sie über keine Lateinkenntnisse verfügen, dürfte es sich lohnen, die folgende, nach Haupt- und Eigenschafts- bzw. Tätigkeitswörtern geordnete Aufstellung der Entlehnungen aus der lateinischen Sprache intensiv durchzuarbeiten, um Ihre Kenntnisse des englischen Grundwortschatzes aufzufrischen oder zu erweitern. Wären Sie ein Römer oder eine Römerin der ersten nachchristlichen Jahrhunderte, hätten Sie wahrlich keine nennenswerten Schwierigkeiten, die darin aufgeführten englischen Begriffe zu verstehen. Doch auch als Mensch unserer Zeit, der im Allgemeinen das Lateinische als eine tote Sprache betrachtet, wird Ihnen manches englische Wort in seiner Bedeutung und Schreibung durchschaubar werden, zumal viele deutsche Wörter ebenfalls aus dem Lateinischen stammen; sie sind als Assoziationshilfe und Gedächtnisstütze in Kursivschrift vermerkt. Urteilen Sie selbst, ob man die lateinische Sprache als wirklich ausgestorben betrachten kann:

Haupt- und Eigenschaftswörter lateinischen Ursprungs:

Englisch	*latein. Akkusativ*	*(dt. Bedeutung / Fremdwort)*
able	*(h)*abil-*em*	- geeignet; vgl. *Habilitation*
abundance	abundanti-*am*	- Überfluss
accusation	accusation-*em*	- Anklage; vgl. *Akkusativ*
action	action-*em*	- Handlung
actor	actor-*em*	- Darsteller; vgl. *Akteur*
admirable	admirabil-*em*	- erstaunlich; vgl. *Mirabelle*
adult	adult-*um*	- erwachsen
agile	agil-*em*	- flink, wendig; vgl. *agil*
agriculture	agricultur-*am*	- Landwirtschaft
air	aer-*a*	- Luft
alien	alien-*um*	- fremd, Fremder
animal	animal	- Tier; vgl. *animalisch*
antique	antiqu-*um*	- alt; vgl. *antik, Antiquität*
anxiety	anxietat-*em*	- Ängstlichkeit; vgl. *Angst*
apt	apt-*um*	- passend; vgl. *Adapter*
art	art-*em*	- Kunst; vgl. *Artist*
attention	attention-*em*	- Aufmerksamkeit
beast	besti-*am*	- wildes Tier; vgl. *Bestie*
brief	brev-*em*	- kurz; vgl. *Brief, Brevier*
camp	camp-*um*	- Feld, Ebene; vgl. *Camping*

candidate	candidat-*um*	- Bewerber; vgl. *Kandidat*
capital	capital-*em*	- hauptsächlich; vgl. *Kapitän*
car	carr-*um*	- Wagen; vgl. *Karren, Karre*
case	cas-*us*	- Fall, Zufall
cause	caus-*am*	- Ursache; vgl. *kausal*
cave	cav-*um*	- Höhle; vgl. *konkav*
cell	cell-*am*	- Kammer; vgl. *Zelle*
ceremony	ceremoni-*am*	- Feierlichkeit; vgl. *Zeremonie*
civil	civil-*em*	- bürgerlich; vgl. *Zivilist*
class	class-*em*	- Abteilung, Flotte, Klasse
clear	clar-*um*	- hell; vgl. *klar, klären*
client	client-*em*	- Schützling; vgl. *Klient*
coast	cost-*am*	- Küste; vgl. *Costa Rica*
collar	coll-*um*	- Kragen; vgl. *Kollier, Dekolleté*
colony	coloni-*am*	- Ansiedlung; vgl. *Köln*
colour	color-*em*	- Farbe; vgl. *Kolorit, Koloratur*
comic	comic-*um*	- lustig, komisch; vgl. *Komiker*
concession	concession-*em*	- Zugeständnis; vgl. *Konzession*
concord	concordi-*am*	- Eintracht; vgl. *Konkordat*
condition	condition-*em*	- Bedingung; vgl. *Kondition*
consolation	consolation-*em*	- Trost; vgl. *Nachtkonsole*
conversion	conversion-*em*	- Umkehrung; vgl. *Konverter*
council	concili-*um*	- Versammlung; vgl. *Konzil*
creature	creatur-*am*	- Geschöpf; vgl. *kreativ*
credit	credit-*um*	- Darlehen, Glaube; vgl. *Credo*
criminal	criminal-*em*	- verbrecherisch, Verbrechen
culture	cultur-*am*	- Anbau, Pflege; vgl. *Agrikultur*
cure	cur-*am*	- Sorge, Fürsorge; vgl. *Kur*
curious	curios-*um*	- neugierig; vgl. *Kuriosität*
decision	decision-*em*	- Entscheidung; vgl. *dezidiert*
declaration	declaration-*em*	- Verkündigung; vgl. *deklarieren*
dense	dens-*um*	- dicht; vgl. *Kondensation*
difficulty	difficultat-*em*	- Schwierigkeit; vgl. *diffizil*
discipline	disciplin-*am*	- Unterricht, Zucht
disk	disc-*um*	- Scheibe; vgl. *Diskus*
divine	divin-*um*	- göttlich; vgl. *Filmdiva*

division	division-*em*	- Teilung; vgl. *dividieren*
document	document-*um*	- Beweis; vgl. *Dokumentation*
domestic	domestic-*um*	- häuslich; vgl. *Domestike*
domicile	domicili-*um*	- Wohnsitz; vgl. *Domizil, Dom*
domination	domination-*em*	- Herrschaft; vgl. *dominieren*
education	education-*em*	- Erziehung; vgl. *Koedukation*
eloquent	eloquent-*em*	- redegewandt; vgl. *Eloquenz*
equal	aequal-*em*	- gleich; vgl. *äquivalent*
equality	aequalitat-*em*	- Gleichheit; vgl. *Äquator*
error	error-*em*	- Irrtum; vgl. *erratisch* = zerstreut
eternity	aeternitat-*em*	- Ewigkeit; vgl. *Eternit*
example	exempl-*um*	- Beispiel; vgl. *exemplarisch*
excursion	excursion-*em*	- Streifzug; vgl. *Exkurs*
extension	extension-*em*	- Ausdehnung; vgl. *extensiv*
false	fals-*um*	- falsch; vgl. *Falsett* = Fistelstimme
fame	fam-*am*	- (guter) Ruf; Gegenteil: *infam*
familiar	familiar-*em*	- vertraut; vgl. *familiär, Familie*
fate	fat-*um*	- Schicksal; vgl. *Fatalismus*
favour	favor-*em*	- Gunst; vgl. *Favorit*
fertile	fertil-*em*	- fruchtbar; vgl. *Fertilität*
firm	firm-*um*	- fest, stark; vgl. *Firmung, Firma*
fork	furc-*am*	- Gabel; vgl. *Mistforke*
fragile	fragil-*em*	- zerbrechlich; vgl. *Fragment*
frequent	frequent-*em*	- zahlreich; vgl. *Frequenz*
front	front-*em*	- Vorderseite; vgl. *frontal*
fume	fum-*um*	- Rauch, Dampf; vgl. *Parfüm*
fury	furi-*am*	- Wut, Raserei; vgl. *Furie*
gem	gemm-*am*	- Edelstein; vgl. *Gemme*
general	general-*em*	- allgemein; vgl. *generell*
generous	generos-*um*	- großzügig; vgl. *generös*
globe	glob-*um*	- Kugel; vgl. *Globus*
glory	glori-*am*	- Ruhm; vgl. *Preußens Gloria*
gorge	gurgit-*em*	- Abgrund; vgl. *Gurgel*
honour	honor-*em*	- Ehre, Ehrenamt; vgl. *Honorar*
hospital	hospital-*em*	- Krankenhaus; vgl. *Hospiz*
hour	hor-*am*	- Stunde; vgl. *km/h* (h = hora)

imagination	imagination-*em*	- Einbildung; vgl. *imaginär*
indignation	indignation-*em*	- Entrüstung; vgl. *indigniert*
industry	industri-*am*	- Fleiß; vgl. *Industrie*
infant	infant-*em*	- Kind; vgl. *infantil*
ingenious	ingenios-*um*	- erfinderisch; vgl. *Ingenieur*
injury	iniuri-*am*	- Verletzung; vgl. *Verbalinjurie*
invalid	invalid-*um*	- schwach, krank; vgl. *Invalide*
inventor	inventor-*em*	- Erfinder; vgl. *Inventar*
invitation	invitation-*em*	- Einladung
joke	ioc-*um*	- Scherz; vgl. *Joker*
just	iust-*um*	- gerecht, richtig; vgl. *justieren*
justice	iustiti-*am*	- Gerechtigkeit; vgl. *Justiz*
lake	lac-*us*	- See; vgl. *Wasserlache*
lapse	laps-*us*	- Sturz, Fall; vgl. *Kollaps*
large	larg-*um*	- weit, reichlich; vgl. *Largo*
letter	litter-*am*	- Buchstabe; vgl. *Literatur*
limit	limit-*em*	- Grenze; vgl. *Limes*
mansion	mansion-*em*	- Herrenhaus; vgl. *Maisonette*
master	magistr-*um*	- Meister; vgl. *Magister, Mister*
matrimony	matrimoni-*um*	- Ehe; vgl. *Matrone*
matter	materi-am	- Material, Sache; vgl. *Materie*
mature	matur-*um*	- reif; vgl. *Matura* = Abitur
me / my	me-*um*	- mir, mich / mein
mention	mention-*em*	- Erwähnung; vgl. *Mentor*
merit	merit-*um*	- Verdienst; vgl. *Pour le mérite*
minister	ministr-*um*	- Diener; vgl. *Ministrant*
minute	minut-*um*	- klein; vgl. *Mini, minutiös*
moderation	moderation-*em*	- Mäßigung; vgl. *Moderator*
money	monet-*am*	- Geld, Münze; vgl. *Moneten*
motion	motion-*em*	- Bewegung; vgl. *Emotion*
mount	mont-*em*	- Berg, anhäufen; vgl. *montieren*
muscle	muscul-*um*	- Muskel; eigentl.: *Mäuschen*
nice	nesci-*um*	- nett; eigentlich: unwissend
notion	notion-*em*	- Kenntnis, Begriff; vgl. *Notiz*
objection	obiection-*em*	- Einwand; vgl. *objektiv*
odour	odor-*em*	- Geruch; vgl. *Deodorant*

opinion	opinion-*em*	- Meinung
orator	orator-*em*	- Redner; vgl. *Oratorium*
origin	origin-*em*	- Ursprung; vgl. *original*
palm	palm-*am*	- Handfläche; vgl. *Palme*
parents *(pl.)*	parent-*es (pl.)*	- Eltern
part	part-*em*	- Teil; vgl. *Partner*
patient	patient-*em*	- geduldig; vgl. *Patient, Patience*
peace	pac-*em*	- Friede; vgl. *Pazifist*
pen	penn-*am*	- Feder, Füller; vgl. *Pen-Club*
perfect	perfect-*um*	- vollendet; vgl. *Perfektion*
pine	pin-*um*	- Fichte; vgl. *Pinie*
plain / plane	plan-*um*	- flach; vgl. *Plane, planieren*
potent	potent-*em*	- mächtig; vgl. *Potentat, Potenz*
pound	pond-*us*	- Pfund, Gewicht; vgl. *Kilopond*
present	praesent-*em*	- anwesend; vgl. *Präsenz*
prime	prim-*um*	- erster; vgl. *primär, prima*
profound	profund-*um*	- tief, gründlich; vgl. *profund*
promise	promiss-*um*	- Versprechen; vgl. *Kompromiss*
provision(s)	provision-*em*	- Lebensmittel; vgl. *Provision*
question	quaestion-*em*	- Frage; vgl. *Quästor* = röm. Beamt.
quiet	quiet-*um*	- ruhig; vgl. *Requiescat in pace*
recent	recent-*em*	- neu; vgl. *rezent*
refuge	refugi-*um*	- Zuflucht; vgl. *Refugium*
reign	regn-*um*	- Herrschaft; vgl. *Regierung*
relic	reliqui-*as (pl.)*	- Rest; vgl. *Relikt, Reliquie*
resistance	resistenti-*am*	- Widerstand; vgl. *resistent*
response	respons-*um*	- Antwort; vgl. *korrespondieren*
sacrifice	sacrifici-*um*	- Opfer; vgl. *Sakrifizium*
sanity	sanitat-*em*	- Gesundheit; vgl. *Sanitäter*
satisfaction	satisfaction-*em*	- Genugtuung; vgl. *satt*
secret	secret-*um*	- geheim; vgl. *Sekretär*
serene	seren-*um*	- heiter; vgl. *Serenade*
serpent	serpent-*em*	- Schlange; vgl. *Serpentine*
service	serviti-*um*	- Dienst; vgl. *Serviette, servieren*
sign	sign-*um*	- Zeichen; vgl. *Signal, signieren*
solemn	solemn-*em*	- feierlich; vgl. *Missa solemnis*

stable	stabil-*em*	- feststehend; vgl. *stabil*
stomach	stomach-*um*	- Magen (Schleimh.); vgl. *Stomatitis*
story	*(hi)*stori-*am*	- Geschichte; vgl. *Historie*
subtle	subtil-*em*	- fein, genau; vgl. *subtil*
succession	succession-*em*	- Nachfolge; vgl. *sukzessive*
sum	summ-*am*	- Gesamtheit; vgl. *Summe*
suspicion	suspicion-*em*	- Verdacht; vgl. *suspekt*
tardy	tard-*um*	- langsam; vgl. *retardiert*
tavern	tabern-*am*	- Bude; vgl. *Taverne, Tabernakel*
testimony	testimoni-*um*	- Zeugnis; vgl. *Attest*
tranquil	tranquill-*um*	- still; vgl. *Tranquilizer*
turbulent	turbulent-*um*	- stürmisch; vgl. *Turbine*
uncle	*(av)*uncul-*um*	- Onkel
urban	urban-*um*	- städtisch; vgl. VN *Urban*
vast	vast-*um*	- weit, öde; vgl. *wüst*
veil	vel-*um*	- Segel, Vorhang; vgl. *Velar*
vein	ven-*am*	- Ader; vgl. *Vene*
verb	verb-*um*	- Wort; vgl. *Verbum, verbal*
very	ver-*um*	- sehr; vgl. *wahr, wahrhaftig*
vest	vest-*am*	- Unterjacke; vgl. *Weste*
victim	victim-*am*	- Opfer(tier); vgl. „*Viech*"
victory	victori-*am*	- Sieg; vgl. *Viktoria*
vine	vine-*am*	- Weinrebe; vgl. *In vino veritas*
virgin	virgin-*em*	- Jungfrau; vgl. *Virginia*
vision	vision-*em*	- Anblick; vgl. *Television*
vital	vital-*em*	- lebensfähig; vgl. *Vitalität*
voice	voc-*em*	- Stimme; vgl. *Vokal*
voluntary	voluntari-*um*	- freiwillig; vgl. *Volontär*

Besonders schwer taten sich die Briten natürlich mit dem Formenreichtum der lateinischen Tätigkeitswörter; allzu gerne übernahmen sie daher eine ganz besondere Eigenart des Legionär-Jargons (= Vulgärlatein), nämlich auf jegliche Unterscheidung der Zeiten zu verzichten und mehr oder weniger nur noch die d r i t t e Stammform eines Verbs (= Partizip Perfekt Passiv) zu verwenden:

z.B.: 1. Stammform: *colligere* (= sammeln),
2. Stammform: *collegi* (= ich habe gesammelt),
3. Stammform: **collectum** (= gesammelt worden).

Man sagte also statt des korrekten *collegi* (ich habe gesammelt)

⇨ *habeo* **collectum** (eigentl.: ich habe *gesammelt worden*),

und aus dieser dritten Stammform bildeten die Briten eine Menge neuer Wörter, die sie natürlich noch um die Endung -*um* verkürzten. So entstand aus dem oben angeführten Wort *collect-**um*** die englische Grundform:

t o   c o l l e c t.

Verbableitungen aus dem lateinischen Partizip Perfekt
(Die deutschen Fremdwörter entstammen dagegen meist der Grundform)

Englisch	Vulgärlatein	Grundform	(dt. Bedeutung / Fremdwort)
accept	accept-*um*	(accipere)	- annehmen, *akzeptieren*
act	act-*um*	(agere)	- handeln, *agieren*
agitate	agitat-*um*	(agitare)	- eifrig betreiben, *agitieren*
amputate	amputat-*um*	(amputare)	- abschneiden, *amputieren*
animate	animat-*um*	(animare)	- ermutigen, *animieren*
associate	associat-*um*	(associare)	- verbinden, *assoziieren*
attract	attract-*um*	(attrahere)	- anziehen; vgl. *attraktiv*
celebrate	celebrat-*um*	(celebrare)	- feiern, *zelebrieren*
close	claus-*um*	(claudere)	- schließen; vgl. *Klausur*
collect	collect-*um*	(colligere)	- sammeln; vgl. *Kollekte*
compose	composit-*um*	(componere)	- verfassen, *komponieren*
compress	compress-*um*	(comprimere)	- zus.drücken, *komprimieren*
confess	confess-*um*	(confiteri)	- bekennen; vgl. *Konfession*
confuse	confus-*um*	(confundere)	- verwirren; vgl. *konfus*

consecrate	consecrat-*um*	(consecrare)	- weihen, *konsekrieren*
constitute	constitut-*um*	(constituere)	- festsetzen, *konstituieren*
construct	construct-*um*	(construere)	- erbauen, *konstruieren*
correct	correct-*um*	(corrigere)	- berichtigen, *korrigieren*
corrupt	corrupt-*um*	(corrumpere)	- bestechen, *korrumpieren*
cultivate	cultivat-*um*	(cultivare)	- pflegen, *kultivieren*
decorate	decorat-*um*	(decorare)	- schmücken, *dekorieren*
degenerate	degenerat-*um*	(degenerare)	- entarten, *degenerieren*
desert	desert-*um*	(deserere)	- verlassen, *desertieren*
designate	designat-*um*	(designare)	- bezeichnen, *designieren*
direct	direct-*um*	(dirigere)	- lenken, *dirigieren*
discuss	discuss-*um*	(discutere)	- erörtern, *diskutieren*
dominate	dominat-*um*	(dominari)	- herrschen, *dominieren*
educate	educat-*um*	(educare)	- erziehen; vgl. *Koedukation*
elect	elect-*um*	(eligere)	- auswählen; vgl. *elegant*
elevate	elevat-*um*	(elevare)	- anheben; vgl. *Elevator* = Lift
emigrate	emigrat-*um*	(emigrare)	- auswandern, *emigrieren*
erect	erect-*um*	(erigere)	- aufrichten, *erigieren*
estimate	aestimat-*um*	(aestimare)	- schätzen, *ästimieren*
execute	exsecut-*um*	(exsequi)	- ausführen, *exekutieren*
extract	extract-*um*	(extrahere)	- herausziehen, *extrahieren*
fix	fix-*um*	(figere)	- anheften; vgl. *Kruzifix*
hesitate	hesitat-*um*	(hesitare)	- zögern, unschlüssig sein
illuminate	illuminat-*um*	(illuminare)	- beleuchten, *illuminieren*
illustrate	illustrat-*um*	(illustrare)	- erklären, *illustrieren*
imitate	imitat-*um*	(imitare)	- nachahmen, *imitieren*
immigrate	immigrat-*um*	(immigrare)	- einwandern, *immigrieren*
indicate	indicat-*um*	(indicare)	- anzeigen; vgl. *Indikativ*
inflate	inflat-*um*	(inflare)	- aufblasen; vgl. *Inflation*
inject	iniect-*um*	(inicere)	- einspritzen, *injizieren*
institute	institut-*um*	(instituere)	- einrichten; vgl. *Institut*
instruct	instruct-*um*	(instruere)	- unterweisen, *instruieren*
interrupt	interrupt-*um*	(-rumpere)	- unterbrechen
irritate	irritat-*um*	(irritare)	- reizen, *irritieren*
liberate	liberat-*um*	(liberare)	- befreien; vgl. *liberal*
merit	merit-*um*	(merere)	- verdient haben; vgl. *Meriten*

moderate	moderat-*um*	(moderare)	- mäßigen, *moderieren*
navigate	navigat-*um*	(navigare)	- segeln, *navigieren*
neglect	neglect-*um*	(neglegere)	- vernachlässig.; vgl. *Negligé*
negotiate	negotiat-*um*	(negotiari)	- verhandeln
nominate	nominat-*um*	(nominare)	- benennen, *nominieren*
object	obiect-*um*	(obicere)	- einwerfen; vgl. *objektiv*
operate	operat-*um*	(operare)	- tätig sein, *operieren*
part	part-*um*	(partiri)	- teilen, s. trennen; vgl. *apart*
penetrate	penetrat-*um*	(penetrare)	- durchdringen; vgl. *penetrant*
possess	possess-*um*	(possidere)	- besitzen; vgl. *possessiv*
post	posit-*um*	(ponere)	- aufstellen, *postieren*
predict	praedict-*um*	(praedicere)	- vorhersagen
prevent	praevent-*um*	(praevenire)	- zuvorkomm.; vgl. *präventiv*
profess	profess-*um*	(profiteri)	- öff. erklären; vgl. *Professor*
prohibit	prohibit-*um*	(prohibere)	- verhindern; vgl. *Prohibition*
promise	promiss-*um*	(promittere)	- versprech.; vgl. *Kompromiss*
promote	promot-*um*	(promovere)	- befördern, *promovieren*
protect	protect-*um*	(protegere)	- schützen, *protegieren*
regulate	regulat-*um*	(regulare)	- ausrichten, *regulieren*
relate	relat-*um*	(referre)	- berichten, *referieren*
repress	repress-*um*	(reprimere)	- unterdrück.; vgl. *Repressalie*
request	requaesit-*um*	(requirere)	- verlangen, *requirieren*
respect	respect-*um*	(respicere)	- beachten, *respektieren*
simulate	simulat-*um*	(simulare)	- vortäuschen, *simulieren*
suggest	suggest-*um*	(suggerere)	- nahe legen, *suggerieren*
terminate	terminat-*um*	(terminare)	- beenden, *terminieren*
use	us-*um*	(uti)	- gebrauchen; vgl. *Usus*
violate	violat-*um*	(violare)	- verletzen; vgl. *violent*
vote	vot-*um*	(vovere)	- abstimmen, *votieren*

Später übernahm man viele Grundformen, bei denen man – wiederum dem Bedürfnis der Vereinfachung folgend – lediglich die Endungen *-are, -(e)re* und *-ire* strich. Es handelt sich dabei wohl vornehmlich um kirchenlateinische Wörter, mit denen die Briten nach ihrer Christianisierung in zunehmendem Maße konfrontiert wurden, denn die römischen Besatzer hatten zu der Zeit längst die Insel verlassen. Die folgenden Seiten bieten Ihnen eine Auflistung der wichtigsten Entlehnungen von lateinischen Infinitiven, die zum Grundwortschatz der englischen Sprache beitrugen.

Tätigkeitswörter aus verkürzten lateinischen Grundformen

Englisch	lat. Grundform		dt. Bedeutung / Fremdwort
absorb	absorb-*ere*		- aufsaugen, *absorbieren*
add	add-*ere*		- hinzufügen, *addieren*
admit	admitt-*ere*		- zulassen
adopt	adopt-*are*		- annehmen, *adoptieren*
adore	ador-*are*		- anbeten; vgl. *Ora et labora*
appear	appar-*ere*		- erscheinen
applaud	applaud-*ere*		- klatschen, *applaudieren*
argue	argue-*re*		- erörtern, *argumentieren*
attend	attend-*ere*	(-tentum)	- beiwohnen; vgl. *Attention*
claim	clam-*are*		- beanspruchen; vgl. *Klamauk*
compute	comput-*are*		- berechnen; vgl. *Computer*
conceal	concel-*are*		- verbergen; vgl. *Zelle, Keller*
conclude	conclud-*ere*		- folgern, *konkludieren*
confide	confide-*re*		- vertrauen; vgl. *konfident*
confirm	confirm-*are*		- bekräftigen; vgl. *Konfirmation*
connect	connect-*ere*	(-nexum)	- verbinden; vgl. *Konnex*
consent	consent-*ire*	(-sensum)	- übereinstimmen; vgl. *Konsens*
consider	consider-*are*		- berücksichtigen, überlegen
consume	consume-*re*		- verbrauchen, *konsumieren*
contain	contin-*ere*		- ent-, zus.halten; vgl. *Kontinent*
continue	continue-*re*		- fortfahren; vgl. *kontinuierlich*
convert	convert-*ere*		- umändern, *konvertieren*
convince	convince-*re*	(-victum)	- überzeugen; vgl. *Konvikt*
curve	curv-*are*	(curvum)	- krümmen; vgl. *Kurve*
defend	defend-*ere*	(-fensum)	- verteidigen; vgl. *defensiv*
depend	depend-*ere*		- abhängen; vgl. *Dependance*
deport	deport-*are*		- wegschaffen, *deportieren*

descend	descend-*ere*		- hinabsteigen, *deszendieren*
determine	determin-*are*		- abgrenzen; vgl. *Determinante*
discern	discern-*ere*		- unterscheiden, trennen
disturb	disturb-*are*		- stören; vgl. *Turbulenz*
divide	divide-*re*	(-visum)	- teilen, *dividieren*; vgl. *Division*
emit	emitt-*ere*		- von sich geben; vgl. *Emission*
exceed	exced-*ere*	(-cessum)	- überschreiten; vgl. *Exzess*
excel	excell-*ere*		- hervorragen; vgl. *exzellent*
exclaim	exclam-*are*		- ausrufen; vgl. *Ex-, Akklamation*
exclude	exclud-*ere*	(exclusum)	- ausschließen; vgl. *exklusiv*
exist	exist-*ere*		- bestehen, *existieren*
expect	exspect-*are*		- erwarten; vgl. *Exspektant*
explain	explan-*are*		- erklären, eigentl.: einebnen
extend	extend-*ere*	(-tentum)	- ausdehnen; vgl. *extensiv*
found	fund-*are*		- gründen; vgl. *Fundament*
frequent	frequent-*are*		- oft besuchen, *frequentieren*
honour	honor-*are*		- ehren, *honorieren*
import	import-*are*		- einführen, *importieren*
include	includ-*ere*	(inclusum)	- einschließen; vgl. *inklusiv*
induce	induc-*ere*	(inductum)	- verleiten, *induzieren*
inflame	inflamm-*are*		- anzünden; vgl. *Flamme*
inform	inform-*are*		- mitteilen, *informieren*
insist	insist-*ere*		- bestehen auf, *insistieren*
insult	insult-*are*		- beleidigen, *insultieren*
intend	intend-*ere*	(-tentum)	- beabsichtigen; vgl. *intentional*
interpret	interpret-*are*		- auslegen, *interpretieren*
introduce	introduc-*ere*		- einführen, vorstellen
invade	invade-*re*	(-vasum)	- eindringen; vgl. *Invasion*
labour	labor-*are*		- arbeiten, *laborieren*
limit	limit-*are*		- begrenzen, *limitieren*
manifest	manifest-*are*		- an d. Tag legen, *manifestieren*
move	move-*re*	(motum)	- bewegen; vgl. *Motor*
occur	occurr-*ere*		- sich ereignen
offend	offend-*ere*	(-fensum)	- angreifen; vgl. *offensiv*
omit	omitt-*ere*		- weglassen
permit	permitt-*ere*		- erlauben

persuade	persuade-*re*		- überreden, eigentl.: süß machen
plant	plant-*are*		- pflanzen; vgl. *Plantage*
prescribe	praescribe-*re*		- verordnen, *präskribieren*
present	praesent-*are*		- vorführen, *präsentieren*
pretend	praetend-*ere*	(-tentum)	- vorgeben; vgl. *prätentiös*
proceed	proced-*ere*	(-cessum)	- vorrücken; vgl. *Prozess, -zession*
produce	produce-*re*	(-tum)	- erzeug., *produzieren;* vgl. *Produkt*
protest	protest-*ari*		- Einspruch erheb., *protestieren*
provide	provide-*re*	(-visum)	- (vor)sorgen; vgl. *Provision*
purge	purg-*ere*		- reinigen; vgl. *pur*
rebel	rebell-*are*		- sich empören, *rebellieren*
reduce	reduce-*re*	(-tum)	- herabsetzen, *reduzieren*
reflect	reflect-*ere*		- nachdenken, *reflektieren*
reign	regn-*are*		- herrschen, *regieren*
relax	relax-*are*		- sich entspannen; vgl. *lax*
remain	reman-*ere*		- bleiben, zurückbleiben
repeat	repet-*ere*		- wiederholen; vgl. *Repetition*
report	report-*are*		- berichten; vgl. *Reportage*
represent	repraesent-*are*		- vertreten, *repräsentieren*
resist	resist-*ere*		- widerstehen; vgl. *resistent*
respond	respond-*ere*		- antworten; vgl. *korrespondieren*
result	result-*are*		- sich ergeben, *resultieren*
retard	retard-*are*		- verzögern, *retardieren*
reveal	revel-*are*		- enthüllen, entschleiern
salute	salut-*are*		- grüßen, *salutieren*
sign	sign-*are*		- unterzeichnen, *signieren*
solve	solve-*re*	(solutum)	- (los)lösen; vgl. *absolut*
submit	submitt-*ere*		- unterwerfen
succeed	succed-*ere*	(-cessum)	- Erfolg haben; vgl. *sukzessive*
suffer	suffer-*re*		- erdulden, leiden
support	support-*are*		- unterstützen
transfer	transfer-*re*		- übertragen; vgl. *Transfer*
transform	transform-*are*		- umgestalten; vgl. *Transformator*
transmit	transmitt-*ere*	(-missum)	- senden; vgl. *Transmission*
urge	urge-*re*		- drängen; vgl. *urgent*

*

b) Interessante Ableitungen aus dem Lateinischen

Auf den ersten Blick mag es verwundern, dass der Engländer keine Geschlechtsunterscheidung bei Haupt- und Eigenschaftswörtern kennt; *'a good friend'* ist halt sowohl ein gut*er* Freund als auch ein*e* gut*e* Freund*in*. Auf den zweiten Blick ist das Phänomen der Ungeschlechtlichkeit in der englischen Sprache einleuchtend, da ja (fast) alle Endungen bei der Übernahme fremder Wörter gestrichen wurden. Romanische Nachfolgesprachen des Lateinischen haben diesen Nachteil der Wortverkürzung durch das Hinzufügen von unterschiedlichen Artikeln für das weibliche und männliche Geschlecht ausgeglichen (franz. *la/le*, ital. *la/il*, span. *la/el*, port. *a/o*). Im Englischen dagegen bezeichnet der Artikel *'the'* jedes beliebige Geschlecht; man kann sich im oben erwähnten Beispiel allenfalls dadurch helfen, dass man dem *'friend'* ein *'boy'* oder *'girl'* voranstellt und durch die Ausdrücke *'boy friend'* bzw. *'girl friend'* Klarheit schafft. Als weiteres Beispiel für eine solche Verlegenheitslösung ließe sich die Unterscheidung zwischen *Katze* und *Kater* (= *'she cat'* und *'tom cat'*) anführen. Selbst die Bezeichnungen für *Mann* und *Frau* differieren nicht in der Endung, sondern nur im Wortanfang (= *'man'*/*'woman'* in der Einzahl und *'men'*/*'women'* in der Mehrzahl.

*

Recht lustig sind einige englische und deutsche Ableitungen von lateinischen Grundwörtern, z.B. von *puer* (= Junge) und *puella* (Mädchen):

In der Verkleinerungsform werden daraus

pup|*us*   (kleiner Junge; vgl. *Pup, Bub*) bzw.
pup|*a*   (kleines Mädchen; vgl. *Puppe*).

Eine nochmalige Verkleinerung ergibt

> pupill|*us* (kleines Knäbchen) bzw.
>
> pupill|*a* (kleines Mädelchen).

Es ist unschwer zu erkennen, dass beide lateinischen Formen zum „geschlechtslosen" englischen Wort *'pupil'* führten, dessen Bedeutung sich zu *Schüler/in* wandelte, da elternlose Kinder wahrscheinlich dem Klerus anvertraut und in Klosterschulen erzogen wurden. *'Pupil'* heißt gleichzeitig aber auch jenes schwarze Sehloch inmitten des Auges (= *Pupille*), in dem sich unser eigenes Abbild stark verkleinert widerspiegelt; somit bedeutet *'pupil'* eigentlich in beiden Fällen das Gleiche – nämlich *das Menschlein.*

Kaum jemandem dürfte bewusst sein, dass sich hinter *'pencil'* das lateinische Wort *penis,* also das männliche Glied verbirgt, aus dessen Verkleinerungsform

> penicill|um (Pinsel, Schwänzchen)

sich im Englischen jener Schreibstift (= *'pencil'*) ergab, der längst kein Blei mehr enthält, geschweige denn an einem Ende Borsten aufweist. Man ahnt, dass auch unser Wort *Pinsel* vom verkürzten lateinischen Wort *penicillum* stammt. Im Jahre 1928 fand der englische Bakteriologe *Sir Alexander Fleming* die Bakterien abtötende Wirkung des *Pinselschimmels* heraus, nach dessen wissenschaftlichem Namen (*Penicillium notatum*) er sein neues Medikament *Penicillin* nannte.

Das Wort *'pen'* ist übrigens keine Verkürzung des englischen Wortes *'pencil',* wie man zunächst annehmen könnte, sondern des lateinischen Wortes *penna* (= Feder), das auch in unserer Sprache seine Spuren hinterlassen hat (vgl. *Pennal* und *Pennäler;* das Wort *Penne* für *höhere Schule* ist dagegen wohl eher ein scherzhafter, aus der Gaunersprache entlehnter Ausdruck und bedeutet eigentlich *Schlafstelle;* vgl. *pennen*).

Auch das Wort *'porcelain'* lässt eine interessante Deutung zu. Die Herstellung des *Porzellans* wurde zwar in Ostasien erfunden, weswegen die Engländer besonders feinwandige Exemplare noch heute *'China'* nennen; sprachgeschichtlich stammt das Wort *'porcelain'* jedoch ebenfalls aus dem Lateinischen. Seit die edlen und begehrten Keramikwaren mit Marco Polo in Einzelstücken nach Europa gelangt waren, hatte man über Jahrhunderte vergeblich versucht, chinesisches Porzellan zu imitieren, indem man Schmelzversuche mit pulverisierten Muschelkalkschalen unternahm. Für die Benennung der nur mäßig gelungenen Nachahmungen musste die Muschel als traditionelles Sexualsymbol herhalten (Muschel = weibliches Geschlechtsteil = *Schweinerei*):

porc|*us*   (der Eber) und
porc|*a*   (die Sau)

ergeben (neben dem französischen *porc* und dem englischen *'pork'* für Schwein) in der weiblichen Verkleinerungsform

porcell|*a*   (Schweinchen, kleine Schweinerei),

woraus sich unser Wort *Porzellan* und das englische *'porcelain'* herleiten. Übrigens gelang es erst im 18. Jahrhundert, weißes Hartporzellan chinesischer Qualität herzustellen, als endlich jener rätselhafte feintonige Rohstoff – das *Kaolin,* das ursprünglich nur in Südchina am Berg *Kauling* abgebaut wurde – auch bei uns, etwa im sächsischen Meißen, gefunden und gefördert wurde.

Schon früh dürften die Briten die lateinischen Wörter für *Volk* und *Individuum* von ihren römischen Herren übernommen haben. Das berühmte *SPQR* (*Senatus Populusque Romanus* = Senat und Volk von Rom) begegnete den unterworfenen Einheimischen schließlich auf Schritt und Tritt; es prangte nicht nur auf allen Legionsstandarten unterhalb des römischen Adlers, sondern auch an den öffentlichen Gebäuden und legitimierte alle offiziellen Bekanntmachungen als Anordnungen des Römischen Senats und Volkes. Das Wort

popul|*us* (das Volk)

entwickelte sich zu den englischen Sammelbezeichnungen *'population'* (= Bevölkerung) und *'people'* (= Leute), von denen wiederum eine Reihe weiterer Wörter abgeleitet wurden, z.B. *'popular'* (= volkstümlich), *'to populate'* (= bevölkern), *'public'* (= öffentlich; vgl. *'republic'*), *'to publish'* (= veröffentlichen) und *'pub'* (= öffentliche Kneipe). Dass die romanischen Sprachen das römische *populus* übernahmen, ist verständlich (ital. *popolo,* span. *pueblo,* franz. *peuple* und port. *povo*), aber auch das Deutsche kennt etliche Entlehnungen vom lateinischen Grundwort: *Popularität, populär, Publikum, Publikation, publik* und schließlich auch ein Wort, dem man seinen lateinischen Vorfahren nicht sofort ansieht: der *Pöbel* (= gemeines Volk).

Der später gebräuchliche Begriff *'nation'* geht ebenfalls auf ein lateinisches Ursprungswort zurück:

nasci, nat|*um* (geboren werden, geboren)

Damit bedeutet *'nation'* die Gesamtheit aller in einem Lande Geborenen und *'native'* eigentlich *Eingeborener* oder *eingeboren* (vgl. *'national', 'international', Renaissance* = *Wiedergeburt* der klassischen Antike, *Renate* = die *Wiedergeborene* sowie unsere Lehnwörter *Natur* und *naiv*).

Die Bezeichnung für ein Individuum beiderlei Geschlechts, das lateinische Kollektivum

person|*a,*

ist ebenfalls verkürzt ins Englische übernommen worden; sein Ursprung geht auf das klassische Theater zurück, in dem die Schauspieler mit starren, rollen-charakteristischen Masken auftraten, wobei die besondere Individualität der dargestellten Person vor allem aus den Worten zu erkennen war, die durch das Mundloch der Maske herausschallten (lat. *personare* = hindurchtönen). Englische Ableitungen finden sich in *'personality'* (= Persönlichkeit), *'personal'* (= persönlich) und *'personnel'* (= Personal). Die romanischen Sprachen übernahmen entweder die lateinische Bezeichnung für das Individuum (ital. und span. = *persona*) oder entlehnten es mit geringfügigen Veränderungen (franz. = *personne;* port. = *pessoa*).

Der englische Begriff *'corps'* in der Bedeutung *Leiche* verdankt seine Entstehung dem lateinischen Grundwort

corp|*us*   (Körper)

ebenso wie die Wörter *'corporal'* (= körperlich), *'corporation'* (= Körperschaft) und *'corpulent'* (= massig). Zuweilen sprechen wir von *Hokuspokus,* wenn wir etwas für Zauberei halten, zumindest für ein Ereignis, das sich unserem Verstehen entzieht; erstaunlicherweise entstammt auch dieser Ausdruck dem lateinischen Wort für *Körper,* denn es handelt sich dabei um eine Verballhornung des liturgischen *Hoc est corpus ...* (= Das ist mein Leib ...), also um eine lautliche Wiedergabe dessen, was das einfache Kirchenvolk während der Wandlung in der lateinischen Messe zu hören glaubte.

Der militärische Rang eines *'corporal'* dagegen hat – wie man zunächst annehmen könnte – nichts mit dem römischen *corpus* zu tun, sondern wurde aus dem französischen Wort *caporal* gebildet, welches wiederum von dem lateinischen Ausdruck für *Haupt* abzuleiten ist:

caput, capit|*is*

Viele englische Wörter lassen sich auf diesen Grundbegriff zurückführen, z.B. *'cap'* (= Mütze), *'capital'* (= Hauptstadt, Haupt-, Geld), *'cape'* (= Vorgebirge), *'Capitol',* *'capitulation'*

(= Vertrag über die Hauptbedingungen der Übergabe), *'to capsize'* (= kopfüber kentern), *'captain'* etc. Interessant ist auch die Fülle unserer eigenen Entlehnungen: *Kap, Kappe, Kapelle, Kapitän, Kapitel, Kapitell, Kaplan, Kapuze, Kappes, kaputt,* um nur einige Vertreter dieser umfangreichen Wortfamilie zu nennen. Das Adjektiv *kaputt* bürgerte sich übrigens während des Dreißigjährigen Krieges unter den viel beschäftigten Totengräbern ein, die die Köpfe der Gefallenen oder Getöteten zu zählen hatten.

Hinter *'mount'*, *'mountain'* und *'mountainous'* (= bergig) verbirgt sich das lateinische

mons, mont|*em* (Berg),

während *'plain'* und *'plane'* (= Ebene; eben, flach) dem gleichbedeutenden

plan|*us*

entspricht (vgl. *'Great Plains'* und die deutschen Lehnbildungen *planieren* und *Plane*). Die Verbform dieses Adjektivs (*explan|are*) führte im Englischen zu *'to explain'* (= erklären, eigentl.: eben machen) und zum entsprechenden Substantiv *'explanation'* (= Erklärung).

'Country', dem englischen Wort für *Land,* liegt überraschenderweise die lateinische Präposition

contra (gegen, gegenüber)

zu Grunde, was uns aber plausibel erscheint, sobald wir unseren Ausdruck *Gegend* richtig interpretieren, denn es handelt sich in beiden Fällen um ein Gebiet, das dem Betrachter *entgegen liegt,* sich also vor ihm ausbreitet, wohingegen das leicht zu verwechselnde *'county'* (= Grafschaft) nicht mit *'country'* verwandt ist. Allerdings stammt es gleichfalls aus dem Lateinischen, wobei die ursprüngliche Bedeutung

comes, comit|*em*   (der Gefährte)

sich schließlich in *Landesherr* (*'count'* = Graf) und das von ihm beaufsichtigte Land in *'county'* (= lat. *comitatum*) wandelte (vgl. auch frz. *comte,* ital. *conte,* span./port. *conde* sowie frz. *comtesse,* ital. *contessa,* span. *condesa,* port. *condessa* und dt. *Komtess*).

Innerhalb der Grafschaften konnten Bauern von alters her Land zur eigenen Bewirtschaftung erhalten, die so genannte

terra firm|*a*   (fest eingetragenes Land),

wenn sie willens und in der Lage waren, die festgesetzte jährliche Pacht an den Grundbesitzer zu entrichten. Im Laufe der Zeit entwickelte sich der lateinische Ausdruck zur englischen *'farm',* während bei einer Geschäftsgründung immer noch der ursprüngliche Begriff *'firm'* für *Firma* verwendet wird (vgl. *'to confirm'* = bekräftigen; ebenso *Firmung, Konfirmation*).

Bei geklärten und offiziell bestätigten Besitzverhältnissen war die sichtbare Abgrenzung des Grund und Bodens unverzichtbar. Die heutige Bezeichnung für die Umzäunung ihrer Höfe, Wiesen und Weiden entlehnten die britannischen Bauern ebenfalls von der römischen Besatzungsmacht;

de|fend|*ere, de*|fens|*um*   (verteidigen, schützen)

entwickelte sich zu *'fence'* und *'defence',* also zu *Schutzzaun* bzw. zu *Verteidigung,* während das Verb *'to defend'* (= verteidigen) wieder einmal durch die bewährte Verkürzungsmethode entstanden ist (vgl. auch *Fender* = stoßdämpfender Puffer beim Anlegen eines Schiffes, aber auch in der modernen Bedeutung Autokotflügel; *Defensive* = Verteidigung).

Die römische Besatzungsmacht selbst benötigte weitaus stärkere Befestigungsanlagen. Wo natürliche Hindernisse – wie Berge und Flüsse (*rivus* zu *'river'*) – fehlten, hatte man das *Imperium* (engl. *'empire'*) mit soliden Grenzwällen und Mauern geschützt, von denen zumindest der im Süden unseres Landes gelegene *Limes* bekannt sein dürfte; aber es gab solche Verteidigungsanlagen gegen die unzivilisierten, nichtrömischen Völker, die wegen ihrer für römische Ohren wie Kauderwelsch klingenden Sprachen *Barbaren* genannt wurden (*Barbar* etwa in der Bedeutung unseres lautmalenden *Blabla*), auch in Arabien, Afrika (vgl. *Berber*) und an der Nordgrenze Britanniens, wo die römischen Kaiser *Hadrian* und *Antonius Pius* im 2. Jahrhundert n. Chr. die nach ihnen benannten Schutzwälle gegen die höchst aggressiven keltischen Stämme der *Pikten* und *Skoten* (= *Schotten*) errichten ließen.

Limes, limit|em (Grenzbefestigung)

wurde bald eine geläufige Bezeichnung für jede Art von äußerer *Begrenzung* und findet sich in verschiedenen Ableitungen noch heute im Englischen (vgl. *'limit'* = die Grenze, *'to limit'* = begrenzen, beschränken, *'limitation'* = die Einschränkung, *'off limits'* = verboten, verwehrt, *'limited'* = begrenzt, *'Ltd./ Limited'* = Gesellschaft mit beschränkter Haftung).

Unter der römischen Herrschaft wohnte man selten in der Stadt (lat. *urbs;* vgl. *'urban'* = städtisch), die ja aus dem Legionslager hervorgegangen war und hauptsächlich Römer beherbergte, sondern hauste als Händler oder kleiner Handwerker allenfalls im Außenbezirk, lateinisch

surburbs, suburb|em (Vorstadt)

– eine Bezeichnung, welche die Einheimischen in verkürzter Form als *'suburb'* übernahmen bzw. zu *'suburban'* (= vorstädtisch) wandelten. Die Bewohner einer Stadt, aber auch des ganzen Landes, wurden *'inhabitants'* genannt, nach dem lateinischen Verb

habit|*are* (wohnen),

von dem sich auch die Wörter *'habitation'* (= Wohnung) sowie *'habit'* (= Gewohnheit, Sitte) herleiten. Wer es zu bescheidenem Reichtum gebracht hatte, konnte es sich leisten, im eigenen Landhaus zu residieren, das nach dem lateinischen

mansio, mansion|*em* (eigentl.: Aufenthalt, Nachtlager)

zum englischen Wort *'mansion'* oder *'manor-house'* (= Herrenhaus) wurde (vgl. auch den kirchlichen Haussegen in Form eines an die Haustür geschriebenen *C+M+B* = *Christus Mansionem Benedicat*, was so viel heißt wie *Christus möge dieses Haus segnen und beschützen*). Daneben gab es außerhalb der Stadtmauern in zunehmendem Maße frei stehende, herrschaftliche Häuser, die

vill|*ae* (Landhäuser, Landhöfe)

genannt wurden und mit allem verfügbaren Komfort der römischen Zivilisation ausgestattet waren, wie Bädern, Fußbodenheizungen und großzügiger Beleuchtung (*candelabrum* zu *'candle-stick'* = Kerzenständer). Für das gehäufte Auftreten solcher *Villen* bürgerte sich schließlich die Bezeichnung *'village'* (= Dorf) ein.

Der Name für jede Art von Arbeit, die zur damaligen Zeit ungleich härter und aufreibender war als heute, wurde aus dem lateinischen

labor (Arbeit, Anstrengung, Mühsal)

praktisch unverändert übernommen (*'labour'* = Arbeit, Feldarbeit, *'to labour'* = hart arbeiten, anbauen, aber auch: Wehen haben; vgl. *'labourer'* = der Arbeiter, *'labour force'* = die

Arbeiterschaft, *'laboratory'*, kurz: *'lab'* = Forschungslabor, *'laborious'* = arbeitsam, *'to collaborate"* = zusammenarbeiten, kollaborieren, *'elaborate'* = ausgearbeitet, ausgefeilt; vgl. auch die klösterliche Mahnung *Ora et labora* = Bete und arbeite).

Mit Beginn der Christianisierung waren überall auf der Insel Klöster, also *'monasteries'* entstanden, die ihren Namen vom kirchenlateinischen *monasteri|um* erhalten hatten, ein Wort, das in *'minster'* (= Klosterkirche) – in unserer Sprache *Münster* – überleben sollte.

* * *

2

Sechs Jahrhunderte germanischer Prägung

Zu Beginn des 5. Jahrhunderts, als die westgotischen Heere *Alarichs* das bereits zum Untergang bestimmte römische Imperium bedrängten und im Jahre 410 vor den Toren Roms standen, wurden die Besatzungslegionen aus der fernen Provinz Britannia abgezogen. Aber nur eine einzige Generation der inzwischen kelto-romanischen Bevölkerung sollte sich im trügerischen Glauben an die endgültige Befreiung von der Fremdherrschaft wiegen dürfen.

Nach dem Abzug der Römer war ein gefährliches politisches Vakuum entstanden, das anderen Völkern verlockend erscheinen musste, zumal sie selbst durch feindliche Stämme aus ihren historischen Siedlungsräumen verdrängt wurden.

Schon 449 n. Chr. verließen kriegerische *Sachsen* aus dem Bereich der Elbmündung sowie Horden aus der Landschaft *Angeln* im heutigen Schleswig-Holstein und aus dem nördlich gelegenen *Jütland* in mehreren Invasionswellen ihre heimatlichen Küstengebiete, überquerten den Ärmelkanal, der für diese Seefahrervölker kein Hindernis darstellte, und eroberten die gesamte Osthälfte der britischen Insel. Ein beträchtlicher Teil der keltischen Landbevölkerung floh vor den Eindringlingen – wie schon zu Cäsars Zeiten – in den gebirgigen Westen und Norden ihrer Heimat, wo sie in Wales und Schottland bis heute ihre sprachliche Eigenständigkeit zum Teil bewahren konnte. Gruppen von *Briten* zogen es sogar vor, aufs Festland auszuweichen und ließen sich auf jener Halbinsel an der Atlantikküste nieder, die seitdem ihren Namen trägt: *Bretagne* (engl. *'Brittany'* oder *'Little Britain'*). Das eigenwillige Volk der *Bretonen* ist jedoch in ständigem Kontakt mit der keltischen Inselwelt geblieben und konnte sich über die Jahrhunderte hinweg sprachlich und kulturell in Gallien behaupten.

Britannien nach dem Einfall germanischer Stämme um 450 n. Chr.

Die eroberten Gebiete der britischen Hauptinsel wurden unter den neuen westgermanischen Herren aufgeteilt; die *Jüten* bekamen das Territorium im Südosten, das nach den dort ansässigen *Cantiaci* später den Namen *Kent* erhalten sollte (vgl. auch *Canterbury*, Hauptstadt der jütischen Könige); die *Angeln* erhielten die nordöstlichen Küstenlandschaften um die Bucht *The Wash*, wo sie sich in kleinere Herrschaften aufsplitterten (vgl. *Norfolk* = „Nordvolk" und *Suffolk* = „Südvolk" in der Landschaft *East-Anglia*), während die *Sachsen*, die die Hauptmasse der neuen Siedler stellten, sich beiderseits der Themse niederließen und drei voneinander getrennte Territorien schufen, an die noch heute die entsprechenden Grafschaftsnamen erinnern (*Wessex* = „West-Sachsen", *Sussex* = „Süd-Sachsen" und *Essex* = „Ost-Sachsen").

Obschon die drei Stämme sich schon während der Einwanderungszeit stark vermischten, vergingen noch eineinhalb Jahrhunderte, bis unter dem Einfluss der landesweiten Christianisierung aus sieben kleinen Reichsgebieten ein einheitliches Königreich entstand.

So gerieten die keltischen Bewohner nicht nur unversehens unter eine neue Fremdherrschaft, die wir gemeinhin als angelsächsisch bezeichnen, sondern auch unter den prägenden Einfluss einer neuen Sprache. Sechshundert Jahre lang sollte das Germanische die dominierende Sprache in England bleiben.

Leider werden an unseren Schulen Wörter germanischen Ursprungs für gewöhnlich als Wortschatz einer *Fremdsprache* vermittelt, anstatt den Schülern einige, in wenigen Minuten erlernbare Herleitungsregeln zu geben, mit deren Hilfe sie – sozusagen durch ein Aha-Erlebnis – auf einen Schlag Hunderte von unbekannten Vokabeln verstehen könnten; unfairerweise lassen wir sie also die Bedeutung und die meist verzwickte Rechtschreibung von Wörtern lernen, die sie eigentlich schon kennen – ohne es allerdings zu ahnen.

Möchten Sie sich in relativ kurzer Zeit einen Grundwortschatz der englischen Sprache aneignen und in Zukunft die meisten Ihrer typischen Orthographiefehler vermeiden? Dann sollten Sie sich mit der Handvoll simpler Tricks auf den folgenden Seiten vertraut machen. Sie werden erleben, dass Sie viele Wörter, die Sie noch nie gesehen haben, sofort verstehen (zumindest erraten) und sich ihre Schreibung leicht einprägen können.

Vor allem an den Konsonanten (Mitlauten) und Konsonanten-verbindungen lassen sich germanische Wörter eindeutig er-kennen[1]. Ungewöhnliche Buchstabenkombinationen wie *'gh'* und *'ght'* oder das für die englische Sprache so typische *'th'* sollten ihren Schrecken verlieren und das Vokabellernen eher erleichtern als erschweren. Auch Wörter, die ein *'d'*, *'k'*, *'p'*, *'sh'*, *'t'*, *'w'* oder *'y'* enthalten und meist aus dem Deutschen stammen, sind nach einem Austausch der entsprechenden Buchstaben unmittelbar zu verstehen. Darüber hinaus dürfte ihre korrekte Schreibung (z.B. die richtige Buchstabenfolge) künftig keine Schwierigkeiten mehr bereiten.

Lassen Sie sich auf den nächsten Seiten überraschen, wie einfach es sein kann, neue Vokabeln zu lernen, indem Sie ohne Büffeln ihre Bedeutung erkennen und ihre Orthographie behalten, ja in manchen Fällen sogar ein fehlendes englisches Wort aus einem deutschen ableiten. Ganz sicher aber wird es unterhaltsam sein, den bisher erworbenen Wortschatz zum ersten Mal richtig zu begreifen und auf diese Weise zu vertie-fen.

---

[1] Es soll an dieser Stelle nicht näher auf die beiden großen Laut-verschiebungen eingegangen werden, deren letzte das Englische – im Gegensatz zum Deutschen – nicht mitgemacht hat; also ist Englisch die ursprünglichere der beiden Sprachen. Während sich das gesprochene Englisch im Laufe der Zeit weiterentwickelte, ist das Schriftenglisch, das 1477 auf der Basis der Londoner Mundart endgültig fixiert wurde, bis heute praktisch unverändert geblieben.

a) Einige verblüffend einfache Ableitungstricks

T r i c k   1:   g h (t)   ⇨   c h (t)

Betrachten Sie einmal das kleingeschriebene deutsche Wort

l i c h t .

Stellen Sie sich nun den Buchstaben „c" um einen Bogen nach unten verlängert vor, entsteht automatisch das richtig geschriebene englische Wort

l i g h t .

Wenn Sie diesen einfachen Trick kennen, der übrigens für alle Wörter mit *'gh'* und *'ght'* gilt, werden Sie in Zukunft wohl nie wieder diese „schwierige" Buchstabenfolge durcheinander bringen.

Die Gleichung *'gh(t)'* = „**ch(t)**" hat einen noch entscheidenderen Vorteil: Begegnet Ihnen in einem englischen Text ein unbekanntes Wort mit dieser Buchstabenkombination, können Sie sicher sein, dass es aus Ihrer *eigenen* Sprache stammt und Sie seine Bedeutung leicht erschließen können. (Die Vokale sind in beiden Sprachen allerdings oft nicht identisch!) Versuchen Sie es doch einmal – die Lösungen stehen auf der nächsten Seite:

$$\begin{array}{rcl}
\textbf{f l i g h t} & = & ? \\
\textbf{f r e i g h t} & = & ? \\
\textbf{k n i g h t} & = & ? \\
\textbf{p l i g h t} & = & ? \\
\textbf{s i g h t} & = & ? \\
\textbf{s l i g h t} & = & ? \\
\textbf{w i g h t} & = & ?
\end{array}$$

Lösungen:

flight	=	Flucht
freight	=	Fracht
knight	=	Ritter (Knecht)
plight	=	Verpflichtung, (lästige) Pflicht
sight	=	(An-)Sicht, Sehenswürdigkeit
slight	=	schlicht, leicht
wight	=	Wicht, Zwerg, Geschöpf

Eine Reihe weiterer Wörter mit *'gh(t)'* finden Sie erst im Anschluss an die Vorstellung des zweiten Tricks, da nicht selten beide in einem Wort anzutreffen sind.

*

Trick 2: th ⇨ d

Wie bei den Vokabeln, die ein *'gh(t)'* enthalten, können Sie verblüffend einfach die Bedeutung von Wörtern mit dem englischen Lispellaut *'th'* entschlüsseln, der fast immer dem deutschen „**d**" entspricht. (Einige solcher Begriffe stammen allerdings aus dem Griechischen, sie sind aber als theologische oder wissenschaftliche Fachausdrücke leicht zu identifizieren.)

Hier einige Beispiele, die Sie überzeugen dürften:

b a t h	=	?
h e a r t h	=	?
n o r t h	=	?
t h i c k	=	?
t h i n g	=	?
t h i s t l e	=	?
t h o r n	=	?
t h o u g h	=	?

Lösungen:

bath	=	Bad (baden)
hearth	=	Herd, Feuerstelle
north	=	Nord, Norden
thick	=	dick
thing	=	Ding
thistle	=	Distel
thorn	=	Dorn
though	=	doch, jedoch

*

Wenn Sie neugierig geworden sind und Ordnung in Ihren englischen Wortschatz bringen wollen, haben Sie die Möglichkeit, in der folgenden Vokabelliste Wörter zu lernen oder aufzufrischen, bei denen sich die ersten beiden Tricks anwenden lassen. Für die Aussprache der im Deutschen bisweilen veränderten Selbstlaute (*Vokale:* **a, e, i, o, u**) benötigen Sie ein wenig Phantasie, während es bei den Doppellauten (*Diphthongen:* **au, ea, ei, eo, ie, oa, ou, ue**) hilfreich sein kann, das jeweilige Wort mit nur einem der beiden Vokale zu sprechen (z.B. also beim Adverb *'though'* nicht „*douch*", sondern probeweise „*duch*" bzw. „*doch*"). Im Übrigen klingen ja auch die englischen Doppelvokale in der Regel wie Einzelvokale (z.B. *'people'* = [pi:pl] oder *'receive'* = [resi:v]). Bei allen Tätigkeitswörtern ist zu berücksichtigen, dass die Angelsachsen prinzipiell die deutsche Verb-Endung „**-en**" gestrichen haben (z.B. *'thank'* = *dank*-**en**).

In den nachfolgenden Listen sind hinter dem englischen Wort jeweils die Entschlüsselungshilfen *(in Kursivschrift)* sowie hinter den deutschen Bedeutungen bisweilen muttersprachliche Begriffe derselben Wortfamilie *(in Kleinschrift)* beigefügt. Beides ist als Lernassoziation gedacht und wird dazu beitragen, die Wörter in Bedeutung und Rechtschreibung leichter im Gedächtnis zu behalten.

Wörter mit der Kombination 'gh' / 'ght' (= ch / cht)

Englisch	Trick	Bedeutung (Assoziation)
bough [au]	'bouch'	- Bug (des Schiffes), (Tier-)Schulter
bright [ai]	'bricht'	- leuchtend (vgl. der Tag bricht an)
brought [ɔ:]	'broucht(-e)' '(ge-)broucht'	- brachte; gebracht
cough [ɔ:]	'kouch(-en)'	- husten, keuchen
eight [ei]	'eicht'	- acht
enough [ʌ]	'(g-)enouch'	- genug
fight [ai]	'(ge-)fecht' 'fecht(-en)'	- Kampf, Gefecht; - kämpfen, fechten (vgl. er ficht)
flight [ai]	'flicht'	- Flucht
freight [ei]	'freicht'	- Fracht
freighter [ei]	'freichter'	- Frachter
fright [ai]	'fricht'	- Furcht
high [ai]	'hich'	- hoch
knight [ai]	'knecht'	- Ritter (vgl. Landsknecht)
laugh [ɑ:]	'lauch(-en)'	- lachen
laughter [ɑ:]	'(ge-)lauchter'	- Gelächter
lough [ɔ]	'louch'	- Fjord, Tümpel (vgl. Loch)
might [ai]	'möcht(-e)'	- möchte, könnte
neighbour [ei]	'neichbour'	- Nachbar
nought [ɔ:]	'noucht'	- nichts
ought [ɔ:]	'oucht(-en)'	- sollte eigentlich (vgl. Achtung)
plight [ai]	'pflicht'	- Verpflichtung, Last (vgl. in die Pflicht nehmen)
plough [au]	'pflouch'	- Pflug
right [ai]	'richt'	- richtig, recht(s)
sight [ai]	'(an-)sicht'	- Sehenswürdigkeit (vgl. Ansichtskarte)
	'sicht(-en)'	- erblicken
slaughter [ɔ:]	'schlauchte-(n)'	- Gemetzel, Schlacht, (Ab-)Schlachten

slaughterer [ɔ:]	'schlauchterer'	- Schlachter, Metzger
slight [ai]	'schlicht'	- leicht, schwach (vgl. *schlichten*)
straight [ei]	'straicht'	- gerade(wegs), direkt
		(vgl. *strikt, Strich, auf einen Streich*)
sought [ɔ:]	'soucht(-e)'	- suchte (*Past* von 'seek')
tough [ʌ]	'zouch'	- zäh
though [ou]	'douch'	- (je)doch
thought [ɔ:]	'doucht(-e)'	- dachte;
	'(ge-)doucht'	gedacht
through [u:]	'd(-)ou(r)ch'	- durch
weight [ei]	'(ge-)weicht'	- Gewicht
wight [ai]	'wicht'	- Geschöpf, Zwerg, Wicht

*

Wörter mit der Kombination 'th' (= d)

Englisch	Trick	Bedeutung (Assoziation)
bath [ɑ:]	'bad'	- Bad;
	'bad(-en)'	- baden
brother [ʌ]	'broder'	- Bruder
cloth(es) [ou]	'klod'	- Tuch, Kleidung (vgl. *Kleid*)
death [e]	'tead'	- Tod
earth [ə:]	'eard'	- Erde
either [ai-ə]	'(j-)eider'	- jeder (von zweien), beide
fathom [æ]	'fadom'	- Faden (Längenmaß)
father [ɑ:]	'fader'	- Vater
feather [e]	'feader'	- Feder
hearth [ɑ:]	'heard'	- Herd, Feuerstelle
heath [i:]	'head'	- Heide, Heidekraut
heathen [i:]	'headen'	- Heiden, Ungläubige
leather [e]	'leader'	- Leder
length [e]	'lengd(-e)'	- Länge
loath [ou]	'load'	- abgeneigt (vgl. *etwas leid sein*)
mother [ʌ]	'moder'	- Mutter

nether [e]	*'neder'*	- nieder (vgl. *'Netherlands'*)
north [ɔ:]	*'nord'*	- Nord(en)
oath [ou]	*'oad'*	- Eid
other [ʌ]	*'o(n)der'*	- ander(er, -e, -es)
path [ɑ:]	*'pfad'*	- Pfad
seethe [i:]	*'seede(-n)'*	- sieden, kochen
smith [i]	*'schmid'*	- Schmied
south [au]	*'soud'*	- Süd(en)
strength [e]	*'strengd(-e)'*	- Stärke (vgl. *Strenge*)
than [æ]	*'dan(-n)'*	- denn, als (vgl. *mehr denn je*)
thank [æ]	*'dank'*	- Dank;
	'dank(-en)'	- danken
that [æ]	*'dasz'*	- das, jenes (vgl. „*dat*")
thatch [æ]	*'da(t)ch'*	- Dachstroh, Dach (vgl. *'thatcher'* = Dachdecker)
thaw [ɔ:]	*'dau(-en)'*	- auftauen, tauen (vgl. *verdauen, Verdauung*)
the [ə]	*'de'*	- der, die, das
there [ɛə]	*'dere'*	- da, dar
these [i:]	*'dese'*	- diese
thick [i]	*'dick'*	- dick
thief, -ves [i:]	*'dieb'*	- Dieb, Diebe
thing [i]	*'ding'*	- Ding
think [i]	*'dink(-en)'*	- denken
third [ə:]	*'dirt = drit'*	- dritt(er, -e, -es)
thirst [ə:]	*'dirst'*	- Durst;
	'dirst(-en)'	- dürsten
this [i]	*'dis'*	- dies(er, -e, -es)
thistle [i]	*'distle'*	- Distel
thole [ou]	*'dol(l)e'*	- Dolle, Ruderpflock
thorn [ɔ:]	*'dorn'*	- Dorn
thorp [ɔ:]	*'dorpf'*	- Dorf
thou (†) [au]	*'dou'*	- du (veraltet)
though [ou]	*'douch'*	- doch, jedoch
thought [ɔ:]	*'doucht(-e)'*	- dachte;
	'(ge-)doucht'	- gedacht
thread [e]	*'(ge-)dreat'*	- Faden, Zwirn (vgl. *gedreht, Draht*)

threat [e]	*'dreasz'*	- Drohung (vgl. „Driet", „Drieß")
threaten [e]	*'dreaszen'*	- drohen (vgl. „verdrieten", verdrießen)
thin [i]	*'dün'*	- dünn
three [i:]	*'dree'*	- drei
thresh [e]	*'dresch(-en)'*	- dreschen
thrill [i]	*'drill'*	- durchdringendes Gefühl (vgl. Drill; s. Thriller)
	'drill(-en)'	- bohren (vgl. drillen, Drillbohrer)
throat [ou]	*'droasz'*	- Gurgel, Kehle (vgl. Drossel)
throng [ɔ]	*'drong'*	- Gedränge (vgl. Drang);
	'drong(-en)'	- (sich) drängen
throstle [ɔ]	*'drostle'*	- (Sing-)Drossel
throttle [ɔ]	*'droszle'*	- Kehle, Luftröhre (vgl. erdrosseln, Drosselventil)
throw [ou]	*'drou(-en)'*	- werfen (vgl. drehen)
thumb [ʌ]	*'dumb'*	- Daumen
thump [ʌ]	*'dumpf'*	- Schlag, Bums (vgl. dumpf)
thunder [ʌ]	*'dunder'*	- Donner (vgl. auch niederl. donderdag, donderen = donnern);
	'dunder(-n)'	- donnern
thwart [ɔ:]	*'dwarz'*	- quer, schräg (vgl. mar. dwars)

*

Der aufmerksame Leser wird bemerkt haben, dass in den oben aufgeführten Wörtern neben *'gh(t)'* und *'th'* einige weitere Buchstaben durch andere deutsche Laute ersetzt wurden, nämlich das englische *'t'*, das *'d'*, das *'f'*, das *'p'*, das *'s'* und das *'w'*. Die entsprechenden Tricks zur Dekodierung der Wörter, die diese Buchstaben enthalten, sollen auf den folgenden Seiten behandelt werden.

Wenden wir uns zunächst den Buchstaben *'t'* und *'d'* zu; während sich das *'t'* normalerweise zum deutschen „z" / „tz" oder bisweilen auch zum „sz" (= ß) wandelte, ist das englische *'d'* durch Lautverschiebung oft zum deutschen „t" geworden, besonders am Wortanfang und -ende.

Trick 3: t ⇨ z (sz)

Überzeugende Beispiele für die Gleichung *'t'* = „z" sind die folgenden beiden Wörter:

'two'	=	**zwo**
'town'	=	**zoun**

Im Gegensatz zur größeren, befestigten *'city'* bedeutete *'town'* also eigentlich *Zaun,* d.h. eine Ansiedlung, die nur provisorisch gegen das Eindringen von Feinden und wilden Tieren gesichert war. Vermutlich können Sie auch die nachstehenden Wörter entschlüsseln (bedenken Sie wiederum, dass Endungen, z.B. das deutsche Infinitivsuffix „-en", weggefallen sind:

f e l t	=	?
g r u n t	=	?
h e a r t	=	?
m a l t	=	?
m i l t	=	?
p e l t	=	?
s h i r t	=	?
s m u t	=	?
s w e a t	=	?
t a c k	=	?
t a m e	=	?
t a p	=	?
t e a r	=	?
t i n	=	?
t i p	=	?
t i t	=	?
t o p	=	?
t w i g	=	?
w i t	=	?

Lösungen:

felt	=	Filz
grunt	=	grunzen
heart	=	Herz
malt	=	Malz
milt	=	Milz
pelt	=	Pelz
shirt	=	(Schürze), Hemd
smut	=	Schmutz(fleck)
sweat	=	Schweiß
tack	=	(Zack!), Heftzwecke
tame	=	zahm, zähmen
tap	=	zapfen, Zapfhahn
tear	=	zerren, zehren
tin	=	Zinn, Blechdose
tip	=	(Zipfel), Trinkgeld, Ratschlag
tit	=	Zitze
top	=	(Zopf), oberster Teil, Gipfel
twig	=	Zweig
wit	=	Witz, Mutterwitz

*

Wörter mit dem Konsonanten 't' (= z / sz)

Englisch	Trick	Bedeutung (Assoziation)
between [i]	'(be)zween'	- zwischen zweien
better [e]	'beszer'	- besser
bite [ai]	'bisze(-n)'	- beißen
boot [u:]	'boosz'	- Nutzen, Vorteil (vgl. *Buße* = rechtliche Genugtuung)
cat [æ]	'kaz'	- Katze
cleat [i:]	'kleaz'	- Keil, Klotz
coat [ou]	'koaz'	- Mantel (vgl. 'cotton', Kutte, „Kotze")
eat [i:]	'easz(-en)'	- essen
felt [e]	'felz'	- Filz

fleet [i:]	*'fleesz'*	- Flotte (vgl. *Fleet Street*);
	'fleesz(-en)'	- fließen (vgl. *flitzen*)
foot [u]	*'foosz'*	- Fuß
gate [ei]	*'gasze'*	- Durchgang (vgl. *Gasse, Kattegat*)
glitter [i]	*'glizzer'*	- Glanz; Glitzer
	'glizzer(-n)'	- glitzern, schimmern
gloat [ou]	*'gloaz'*	- (Schaden-)Freude
	'gloaz(-en)'	- sich hämisch freuen (*glotzen*)
great [ei]	*'greasz'*	- groß
greet [i:]	*'greesz(-en)'*	- grüßen
grunt [ʌ]	*'grunz(-en)'*	- grunzen
hate [ei]	*'hasze(-n)'*	- hassen
heat [i:]	*'heaz'*	- Hitze;
	'heaz(-en)'	- heizen
hot [ɔ]	*'hosz'*	- heiß
kettle [e]	*'keszle'*	- Kessel
kite [ai]	*'kize'*	- Windvogel (vgl. *Kauz*)
little [i]	*'lüzle'*	- klein (vgl. „*lütt*", Lützelbg. = Luxemburg)
let [e]	*'lesz(-en)'*	- lassen
malt [ɔ:]	*'malz'*	- Malz
meat [i:]	*'meaz'*	- Fleisch (vgl. *Metzger* und *Mett*)
melt [e]	*'(sch)melz(-en)'*	- schmelzen
mint [i]	*'münz'*	- Münzanstalt;
	'münz(-en)'	- münzen
net [e]	*'nez'*	- Netz
nettle [e]	*'neszle'*	- Nessel
nut [ʌ]	*'nusz'*	- Nuss
pelt [e]	*'pelz'*	- Pelz, Fell
pit [i]	*'pfüz'*	- Grube, Brunnen (vgl. *Pfütze*)
plant [ɑ:]	*'pflanz'*	- Pflanze;
	'pflanz(-en)'	- (an)pflanzen
rattle [æ]	*'raszle(-n)'*	- rasseln, rappeln
salt [ɔ:]	*'salz'*	- Salz
seat [i:]	*'seaz'*	- Sitz(platz)
set [e]	*'sez'*	- Satz, Paar;
	'sez(-en)'	- setzen

shirt [ə:]	*'schürz'*	- Hemd (vgl. *Schürze*)
shut [ʌ]	*'schuz*(-en)*'*	- schließen (vgl. *schützen*)
silt [i]	*'sülz'*	- Schlamm, Treibsand (vgl. *Sülze*)
sit [i]	*'siz'*	- Sitz
	'siz(-en)*'*	- sitzen
slit [i]	*'schliz*(-en)*'*	- (auf)schlitzen
smart [ɑ:]	*'schmarz'*	- scharf, gewandt (vgl. *schmerzhaft*)
smite [ai]	*'schmisze*(-n)*'*	- werfen, schmeißen
smut [ʌ]	*'schmuz'*	- Ruß, Schmutz(fleck);
	'schmuz(-en)*'*	- (be)schmutzen
smutty [ʌ]	*'schmuzig'*	- schmutzig, dreckig
spit [i]	*'spiz'*	- Spitze;
	'spiz(-en)*'*	- speien, spucken (vgl. *'Spitfire'*)
sprout [au]	*'sprousz'*	- Spross, Sprössling (vgl. *'Brussels sprouts'*);
	'sprousz(-en)*'*	- sprießen, keimen
stilt [i]	*'stelz'*	- Stelze;
	'stelz(-en)*'*	- auf Stelzen gehen, stelzen
stilted [i]	*'(ge-)stelz(-)t'*	- gestelzt
strut [ʌ]	*'struz'*	- Stütze;
	'struz(-en)*'*	- sich brüsten, stolzieren (vgl. *strotzen*)
swart [ɔ:]	*'schwarz'*	- Schwärze (vgl. *schwarz*)
sweat [e]	*'schweasz'*	- Schweiß
sweet [i:]	*'sueesz'*	- süß, Süßigkeit (lat. *suavis* = süß)
tack [æ]	*'zack'*	- Nagel, Zwecke, Stift (vgl. *Zick-Zack, Zacken, zackig*)
tale [ei]	*'zale'*	- Erzählung (vgl. *erzählen*)
tame [ei]	*'zame'*	- zahm;
	'zame(-n)*'*	- zähmen
tap [æ]	*'zapf'*	- Zapf-, Wasserhahn;
	'zapf(-en)*'*	- (Bier) zapfen
teach [i:]	*'zeach*(-en)*'*	- lehren (vgl. *Zeichen, zeigen*)
tear [iə]	*'zear'*	- Träne, Zähre
tear [ɛə]	*'zear*(-en)*'*	- zehren, zerren
tell [e]	*'zell*(-en)*'*	- (er)zählen
ten [e]	*'zen'*	- zehn

tide [ai]	'zite'	- Zeitspanne, Gezeiten (vgl. *Tidenhub*)
tidy [ai]	'zitig'	- ordentlich, sauber (vgl. *zeitig*)
tie [ai]	'zie'	- Band, Knoten;
	'zie(-en)'	- binden, knoten (vgl. *ziehen*)
till [i]	'zill'	- bis (vgl. *Ziel*)
till [i]	'zill(-en)'	- beackern, pflügen (vgl. *zielen*)
tilt [i]	'zelt'	- (Zelt-)Plane (vgl. *Zelt*)
	'zelt(-en)'	- neigen
timber [i]	'zimber'	- Bauholz (vgl. *Zimmer, Zimmermann*)
time [ai]	'zime'	- Zeit (vgl. *sich ziemen*)
timely [ai]	'zimelig'	- rechtzeitig (vgl. *ziemlich*)
tin [i]	'zin'	- (Konserven-)Dose (vgl. *Zinn*)
tinder [i]	'zünder'	- Zunder (vgl. *Zünder*)
tinker [i]	'zinker'	- Kesselflicker, Verzinker
tinned [i]	'(ver-)zinn(-)t'	- verzinnt; eingeweckt
tinny [i]	'zinnig'	- blechern, zinnhaltig
tip [i]	'zipf'	- Spitze, Zipfel, Tipp, (zusätzliches) Trinkgeld (vgl. *tippeln* = auf Zehenspitzen gehen)
tit [i]	'ziz'	- Zitze
to [ə]	'zo'	- hin, zu
today [ei]	'zutag'	- heute (vgl. *heutzutage*)
toddle [ɔ]	'zottle(-n)'	- watscheln (vgl. „*zotteln*")
toddler [ɔ]	'zottler'	- Kleinkind (das gerade das Laufen lernt)
toe [ou]	'zoe'	- Zeh(e)
token [ou]	'zochen'	- Beweis, Andenken (vgl. *Zeichen*)
toll [ou]	'zoll'	- (Wege-)Zoll, Mautgebühr
tongs [ɔ]	'zongs'	- Zange
tongue [ʌ]	'zongue'	- Zunge
too [u:]	'(all-)zoo'	- hinzu, auch, allzu
top [ɔ]	'zopf'	- oberster Teil, Gipfel
torn *(pp.)*	'zorn'	- zerrissen (vgl. *Zorn, zornig*)
tough [tʌf]	'zouch'	- zäh
tousle [au]	'zousle(-n)'	- zerzausen, unordentlich machen

towards [- ə:]	*'zowarts'*	- hinzu, gegen
town [au]	*'zoun'*	- kleine Stadt (vgl. *Zaun*)
tub [ʌ]	*'zub'*	- Fass, Bottich, Zuber
tuck [ʌ]	*'zuck(-en)'*	- klemmen, zusammenziehen (vgl. *zucken*)
tug [ʌ]	*'zug'*	- Zug, Ruck
twelve [e]	*'zwelve'*	- zwölf
twenty [e]	*'zwenzig'*	- zwanzig
twice [ai]	*'zwice'*	- zweimal
twig [i]	*'zwig'*	- Zweig
twilight [ai-ai]	*'zwilicht'*	- Zwielicht
twin [i]	*'zwin'*	- Zwilling
twinge [i]	*'zwinge(-n)'*	- kneifen (vgl. *Schraubzwinge*)
twinkle [i]	*'zwinkle(-n)'*	- blinzeln, blitzen (vgl. *zwinkern*)
twirl [ə:]	*'zwirl(-en)'*	- herumwirbeln, drehen (vgl. *zwirbeln*)
twist [i]	*'zwist'*	- aus zwei Fäden gedrehtes Garn (vgl. *zwei, Twist, Zwist, Zwistigkeit*)
twitter [i]	*'(ge-)zwizzer'*	- Gezwitscher;
	'zwizzer(-n)'	- zwitschern
two [u:]	*'zwo'*	- zwei
utter [ʌ]	*'uszer(-n)'*	- äußern, ausdrücken
welter [e]	*'welzer'*	- Rollen, Branden; schwere Person (vgl. *Weltergewicht, Walze*);
	'welze(-n)'	- rollen, kullern (vgl. *wälzen*)
wet [e]	*'wesz'*	- nass (vgl. *Wasser*)
wheat [i:]	*'weaz'*	- Weizen
whet [e]	*'w(-)ez(-en)'*	- wetzen, schärfen, reizen
white [ai]	*'w(-)isz'*	- weiß
wit [i]	*'wiz'*	- Witz, Mutterwitz
wort [ə:]	*'worz'*	- Kraut, Würze (vgl. *Bärwurz, Wurzel*)
write [ai]	*'(w)rize(-n)'*	- schreiben (vgl. *einritzen, Reissbrett*)

*

Trick 4: d ⇨ t

Das englische *'d'* ist zwar nicht immer dem deutschen „t"
gleichzusetzen; wie aber die entsprechende Wortliste zeigt,
lohnt sich ein Versuch auf jeden Fall:

Wörter mit dem Konsonanten *'d'* (= t)

Englisch	Trick	Bedeutung *(Assoziation)*
beard [iə]	*'beart'*	- Bart
bed [e]	*'bet'*	- Bett, Beet
behind [ai]	*'(be)hint'*	- hinter, hinten; Hintern
bid [i]	*'bit(-en)'*	- (ge)bieten, bitten
blade [ei]	*'blat(e)'*	- Blatt, Blättchen
bleed [i:]	*'bleet(-en)'*	- bluten (vgl. *'blood', 'bloody'*)
blood [ʌ]	*'bloot'*	- Blut
bloody [ʌ]	*'blootig'*	- blutig
body [ɔ]	*'botig'*	- Körper (vgl. *Bottich, 'bottle'*)
brandy [æ]	*'brantig'*	- Branntwein
bread [e]	*'breat'*	- Brot
bride [ai]	*'brite'*	- Braut
broad [ɔ:]	*'broat'*	- breit
brood [u:]	*'broot'*	- Nachkommenschaft (vgl. *brüten*)
card [ɑ:]	*'kart'*	- (Post-)Karte
cold [ou]	*'kolt'*	- kalt
dale/dell [ei/e]	*'tale/tell'*	- Tal, Loch (vgl. *Delle*)
dapper [æ]	*'tapfer'*	- nett, flink (vgl. *tapfer*)
daughter [ɔ:]	*'tauchter'*	- Tochter
day [ei]	*'tag'*	- Tag
dead [e]	*'teat'*	- tot
deaf [e]	*'teab'*	- taub (vgl. *doof*)
deal [i:]	*'teal'*	- (An-)Teil, Geschäft;
	'teal(-en)'	- teilen, austeilen

dear [iə]	*'tear'*	- teuer, lieb
death [e]	*'tead'*	- Tod
deed [i:]	*'teet'*	- Tat
deep [i:]	*'tee(-)f'*	- tief
deer [iə]	*'teer'*	- Rotwild, Tier
dew [dju:]	*'teu'*	- Tau, Frische
dish [i]	*'tisch'*	- Schüssel, Gericht (vgl. *auftischen)*
ditch [i]	*'ti(-)ch'*	- Graben, Teich
do [u:]	*'to(-en)'*	- tun
dollar [ɔ]	*'tollar'*	- Taler
door [ɔ:]	*'toor'*	- Tür, Tor
dough [dou]	*'touch'*	- (Brot-)Teig
dove [ʌ]	*'tobe'*	- Taube
drag [æ]	*'trag(-en)'*	- ziehen, tragen
draw [ɔ:]	*'trau(-gen)'*	- ziehen (tragen)
duck [ʌ]	*'tuch(-er)'*	- Ente (vgl. *Taucher);*
	'tuch(-en)'	- tauchen (vgl. *ducken, 'Donald Duck')*
dull [ʌ]	*'tull'*	- dumm, träge, stumpf (vgl. *toll)*
dream [i:]	*'tream'*	- Traum;
	'tream(-en)'	- träumen
dreary [iə]	*'trearig'*	- traurig
drink [i]	*'(ge-)trink'*	- Getränk;
	'trink(-en)'	- trinken
drive [ai]	*'tribe(-n)'*	- fahren, (an)treiben
drop [ɔ]	*'tropf'*	- Tropfen
drum [ʌ]	*'trum'*	- Trommel
feed [i:]	*'feet(-ern)'*	- füttern
fodder [ɔ]	*'fotter'*	- (Vieh-)Futter, Fütterung;
	'fotter(-n)'	- füttern
fold [ou]	*'folt'*	- Falte;
	'folt(-en)'	- falten, zusammenfalten
food [u:]	*'foot'*	- Futter, Nahrung
ford [ɔ:]	*'fort'*	- Furt (vgl. *Oxford* = Ochsenfurt)
garden [ɑ:]	*'garten'*	- Garten
gird [ə:]	*'gürt(-en)'*	- (um)gürten
girdle [ə:]	*'gürtle'*	- Gürtel, Gurt

glad [æ]	*'glat'*	- fröhlich, glänzend (vgl. *glatt*)
glide [ai]	*'glite(-n)'*	- (dahin)gleiten
god [ɔ]	*'got'*	- Gott
good [u]	*'goot'*	- gut
hard [ɑ:]	*'hart'*	- hart, schwer
hoard [ɔ:]	*'hoart'*	- Schatz, Vorrat, Menge;
		- sammeln, hamstern (vgl. *sicherer Hort, horten*)
hold [ou]	*'holt(-en)'*	- halten
hood [u:]	*'hoot'*	- Kappe, Kapuze;
		- bedecken (vgl. *Hut, hüten*)
idle [ai]	*'itle'*	- müßig, wertlos (vgl. *eitel*)
instead [e]	*'insteat'*	- anstatt
kid [i]	*'kit'*	- Ziege, Geiß, Kind (vgl. *Kitz*)
knead [ni:d]	*'kneat(-en)'*	- kneten
ladder [æ]	*'latter'*	- Leiter
lead [e]	*'leat'*	- Blei (vgl. *Lot*)
lead [i:]	*'leat(-en)'*	- leiten, führen
loud [au]	*'lout'*	- laut
mead [i:]	*'meat'*	- Honigwein, Met
meed [i:]	*'meet'*	- Lohn, verdienter Teil (*Miete*)
mid [i]	*'mit'*	- Mitte, Mit-
middle [i]	*'mittle'*	- Mitte
mood [u:]	*'moot'*	- Stimmung (vgl. *zu Mute sein*)
need [i:]	*'neet'*	- Not, Bedürftigkeit;
		- benötigen (vgl. *Not, nötig*)
old [ou]	*'olt'*	- alt
read [i:]	*'reat(-en)'*	- lesen, ursprüngl.: (er)raten
reed [i:]	*'reet'*	- Riet, Schilfrohr
ride [ai]	*'rite(-n)'*	- reiten
rod [ɔ]	*'rot'*	- (Angel-)Rute, Bündel
rood [u:]	*'root'*	- Rute (Längenmaß)
saddle [æ]	*'sattle'*	- Sattel;
	'sattle(-n)'	- satteln
seed [i:]	*'seet'*	- Saat
seldom [e-ə]	*'seltom'*	- selten
shade [ei]	*'schate'*	- Schatten

shepherd [e-ə:]	'sche(-)fhert'	- Schafhirt
shoulder [ou]	'schoulter'	- Schulter
side [ai]	'site'	- Seite
sled [e]	'schlet'	- Schlitten (vgl. *Schlittschuh*)
slide [ai]	'schlite(-rn)'	- gleiten; Diapositiv (vgl. *schlittern*)
speed [i:]	'speet'	- Geschwindigkeit (vgl. *sich sputen*)
spread [e]	'spreat(-en)'	- verbreiten, ausbreiten (von griech. σπείρειν = zerstreuen; vgl. *spreizen, spritzen, Spray, Diaspora*)
steed [i:]	'steet'	- Ross, Reittier (vgl. *Stute*)
sward [swɔ:d]	'schwart'	- Rasen(decke) (vgl. *Schwarte*)
sword [sɔ:d]	'schwort'	- Schwert
tide [ai]	'zit(e)'	- Zeitspanne, Gezeiten
toddle [ɔ]	'zottle(-n)'	- watscheln (vgl. „*zotteln*")
toddler [ɔ]	'zottler'	- Kleinkind (das gerade das Laufen lernt)
tread [e]	'treat(-en)'	- (auf)treten, schreiten
under [ʌ]	'unter'	- unter(halb)
wade [ei]	'wate(-n)'	- (durchs Wasser) waten
ward [ɔ:]	'wart'	- (Krankenhaus-)Station Abteilung, Bezirk (vgl. *Vogelwarte*);
	'wart(-en)'	- bewahren, schützen (vgl. *Wartung, warten*)
warder/-en [ɔ:]	'warter'	- Aufseher, Wärter
wide [ai]	'wite'	- weit, ausgedehnt
widen [ai]	'witen'	- (er)weitern, weiten
word [ə:]	'wort'	- Wort
world [ə:]	'wo(-)lt'	- Welt
yesterday [e]	'gestertag'	- gestern

*

Trick 5: f / ve ⇨ b

Eine Reihe von Überraschungen erwartet Sie, wenn Sie sich die nächste Wortliste ansehen und den Konsonanten *'f'* in unbekannten (und bekannten!) Wörtern jeweils durch das deutsche „b" ersetzen.

Anstatt des *'f'* erscheint innerhalb eines Wortes allerdings recht häufig die Kombination *'ve'*, bei Verben gewöhnlich auch am Wortende (im Gegensatz zum *'f'* bei den Hauptwortsuffixen), zum Beispiel:

Hauptwortform		*Verbform*	
belief	*(der Glaube)*	to believe	*(glauben)*
cleft	*(der Spalt)*	to cleave	*(spalten)*
gift	*(die Gabe)*	to give	*(geben)*
heft	*(das Heben)*	to heave	*(heben)*
life	*(das Leben)*	to live	*(leben)*
safe	*(der Geldschrank)*	to save	*(sparen)*
strife	*(der Kampf)*	to strive	*(streben, kämpfen)*

Das Gleiche gilt in der Regel für die Mehrzahl von Hauptwörtern *(Nomina)*, die auf *'f'* enden, zum Beispiel:

Nomen (Einzahl)		*Nomen (Mehrzahl)*	
calf	*(das Kalb)*	calves	*(die Kälber)*
half	*(die Hälfte)*	halves	*(die Hälften)*
life	*(das Leben)*	lives	*(die Leben)*
wife	*(die Ehefrau)*	wives	*(die Ehefrauen)*
wolf	*(der Wolf)*	wolves	*(die Wölfe)*
yourself	*(dich selbst)*	yourselves	*(euch selbst)*

*

Wörter mit *'f'* oder *'ve'* (= *b* / außer am Wortanfang)

Englisch	Trick	Bedeutung *(Assoziation)*
beaver [iː]	*'beaber'*	- Biber
behave [ei]	*'behabe(-n)'*	- sich benehmen (vgl. *behäbig, Gehabe*)
bereave [iː]	*'bereabe(-n)'*	- berauben
calf [ɑː]	*'kalb'*	- Kalb
calve [ɑː]	*'kalbe(-n)'*	- kalben
carve [ɑː]	*'karbe(-n)'*	- kerben, einkerben
cleave [iː]	*'kleabe(-n)'*	- spalten, entzwei hauen (vgl. *Kloben, aufklauben, 'clover'* = Klee)
cleft [e]	*'klebt'*	- Spalt (vgl. *kleben, Kluft, klaffen*)
cloven [ou]	*'kloben'*	- gespalten, Spalt- (vgl. „*Kloblauch*" = Knoblauch)
clover [ou]	*'klober'*	- Klee (Kleeblatt = geteiltes Blatt)
deaf [e]	*'teab'*	- taub
dove [ʌ]	*'tobe'*	- Taube
drive [ai]	*'tribe(-n)'*	- treiben, antreiben
even [iː]	*'eben'*	- eben, glatt, sogar
evening [iː]	*'ebening'*	- Abend
every [e]	*'eberig'*	- jeder (der *Übrigen*)
evil [iː]	*'ebil'*	- übel
fever [iː]	*'feber'*	- Fieber
give [i]	*'gebe(-n)'*	- geben
grave [ei]	*'grabe'*	- Grab (vgl. *graben, gravieren*)
groove [uː]	*'groobe'*	- Rinne, Furche (vgl. *Grube*);
	'groobe(-n)'	- auskehlen, aushöhlen (vgl. *graben*)
gruff [ʌ]	*'grub'*	- mürrisch, grob
half [ɑː]	*'halb'*	- halb; halbe(r, -s)
harvest [ɑː]	*'harbest'*	- Ernte(zeit) (vgl. *Herbst*)
have [æ]	*'habe(-n)'*	- haben
heave [iː]	*'heabe(-n)'*	- (hoch)heben
heavy [e]	*'heabig'*	- schwer (zu heben)

knave [ei]	*'knabe'*	- Knappe, Knabe
leaf, -ves [i:]	*'leab'*	- Blatt, Blätter (vgl. *Laub*)
life [ai]	*'lebe'*	- Leib, Leben
live [i]	*'lebe(-n)'*	- leben
loaf [ou]	*'loab'*	- (Brot-)Laib (vgl. *Lebkuchen*)
love [ʌ]	*'lobe(-n)'*	- lieben (vgl. *loben, glauben*)
navel [ei]	*'nabel'*	- Nabel, Mitte, Zentrum
of [ə]	*'ob'*	- ab, von, von her
off [ɔ]	*'ob(b)'*	- weg von, ab-
over [ou]	*'ober'*	- über, oberhalb
raven [ei]	*'raben'*	- Rabe
rover [ou]	*'rober'*	- (See-)Räuber, Herum-streicher
salve [æ]	*'salbe'*	- Salbe
seven [e]	*'seben'*	- sieben (Zahlwort)
self [e]	*'selb'*	- selbst, selber
shave [ei]	*'schabe(-n)'*	- rasieren, schaben
shiver [i]	*'schiber'*	- Splitter, Scheibe, Schiefer (vgl. *schieben, Geschiebe*)
shove [ʌ]	*'schobe(-n)'*	- schieben
sieve [i:]	*'sieb(e)'*	- Sieb;
	'siebe(-n)'	- sieben
silver [i]	*'silber'*	- Silber
sniff [i]	*'schnib(-en)'*	- schnauben, schnüffeln (vgl. „*schnieben*")
snuff [ʌ]	*'schnub'*	- Schnupftabak
staff [ɑ:]	*'stab'*	- Stab
starve [ɑ:]	*'starbe(-n)'*	- sterben, vor Hunger um-kommen
stove [ou]	*'stobe'*	- (Heiz-)Ofen (vgl. *Stube* = beheizbarer Raum; „*Stövchen*")
strive [ai]	*'strebe(-n)'*	- streben, streiten
wave [ei]	*'wabe'*	- Welle, Woge;
	'wabe(-rn)'	- wogen, winken (vgl. „*wabern*")
weave [i:]	*'weabe(-n)'*	- weben
wife [ai]	*'wib(e)'*	- verheiratete Frau (vgl. *Weib*)

*

Trick 6: p ⇨ pf / f

Manches Wort, das mit einem *'p'* beginnt, stammt aus der lateinischen Sprache (wobei sich das *'p'* nicht verändert hat, z.B. *'pen'* = die *Schreibfeder* aus dem gleichbedeutenden lateinischen Wort *pen|na*). Mit hoher Wahrscheinlichkeit ist eine Vokabel, die ein *'p'* enthält, jedoch germanischen Ursprungs. Sie sollten daher auf jeden Fall ausprobieren, ob sich die Bedeutung eines solchen Wortes nicht erschließen lässt, indem Sie das *'p'* durch ein „**pf**" oder ein einfaches „**f**" ersetzen.

Dass Sie mit Hilfe dieses Tricks tatsächlich in der Lage sind, unbekannte Wörter zu verstehen, beweist Ihnen sicherlich die nachfolgende Auswahl:

c a r p	=	?
c r a m p	=	?
d a m p	=	?
g a p e	=	?
g r i p e	=	?
p a t h	=	?
p i l l a r	=	?
p l u c k	=	?
p l u m	=	?
s t a m p	=	?
s t u m p	=	?

Sollten Sie die Wörter *'gape'*, *'gripe'*, *'pluck'* und *'stamp'* nicht identifizieren können, haben Sie möglicherweise nicht bedacht, dass es sich um Verben handeln könnte und Sie die deutsche Endung „**-en**" wieder anhängen müssen! Versuchen Sie es noch einmal – die Lösungen stehen wie immer auf der nächsten Seite.

Lösungen:

carp	=	Karpfen
cramp	=	Krampf
damp	=	Dampf; feucht
gape	=	gaffen, staunen
gripe	=	greifen, fassen
path	=	Pfad
pillar	=	Pfeiler, Säule
pluck	=	pflücken
plum	=	Pflaume
stamp	=	stampfen
stump	=	Stumpf

*

Eine Vielzahl weiterer Wörter, bei denen nicht nur das *'p'* auszutauschen ist, sondern auch etliche der früher erklärten Tricks anzuwenden sind, bietet Ihnen die folgende Tabelle:

Wörter mit dem Konsonanten *'p' (= pf oder f)*

Englisch	Trick	Bedeutung (Assoziation)
apple [æ]	*'a(-)pfle'*	- Apfel
bishop [i]	*'bischo(-)f'*	- Bischof
carp [ɑ:]	*'karpf'*	- Karpfen
cheap [i:]	*'chea(-)f'*	- billig (vgl. *kaufen, käuflich*)
copper [ɔ]	*'ko(-)pfer'*	- Kupfer (vgl. *David Copperfield*)
cramp [æ]	*'krampf'*	- Krampf;
		- Krampe, Schraubzwinge;
	'krampf(-en)'	- verkrampfen, klammern, einengen
crop [ɔ]	*'kropf'*	- (Tier-)Kropf; Getreide(ernte)
cup [ʌ]	*'kupf'*	- (Ober-)Tasse (vgl. *Kopf* im Gegensatz zur Untertasse)

63

damp [æ]	'dampf'	- Dampf; feucht
dapper [æ]	'tapfer'	- nett, flink (vgl. *tapfer*)
deep [i:]	'tee(-)f'	- tief
drip [i]	'tröpf(-eln)'	- tropfen, tröpfeln
drop [ɔ]	'tropf'	- Tropfen
gape [ei]	'ga(-)fe(-n)'	- gaffen, starren
grip [i]	'gri(-)f'	- Griff, Halt
gripe [ai]	'gri(-)f(-en)'	- (er)greifen, packen
harp [ɑ:]	'har(-)f'	- Harfe
heap [i:]	'hea(-)f'	- Haufen;
	'hea(-)f(-en)'	- (an)häufen, überhäufen
help [e]	'hel(-)f'	- Hilfe;
	'hel(-)f(-en)'	- helfen
hip [i]	'hü(-)f'	- Hüfte, Lende
hop [ɔ]	'hopf'	- Hopfen
hop [ɔ]	'hopf(-en)'	- hüpfen, hopsen
hope [ou]	'ho(-)f'	- Hoffnung;
	'ho(-)f(-en)'	- hoffen
knop [nɔp]	'knopf'	- Knauf, Knopf, Knospe
leap [i:]	'lea(-)f(-en)'	- springen, hüpfen (vgl. *laufen*)
limp [i]	'(g-)limpf'	- weich, schwach (vgl. *glimpflich*);
	'(g-)limpf(-en)'	- humpeln, hinken, lahmen
pan [æ]	'pfan'	- Pfanne
path [ɑ:]	'pfad'	- Pfad
pea(-cock) [i:]	'pfea'	- Pfau
penny [e]	'pfennig'	- Pfennig
pepper [e]	'pfe(-)fer'	- Pfeffer
pile [ai]	'pfile'	- spitzer Pfahl, Pfeiler; Haufen
pillar [i]	'pfillar'	- Säule (vgl. *Pilaster* = Wandpfeiler)
pipe [ai]	'pfi(-)fe'	- Pfeife;
	'pfi(-)fe(-n)'	- pfeifen
pit [i]	'pfüz'	- Brunnen(schacht), Zeche, Loch (vgl. „*Pütt*", *Pfütze*)
plant [ɑ:]	'pflanz'	- Pflanze;
	'pflanz(-en)'	- (an)pflanzen

plaster [ɑ:]	*'pflaster'*	– Pflaster, Mörtel, Verputz
plight [ai]	*'pflicht'*	– Verpflichtung, Last
plough [au]	*'pflouch'*	– Pflug
pluck [ʌ]	*'pfluck(-en)'*	– pflücken, abreißen
plug [ʌ]	*'pflug'*	– Pflock, Stöpsel, elektrischer Stecker
plum [ʌ]	*'pflum'*	– Pflaume
pole [ou]	*'pfole'*	– Pfahl
pool [u:]	*'pfool'*	– Teich, Tümpel, Pfuhl
port [ɔ:]	*'pfort'*	– Hafenstadt, Pforte (lat. *'porta'* = das Tor; vgl. *Porta Nigra*)
post [ou]	*'pfost'*	– Pfosten
pray [ei]	*'(-)frag(-en)'*	– beten (vgl. *fragen*)
prop [ɔ]	*'pfropf'*	– Stützpfahl, Stütze (vgl. *pfropfen*);
	'pfropf(-en)'	– (unter)stützen
push [u]	*'pfusch(-en)'*	– stoßen, drängen (vgl. „*futsch*" und *pfuschen* = übereilt arbeiten)
ripe [ai]	*'ri(-)fe'*	– reif
rope [ou]	*'ro(-)fe'*	– Seil, Kreis (vgl. *Reif, Reifen*)
rump [ʌ]	*'rumpf'*	– Rumpf, Hinterteil, Steiß (vgl. *'rump steak'*)
sap [æ]	*'sa(-)f'*	– Saft, Lebenskraft
shape [ei]	*'scha(-)fe'*	– Gestalt, Form (vgl. *schaffen, Geschöpf*);
	'scha(-)fe(-n)'	– formen, bilden, gestalten
sharp [ɑ:]	*'schar(-)f'*	– scharf
shepherd [e-]	*'sche(-)fhert'*	– Schafhirt
ship [i]	*'schi(-)f'*	– Schiff
sleep [i:]	*'schlee(-)f'*	– Schlaf;
	'schlee(-)f(-en)'	– schlafen
slip [i]	*'schlüpf(-en)'*	– schlüpfen, gleiten
soap [ou]	*'soa(-)f'*	– Seife
stamp [æ]	*'stampf'*	– Stempel;
	'stampf(-en)'	– stampfen, stempeln
step [e]	*'stepf'*	– Schritt (vgl. *Steppschritt, Quickstep*);
	'stepf(-en)'	– schreiten (vgl. *steppen, stapfen*)
step- [e]	*'ste(-)f-'*	– Stief-(Vater etc.)

steep [i:]	*'stee(-)f'*	- steil, felsig (vgl. *Hohenstaufen, Staufer, steif*)
stop [ɔ]	*'stopf(-en)'*	- anhalten (vgl. *stopfen*)
stripe [ai]	*'stri(-)fe'*	- Streifen
stump [ʌ]	*'stumpf'*	- Stumpf, Stummel
sup [ʌ]	*'su(-)f(-en)'*	- in kleinen Mengen essen und trinken (vgl. *saufen, 'supper'*)
swamp [ɔ]	*'suampf'*	- Sumpf
sweep [i:]	*'schweef(-en)'*	- fegen (vgl. *schweifen, „schwofen"*)
tap [æ]	*'zapf''*	- Zapf-, Wasserhahn;
	'zapf(-en)'	- zapfen (z.B. Bier)
tip [i]	*'zipf'*	- Spitze, Zipfel (vgl. *„tippeln"*)
top [ɔ]	*'zopf'*	- oberster Teil, Gipfel (vgl. *Zopf*)
up [ʌ]	*'u(-)f'*	- auf, hinauf
weapon [e]	*'wea(-)fon'*	- Waffe
whip [i]	*'w(-)ipf'*	- Peitsche (vgl. *Wipfel*);
		- peitschen, schlagen

*

T r i c k 7:   y ⇨ g / j

Die Ersetzung des Buchstaben *'y'* durch ein „g" kann zu ver-
blüffenden Erkenntnissen verhelfen, was eigentlich nahe liegt,
wenn man bedenkt, dass beide Konsonanten – zumindest in
der Schreibschrift – eine große Ähnlichkeit aufweisen. Dass
dieser Trick funktioniert, soll an folgenden Beispielen nachge-
wiesen werden:

$$m a y \quad = ?$$
$$s a y \quad = ?$$
$$s l a y \quad = ?$$
$$y a r n \quad = ?$$
$$y e a r n \quad = ?$$

Lösungen:

may	=	mag
say	=	sagen
slay	=	(er)schlagen
yarn	=	Garn, Lügengeschichte
yearn	=	gern haben wollen

*

Wörter mit dem Buchstaben 'y' (= g)

Englisch	Trick	Bedeutung (Assoziation)
away [ei]	'(-)wag'	- weg
belly [e]	'bellg'	- Balg, Bauch (vgl. sich *balgen*)
day [ei]	'tag'	- Tag
eye [ai]	'ege'	- Auge
felly [e]	'fellg'	- (Rad-)Felge
fey (†) [ei]	'feg'	- dem Tode ergeben, bange (vgl. *feige*)
fly [ai]	'flig'	- Fliege;
	'flig(-en)'	- fliegen
holy [ou]	'holig'	- heilig
honey [ʌ]	'honeg'	- Honig
lay [ei]	'lag'	- lag (*Past* von 'to lie');
	'lag(-en)'	- legen
lie [ai]	'lie(-gen)'	- liegen
pay [ei]	'pag'	- (be)zahlen (vgl. ital. *pagare*)
play [ei]	'pflag(-en)'	- spielen, etwas pflegen (z.B. die Musik, ein Instrument etc.)
pray [ei]	'(-)frag(-en)'	- beten (vgl. *fragen*)
silly [i]	'se(-)lig'	- selig, einfältig, albern
slay [ei]	'schlag(-en)'	- (er)schlagen
stay [ei]	'stag'	- Stag, Stütztau, Stütze
way [ei]	'wag'	- Weg (vgl. *Wagen*)

worry [ʌ]	*'wor(-)g(-en)*	- besorgt sein (vgl. *würgen*)
yard [ɑ:]	*'gart'*	- umfriedeter Hof (vgl. *Garten*)
yard [ɑ:]	*'gart'*	- Elle (Längenmaß: 91,4 cm) (vgl. *Gerte*)
yarn [ɑ:]	*'garn'*	- Garn, Lügengeschichte (vgl. *Seemannsgarn*)
yare [ɛə]	*'gar(-)'*	- fertig, gar
yarrow [æ]	*'garrou(-be)'*	- (Getreide-)Garbe
yawn [ɔ:]	*'gaun(-en)'*	- gähnen
yearn [ə:]	*'gearn(-en)'*	- sich sehnen nach, gern haben wollen
yeast [i:]	*'geast'*	- Hefe, Schaum (vgl. *Gischt*)
yell [e]	*'gell(-en)'*	- gellend schreien
yellow [e]	*'gellou(-b)'*	- gelb
yesterday [e]	*'gestertag'*	- gestern
yield [i:]	*'gelt(-en)'*	- einen Ertrag liefern, zugestehen (vgl. *gelten, Entgelt*)

*

Führt die Gleichsetzung *'y'* = „g" nicht zum gewünschten Ergebnis, könnte ein Versuch mit dem deutschen „j" weiterhelfen, obschon es nicht immer so gut klappen wird, wie bei den nachstehenden Wörtern.

Wörter mit dem Buchstaben 'y' (= j)

Englisch	Trick	Bedeutung (Assoziation)
yacht [jɔt]	*'jacht'*	- Jacht, Segelboot
yager [ɑ:]	*'jager'*	- Jäger
yawl [ɔ:]	*'jaul(-en)'*	- jaulen;
	'jaul'	- Jolle
yap [æ]	*'jap(-sen)'*	- kläffen, bellen (vgl. „*japsen*")
yea [ei]	*'jea'*	- jawohl, ja
year [iə]	*'jear'*	- Jahr
yodel [ou]	*'jodel(-n)'*	- jodeln

yoke [ou]	'joche'	- Ochsengeschirr, Tragholz (vgl. *Joch*)
yonder [ɔ]	'jon(-)er	- jener dort, dort drüben
young [ʌ]	'joung'	- jung
yourt [uə]	'jourt'	- Jurte, Zelt der Mongolen
youth [u:]	'jou(gen)d'	- Jugend
yowl [au]	'joul(-en)'	- heulen (vgl. *johlen, jaulen*)
Yugoslav [u]	'Jugoslav'	- Jugoslawe (= Südslawe)

*

Trick 8: w ⇨ u

Das Geheimnis des nächsten Tricks haben Sie eigentlich schon gelüftet, wenn Sie das *'w'* – wie im englischen Alphabet – *'double-u'* [ˈdʌblju:] aussprechen, und tatsächlich ist es ja aus zwei spitz zulaufenden U (⇨ vv) entstanden. Setzen Sie für den Konsonanten *'w'* (außer am Wortanfang!) den Vokal „u" ein, ergibt sich gleich ein doppelter Vorteil: Sie werden in den meisten Fällen das entsprechende Wort augenblicklich verstehen und leichter im Gedächtnis behalten, zudem können Sie sich seine korrekte Aussprache mühelos einprägen. Allerdings dürfen Sie ein vorausgehendes *'e'* nicht mit dem *'w'* (= u) zu einem Diphthong verbinden, sondern Sie müssen die beiden Laute einzeln sprechen, also

'-ew' nicht „eu", sondern „e-u" (vgl. *'new'*).

Ein wenig anders sieht es aus, wenn vor dem *'w'* ein *'o'* steht; die Aussprache ist dann entweder

'-ow' = „ou" (vgl. *'blow'*) oder „-au" (vgl. *'brow'*).

Die Kombination *'-aw'* dagegen führt in der Regel zu einem *offen* gesprochenen, langen „o" [ɔ:] (vgl. *'saw'* und *'raw'*).

Wörter mit dem Buchstaben 'w' (= u)

Englisch	Trick	Bedeutung (Assoziation)
bestrew [u:]	'bestreu(-en)'	- bestreuen
brew [u:]	'breu(-en)'	- (Bier) brauen
brow [au]	'brou'	- (Augen-)Braue
brown [au]	'broun'	- braun
callow [æ]	'kallou'	- kahl, ungefiedert; unerfahren
claw [ɔ:]	'klau'	- Klaue, Kralle
cow [au]	'kou'	- Kuh
crow [ou]	'krou'	- Krähe;
	'krou(-en)'	- krähen
cower [au]	'kouer(-n)'	- kauern, sich ducken
crown [au]	'kroun'	- Krone;
	'kroun(-en)'	- krönen
dew [u:]	'teu'	- Tau(tropfen)
fallow [ou]	'fallou'	- fahl, brach; Brache
fowl [au]	'fou(g)l'	- Geflügel (vgl. *Vogel*)
glow [ou]	'glou(-en)'	- glühen
hew [ju:]	'heu(-en)'	- hauen, hacken, fällen
low [ou]	'lou'	- niedrig (vgl. *auf der Lauer liegen*)
lower [ou]	'louer(-n)'	- (sich) herablassen, (den Blick) senken (vgl. *lauern*)
mow [ou]	'mou(-en)'	- mähen
new [u:]	'neu'	- neu
owl [au]	'oul'	- Eule
raw [ɔ:]	'rau'	- roh, rau (vgl. '*raw materials*')
shawl [ɔ:]	'schaul'	- Schal
sinew ['sinju:]	'seneu'	- Sehne
show [ou]	'schou'	- Schau(spiel), Ausstellung;
	'schou(-en)'	- zeigen, zur Schau stellen
shower [au]	'schouer'	- (Regen-)Schauer, Dusche
snow [ou]	'schnou'	- Schnee;
	'schnou(-en)'	- schneien

sow [au]	*'sou'*	- Sau, Mutterschwein
spew [u:]	*'speu(-en)'*	- speien, sich erbrechen
straw [ɔ:]	*'strau'*	- Stroh(halm)
strew [u:]	*'streu(-en)'*	- (aus)streuen
swamp [ɔ]	*'suampf'*	- Sumpf
sweet [i:]	*'sueesz'*	- süß, Süßigkeit (von lat. *suavis* = süß; vgl. *'persuasive'* = überredend, süß)
window [ou]	*'windou'*	- Fenster (eigentlich: Windauge)

*

Trick 9: k ⇨ ch

Das Vorkommen des Konsonanten *'k'* in einem englischen Wort ist nicht unbedingt ein Anzeichen dafür, dass es aus dem Germanischen stammt (recht oft entspricht es nämlich dem 'c' in lateinischen Wörtern), trotzdem erhellt sich in einem englischsprachigen Text der Sinn vieler Begriffe, sobald man das *'k'* durch ein „ch" ersetzt. Machen Sie doch einmal die Probe aufs Exempel und verstehen Sie eine Handvoll „neuer" Vokabeln, die Sie eigentlich ohne Lernaufwand in Ihren Wortschatz übernehmen können, da sie ja aus Ihrer *eigenen* Sprache stammen:

b e a k e r	=	?
b l e a k	=	?
d r a k e	=	?
e l k	=	?
l a r k	=	?
m o n k	=	?
o a k	=	?
s i c k l e	=	?
w e a k	=	?

Lösungen:

beaker	=	Becher, Humpen
bleak	=	bleich, traurig
drake	=	Drache
elk	=	Elch
lark	=	Lerche
monk	=	Mönch
oak	=	Eiche
sickle	=	Sichel
weak	=	weich, schwach

*

Wörter mit dem Konsonanten 'k' (= ch)

Englisch	Trick	Bedeutung (Assoziation)
ask [ɑː]	'(h-)asch(-en)'	- fragen, dringend fordern, (er)heischen (vgl. *haschen*)
(a)wake [ei]	'(-)wache'	- wach; aufwachen (vgl. *erwachen* und *'watch'* = aufmerksam beobachten)
beaker [iː]	'beacher'	- Humpen, Becher
beck [e]	'bech'	- Bach, Bächlein (vgl. *Becke*)
bleak [iː]	'bleach'	- kahl, traurig, fahl (vgl. *bleich*)
book [u]	'booch'	- Buch
break [ei]	'breach(-en)'	- brechen
broke [ou]	'brouch'	- brach (Vergangenheit)
brook [uː]	'brooch'	- Bach (vgl. *Bruch* = feuchtes Uferland)
brook [uː]	'brooch(-en)'	- genießen, brauchen
cake [ei]	'kache'	- Kuchen
cook [u]	'kooch'	- Koch (vgl. *Kuchen*);
	'kooch(-en)'	- kochen
creak [iː]	'kreach(-en)'	- knarren (vgl. *krachen*)
dike [ai]	'diche'	- Deich
drake [ei]	'drache'	- Drache
duck [ʌ]	'tuch'	- (Segel-)Tuch

duck [ʌ]	'*tuch*(-en)'	- (unter)tauchen
elk [e]	'*elch*'	- Elch
flake [ei]	'*flache*'	- (Hafer-, Schnee-)Flocke (vgl. *flach, Cornflakes* = Maisflocken)
fluke [u:]	'*fluche*'	- Plattfisch, Flunder, Schwanzflosse (vgl. *flach*)
freak [i:]	'*freach*'	- komischer Kauz (vgl. *frech*)
Greek [i:]	'*Greech*'	- Grieche
hark [ɑ:]	'*harch*(-en)'	- horchen, zuhören
hawk [ɔ:]	'*hauch*'	- Habicht (vgl. *hoch*)
lake [ei]	'*lache*'	- (Binnen-)See (vgl. *Wasserlache*)
lark [ɑ:]	'*larch*'	- Lerche
leak [i:]	'*leach*'	- Loch (vgl. *Leck*)
leek [i:]	'*leech*'	- Lauch, Porree
like [ai]	'(g-)*liche*'	- gleich, ähnlich;
		- gern haben mögen (vgl. *Gleich und Gleich gesellt sich gern*)
make [ei]	'*mache*(-n)'	- machen, anfertigen
milk [i]	'*milch*'	- Milch
monk [ɔ]	'*monch*'	- Mönch (griech. μοναχός = allein lebend)
oak [ou]	'*oach*'	- Eiche
park [ɑ:]	'*pfarch*'	- öffentliche Anlage (vgl. *Pferch*)
poke [ou]	'*poche*(-n)'	- stoßen, knuffen (vgl. *pochen*)
rake [ei]	'*rache*'	- Rechen, Harke
reek [i:]	'*reech*(-en)'	- rauchen, riechen
sake [ei]	'*sache*'	- Sache, Interesse (vgl. '*I for my sake*' = was mich betrifft)
seek [i:]	'*seech*(-en)'	- suchen
sick [i]	'*sich*'	- krank, siech (vgl. *dahinsiechen*)
sickle [i]	'*sichle*'	- Sichel
skipper [i]	'*schi(-)fer*'	- Schiffseigner
skirt [ə:]	'*schürz*'	- Rock (vgl. *Schürze*)
smoke [ou]	'*schmoche*(-n)'	- rauchen, schmauchen
speak [i:]	'*sp*(r)*each*(-en)'	- sprechen, reden
spike [ai]	'*spiche*'	- Nagel, Stift (vgl. *Speiche, Spikes*)
spoke [ou]	'*spoche*'	- (Rad-)Speiche (vgl. '*spike*')
stick [i]	'*steck*(-en)'	- stechen, stecken

strike [ai]	*'strich*(-en)*'*	- streichen, schlagen, streiken (vgl. *Backenstreich*)
token [ou]	*'zochen'*	- Zeichen, Mitbringsel
weak [i:]	*'weach'*	- weich, schwach
week [i:]	*'weech'*	- Woche
wreak [ri:k]	*'(-)reach'*	- Rache;
	'(-)reach(-en)*'*	- rächen, Wut auslassen
yoke [ou]	*'joche'*	- Joch

*

T r i c k   10:   sh / s (vor l, m, n, w) ⇨ sch

Im Englischen gibt es – außer in einigen Germanismen wie *'schnap(p)s'* oder *'schnauzer'* – kein echtes „sch", auch wenn es bei einigen Wörtern durchaus den Anschein hat; *'school'* oder *'scheme'* werden schließlich mit *'sch'* geschrieben, könnten Sie einwenden. In diesem Fall handelt es sich jedoch in Wirklichkeit um zwei getrennte Laute, nämlich um ein *'s'* und ein *'ch'* (das, wie in *'Christmas'*, als „k" auszusprechen ist).

Dem typisch deutschen Zischlaut „**sch**" entsprechen vielmehr zwei englische Varianten, von denen die erste (= *'sh'*) leicht nachvollziehbar ist; die zweite ist ein einfaches *'s'*, hinter dem sich allerdings nur bei den Anlauten *'sl'*, *'sm'*, *'sn'* und *'sw'* ein deutsches „sch" verbirgt, zum Beispiel:

s l a v e r	= ?
s l o t	= ?
s m a r t	= ?
s m i t e	= ?
s n a p	= ?
s n o r k e l	= ?
s w a l l o w	= ?
s w e l l	= ?

Lösungen:

slaver	=	schlabbern, geifern
slot	=	(Schloss), Schlitz, Kerbe
smart	=	schmerzen; schneidig
smite	=	schmeißen, werfen
snap	=	(schnappen), ergreifen
snorkel	=	Schnorchel
swallow	=	Schwalbe
swell	=	schwellen

*

Wörter mit dem Zischlaut 'sh' (= sch)

Englisch	Trick	Bedeutung (Assoziation)
ash [æ]	'asch'	- Asche
bush [u]	'busch'	- Busch
fish [i]	'fisch'	- Fisch
flesh [e]	'flesch'	- (lebendes) Fleisch
fresh [e]	'fresch'	- frisch
marsh [ɑ:]	'marsch'	- Marsch, feuchte Niederung
push [u]	'pfusch(-en)'	- schieben, stoßen, drängen (vgl. auch „puschen", „futsch!")
rash [æ]	'rasch'	- rasch, hastig, übereilt
shabby [æ]	'schab(-)ig'	- schäbig, armselig
shade [ei]	'schate'	- Schatten, Schattierung
shadow [æ]	'schatou'	- Schatten
shaft [ɑ:]	'schaft'	- Schaft, Stange, Stiel
shame [ei]	'schame'	- Scham, Schande
shank [æ]	'schank'	- (Unter-)Schenkel, Schienbein (vgl. auch Schinken)
shape [ei]	'(ge-)schapfe'	- Form (vgl. Geschöpf)
shard [ɑ:]	'schart'	- Scharte, Scherbe
share [ɛə]	'schare'	- Pflugschar, Trupp, Schar

share [ɛə]	'schare'	- (An-)Teil, Aktie;
		- teilen, aufteilen (vgl. *bescheren*)
sharp [ɑ:]	'schar(-)f'	- scharf
shave [ei]	'schabe(-n)'	- rasieren, schaben
shawl [ɔ:]	'schaul'	- Schal
shear [iə]	'schear(-en)'	- (Schafe) scheren (vgl. *Schere*)
shears [iə]	'schears'	- (große) Schere
sheath [i:]	'schead'	- (Schwert-)Scheide
sheave [i:]	'scheabe'	- (techn.) Scheibe, Rolle
shed [e]	'schet(-en)'	- (ver)gießen, ausschütten;
	'schet'	- Scheitel, Wasserscheide
sheen [i:]	'scheen'	- Glanz, Schein
sheep [i:]	'schee(-)f'	- Schaf
sheer [iə]	'scheer'	- unvermischt, völlig (vgl. *schier*)
sheer (off) [iə]	'scheer (-en)'	- abweichen, ausscheren
shelf [e]	'schelf'	- Regal, Sandbank (vgl. *Schelfmeer*)
shell [e]	'schell'	- (Muschel-)Schale
shepherd [e-]	'sche(-)fhert'	- Schafhirt
shide [ai]	'schite'	- (Holz-)Scheit
shield [i:]	'schield'	- Schild
shimmer [i]	'schimmer(-n)'	- schimmern, flimmern
shin [i]	'schin'	- Schienbein, Schiene
shine [ai]	'schine(-n)'	- scheinen, glänzen
ship [i]	'schi(-)f'	- Schiff
shire [ai/iə]	'schire'	- Schar, Bezirk (= abge-
		trenntes Land) (vgl. *Sheriff,*
		Hampshire etc.)
shirt [ə:]	'schürz'	- Hemd (vgl. *Schürze, schürzen*)
shit [i]	'schisz'	- Scheiß, Scheiße;
	'schisz(-en)'	- scheißen
shiver [i]	'schiber'	- Splitter, Bruchstück;
	'schiber(-n)'	- zersplittern, flattern, zittern
shoe [u:]	'schoe'	- Schuh
shoot [u:]	'schoosz(-en)'	- schießen (vgl. *Geschoss*)
shop [ɔ]	'schop(-)'	- Schuppen, Laden, kleines
		Geschäft
short [ɔ:]	'schorz'	- kurz (vgl. *Lendenschurz, schürzen*)

shot [ɔ]	*'schosz'*	- Schuss; schoss (Verggh.)
shoulder [ou]	*'schoulter'*	- Schulter
shout [au]	*'schousz(-en)'*	- laut rufen, herausplatzen
		(vgl. auch *Schuss*)
shove [ʌ]	*'schobe(-n)'*	- schieben, drängen
		(vgl. *er schob, Schublade*)
show [ou]	*'schou'*	- Schau(spiel), Erscheinung
		Aufzeigen (vgl. *Schauspiel*);
	'schou(-en)'	- zeigen (vgl. *schauen*)
shower [au]	*'schouer'*	- Schauer, Dusche
shred [e]	*'schret'*	- Fetzen, Teilchen (vgl. *Schrot*)
shredded [e]	*'(ge-)schrettet'*	- in Stücke zerrissen,
		geschrotet
shrill [i]	*'schrill'*	- schrill, durchdringend
shrimp [i]	*'schrimpf'*	- Garnele, kleiner Kerl
		(vgl. *schrumpfen*)
shrine [ai]	*'schrine'*	- (Reliquien-)Schrein
		(vgl. auch *Schreiner*)
shrub [ʌ]	*'schrub'*	- Busch, Strauch (vgl. *Schrubber*)
shudder [ʌ]	*'schutter(-n)'*	- schaudern, zittern
		(vgl. *erschüttern*)
shut [ʌ]	*'schuz(-en)'*	- schließen (vgl. *schützen*)
shy [ai]	*'schy'*	- scheu
wash [ɔ]	*'wasch(-en)'*	- waschen

*

Wörter mit dem Anlaut 'sl', 'sm', 'sn', 'sw' (= sch)

Englisch	Trick	Bedeutung *(Assoziation)*
slab [æ]	*'schlab'*	- Schlamm, Schlick; klebrig
		(vgl. „*schlabbrig*")
slobber [ɔ]	*'schlobber'*	- Geifer, Speichel, Sabber;
	'schlobber(-n)'	- geifern (vgl. „*schlabbern*")
slack [æ]	*'schlack'*	- (Kohlen-)Schlacke;
		- schlaff, locker; träge,
		langsam (vgl. „*schlackrig*");

slack [æ]	'schlack(-en)	- lockern, erschlaffen (vgl. „schlackern")
slant [æ]	'schlanz'	- Abhang (vgl. „schlenzen" = erschlaffen, Schlendrian = Schlamperei); abschüssig, schräg (vgl. „schlunzig")
slap [æ]	'schlap(-)'	- Klaps, Schlag (vgl. Schlappe);
	'schlap(-)(-en)'	- schlagen, klopfen (vgl. eine Schlappe beibringen)
slaughter [ɔ:]	'schlachter'	- Schlachten, Gemetzel
slaver [æ]	'schlaber(-n)'	- geifern, sabbern (vgl. schlabbern)
slay [ei]	'schlag(-en)'	- (er)schlagen
sleek [i:]	'schlech'	- glatt, geschmeidig (vgl. Schlick)
sleep [i:]	'schle(-)f'	- Schlaf;
	'schle(-)f(-en)'	- schlafen
sleet [i:]	'schlesz'	- Graupel, Hagel (vgl. Schloße = Schneeregen)
sleeve [i:]	'schleebe'	- Ärmel (vgl. Schleppe, Schlippe = Hemdzipfel, Schlips = herunterhängender Zipfel)
sleigh [ei]	'schleich'	- Schlitten (vgl. schleichen)
slender [e]	'schlender'	- dünn, schlank, schwächlich (vgl. schlendern)
slew [u:]	'schleu(-en)'	- herumwerfen (vgl. schleudern)
slice [ai]	'schlize'	- Schnitte, Scheibe (vgl. schleißen, schlitzen)
slight [ai]	'schlicht'	- leicht, schwach, unbe- deutend (vgl. schlicht, schlecht)
slim [i]	'schlim'	- schmächtig, unzulänglich (vgl. schlimm)
slime [ai]	'schlime'	- Schleim, Schmutz
slimy [ai]	'schlimig'	- schleimig
sling [i]	'schling'	- Schleuder, Schlinge;
	'schling(-en)'	- schlingen, hochheben
slink [i]	'schlenke(-en)'	- schleichen, sich davon- stehlen (vgl. schlenkern)
slip [i]	'schlipf'	- Rutsch, (Erd-)Schlipf;
	'schlüpf(-en)'	- gleiten, rutschen (vgl. schlüpfen)
slippery [i]	'schlüpferig'	- glitschig, schlüpfrig

slit [i]	'schliz(-en)'	– aufschneiden, spalten
		(vgl. *aufschlitzen, schleißen*)
slither [i]	'schlider(-n)'	– rutschen, gleiten
		(vgl. „*schliddern*", *schlittern*)
sloe [ou]	'schloe'	– Schlehe
slog [ɔ]	'schlog'	– wuchtiger Schlag;
	'schlog(-en)'	– heftig schlagen
slope [ou]	'schlopf'	– Abhang, Böschung, Neige
		(vgl. *Schlupf, schlüpfen*)
slot [ɔ]	'schlosz'	– Kerbe, Nut, schmale
		Öffnung (vgl. *Schloss, Schlüssel*)
slough [slʌf]	'schlouch'	– abgeworfene Haut, Hülle
		(vgl. *Schlauch*);
	'schloch(-en)'	– sich häuten
slow [ou]	'schlou'	– langsam (vgl. *schlau* = zurückhaltend)
sluice [u:]	'schluize'	– Schleuse, Siel
slumber [ʌ]	'schlum-er'	– leichter Schlaf (vgl. *Schlummer*);
	'schlum-er(-n)'	– schlummern
slump [ʌ]	'schlumpf(-en)'	– plötzlich sinken, stürzen
		(vgl. *Schlumpf*)
slur [ə:]	'schlur(-en)'	– undeutlich sprechen
		(vgl. *schlurren, schlurfen, „schlören"*)
smack [æ]	'(ge-)schmack'	– (Bei-)Geschmack, Anflug
small [ɔ:]	'schmal'	– klein (an Umfang)
smalt [ɔ:]	'schmalz'	– Schmalte, Schmelz
smart [ɑ:]	'schmarz'	– Schmerz, Kummer;
		– gerissen, schlau, rührig;
	'schmarz(-en)'	– schmerzen, wehtun
smatter [æ]	'schmaze-(-n)'	– herumpfuschen (vgl. *schmatzen*)
smear [iə]	'schmear'	– Fett-, Schmutzfleck
		(vgl. *Schmier*);
	'schmear(-en)'	– beschmutzen, einfetten
		(vgl. *beschmieren*)
smell [e]	'schmell(-en)'	– riechen, duften (vgl. „*schmüllen*")
smelt [e]	'schmelz(-en)'	– schmelzen
smile [ai]	'schmile(-en)'	– lächeln (vgl. *schmeicheln*)
smirk [ə:]	'schmirch(-en)'	– süßlich lächeln (vgl. *schmierig grinsen*)
smite [ai]	'schmisze(-n)'	– schlagen, werfen
		(vgl. *schmeißen*)

smith [i]	*'schmid'*	- Schmied
smoke [ou]	*'schmoche'*	- Rauch (vgl. *„Schmöker"* = altes Buch, dessen Blätter als Fidibus dienten);
	'schmoche(-n)'	- rauchen (vgl. *schmauchen*)
smother [ʌ]	*'schmo-ern(-n)'*	- ersticken, dämpfen (vgl. *schmoren*)
smug [ʌ]	*'schmug'*	- geschniegelt, glatt (vgl. *schmuck*)
smuggle [ʌ]	*'schmuggle'*	- Schmuggel;
	'schmuggle(-n)'	- (ein)schmuggeln
smut [ʌ]	*'schmuz'*	- Schmutz-, Rußfleck
snake [ei]	*'schnache'*	- Schlange (vgl. die langsame Fortbewegung der *Schnecke* und der *Schnake*)
snap [æ]	*'schnap(-)(-en)'*	- schnappen, (er)greifen
snappish [æ]	*'schnappisch'*	- bissig, auffahrend (vgl. *schnippisch*)
snarl [ɑ:]	*'schnar-(-en)'*	- knurren (vgl. *schnarren*)
sneak [i:]	*'schneach'*	- Angeber, Kriecher (vgl. *„schnieke"*)
sniff [i]	*'schni(-)ff(-en)'*	- schnüffeln, schnuppern (vgl. *schniefen, schnüffeln*)
snip [i]	*'schnip(-)(-en)'*	- schneiden, zerkleinern (vgl. *schnippeln, „schnipp-schnapp"*)
snipe [ai]	*'schnepfe'*	- Schnepfe
snivel [i]	*'schnibe-(-n)'*	- laut schnüffeln, heulen (vgl. *schnauben, schniefen*)
snoop [u:]	*'schnoopf(-en)'*	- neugierig sein, herumschnüffeln (vgl. *schnupfen, schnuppern*)
snore [ɔ:]	*'schnore(-n)'*	- schnarchen
snorkel [ɔ:]	*'schnorchel'*	- Schnorchel
snout [au]	*'schnouz'*	- Schnauze, Rüssel
snow [ou]	*'schnou'*	- Schnee;
	'schnou(-en)'	- schneien
snuff [ʌ]	*'schnupf'*	- Schnupftabak;
snuffle [ʌ]	*'schnufle(-en)'*	- schnupfen, (be)schnüffeln
snug [ʌ]	*'schnug'*	- behaglich (vgl. *„schnuckelig"*)
swallow [ɔ]	*'schwallou'*	- Schwalbe
swallow [ɔ]	*'schwall-(-gen)'*	- verschlucken, verschlingen (vgl. *schwelgen*)
swam [æ]	*'schwam'*	- schwamm (Vergangenheit)

swan [ɔ]	*'schwan'*	- Schwan
swank [æ]	*'schwank'*	- Prahlerei, Aufschneiderei (vgl. *Schwank*)
sward [ɔ:]	*'schwart'*	- (Schweine-)Schwarte
swarm [ɔ:]	*'schwarm'*	- Schwarm, Bienenschwarm;
	'schwarm(-en)'	- schwärmen, sich drängen
swart [ɔ:]	*'schwarz'*	- Schwärze
swear [ɛə]	*'schwear(-en)'*	- schwören, beteuern
sweat [e]	*'schweasz'*	- Schweiß;
	'schweaz(-en)'	- schwitzen
Swede [i:]	*'Schwede'*	- Schwede, Schwedin
Sweden [i:]	*'Schweden'*	- Schweden
sweep [i:]	*'schweepf(-en)'*	- fegen (vgl. *schweifen*)
swell [e]	*'schwell '*	- Schwellung, Wölbung;
	'schwell(-en)'	- anschwellen, sich weiten
swim [i]	*'schwimm(-en)'*	- schwimmen
swindle [i]	*'schwindle(-n)'*	- (er)schwindeln, betrügen
swine [ai]	*'schwine'*	- Schwein, Schweinehund
swing [i]	*'schwing'*	- Schwingen, schnellende Bewegung;
	'schwing(-en)'	- schwingen
swirl [ə:]	*'schwir(-)(-en)'*	- wirbeln, sausen (vgl. *schwirren*)
swollen [ou]	*'(ge-)schwollen'*	- geschwollen
sword [sɔ:d]	*'schwort'*	- Schwert
swore [ɔ:]	*'schwor(-)'*	- (er / sie) schwor
sworn [ɔ:]	*'(ge-)schworn'*	- geschworen
swum [ʌ]	*'(ge-)schwom'*	- geschwommen
swung [ʌ]	*'(ge-)schwung'*	- geschwungen (Part. Perf. von schwingen)

*

Trick 11: i ⇨ ü / ö

Die Briten kennen in ihrer Sprache keine Umlaute (= ä, ö und ü), und sie müssen sich mit einem *'oe'* oder *'ue'* behelfen, wenn sie einem Herrn Müller oder Möller einen mit der Maschine geschriebenen Brief senden wollen oder seinen Namen zu buchstabieren haben; es gibt nicht einmal eine eigene Vokabel für den Begriff *Umlaut,* sodass man sich im Notfall des deutschen Wortes bedient (z.B. *'u / umlaut'*).

Im Allgemeinen benutzt der Engländer den Vokal *'e'* für das deutsche „ä" (vgl. die Vorsilbe *'pre-'* für *prä-*). Die Umlaute „ö" und „ü" werden nicht selten durch den Vokal *'i'* wiedergegeben (schließlich wurde ja auch aus dem Namen Müller im Englischen ein *'Miller'*!). Wie häufig die Gleichung *'i'* = „ö" oder „ü" aufgeht, finden Sie in der nachfolgenden Tabelle bestätigt.

Wörter mit dem Vokal *'i'* (oft = *ü* oder *ö*)

Englisch	Trick	Bedeutung *(Assoziation)*
birth [ə:]	*'bürd'*	- Geburt (vgl. *Bürde*)
brisk [i]	*'brüsk'*	- brüsk, (vor)schnell, flink (vgl. *brüskieren*)
chicken [i]	*'kü(-)ken'*	- Hähnchen, Kü(c)ken
cling [i]	*'klüng(-en)'*	- hängen an, haften, sich klammern (vgl. *Klüngel*)
dimple [i]	*'tümp(-)le'*	- Grube, Grübchen (vgl. *Tümpel*)
dizzy [i]	*'döszig'*	- dösig, benommen
drip [i]	*'tröpf(-eln)'*	- tröpfeln, tropfen
fill [i]	*'füll(-en)'*	- füllen
filly [i]	*'füllig'*	- Füllen, Fohlen (vgl. *füllig*)
fir [ə:]	*'för'*	- Föhre, Tanne, Fichte

fire [ai]	*'füre'*	- Feuer (vgl. mundartl.: *Füer*)
first [ə:]	*'fürst'*	- Erster (vgl. *Fürst, Dachfirst;* mit Metathese: *Frist* = eigentl.: das Bevorstehende)
gird [ə:]	*'gürt(-en)'*	- (sich) umgürten, bereitmachen
girl [ə:]	*'görl'*	- Mädchen (vgl. *Göre*)
girdle [ə:]	*'gürtle'*	- Gürtel, Gurt
hide [ai]	*'hüte(-n)'*	- verbergen, verstecken (vgl. *behüten, hüten, Haut*)
hill [i]	*'hü(ge)l'*	- Hügel
hip [i]	*'hü(-)f'*	- Hüfte, Lende
hire [ai]	*'hüre(-n)'*	- (an)heuern (vgl. mundartl.: *hüren*)
kiss [i]	*'küss(-en)'*	- küssen
kitchen [i]	*'kü(-)chen'*	- Küche
lie [ai]	*'lü(-gen)'*	- lügen
lift [i]	*'lüft(-en)'*	- (an)heben, lüften
midge [i]	*'mü(-)ge'*	- Mücke
mill [i]	*'müll'*	- Mühle
miller [i]	*'müller'*	- Müller
minster [i]	*'münster'*	- Münster, Stiftskirche
mint [i]	*'münz'*	- Münze, Prägeanstalt;
	'münz(-en)'	- prägen, münzen
might [i]	*'möcht'*	- möchte, könnte
pickle [i]	*'pö(-)kle'*	- Pökel, Salzlake (vgl. *'mixed pickles'*)
pillow [i]	*'pfül(-)'*	- Kopfkissen, Pfühl
pit [i]	*'pfüz'*	- Brunnen(schacht), Zeche, Loch (vgl. *Pütt, Pfütze*)
shirt [ə:]	*'schürz'*	- Hemd (vgl. *Schürze*)
silt [i]	*'sülz'*	- Schlamm, Treibsand (vgl. *Sülze*)
sin [i]	*'sün'*	- Sünde
slip [i]	*'schlüpf'*	- Schlüpfer;
	'schlüpf(-en)'	- schlüpfen, gleiten
stir [ə:]	*'stör(-en)'*	- bewegen, rühren (vgl. *stören*)
vixen [i]	*'vüchsen'*	- Füchsin
wish [i]	*'wü(-)sch(-en)'*	- wünschen

*

Trick 12: i ⇨ (oft) e

Als Abrundung der etymologischen Tricks zum Verständnis
(oder leichten Erraten) germanischer Wörter sei noch eine
Eigenart der englischen Sprache genannt, nämlich die Bewahrung des Vokals *'i'*, der sich im Deutschen oft zu einem „e"
gewandelt hat, wie die folgenden Beispiele zeigen.

Wörter mit dem Vokal 'i' (oft = e)

Englisch	*Trick*	*Bedeutung* (Assoziation)
ding [i]	*'teng(-en)'*	- ertönen, erklingen, vor-predigen (vgl. *dengeln, tingeln*)
field [i:]	*'feld'*	- Feld
fight [ai]	*'(ge-)fecht'*	- Gefecht, Kampf;
	'fecht(-en)'	- fechten, kämpfen
give [i]	*'gebe(-n)'*	- geben
knight [ai]	*'knecht'*	- Ritter (vgl. *Landsknecht*)
lick [i]	*'leck(-en)'*	- lecken
live [i]	*'lebe(-n)'*	- leben
lime [ai]	*'leme'*	- Lehm, Leim, Kalk(stein)
link [i]	*'(ge-)lenk'*	- Gelenk;
	'(ge-)lenk(-en)'	- mit einem Gelenk verbinden
liver [i]	*'leber'*	- Leber
milk [i]	*'melk(-en)'*	- melken
quick [i]	*'queck'*	- schnell, keck (vgl. *Quecksilber*)
right [ai]	*'recht'*	- Recht, Anspruch
silly [i]	*'se(-)lig'*	- selig, einfältig
sinew [i]	*'sene(-)'*	- Sehne
singe [i]	*'senge(-n)'*	- sengen, (an)brennen
sink [i]	*'senk(-en)'*	- (ver)senken
six [i]	*'sex'*	- sechs
slight [i]	*'schlecht'*	- schlecht, schlicht

snipe [ai]	*'schnepfe'*	- Schnepfe
stick [i]	*'steck'*	- Stecken, Stock;
	'steck(-en)*'*	- stecken, stechen
stilt [i]	*'stelz'*	- Stelze, Krücke
strive [ai]	*'strebe*(-n)*'*	- streben, sich bemühen
tilt [i]	*'zelt'*	- (Zelt-)Plane (vgl. *Zelt*);
	'zelt(-en)*'*	- neigen
yield [i:]	*'gelt*(-en)*'*	- einen Ertrag liefern, zu-
		gestehen (vgl. *gelten, Entgelt*)

*

Wenn alle der bisher genannten Tricks bei der Herleitung eines englischen Wortes versagen, gibt es in der Regel drei mögliche Ursachen:

- es ist aus dem modernen Hochdeutsch verschwunden (z.B. *'tear'* = *Zähre* / Träne) und wird allenfalls noch mundartlich verwendet (z.B. *'devil'* = *Dübel* / Teufel),

- das entsprechende Wort ist romanischer Herkunft (siehe Ableitungen aus dem Lateinischen und Französischen),

- es stammt weder aus einer germanischen noch romanischen Sprache (siehe Entlehnungen aus dem Griechischen, Arabischen etc.).

Es könnte aber auch sein, dass Ihnen ein letzter Trick weiterhilft, den Ursprung des Wortes zu erkennen sowie seine Bedeutung und Rechtschreibung im Gedächtnis zu behalten: In einigen (seltenen) Fällen steht im Hochdeutschen ein „l" oder „n", während die entsprechenden englischen Wörter ohne jene Konsonanten gebildet werden, weswegen die Herkunft und die Grundbedeutung dieser Wörter nicht spontan auszumachen sind.

Trick 13: n / l ⇨ können im Engl. fehlen!

Wörter ohne den Konsonanten 'n'

Englisch	Trick	Bedeutung (Assoziation)
a [ə]	'an'	- ein ('an' nur vor Vokalen!)
dust [ʌ]	'dunst'	- Staub (vgl. *Dunst*)
fifty [i]	'fünfzig'	- fünfzig (vgl. mundartl.: *fuffzig*)
five [ai]	'fünve'	- fünf
geese [i:]	'geense'	- Gänse
goose [u:]	'goons(-)'	- Gans
lithe [ai]	'lind(-)'	- lind, geschmeidig, biegsam
mouth [au]	'mound'	- Mund, Mündung
my [ai]	'min'	- mein
other [ʌ]	'onder'	- anderer, andere, anderes
soft [ɔ]	'sonft'	- sanft, sacht, weich
teeth [i:]	'zeend'	- Zähne (vgl. *-dent*)
tooth [u:]	'zoond'	- Zahn (vgl. *-dont*)
uncouth [-u:]	'uncound'	- unkundig, ungehobelt
us [ʌ]	'uns'	- uns
wish [i]	'winsch'	- Wunsch;
	'wünsch(-en)'	- wünschen

*

Wörter ohne den Konsonanten 'l'

Englisch	Trick	Bedeutung (Assoziation)
each [i:]	'ealch'	- jeder (vgl. niederl. *elk, elke*)
such [ʌ]	'sulch'	- solch
which [i]	'welch'	- welcher, welche, welches
wood [u]	'woolt'	- Wald, Holz (vgl. ahd. *witu, widu* = Wald; *Widukind* = Waldkind)

b) Unerwartete Wortverwandtschaften

Nach der Überlieferung waren *Hengist* und *Horsa* die Anführer der ersten Angelsachsen, die sich im Südosten Britanniens festsetzten, das bald *'Engla land'*, das Land der Angeln
genannt wurde. *Hengist* bedeutet im Altenglischen *Hengst*,
während sich der Name des zweiten sagenhaften Eroberers
von jenem Reittier herleitet, das bereits im Angelsächsischen
'hors' hieß; das englische Wort

horse (Pferd)

wandelte sich durch Umstellung des „r" über *'(h)ros'* im
Laufe der Zeit zu unserem hochdeutschen *Ross*.

Eine solche Umstellung (Metathesis) des „r" ist nicht selten
bei englischen Wörtern und ihren deutschen Entsprechungen
zu beobachten, wie die folgenden Beispiele belegen:

'board' [ɔ:]	und	*Brett*
'bristle' [i]	und	*Borste* (vgl. *Bürste*)
'brothel' [ɔ]	und	*Bordell*
'burn' [ə:]	und	*brennen*
'curl' [ə:]	und	*Krüll* (= Locke, Krause)
'dirt' [ə:]	und	*Driet* (= Dreck, Schmutz)
'fright' [ai]	und	*Furcht*
'third' [ə:]	und	*dritter*
'through' [u:]	und	*durch*
'tree' [i:]	und	*-der* (vgl. Hollun*der*)

Eine Fülle von angelsächsischen Landschaftsbezeichnungen
hat sich in der englischen Sprache erhalten. So werden die
Kreidefelsen der Insel bei den einfallenden Germanenstämmen
einen ähnlich starken Eindruck hinterlassen haben wie bei den
modernen Touristen, die sich der englischen Küste nähern;

chalk (Kreide)

bedeutet demnach nichts anderes als *Kalk,* in dem sich wegen seiner Wasserlöslichkeit leicht *Höhlen,* also

holes (*Hohlräume,* Löcher)

bilden. Die englische Landschaft besteht selbst im recht flachen Südosten, in dem sich die Angeln, Sachsen und Jüten niederließen, aus sanft geschwungenen Hügeln, den

downs (*Dünen*),

welche die Eindringlinge an das sandige Küstenland ihrer heimischen Siedlungsgebiete um die Nordsee erinnert haben mögen (vgl. den Ortsnamen *Duhnen* bei Cuxhaven); das Adverb *'down'* (altengl. *'adown'*) bedeutet demnach „den Hügel hinab". Ansonsten hieß ein kleiner Berg

hill (Anhöhe, *Hügel*),

ein Wortbestandteil, der auch bei uns noch in alten Ortsnamen vorkommt (vgl. *Kirchhellen* = Kirchhügel, was – wenn man es wörtlich übersetzt – dem Namen *Churchill* entspricht).

Auch das Wort für Wald, der den Germanen heilig war, wurde aus ihrer Sprache übernommen;

wood (*Wald,* Holz)

hieß ursprünglich *witu* und *widu* (vgl. den Namen des Sachsenherzogs *Widukind* = Waldkind). Wie Tacitus in seiner Germania berichtet, kerbten die Germanen magische Zeichen (= *Runen;* vgl. *raunen*) in Holzstäbe, die im *raunenden* Wald ausgeworfen wurden, und deren zufällige Anordnung ein Zauberer in einem Orakelspruch, dem so genannten Stabreim, deutete. Die Runenhölzer waren wahrscheinlich Buchenstäbe, von denen sich unsere Bezeichnung *Buchstaben* herleitet. Die Runen wurden nicht mit dem Pinsel oder Rohr aufgezeichnet, sondern mit dem Messer ins Holz geritzt, wie das englische Verb

to write (w|*rizen* = schreiben)

belegt[1]. Natürlich waren die frühen Germanen noch nicht des Lesens kundig, sondern auf die Auslegung der Runenzeichen durch Magier angewiesen. Das englische Wort

to read (lesen)

bedeutet daher ursprünglich eigentlich *raten* und *Rat geben!* Der heidnische Götterglaube, der auch mit der Christianisierung nicht völlig überwunden war, spiegelt sich also noch immer in der englischen Sprache. So ist

to spell (buchstabieren)

vom germanischen *spel(l)* (= Zauberspruch, Zauberformel) abgeleitet, das in *'gospel'* (d.h. *'good spell'* = gute Botschaft, Evangelium) wiederkehrt. Auch in unseren Substantiven *Kirchspiel* (= Bezirk, innerhalb dessen das Wort einer bestimmten Kirche gilt) und *Beispiel* (= lehrhafte Erzählung, Gleichnis) spiegelt sich dieser alte Wortsinn.

---

[1] Beispiel eines Runenverses mit Stabreim:

*Ru*nen sollst du lernen und *rät*liche *Stä*be
*Stä*be gar *stark,*
Zeichen *zaub*erkräftig,
wie sie *zog* der *Zaub*erherr,
wie sie *wirk*ten *Weih*götter,
wie sie *ritz*te der *Rat*efürst.

[Aus: Döbler, Die Germanen, Bd. 2, S. 494, a.a.O.]

In ähnlichem Zusammenhang ist auch

to guess (raten, vermuten)

zu sehen, das mit dem deutschen ver*gessen* (engl. *'to forget'*) verwandt ist. Dieses wiederum stammt, wie das Verb

to get (bekommen, erhalten),

vom germanischen *gëtan* (= erlangen, finden), das in unserem er*götzen* (= Unangenehmes loswerden, ver*gessen* machen) überlebt hat.

Fast alle englischen Ausdrücke des täglichen Lebens stammen aus der Sprache der einfachen germanischen Landbevölkerung, deren Hauptsorgen dem Anbau und der Viehhaltung, den Klimabedingungen und Wetterabläufen, den körperlichen Bedürfnissen und der Gesundheit, dem Handel zu Wasser und zu Lande, dem ständigen Kampf gegen Eindringlinge (vor allem die dänischen und norwegischen Wikinger, die zwischen dem 8. und 11. Jahrhundert immer wieder die englischen Küstenstriche heimsuchten) und dem schicksalhaften Wechselspiel von Geburt und Tod, aber auch ihrer rechtlichen, wirtschaftlichen und gesellschaftlichen Stellung galten. Schon der germanische Landarbeiter nannte seinen Herrn „Brötchengeber", im Angelsächsischen *hlaf-weard* (von *hlaf* ⇒ *'loaf'* = Brot*laib,* und *weard* ⇒ *'ward'* = Wächter, Verteiler), was schließlich über *hláford* zum Adelstitel

lord (Herr, *Brotwart*)

wurde. Die gleiche realistische Einschätzung des eigenen niedrigen Standes offenbart sich in der ehrerbietigen Anrede

lady (*hlœfdige* = Herrin, *Brotverteilerin*)

für die Frau des Grundbesitzers oder die adelige Dame.

Wie bei allen germanischen Stämmen war die Gesellschaft in drei Stände mit unterschiedlichen Rechten aufgeteilt. Ein Angehöriger des Adels, ein

earl (altengl. *eorl*),

hatte genügend Landbesitz und Muße, um sich ganz auf die Jagd und den Krieg zu konzentrieren. Die harte Feldarbeit war Sache des frei geborenen Bauern (altengl. *ceorl;* vgl. *Kerl* und *Karl*), der das Recht des Waffentragens besaß, keine Abgaben zu leisten hatte und dessen Stimme bei der Landversammlung volles Gewicht hatte. Dem Adjektiv

free (*frei*)

liegt die Bedeutung *lieb, freundlich* zu Grunde, die noch im englischen Substantiv *'friend'* (eigentlich *Blutsverwandter, zu den Lieben Gehöriger*) und in den deutschen Wörtern *Friede* (= Zustand der Liebe) und *freien* (= lieben, um eine Braut werben) anklingt; *'freedom'* umfasste damit alle Mitglieder der eigenen Sippe (altengl. *gecynde*), wobei das *Gesinde* zum größten Teil aus den eigenen *Kindern* bestand. So wird auch die Doppelbedeutung des englischen Wortes *'kind'* (*Art, Geschlecht* und *lieb, freundlich*) verständlich![1]

Weit unter den Bauern standen die Sklaven oder Knechte (vgl. *'knights'*) und die Halbfreien (ehemalige Sklaven), deren soziale Stellung sich durch die Freilassung kaum verbesserte. Beide – der Sklave nur mit dem Rechtsstatus einer Sache – gehörten zum Gesinde eines Freien oder bekamen als Kleinpächter Land überlassen, das sie gegen Abgaben wie Brotgetreide, Vieh und Wolle bewirtschaften durften.

---

[1] Auch unser Wort *Frau* ist aus *frei* (= lieb) abgeleitet (vgl. *Frija* = nord. Liebesgöttin, Gemahlin Wodans). Die Bezeichnung für den Herrn (ahd. *fro*, altengl. *frëa*) hat nur in Ausdrücken wie *Fron*dienst oder *Fürst* und *'first'* (= der Erste, also der Herr) überlebt.

Unfreier war man durch Geburt, man konnte aber auch wegen hoher Verschuldung zur Knechtschaft gezwungen werden oder sich selbst in die Sklaverei verkaufen und als Freier leben, bis die Kaufsumme aufgebraucht war. Reichten dennoch die Arbeitskräfte nicht für die Feldarbeit aus, mussten Sklaven durch Kriegszüge oder Handel mit den unliebsamen Wikingern erworben werden. Diese waren bei ihren Beutezügen bis tief nach Osteuropa vorgestoßen und hatten viele der dort ansässigen heidnischen Slawen gefangen genommen, die ihnen von den Angelsachsen bereitwillig abgekauft wurden, denen es die Kirche untersagte, Christen in die Knechtschaft zu zwingen. Das englische Wort für Sklave

slave (*'Slav'* = *Slawe*)

erinnert – noch eindeutiger als das deutsche – an diese unrühmliche Praxis der Arbeitskräftebeschaffung.

In jener Zeit vor der ersten Jahrtausendwende durfte man sich nur im Schutz der eigenen Sippe, also der Blutsverwandten und Hausgenossen, sowie in der überschaubaren Wohngemeinschaft mit anderen Sippen sicher fühlen. Das gleichberechtigte Zusammenleben in dörflichen Siedlungen spiegelt sich in etlichen englischen Wörtern:

like (*gleich* wie, ähnlich / gern haben)

wurde über *geliche* (wörtlich: dieselbe *Leiche,* also denselben Körper, dieselbe Gestalt habend) zum hochdeutschen Adjektiv *gleich;* und es verwundert nicht, dass *'like'* (ähnlich wie das Eigenschaftswort *'free'*) in der Verbform die Bedeutung *mögen, lieben* hat (vgl. unser Sprichwort *Gleich und Gleich gesellt sich gern*). Auch das englische Adjektiv und Adverbsuffix *'-ly'* ist (wie die deutsche Endung *-lich*) mit *'like'* verwandt und drückt somit die Ähnlichkeit oder Gleichheit aus (vgl. *'friendly'* = freund*lich,* eigentlich also: freund*gleich;* *'kindly'* = liebenswürdig, eigentlich: verwandten*gleich*).

Einen recht ähnlichen Bedeutungsgehalt haben die Adjektive

same (der- / die- / dasselbe),
some (= einige derselben Art)

sowie die Endung *'-some'* (vgl. *'twosome'* = zwei*sam*), der in unseren Wörtern *sammeln* oder *gesamt* ebenso enthalten ist wie im Ausdruck *samt und sonders* (= alle und jeder Einzelne) und in *gleichsam* oder *gemeinsam* sogar doppelt zu finden ist. Letzteres wäre das englische Eigenschaftswort

mean,

dessen Bedeutung sich von ursprünglich *allgemein* über *mittelmäßig* zu *gemein* (= niedrig) verschlechtert hat.

Die starke Identifikation mit der Sippe sowie dem eigenen Stand drückt sich auch in der Präposition

among (mitten unter vielen)

aus (vgl. *Gemenge, vermengen* und den norddeutschen Ausdruck *mittenmang*); eng verwandt damit ist das in *mancher* und *mannigfaltig* verborgene Eigenschaftswort

many (viele).

Zusammenhalt und Schutz der Sippe waren angesichts einer fehlenden Rechtsordnung notwendig für das Überleben aller Mitglieder der Wohn- und Lebensgemeinschaft, die Meinungsverschiedenheiten friedlich zu lösen suchten und niemals die Hand gegeneinander erhoben hätten. Schon damals scheint das *'Keepsmiling'* erfunden worden zu sein, denn

smile

heißt zwar *lächeln,* stammt aber vom germanischen Verbum

schmollen ab; war man unwillig, lächelte man also und schwieg!

Wie die übrigen Germanenstämme hatten die Angelsachsen eine besonders innige Beziehung zum Dorf, vor allem aber zu den eigenen vier Wänden; im Gegensatz zu fast allen anderen Völkern, denen lediglich die Feuerstelle heilig war, kannten sie neben dem Wort *'house'* die Bezeichnung

home (*Heim*),

in das zurückzukehren (*'to come home'*) man sich stets sehnte. Noch heute kennen die Engländer Redewendungen wie *'Home sweet home'* und *'My home is my castle'*. Mit *'home'* meinte man aber auch die kleine Dorfgemeinschaft, die entsprechend

hamlet (eigentl.: kleine *Heimat*)

oder auch *'ham'* hieß (vgl. z.B. Bucking*ham* = Buchen*heim*). Als Tagelöhner ohne Landbesitz wohnte man in einer einfachen *Kate*, im Englischen *'cote'*, die uns als

cottage

geläufiger ist (vgl. auch *Kotten*). Der freie Bauer lebte mit seinen Hausgenossen im soliden Fachwerkhaus, das zwei verschiedene Arten von Räumen enthielt. Die normalen, ungeheizten *Zimmer* waren aus Holz errichtet – vgl. das englische Wort

timber (Bauholz; *zimmern;* vgl. *Zimmermann*)

sowie die Bezeichnung *'timbered house'* (= Fachwerkhaus), bei dem die Fächer innerhalb des Balkengerüstes mit einem lehmverschmierten Gitter von ineinander ge*wunden*en Weidenruten ausgefüllt wurden (vgl. *'wand'* = die Rute, der Stab, *'to wind'* = winden, drehen, aber auch unser Wort *Wand*) –

wohingegen die gemauerten Bade- und Back*stuben* (und später auch die Wohn*stuben*) beheizbar waren, also

stoves (Öfen, Kohlenbecken)

besaßen (vgl. *Stube* = warmer Raum und *Stövchen* = Warmhaltegerät). Zur Beleuchtung diente die Öllampe oder der Kienspan, der

spoon (Span),

dessen Bedeutung sich zum *Holzlöffel* wandelte; an die unausbleibliche Schwärzung der Decken und Wände durch den rußenden (= *blak*enden) Docht oder die Fackel erinnert noch heute das Eigenschaftswort

black (schwarz).

Die Kleinviehzucht und der Ackerbau auf den wohl kaum über drei Hektar großen Anbauflächen – mehr Land war mit dem einfachen Holzpflug und der Sichel von einer einzelnen bäuerlichen Familie nicht zu bestellen bzw. abzuernten – reichte mehr schlecht als recht zur Ernährung der Sippe, wie eine Gruppe von Wörtern, die das Essen betreffen, verrät. Das englische Substantiv

meal

bezeichnet nicht nur allgemein das Essen – eigentlich die festgesetzte Essenszeit (Mahl = *Mal*, Zeitpunkt; vgl. Mahlzeit, Brotzeit etc.) –, sondern lässt möglicherweise auch eine etymologische Verbindung zu *Mehl*, und damit zum wichtigsten Grundnahrungsmittel, erkennen.

Besonders das Abendessen dürfte eher kärglich ausgefallen sein und lediglich aus Brot und einer Suppe bestanden haben, schließlich geht die Bildung des entsprechenden Wortes –

'supper' (= Abendessen) – auf das germanische Verb *'sup'* (= *saufen;* vgl. mundartlich *supen*) zurück. Besonders wird man sich also auf das Frühstück, bis heute eine der wichtigsten englischen Mahlzeiten des Tages, gefreut haben, denn

breakfast (Frühstück)

bedeutet ja nichts anderes als *Fastenbrechen*! Neben dem holzgeschnitzten *'spoon'* war das

knife (Messer)

unentbehrlich als Essgerät und Werkzeug. *'Knife'* ist mit dem deutschen Wort *kneifen* (vgl. *Kniff* = die durch *Kneifen* entstandene messerscharfe Falte sowie mundartlich *Kniffte* für eine Schnitte Brot) verwandt. Das Korn dagegen wurde von den Frauen in mühseliger Arbeit mit der

sickle (*Sichel*)

geschnitten, während das Umbrechen des Ackers mit dem Holzpflug, dem

plough,

wohl eher Männersache war, wobei die Tätigkeit des Furchenpflügens bezeichnenderweise durch das Verb

to till (pflügen = *zielen*)

beschrieben wird. Dass man durch den Tausch oder Verkauf überschüssigen Getreides seine wirtschaftliche Lage zu verbessern suchte, beweist das Tätigkeitswort

to earn (verdienen),

dessen eigentliche Bedeutung ursprünglich wohl *ernten* war.

Auch die folgenden Begriffe aus dem Bereich des Feldbaus entstammen dem Germanischen:

acre	(Morgen Land, 0.4 ha; vgl. *Acker*)
corn	(*Korn*, vor allem Mais)
wheat	(*Weizen*)
rye	(altengl. *'ryge'* = *Roggen*)
ear	(*Ähre;* vgl. *Ohr*)
harvest	(Ernte, ernten; vgl. *Herbst*)
reap	(ernten, schneiden; vgl. *reifen*)
straw	(*Stroh, Strohhalm*)
sheaf	(Garbe; vgl. *Schopf, Schober*)
crop	(Ertrag, Kornberg; vgl. *Kropf* = Rundung)
thresh	(*dreschen*)

Eines der nützlichsten Haustiere war jener vierbeinige Wächter und Gefährte, der im Englischen

dog (Hund; vgl. *Dogge*)

genannt wird und dessen Name sich von unserem Verb *taugen* (angelsächsisch: *dugan*) herleitet.

Den Hof pflegte eine Schar *'hens'* (= Hühner, *Hennen*) zu bevölkern, deren *'eggs'* (= Eier; vgl. althochdeutsch: *eigir*) man ebenso zu schätzen wusste wie ihr Fleisch als

chicken

(= Hühnchen; vgl. *Küken* oder *Kücken*). Das Großvieh war der wertvollste Besitz des Bauern und daher von alters her auch Zahlungsmittel. Das englische Wort

fee

(= Honorar, Gebühr; vgl. *Vieh*) erinnert noch heute an diese Grundbedeutung! Entsprechend war der Bestand an *'cows'*, *'calves'*, *'bulls'*, *'oxen'*, *'goats'* (= Ziegen) und *'sheep'* (immer ohne Mehrzahl-*s*!) – also der gesamte

live-stock (Lebendvieh) –,

das Grundkapital des Bauern, sozusagen der *Grundstock* für seinen Wohlstand (*'stock'* = Vorrat; vgl. *Stück* Vieh).

Wer handwerkliche Geschicklichkeit besaß, stellte die benötigten Gebrauchsgegenstände natürlich selbst her, normalerweise in einer eigens zu diesem Zweck zusammengezimmerten, an das Wohnhaus angelehnten Hütte, für die sich die Bezeichnung

shop (*Schuppen*)

einbürgerte (vgl. auch *'work-shop'* = Werkstatt). Dieser überaus simple Anbau war also der Vorläufer unseres modernen *'shop'* in der Bedeutung *Laden, Geschäft*!

*

Seit keltischen Zeiten hatten die Bewohner der Insel Gold-, Kupfer-, Zinn- und Eisenerze abgebaut, an denen vor allem das Römische Reich interessiert war. Vermutlich ist das Wort für Erz,

ore (metallhaltiges Gestein, Erz),

sowohl mit unserer Bestimmungsvorsilbe *Erz-* (= Erst-, Haupt-, Ober-) und dem entsprechenden englischen *'arch-'* (aus griechisch: ἀρχή = Anfang, Herrschaft; vgl. *archaisch*), als auch mit dem deutschen Präfix *Ur-* (= von alters her) verwandt, wie ein Vergleich der folgenden Wörter bzw. Vorsilben nahe legt, die allesamt lautliche Ähnlichkeiten aufweisen und die *Herkunft* bzw. den *Vorrang* bezeichnen:

arch-	(vgl. *'archbishop'*, *'archangel'*)
Erz-	(vgl. *Erzbischof, Erzengel, Eisenerz*)
ehern	(= eisern, *erzen*; vgl. *'iron'* = Eisen)
eher	(= früher, bevor)
Ur-	(= anfänglich, *uralt*)
ore	(engl. = *Erz*, z.B. *'iron ore'*)

War das Erz aus der *Mine* (keltisch: *mein* = die Erzader; vgl. auch *Mine* im Kugelschreiber) über den *'pit'* (= Schacht; vgl. mundartl. *Pütt*) ans Tageslicht befördert (*'to lift'* = in die *Luft* heben; vgl. *lüften*), besaß man zum Weitertransport der Bodenschätze niedrige Lastwagen – *'lorries'* (vgl. *Lore*) – oder von Ochsen gezogene Karren (*'carts'* und *'cars'*), auf die das englische Verb

to carry (tragen, transportieren)

zurückgeht. Der Warenaustausch, der *'trade'* (vgl. *treten, Trott*), fand auf den gut ausgebauten Überlandstraßen, den

roads,

statt – ein Wort, das die gleiche Wurzel wie das englische *'to ride'* (reiten) oder *'to rise'* (sich erheben, reisen) besitzt, aber auch in den deutschen Substantiven *Rad* und *Reede* wiederzuerkennen ist.

Besondere Bedeutung hatte natürlich stets der Seehandel für die Britischen Inseln; das englische Hauptwort

island

wird übrigens trotz des irrtümlich eingefügten *'s'* wie unser *Eiland* ausgesprochen, was *'island'* ja eigentlich auch heißt: *Auenland* (= feuchtes Wiesenland inmitten des Wassers). Als echtes Seefahrervolk waren die Briten von jeher mit der Witterung und dem Meer, mit dem Schiffsbau und der Navigation vertraut.

Wer das englische Klima kennt und folglich einen Briten automatisch mit einem Regenschirm assoziiert, wird nachvollziehen können, dass die von den Wikingern stammende Bezeichnung

sky (Himmel)

eigentlich *Bewölkung* und *Schatten* bedeutet (vgl. *Skye* = west-
lich von Schottland gelegene, größte Insel der Inneren Hebri-
den, die im 9. Jahrhundert von norwegischen Eroberern besiedelt wurde). Das Wort

cloud (Wolke)

meint dagegen das einzelne Gewölk am Himmel (*'cloud'*
eigentlich = Hügel, Haufen; vgl. *Klotz*).[1] Wegen der un-
sicheren Witterungsverhältnisse zog es der angelsächsische

skipper (Schiffseigner und Kapitän; vgl. auch *'to equip'* =
ausrüsten; eigentlich: ein *skip* bemannen)

vor, in Sichtweite der Küste zu segeln (auch im Zeitalter der
Dampfer noch *'to sail'*), um jederzeit einen schützenden

harbour (Hafen)

anlaufen zu können; schließlich bedeutet *'harbour'* nichts anderes als *Herberge* (vgl. *'to harbour'* = be*herber*gen!). Die
Küstenlinie, von See her betrachtet, ist die

shore,

eigentlich der *Rand* des Landes (vgl. unseren *Schor*nstein =
Randstein des offenen Kamins, der den gemauerten Rauch-
abzug trägt).

---

[1] Das deutsche Wort *Wolke* ist verwandt mit *welk,* ursprünglich in der
Bedeutung *nass, feucht.*

An Bord des germanischen Schiffes, dessen Rumpf im Englischen *'hull'* (*Hülle*) heißt, war das Steuerruder stets auf der rechten Seite (*'starboard'* = *Steuerbord*) zu finden, das heißt, der Steuermann stand mit dem Rücken zur linken Schiffsseite, die in der Seemannssprache folgerichtig *Backbord* genannt wird (*'back'* = Hinter*backe*, Rücken, zurück; vgl. *'bacon'* = Schinken, verwandt mit *Bache* = Wildsau und *Back*fisch = der zum Verzehr noch zu junge Fisch, der ins Wasser zurückgeworfen wurde). *Backbord* heißt im Englischen allerdings *'port'* (eigentl.: *Hafenstadt,* von lat. *portus*), da man in der Regel mit der linken Schiffsseite im *Hafenbecken* anlegte.

Das (Schiffs-)*Wrack*, aber auch das Strandgut, das nach Schiffsunglücken ans Land gespült wurde, nannten schon die Germanen

wreck.

Wie fast alle Wörter, die die Kombination *'wr'* oder *'w-r'* enthalten, hat es eine negative Qualität. Dazu zählen natürlich im Besonderen die Ausdrücke, die mit dem Kämpfen zu tun haben;

war (Krieg)

kommt im Deutschen lediglich noch in *Wirrwarr* und *Wirren* (= Durcheinander) *des Krieges* vor. Zur gleichen Kategorie jedoch gehören folgende Wörter, die meist die negative Bedeutung *(ver)drehen, umkehren* und *verändern* – oft zum Schlechteren – in sich tragen (in der Regel ist das **w** im Deutschen weggefallen):

wrack	=	Untergang, Verderbnis, Ruin
wrangle	=	heftig streiten (vgl. *rangeln)*
wrath	=	Zorn, Wut
wrap	=	eindrehen, einpacken (vgl. *Rupfen)*
wreak	=	*rächen, Rache* nehmen an

wrench	=	*Verrenkung;* Schraubenschlüssel
wrest	=	entreißen, entwinden, verdrehen
wrestle	=	ringen, schwer kämpfen
wretch	=	armer Teufel; Blödmann
wrick	=	*verrenken,* verdrehen
wriggle	=	sich *ringeln,* sich winden
wring	=	ausquetschen, (aus)*wringen*
wrinkle	=	Falte, Runzel (vgl. *Runkelrübe*)
wrinkle	=	die Augen verdrehen, die Nase rümpfen
wrist	=	Handgelenk, Drehgelenk
write	=	*einritzen,* einkerben, schreiben
writhe	=	sich krümmen
wrong	=	falsch, verkehrt, verdreht
wrought	=	geschmiedet ('~ *iron* ' = Schmiedeeisen)
wry	=	verdreht, verbogen
wryneck	=	Wendehals

wards	=	-*wärts,* hingewendet (vgl. *'homewards'*)
whirl	=	sich im Kreise drehen, *herumwirbeln*
whirlpool	=	*Wirbel,* Strudel
whirlwind	=	*Wirbelwind*
whore	=	Ehebruch begehen; *Hure*
wire	=	Draht (vgl. *Gewirr* und *verdreht*)
work	=	Arbeit, *Werk* (vgl. *wirken* und *'wrought'*)
worm	=	*Wurm*
worry	=	ärgern (an der Kehle packen; vgl. *würgen*)
worse	=	schlechter, *verwirrter*
worst	=	am schlechtesten (vgl. *wursteln*)

Die übliche germanische Kriegswaffe war die

bill (Axt; vgl. *Beil*)[1]

---

[1] *'Bill'* in der Bedeutung *Rechnung, Gesetzesvorlage* ist dagegen vom lateinischen *bulla* (= das gesiegelte Dokument) abgeleitet.

oder die fast ebenso furchterregende knorrige Holzkeule, die

club (vgl. *Kloben, Kolben*),

die in *'club'* (= Golfschläger) sprachlich überleben sollte und sogar auf die geschlossene Gesellschaft passionierter Golfsportler abgefärbt hat.

Der Feind wurde also erschlagen (= *'slain'*, Part. Perf. von *'to slay'*; vgl. *Schlag*) und im günstigsten Falle endgültig geschlagen (= *'beaten'*, Part. Perf. von *'to beat'*; vgl. *boss*eln und Am*boss*); man war *'keen'* (scharf; vgl. *kühn*) auf den Kampf und trotzte mutig der Furcht, also der

fear,

die aus der Ge*fahr* für Leib und Leben erwuchs (vgl. *Fährnis*). Gab es eigene Opfer zu beweinen, wurden diese unter lautem Wehklagen (*'woeful cries'*; vgl. *wehe*) bestattet, was die Germanen mit dem Verb

to bury (begraben)

ausdrückten; *'bury'* bedeutet in Wirklichkeit nichts anderes als ver*berg*en (vgl. *Berg* und *Burg*).

*

Auch die Körperteile (*'eye'*, *'nose'*, *'mouth'*, *'lip'*, *'ear'*, *'neck'*, *'arm'*, *'finger'*, *'foot'*, *'toe'* etc.) und das physische und psychische Befinden werden in der Hauptsache durch germanische Wörter und Ausdrücke beschrieben. Der

body (Körper),

der im Hochdeutschen mit *Leib* (= *Leben;* vgl. *'life'*) gleichgesetzt oder schlicht nach dem lateinischen *corpus* (= Körper) benannt ist, wird im Angelsächsischen mit einem Fass verglichen (*'body'* = *Botti*ch), auf dem der

belly (Bauch)

hervorragt, der – vielleicht wegen seiner Aufblähung – in der deutschen Umgangssprache auch *Balg* heißt (vgl. *'bellows'* = Blase*balg*!). Die Verwandtschaft des englischen Wortes

head

mit *Haupt* ist erst auf den zweiten Blick ersichtlich (angels. *hëafod* zu *'head'* = *Haupt*). Das englische Wort für Haut,

skin,

klingt noch in *schinden* (= enthäuten, die Haut abziehen) sowie in *Schinder* und *Schund* (= unbrauchbarer Abfall beim Häuten) an. Das Knochengerüst – das *Gebein* – hat seine Entsprechung im englischen

bone (Knochen, vgl. *Bein*),

das noch in *Elfenbein* (= Elefantenknochen) erhalten ist. Für das Gelenk wird im modernen Englisch *'joint'* (aus lat. *jungere* = verbinden) benutzt, während das entsprechende Wort germanischen Ursprungs, das

link (*Gelenk*),

bei dem die deutsche Vorsilbe *Ge-* fehlt, nur noch in den Bedeutungen *Verbindung* und *Kettenglied* verwendet wird.

Auch bei der Bezeichnung für das körperliche Wohlbefinden durch das Adjektiv

sound (unversehrt, *gesund*)

ist das Präfix *ge-* entfallen; die gleiche positive Qualität, jedoch mit abgewandelter Bedeutung, hat das Allerweltswort

well (*wohl*),

das zwar in der Wendung *'to feel well'* sinngleich zu verwenden ist, als Adverb aber eher *richtig, tüchtig* und *günstig* bedeutet oder als Ausruf sogar dem *Nun!* entspricht (vgl. unser mundartliches *Woll!*).

Das als Substantiv und Verb gleichermaßen zu benutzende

care (Sorge, Kummer)

ist in unserem Eigenschaftswort *karg* (= traurig, knapp, spärlich) sowie in *Karwoche* und *Karfreitag* wiederzufinden. Wie der deutsche Ausdruck *dahinsiech*en ist das englische

sick (krank; vgl. *siech*)

(außer im Amerikanischen) heute kaum noch in Gebrauch; es wurde mehr oder weniger ersetzt durch

ill (krank, schlecht),

das wahrscheinlich aus dem gleichbedeutenden altnorwegischen *illr* stammt und möglicherweise mit dem mittelenglischen Adverb *'evilly'* (= *übel;* vgl. *'evil'*) verwandt ist;

to be angry (wütend sein)

schließlich bezeichnet jenen Gemütszustand, den wir meinen, wenn uns heiliger Zorn oder hilflose Wut die Kehle zuschnürt (vgl. *eng!*), was in germanischen Zeiten aber auch bedeuten konnte, dass den Menschen vor der ungewissen Zukunft – mit Recht – *ang*st und b*ang*e war.

* * *

3

Der tausendjährige französische Einfluss

Als Datum für die normannische Eroberung Britanniens – und damit die dritte große (Sprach-)Invasion – wird oft das Jahr 1066 *(Battle of Hastings)* zitiert. In Wahrheit hatten normannische Seeräuber aus Dänemark und Norwegen seit dem ausgehenden 8. Jahrhundert n. Chr. die britischen Küsten und Inseln in fast jährlich sich wiederholenden Beutezügen heimgesucht. Große Verbände von norwegischen Wikingern ließen sich in Schottland, Irland und auf der Isle of Man nieder, während die Angriffslust der dänischen Wikinger sich mehr gegen den Osten und Süden der britischen Hauptinsel richtete, bis sie sich nach Verhandlungen mit den angelsächsischen Königen und ihrer Hinwendung zum Christentum 866 n. Chr. im so genannten *Danelag* im Nordosten Englands ansiedeln durften. Etwa zur gleichen Zeit setzten sich dänische Normannen in jenem Südengland gegenüberliegenden Küstengebiet des Frankenreiches fest, das noch heute den Namen *Normandie* trägt.[1] Zwei Jahrhunderte lang befehdeten sich die dänischen und norwegischen Eindringlinge einerseits und die eingesessenen Angelsachsen andrerseits unter- und gegeneinander, zeitweilig waren alle Bevölkerungsteile aber auch unter dänischer Königsherrschaft vereint.

---

[1] Schwedische Waräger begründeten im selben Jahrhundert um Nowgorod ihre Herrschaft über die Ostslawen, welche diese blonden Wikinger die *Rus* – also die *Rothaarigen* – nannten (daher der Name *Russland*). 150 Jahre später landete der Normanne Leif Erikson an der Küste Nordamerikas; er nannte das Gebiet nördlich der heutigen Stadt Boston *Vinland hit Góda*, „das gute Weinland", da er die dort wachsenden Preiselbeeren wohl für Weintrauben hielt.

Beutezüge und Siedlungsgebiete norwegischer und dänischer Normannen ab 793

Natürlich haben die skandinavischen Wikinger – ebenso wie die Angeln und Sachsen – einen nachhaltigen Einfluss auf die Entwicklung des Englischen genommen (insbesondere die zahlreichen Ortsnamen mit der Endung -*by* verweisen auf die ehemals dänischen Siedlungsgebiete), sie alle sprachen aber noch germanisch. Erst die *französischen* Normannen, die die

Sprache ihrer Wahlheimat angenommen hatten, sollten für die starke romanische Prägung des Mittel- und Neuenglischen verantwortlich werden.

a) Die Koexistenz französischer und germanischer Wörter

Etwa drei Generationen lang gab es in England die gleiche Zweisprachigkeit, wie wir sie noch heute in Belgien finden, wo Flämisch und Französisch mehr oder weniger gleichberechtigt nebeneinander stehen. Französisch, die Muttersprache der normannischen Eroberer Englands, blieb bis ins 12. Jahrhundert die Sprache des Adels, der meist noch Güter in Frankreich besaß und daher in der Regel mehr Zeit auf dem Kontinent verbrachte als auf seinem eroberten Besitz in England, während die einfache Landbevölkerung – der einheimische Adel war bei den Kämpfen mit den Normannen fast völlig ausgelöscht worden – weiterhin Englisch sprach.[1]

Aus der politischen und sozialen Trennung dieser beiden Schichten erklärt sich die Übernahme oft unveränderter französischer Wörter, aber auch die Tatsache, dass man im modernen Englisch sehr häufig die Wahl zwischen einer Vokabel germanischer oder französischer Herkunft hat, wenn es bisweilen auch geringfügige Bedeutungsunterschiede gibt.

Der große Wortreichtum der englischen Sprache hat sowohl Nachteile als auch Vorzüge. Einerseits kann eine englischsprachige Unterhaltung mit einem Italiener, Spanier oder Franzosen sehr frustrierend sein (obschon beide Seiten über gute

---

[1] Als zwangsläufige Folge schlichen sich in der Sprache dieser unteren Schichten Vereinfachungen ein, die noch heute das Englische kennzeichnen, wie der fast völlige Wegfall von Wortendungen und der Verlust des grammatischen Geschlechts (die Artikel *der, die* und *das* wurden durch das universelle *'the'* ersetzt).

Englischkenntnisse verfügen), denn ein Bewohner romanischer Länder wird in der fremden Sprache wohl immer Wörter französischer Quelle bevorzugen, während einem Deutschen oft nur ein germanisch geprägtes Vokabular zur Verfügung steht. So könnte etwa die Frage eines Italieners *'When will the performance commence?'* bei Ihnen das gleiche verständnislose Kopfschütteln hervorrufen wie Ihre gleichbedeutende Frage *'When will the show begin?'* bei einem Italiener.

Andrerseits lässt sich die Verfügbarkeit vieler Vokabeln doppelt absichern, wenn man beide Versionen eines Wortes kennt, und Sie müssen nicht sprachlos bleiben, wenn Ihnen eine bestimmte Vokabel entfallen ist. Sie sollten sich daher – auch wenn Sie die französische Sprache nicht beherrschen – die folgende Auswahl der wichtigsten romanisch/germanischen Synonyme (= Wörter gleicher oder ähnlicher Bedeutung) aneignen. Zudem gewinnen Sie auf diese Weise die Möglichkeit, Ihren Ausdruck in der Fremdsprache zu variieren und somit Wortwiederholungen zu vermeiden.

*

Synonyme Hauptwörter

roman. Urspr.	französisch	germ. Ursprung	Bedeutung *(Assoziation)*
accident [æ]	*l'accident*	**crash**	- Unfall
action [æ]	*l'action*	**deed**	- Tat
aid [ei]	*l'aide*	**help**	- Hilfe(leistung)
amity [æ]	*l'amitié*	**friendship**	- Freundschaft (vgl. *Amigo*)
animal [æ]	*l'animal*	**beast**	- Tier, Biest (vgl. *animalisch*)
apartment [ɑː]	*l'appartement*	**flat**	- Wohnung
arm [ɑː]	*l'arme*	**weapon**	- Waffe (vgl. *armieren*)
arrival [ai]	*l'arrivée*	**coming**	- Ankunft
article [ɑː]	*l'article*	**good**	- Ware, Gut

aspect [æ]	*l'aspect*	**outlook**	- Gesichtspunkt
aurum [ɔ:]	*l'or*	**gold**	- Gold (vgl. *Aureole* = Heiligenschein; *Öre / Gulden*)
basin [ei]	*le bassin*	**pool**	- (Hafen-)Becken
battle [æ]	*la bataille*	**fight**	- Schlacht (vgl. *Bataillon / Gefecht*)
beauty [ju:]	*la beauté*	**loveliness**	- Schönheit (vgl. *Beau* = Schönling / *Lieblichkeit*)
bottle [ɔ]	*la bouteille*	**flask**	- Flasche (vgl. *Buddel*)
bureau [ju]	*le bureau*	**desk**	- Schreibtisch (vgl. *Büro / Tisch*)
button [ʌ]	*le bouton*	**knob**	- Knopf
camp [æ]	*le champ*	**field**	- Feld(lager) (vgl. *Camping*)
cane [ei]	*la canne*	**stick**	- Stock, Rohr (vgl. *Kanal*)
carbon [ɑ:]	*le charbon*	**coal**	- Kohle (vgl. *Karbonat*)
cascade [ei]	*la cascade*	**waterfall**	- Wasserfall (vgl. *Kaskadeur* = waghalsiger Springer)
cemetery [e-]	*le cimetière*	**churchyard**	- Friedhof (vgl. *Kirchhof*)
centre [e]	*le centre*	**middle**	- Mitte (vgl. *Zentrum / Mittel*)
chamber [ei]	*la chambre*	**room**	- Raum (vgl. *Kammer*)
chant [ɑ:]	*le chant*	**song**	- Gesang (vgl. *Kantate*)
charge [ɑ:]	*la charge*	**fee**	- Gebühr (vgl. *Vieh* = altes Tauschzahlungsmittel)
chemise [-i:]	*la chemise*	**shirt**	- Hemd (vgl. *Chemisett* = Hemdchen / *Schürze*)
choice [ɔi]	*le choix*	**pick**	- (Aus-)Wahl (vgl. *'to choose' / picken*)
cinder [i]	*la cendre*	**ash**	- Asche (vgl. *Cinderella* = Aschenputtel)
circle [ə:]	*le cercle*	**ring**	- Ring, Kreis (vgl. *Zirkel, Zirkus*)
coast [ou]	*la côte*	**shore**	- Küste (vgl. *Schornstein* = herausragender Stein)
confidence [ɔ]	*la confiance*	**trust**	- Vertrauen (vgl. *fidel* = treu, gut gelaunt / *Trost*)
cord [ɔ:]	*la corde*	**line**	- Seil (vgl. *Kordel / Leine*)
cork [ɔ:]	*l'écorce*	**bark**	- Rinde (vgl. *Korken;* aus der Rinde der *Korkeiche / Borke*)
corpse [ɔ:]	*le corps*	**body**	- Leiche, Körper (vgl. *Korpus / Bottich*)

courage [ʌ]	*le courage*	**boldness**	- Mut (vgl. *bald* = schnell; früher: kühn)
court [ɔ:]	*la cour*	**yard**	- Hof (vgl. *Kohorte*, lat. *cohors* = Exerzierplatz / *Garten*)
crayon [ei]	*la craie*	**chalk**	- Kreide (vgl. *Kreta* = lat. Kalkinsel)
cry [ai]	*le cri*	**roar**	- Schrei (vgl. *Dernier Cri* = letzter Schrei / *röhren*)
current [ʌ]	*le courant*	**stream**	- Strom, Strömung (vgl. *Konkurrent* = Mitläufer, Mitbewerber)
curve [ə:]	*la courbe*	**bend**	- Krümmung, Kurve (vgl. *Binde, Gebinde*)
cushion [u]	*le coussin*	**pillow**	- Kissen (vgl. *kuschen, kuscheln / Pfühl*)
damage [æ-]	*le dommage*	**harm**	- Schaden (vgl. *harmlos*)
departure [ɑ:]	*le départ*	**start**	- Abfahrt, Start
desert [e-]	*le désert*	**wilderness**	- Wüste, verlassene Gegend (vgl. *desertieren*)
design [ai]	*le dessin*	**layout**	- Zeichnung, Entwurf
desire [ai]	*le désir*	**longing**	- Sehnsucht (vgl. *Desirée*)
dinner [i]	*le dîner*	**meal**	- (Haupt-)Mahlzeit
disaster [ɑ:]	*le désastre*	**evil**	- Unheil (vgl. *Desaster / Übel*)
distance [i]	*la distance*	**length**	- Länge, Entfernung
encounter [au]	*la rencontre*	**meeting**	- Begegnung (vgl. *kontra, 'country'* = Gegend, Land)
enemy [e]	*l'ennemi*	**fiend** [i:]	- Feind
enterprise [e]	*l'entreprise*	**undertaking**	- Unternehmen
envy [e]	*l'envie*	**ill-will**	- Neid, Missgunst
error [e]	*l'erreur*	**mistake**	- Irrtum, Missgriff
exercise [e-]	*l'exercise*	**drill**	- Übung (vgl. *Exerzitien*)
existence [i]	*l'existence*	**life**	- Existenz, Leben
exposition [i]	*l'exposition*	**show**	- Ausstellung, Schau (vgl. *Exponat*)
famine [æ]	*la faim*	**hunger**	- Hunger(snot)
fault [ɔ:]	*la faute*	**failing**	- Fehler (vgl. *faule Ausrede*)
finish [i]	*la fin*	**end**	- Schluss (vgl. *Finale*)
flower [au]	*la fleur*	**bloom**	- Blume, Blüte (vgl. *Flora, Florida, Floristin*)
foil [ɔi]	*la feuille*	**leaf**	- Blatt (vgl. *Folie / Laub*)

force [ɔ:]	la force	strength	- Stärke, Kraft (vgl. 'Air Force' / Strenge)
forest [ɔ]	la forêt	wood	- Wald (vgl. Förster)
fountain [au]	la fontaine	well	- Brunnen (vgl. Fontäne / Quelle)
fume [ju:]	la fumée	smoke	- Rauch (vgl. Parfüm / schmauchen)
furnace [ə:]	la fournaise	oven	- Ofen, Feuerstelle (vgl. span. California = heißer Ofen; Lasagne al forno)
gorge [ɔ:]	la gorge	throat	- Kehle (vgl. Gurgel / Drossel)
grain [ei]	la graine	seed	- Same, Samenkorn (vgl. Granulat / Saat)
grease [i:]	la graisse	fat	- Fett (vgl. krass)
hotel [e]	l'hôtel	inn	- Gasthof, Hotel
humour [hju:-]	l'humeur	mood	- Laune (vgl. Humor / guten Muts)
joy [ɔi]	la joie	gladness	- Freude (vgl. Gaudi / glatt; früher: froh)
juice [u:]	le jus	sap	- Saft
language [æ]	la langue	tongue	- Sprache (vgl. Linguistik = Sprachwissenschaft / Zunge)
liberty [i]	la liberté	freedom	- Freiheit (vgl. liberal)
magazine [æ]	le magasin	warehouse	- Warenlager, -haus (vgl. Magazin)
manner [æ]	la manière	kind	- Art und Weise (vgl. Manier / Kind = Abkömmling der gleichen Art)
mansion [æ]	la maison	house	- Haus
mariner [æ]	le marin	seaman	- Seemann (vgl. Marine)
memory [e]	la mémoire	mind	- Erinnerung (vgl. Minne = Gedächtnis, Liebe)
miracle [i]	le miracle	wonder	- Wunder (vgl. Mirakel)
mirror [i]	le miroir	looking-glass	- Spiegel (vgl. 'to admire' = bewundern)
moustache [ʌ]	la moustache	beard	- Bart
object [ɔ]	l'objet	thing	- Gegenstand
odour [ou-]	l'odeur	smell	- Geruch (vgl. Deodorant)
order [ɔ:]	l'ordre	bidding	- Befehl (vgl. Gebieter)
origin [ɔ]	l'origine	beginning	- Ursprung (vgl. Original)
people [i:]	le peuple	folk	- Volk (vgl. Pöbel / Folklore)

personnel [-e]	*le personnel*	**staff**	- Belegschaft, Stab
pigeon [i]	*le pigeon*	**dove**	- Taube
pincers [i]	*les pinces*	**tongs**	- Zange (vgl. *Pinzette*)
place [ei]	*la place*	**ground**	- Platz, Ort
plank [æ]	*la planche*	**board**	- Brett (vgl. *Planke / Bord*)
pleasure [e]	*le plaisir*	**delight**	- Vergnügen, Freude (vgl. *Pläsier / Licht*)
plumb [plʌm]	*le plomb*	**lead**	- Blei (vgl. *'plumber', Plombe / Lot, lotrecht*)
plume [u:]	*la plume*	**feather**	- Feder (vgl. *Plumeau = Federbett*)
point [ɔi]	*le point*	**dot**	- Punkt (vgl. *Pointe* / rhein. *i-Dötzchen*)
port [ɔ:]	*le port*	**harbour**	- Hafen (vgl. *Portal = Tor / Herberge = sicherer Ort*)
power [au]	*le pouvoir*	**might**	- Macht
present [e]	*le présent*	**gift**	- Gabe, Geschenk
price [ai]	*le prix*	**cost**	- Preis, Kosten
property [ɔ]	*la propriété*	**belongings**	- Eigentum (vgl. *proper = gehörig / Belang*)
proprietor [ai]	*le propriétaire*	**owner**	- Besitzer, Eigner
pullet [u]	*le poulet*	**chicken**	- Hähnchen (vgl. *Poularde / Küken*)
race [ei]	*la race*	**breed**	- Rasse, Zucht (vgl. *Brut*)
rage [ei]	*la rage*	**anger**	- Wut (vgl. *Enge*)
ray [ei]	*le rayon*	**beam**	- Strahl (vgl. *Radius / Baum*)
realm [e]	*le royaume*	**kingdom**	- Königreich (vgl. *'royal'* / norweg. *kong = König*)
rent [e]	*la rente*	**hire**	- Miete (vgl. *Rente / Heuer*)
result [ʌ]	*le résultat*	**outcome**	- Ergebnis (vgl. *Resultat*)
rheum [ru:m]	*le rhume*	**cold**	- Schnupfen, Erkältg. (vgl. *Rheuma / Kälte*)
rock [ɔ]	*le rocher*	**stone**	- Fels, Stein (vgl. *Rocky Mountains / Stein*)
route [u:]	*la route*	**road**	- Straße (vgl. *Reede, Reitweg*)
sanity [æ]	*la santé*	**health**	- (geist.) Gesundheit (vgl. *Sanitäter / Heil*)
scissors [i]	*les ciseaux*	**sheers**	- Schere (vgl. *Zäsur*)
sign [ai]	*le signe*	**token**	- Zeichen (vgl. *Signal*)

silence [ai]	*le silence*	**stillness**	- Stille, Ruhe (vgl. *Silentium*)
source [ɔ:]	*la source*	**spring**	- Quelle (vgl. *Ressource / Ursprung*)
space [ei]	*l'espace*	**room**	- Raum, Freiraum (vgl. *spazieren gehen*)
spine [ai]	*l'épine*	**backbone**	- Rückgrat (vgl. *spinale Kinderlähmung*)
story [ɔ:]	*l'histoire*	**tale**	- Geschichte (vgl. *Historie / Erzählung*)
summit [ʌ]	*le sommet*	**top**	- Gipfel, Spitze (vgl. *Summe;* früher: Addition von unten nach oben! / *Zopf*)
supper [ʌ]	*le souper*	**evening meal**	- Abendessen (vgl. *Suppe / Abendmahl*)
suspicion [i]	*le soupçon*	**mistrust**	- Verdacht (vgl. *suspekt / Misstrauen*)
task [ɑ:]	*la tâche*	**work**	- Aufgabe, Arbeit (vgl. *taxieren* = den Wert einer Arbeit einschätzen)
terror [e]	*la terreur*	**fright**	- Furcht, Schrecken
treatment [i:]	*le traîtement*	**handling**	- Behandlung (vgl. *Traktat, traktieren*)
trench [e]	*la trenchée*	**ditch**	- Graben (vgl. *Trenchcoat* = militärischer Schützen-grabenmantel / *Teich*)
trunk [ʌ]	*le tronc*	**stem**	- (Baum-)Stamm (vgl. *Strunk*)
vacation [ei]	*les vacances*	**holidays**	- Ferien (vgl. *Vakuum / heilig*)
valley [æ]	*la vallée*	**dale**	- Tal
value [æ]	*la valeur*	**worth**	- Wert (vgl. *Valuta /* Kurswert)
vendor [e]	*le vendeur*	**seller**	- Verkäufer
verity [e]	*la vérité*	**truth**	- Wahrheit (vgl. lat. *In vino veritas* = im Wein liegt Wahrheit / *trautes Heim*)
view [vju:]	*la vue*	**sight**	- Sicht (vgl. *Interview*)
village [i]	*le village*	**thorp**	- Dorf (vgl. *Villa*)
voyage [ɔi]	*le voyage*	**trip**	- Reise (vgl. lat. *via* = der Weg / *trippeln*)
zeal [i:]	*le zèle*	**keenness**	- Eifer (vgl. *Zelot* = relig. Eiferer, *'jealousy'* = Eifersucht)

*

Synonyme Eigenschaftswörter

roman. Urspr.	französ.	germ. Ursprung	Bedeutung (Assoziation)
absent [æ]	absent	**away**	- abwesend, weg
acid [æ]	acide	**sour** [ˈsauə]	- sauer (vgl. *Essig*)
admirable [ai]	admirable	**wonderful**	- wunderbar (vgl. *Mirakel*)
agreeable [iə]	agréable	**delightful**	- erfreulich (vgl. *'agreement'*)
ambiguous [æ] ambigu		**unclear**	- doppelsinnig (vgl. *ambivalent = doppelwertig*)
amiable [ei-]	aimable	**friendly**	- freundlich, liebenswert (vgl. *Amor, Amigo*)
amusing [juː]	amusant	**lively**	- unterhaltend (vgl. *amüsant*)
ancient [ei]	ancien	**very old**	- alt, antik (vgl. lat. *ante = vor*)
annual [æ]	annuel	**yearly**	- jährlich
beautiful [juː]	beau	**good-looking**	- schön (vgl. *Beau = Schönling*)
capable [ei-]	capable	**gifted**	- fähig (vgl. *Kapazität / Gift = Gabe; Mitgift*)
clear [iə]	clair	**bright**	- hell (vgl. *klar / prächtig*)
comfortable [ʌ] confortable		**cosy**	- bequem, gemütlich (vgl. *kosen, liebkosen*)
comical [ɔ]	comique	**droll**	- komisch (vgl. *drollig*)
commercial [əː] commercial		**business ~**	- geschäftlich (vgl. *kommerziell, Kommerz*)
common [ɔ]	commun	**shared**	- gemeinsam (vgl. *Kommune / Schar*)
complete [iː]	complet	**whole**	- vollständig (*komplett / heil*)
content [e]	content	**snug**	- zufrieden, behaglich (vgl. *„schnuckelig"*)
convenient [iː] convenable		**handy**	- bequem, passend (vgl. *Konvention = Übereinkunft / handlich*)
correct [e]	correct	**right**	- richtig (vgl. *korrigieren / recht, rechtens*)
covered [ʌ]	couvert	**hidden**	- verdeckt, bedeckt (vgl. *Briefkuvert / behüten*)
crude [uː]	cru	**raw**	- roh (vgl. *rüde / rau*)
curious [ju]	curieux	**nosy**	- neugierig (vgl. *Kuriosität / die Nase in fremde Angelegenheiten stecken*)

dangerous [ei]	*dangereux*	**risky**	- gefährlich (vgl. *riskant*)
different [i]	*différent*	**unlike**	- verschieden (vgl. *Differenz* / Gegent. von *gleich*)
difficult [i]	*difficile*	**hard**	- schwierig (vgl. *diffizil* / *hart*)
distinct [-i]	*distinct*	**clear**	- deutlich, klar (vgl. *distinguiert* = vornehm, von der Masse klar zu unterscheiden)
double [ʌ]	*double*	**twofold**	- doppelt (vgl. *Filmdouble*)
doubtful [au]	*douteux*	**unclear**	- zweifelhaft (vgl. *dubios* / *unklar*)
enormous [ɔ:]	*énorme*	**great**	- ungeheuer, gewaltig
entire [aiə]	*entier*	**whole**	- ganz (vgl. *integer* = unversehrt)
extreme [i:]	*extrême*	**highest**	- äußerster, äußerste
false [ɔ:]	*faux*	**wrong**	- falsch (vgl. *gewrungen*)
feeble [i:]	*faible*	**weak**	- schwach (vgl. *Faible* / *weich*)
firm [ə:]	*ferme*	**steady**	- fest, beständig (vgl. *Firmung, Firma* / *stetig*)
foolish [u:]	*fou*	**silly**	- töricht, dumm (vgl. *selig*)
frank [æ]	*franc*	**free**	- frei, offen (vgl. *frankieren*)
future [ju:]	*futur*	**coming**	- zukünftig (vgl. *Futur*)
gay [ei]	*gai*	**happy**	- fröhlich (vgl. *Happy End*)
gentle [e]	*gentil*	**soft**	- zärtlich (vgl *Gentleman* / *sanft*)
grand [æ]	*grand*	**great**	- groß, bedeutend (vgl. *grandios*)
grave [ei]	*grave*	**weighty**	- schwer wiegend (vgl. *gravierend* / *gewichtig*)
honest [ɔ]	*honnête*	**truthful**	- ehrlich (vgl. *honorig* = ehrenhaft / *traut, treu; 'true'*)
humble [ʌ]	*humble*	**lowly**	- demütig (vgl. *Humus* = Erde, Erdboden / *lauernd*)
humid [ju:]	*humide*	**wet**	- feucht, nass (vgl. *humide* / *wässrig*)
important [ɔ:]	*important*	**meaningful**	- wichtig (vgl. *Meinung*)
impossible [ɔ]	*impossible*	**unworkable**	- unmöglich
incredible [e]	*incroyable*	**unbelievable**	- unglaublich (vgl. Gegent: *Kredit* / *Belieben*)
inferior [iə]	*inférieur*	**lower**	- unter(legen) (vgl. *lauern*)
just [ʌ]	*juste*	**rightful**	- gerecht (vgl. *Justiz* / *Recht*)
large [ɑ:]	*large*	**wide**	- geräumig (vgl. *Largo* / *weit*)

116

married [æ]	*marié*	**wedded**	- verheiratet (vgl. *wetten* = ein Pfand geben)
mute [ju:]	*muet*	**dumb**	- stumm (vgl. *dumm, tumb* = einfältig)
necessary [e-]	*nécessaire*	**needed**	- nötig (vgl. *Reise-Necessaire*)
nude [ju:]	*nu*	**naked**	- nackt (vgl. *Nudist*)
obscure [juə]	*obscur*	**dark**	- dunkel (vgl. *obskur*)
obstinate [ɔ]	*obstiné*	**headstrong**	- hartnäckig (vgl. *obstinat*)
occupied [ɔ]	*occupé*	**busy**	- beschäftigt, besetzt (vgl. *Okkupation*)
ordinary [ɔ:]	*ordinaire*	**mean**	- (all)gemein (vgl. *ordinär / gemein*)
pale [ei]	*pâle*	**ashen**	- bleich (vgl. *fahl / aschfarben*)
past [ɑ:]	*passé*	**gone by**	- vergangen (vgl. *passiert*)
perfect [ə-]	*parfait*	**thorough**	- vollendet, gründlich (vgl. *durch und durch*)
petty [e]	*petit*	**little**	- klein, kleinlich (vgl. *Petticoat* / mundartl.: *lütt*)
pointed [ɔi]	*pointu*	**sharp**	- spitz (vgl. *Pointe / scharf*)
polite [ai]	*poli*	**well-behaved**	- höflich (vgl. *Politik / Gehabe*)
poor [puə]	*pauvre*	**penniless**	- arm, mittellos
possible [ɔ]	*possible*	**thinkable**	- möglich, denkbar
present [e]	*présent*	**modern**	- gegenwärtig (vgl. *Präsens, präsent*)
probable [ɔ]	*probable*	**likely**	- wahrscheinlich (vgl. *probat* = erprobt, bewährt)
profound [au]	*profond*	**deep**	- tief (vgl. *profund*)
proper [ɔ]	*propre*	**clean**	- sauber (vgl. *proper / klein*)
public [ʌ]	*public*	**open**	- öffentlich (vgl. *Publikum*)
pure [pjuə]	*pur*	**clean**	- rein (vgl. *pur / klein*)
reasonable [i:]	*raisonnable*	**thoughtful**	- vernünftig (vgl. *zur Räson bringen*)
recent [i:-]	*récent*	**new**	- neu (vgl. *rezent* = frisch)
responsible [ɔ]	*responsable*	**answerable**	- verantwortlich (vgl. *korrespondieren* = auf Briefe antworten / *schwören*)
ridiculous [i]	*ridicule*	**laughable**	- lächerlich
satisfied [æ]	*satisfait*	**delighted**	- befriedigt, erfreut
savage [æ]	*sauvage*	**wild**	- wild (vgl. lat. *silva* = Wald)
secret [i:]	*secret*	**hidden**	- geheim, verborgen (vgl. *Sekretär / behütet*)

serious [iə]	sérieux	earnest	- ernsthaft (vgl. *seriös / ernst, ernsthaft*)
severe [iə]	sévère	earnest	- ernst, ernsthaft (vgl. die Namen *Severin / Ernst*)
sincere [iə]	sincère	true	- aufrichtig (vgl. *'Yours sincerely' / treu*)
sober [ou]	sobre	cool-headed	- nüchtern (vgl. *sauber / mit kühlem Kopf*)
strange [ei]	étranger	outlandish	- fremd (vgl. *extern / ausländisch*)
stupid [juː]	stupide	dumb	- dumm (vgl. *stupide*)
sudden [ʌ]	soudain	swift	- plötzlich (vgl. ital. *subito* = sofort)
superior [iə]	supérieur	higher	- höher (vgl. *Pater Superior*)
supreme [iː]	suprême	highest	- höchst (vgl. *super*)
sure [uə]	sûr	trustworthy	- sicher, zuverlässig (vgl. *Sekurit* = Sicherheitsglas)
tender [e-]	tendre	soft	- zart, sanft (vgl. *tendieren* = sich hinneigen / *sanft*)
terrible [e]	terrible	awful	- schrecklich (vgl. *Terror*)
tranquil [æ]	tranquille	calm	- ruhig, still (vgl. *Tranquilizer / Kalmen*)
violent [ai]	violent	rough	- gewalttätig (vgl. *rau*)

*

Synonyme Tätigkeitswörter

roman. Urspr.	franzos.	germ. Urspr.	Bedeutung (Assoziation)
abandon [-æ]	abandonner	drop	- aufgeben, fallen lassen (vgl. *tröpfeln*)
accompany [ʌ]	accompagner	go with	- begleiten (vgl. *Kompanie*)
admire [ai]	admirer	look up to	- bewundern (vgl. *Mirakel*)
adore [ɔː]	adorer	love	- anbeten, lieben (vgl. lat. *orare* = beten / glauben, geloben)
advance [ɑː]	avancer	go forward	- fortschreiten (vgl. *avancieren* = befördert werden)
aid [eid]	aider	help	- helfen (vgl. *'First Aid'*)
appeal [iː]	appeler	beseech	- ersuchen, anrufen (vgl. *Appell / Gesuch*)

appear [iə]	*apparaître*	**come**	- erscheinen
approach [ou]	*s'approcher*	**near**	- sich nähern
			(vgl. *'proximity'* = *Nähe*)
arrive [ai]	*arriver*	**come**	- ankommen, kommen
			(vgl. *'arrival'* = Ankunft)
avoid [ɔi]	*éviter*	**shirk**	- vermeiden (vgl. *Schurke*)
caress [æ]	*caresser*	**stroke**	- streicheln, liebkosen
			(vgl. *Caritas / streichen*)
cause [ɔ:]	*causer*	**give rise to**	- verursachen (vgl. *kausal*)
cease [i:]	*cesser de*	**stop**	- aufhören (vgl. gegenteilig: *Prozess / stopfen*)
chase [ei]	*chasser*	**hunt**	- jagen (vgl. *„schassen"* = wegjagen / *Jagdhund*)
choose [u:]	*choisir*	**pick**	- wählen, auswählen (vgl. *kosten* = probieren / *picken* = pflücken)
commence [e]	*commencer*	**begin**	- anfangen, beginnen (ital. *cominciare* = anfangen)
compare [æ]	*comparer*	**liken**	- vergleichen (vgl. *Komparativ* = Steigerungsform / *gleichen*)
comprehend [-e]	*comprendre*	**understand**	- verstehen, begreifen
conduct [ʌ]	*se conduire*	**behave**	- sich benehmen (vgl. *Gehabe*)
conquer [ɔ]	*conquérir*	**take in**	- erobern (vgl. *Konquistador / einnehmen*)
contain [ei]	*contenir*	**hold**	- enthalten (vgl. *Container / halten*)
continue [i]	*continuer*	**go ahead**	- fortfahren (vgl. *Kontinuität*)
cover [ʌ]	*couvrir*	**hood**	- verdecken (vgl. *Kuvert / Hut*)
cry [ai]	*crier*	**scream**	- schreien (vgl. *Dernier Cri*)
decide [ai]	*se décider*	**settle**	- entscheiden (vgl. *dezidiert / setzen*)
deliver [i]	*délivrer*	**free**	- befreien (vgl. *liberalisieren*)
demand [ɑ:]	*demander*	**ask for**	- verlangen, fordern (vgl. *Mandat* = Wahlauftrag / *heischen* = dringend fordern)
descend [-e]	*descendre*	**go down**	- herabsteigen
decline [ai]	*décliner*	**sink**	- sinken, abnehmen (vgl. *deklinieren* = beugen)
describe [ai]	*décrire*	**outline**	- beschreiben (vgl. *deskriptiv*)
design [ai]	*dessiner*	**draw**	- entwerfen, zeichnen (vgl. *designieren, Designer / tragen* = ziehen)

desire [ai]   *désirer*   **long for** - begehren, ersehnen
(vgl. *desiderabel* = wünschenswert / *verlangen*)

destroy [ɔi]   *détruire*   **overthrow** - zerstören (vgl. *destruktiv*)

enter [e]   *entrer*   **go in** - eintreten (vgl. *entern*)

develop [-e-]   *se développer*   **grow** - wachsen, s. entfalten
(vgl. Ggt. *'to envelop'* = umhüllen, *'envelope'* = Briefumschlag)

discover [ʌ]   *découvrir*   **find (out)** - entdecken (vgl. Raumschiff *'Discovery'* / *finden*)

distribute [-i-]   *distribuer*   **share out** - verteilen (vgl. *Tribut* / Schere, Schar)

encounter [au]   *rencontrer*   **meet** - begegnen (vgl. *kontra* / sich messen)

exaggerate [æ]   *exagérer*   **blow up** - übertreiben (vgl. *blähen*)

exclude [u:]   *exclure*   **keep out** - ausschließen (vgl. *exklusiv*)

extend [-e]   *s'étendre*   **lengthen** - ausdehnen (*extensiv* / *Länge*)

faint [ei]   *feindre*   **weaken** - schwach werden (vgl. *erweichen*)

finish [i]   *finir*   **end** - beenden (vgl. *Finale* / *Ende*)

fix [i]   *fixer*   **fasten** - befestigen (vgl. *fixieren*, Kruzifix / fest)

found [au]   *fonder*   **set up** - gründen (vgl. *fundieren*, Fundament / setzen)

fume [ju:]   *fumer*   **smoke** - rauchen (vgl. *Parfüm* / schmauchen)

gain [ei]   *gagner*   **win** - gewinnen

guard [ɑ:]   *garder*   **watch** - bewachen (Garde / wachen)

guide [ai]   *guider*   **lead** - leiten (vgl. *'Tourist Guide'*)

hesitate [e]   *hésiter*   **waver** - zögern (vgl. *wabern*)

injure [i]   *injurier*   **harm** - verletzen (*Injurie* / *harmlos*)

invite [ai]   *inviter*   **ask** - einladen (vgl. *erheischen*)

march [ɑ:]   *marcher*   **step out** - marschieren (vgl. *stapfen*)

mention [e]   *mentionner*   **name** - erwähnen

mount [au]   *monter*   **climb** - besteigen (vgl. *'mountain'*, Mount Everest / klimmen)

nourish [ʌ]   *nourrir*   **feed** - ernähren (vgl. *füttern*)

obey [ei]   *obéir*   **follow** - gehorchen, folgen

observe [ə:]   *observer*   **watch** - beobachten (vgl. *observieren* / *wachen*)

obtain [ei]   *obtenir*   **get** - erhalten (vgl. Ggt: *vergessen*)

omit [i]	omettre	**leave out**	- weglassen
part [ɑ:]	partir	**leave**	- abreisen, weggehen (vgl. *'departure'* = Abreise)
pay [ei]	payer	**settle**	- bezahlen (vgl. ital. *pagare* / *setzen*)
permit [i]	permettre	**allow**	- erlauben
plunge [ʌ]	plonger	**dive**	- (ein)tauchen (vgl. *Tiefe, taufen*)
possess [e]	posséder	**own**	- besitzen (*possessiv* / *eignen*)
precede [-i:]	précéder	**lead**	- vorangehen, führen (vgl. *Präzedenzfall* / *leiten*)
predict [-i]	prédire	**foretell**	- vorhersagen (vgl. *predigen* / *erzählen*)
prepare [ɛə]	préparer	**get ready**	- (sich) vorbereiten (vgl. *präparieren* / *Gerät, beraten*)
protect [e]	protéger	**shelter**	- beschützen (vgl. *Protektion* / *Schild*)
push [u]	pousser	**shove**	- stoßen (vgl. *schieben*)
question [e]	questionner	**ask**	- fragen (vgl. *Quästur* / *heischen, erheischen*)
receive [i:]	recevoir	**get**	- erhalten, bekommen (vgl. *Rezept* / *vergessen*)
regard [ɑ:]	regarder	**look upon**	- betrachten
regret [-e]	regretter	**rue**	- bedauern (*Regress* / *bereuen*)
reprimand [ɑ:]	réprimander	**blame**	- tadeln (vgl. *blamieren*)
resemble [-e]	ressembler à	**match**	- gleichen (*'similar'* / *gemach*)
respond [ɔ]	répondre	**answer**	- antworten (*korrespondieren* / *schwören*)
rest [e]	rester	**lie down**	- ausruhen (vgl. *Restaurant* / *liegen*)
return [ə:]	retourner	**go back**	- zurückkehren (vgl. *'retour'* / *Hinterbacke*)
save [ei]	sauver	**free**	- retten, befreien (vgl. *SOS* = *'Save Our Souls'*)
serve [ə:]	servir	**wait**	- bedienen (vgl. *servieren* / *warten, aufwarten*)
sound [au]	sonner	**ring**	- klingen, tönen (vgl. *sonor*)
study [ʌ]	étudier	**learn**	- studieren, lernen
survey [ei]	surveiller	**overlook**	- überblicken (*'view'* / *lugen*)
treat [i:]	traiter	**handle**	- behandeln (vgl. *traktieren*)
tremble [e]	trembler	**shiver**	- zittern (vgl. *Tremolo* / *„schubbig" kalt*)

| turn [əː] | tourner | **twist** | - drehen (vgl. *Turnier / Zwist*) |
| **visit** [i] | visiter | **call upon** | - besuchen (vgl. *Visite*) |

*

b) Die Mischung beider Sprachanteile

Die Übernahme französischer Wörter geschah zunächst recht zögerlich, da es wenig Kontakt zwischen dem normannischen Adel und den niederen Schichten gab. Eine wahre Flut von Entlehnungen setzte eigentlich erst in der Mitte des 13. Jahrhunderts ein. Dafür waren politische, wirtschaftliche und soziale Gründe ausschlaggebend.

Durch den Verlust der Normandie (1204) und damit der alten Erbgüter auf dem Kontinent waren die franko-normannischen Grafen notgedrungen zu *Engländern* geworden, die von nun an ihr ganzes Leben auf der britischen Insel verbrachten und folglich ein größeres Interesse an England und seiner einheimischen Bevölkerung nahmen. Schon bald fehlte ihrem Französisch die Kontrolle durch die kontinentale Hochsprache (deren allmähliche Veränderung man in England nicht nachvollzog), und in zunehmendem Maße wurde ihre Muttersprache mit englischen Wörtern durchsetzt. Hinzu kamen im 14. und 15. Jahrhundert die kriegerischen Auseinandersetzungen mit Frankreich, die logischerweise zu einer noch größeren Identifikation mit England sowie der englischen Sprache führten.

Aber auch die Pest sollte ihren Anteil an der Entstehung einer gemeinsamen, romanisch-germanischen Mischsprache – also des Mittelenglischen – haben. Als in den Jahren 1349/50 etwa 30 Prozent der Bevölkerung dem *Schwarzen Tod ('The Black Death')* zum Opfer gefallen waren – in der Mehrzahl natürlich Angehörige der untersten Schichten, die sich im Gegensatz zu den Reichen nicht auf eine Burg oder ein isoliert stehendes

Herrenhaus zurückziehen konnten – hatte der plötzliche Arbeitskräftemangel einen enormen Anstieg der Löhne und den Beginn eines allgemeinen bescheidenen Wohlstands zur Folge. Viele Menschen zogen in die Städte, in denen Handwerk und Handel blühten, eigene Steuern erhoben wurden und unabhängige Gerichtshöfe bestanden. Mit der wirtschaftlichen und sozialen Aufwertung dieser neuen Schicht zwischen Landarbeitern und Erbadel wuchs auch die Bedeutung der von ihr gesprochenen Sprache, und mehr und mehr vermischten die vornehmen Grundbesitzer ihr altertümliches Französisch mit englischen Wörtern. Gleichzeitig versuchte die einheimische Bevölkerung, den Lebensstil der Aristokraten zu imitieren, und passte eine Vielzahl französischer Ausdrücke – besonders aus den Bereichen Literatur und Kunst, Medizin und Bildungswesen, Architektur und Mode, Küche und Wohnungseinrichtung – ihrer englischen Muttersprache an.

Tausende französischer Wörter wurden ab 1250 anglisiert oder mit germanischen kombiniert und eine Unmenge englischer Wörter mit romanischen Vor- und Endsilben versehen. Wo aber die altenglischen Begriffe, Adjektive und Verben neben den französischen überlebten, handelte es sich entweder um verschiedene Wortarten oder aber einen gewissen Bedeutungsunterschied.

*

Wie bereits erwähnt, hat die anglo-normannische Sprache der Eroberer Englands viele Eigenarten des Altfranzösischen bewahrt, unter anderem die aus dem Lateinischen stammenden Konsonantenverbindungen *'sc'*, *'sp'* und *'st'*. Seit dem 11. Jahrhundert wurde das *'s'* (besonders vor *c, p* und *t*) auf dem Kontinent nicht mehr ausgesprochen und verschwand im Laufe der Zeit auch aus dem Schriftfranzösisch; das weggefallene *'s'* wurde statt dessen – sozusagen als liegendes *'s'* – durch einen Zirkumflex (^) auf dem unmittelbar vorausgehen-

den Vokal angedeutet (selten allerdings auf anlautendem *'e'*);
so wurde im Neufranzösischen zum Beispiel aus

hostel ⇨ hôtel.

An einer Auswahl von französischen Wörtern und ihren englischen Entsprechungen soll gezeigt werden, wie nützlich die
Kenntnis dieser Regel sein kann; sie macht nicht nur die romanische Herkunft englischer Wörter durchschaubarer, sondern
mag darüber hinaus dem Französischlernenden Rechtschreibfehler vermeiden helfen, ja sogar die Bedeutung bisher un-
bekannter Vokabeln schlagartig erhellen; versuchen Sie es
selbst:

a p ô t r e	= ?
b â t a r d	= ?
b ê t e	= ?
c h â t e a u	= ?
c h â t a i g n e	= ?
c l o î t r e	= ?
c ô t e	= ?
é c o l e	= ?
é p i c e	= ?
é p o n g e	= ?
é t a m p e	= ?
é t a t	= ?
é t o f f e	= ?
é t r a n g e	= ?
f ê t e	= ?
f o r ê t	= ?
h o n n ê t e	= ?
h ô p i t a l	= ?
h ô t e	= ?
i n t é r ê t	= ?
m a î t r e	= ?

Lösungen:

französisch		englisch	deutsch
a p ô t r e	=	*apostle*	Apostel
b â t a r d	=	*bastard*	uneheliches Kind
b ê t e	=	*beast*	wildes Tier (vgl. *Bestie*)
c h â t e a u	=	*castle*	Kastell, Burg
c h â t a i g n e	=	*chestnut*	Kastanie
c l o î t r e	=	*cloister*	Kloster, Kreuzgang
c ô t e	=	*coast*	Küste
é c o l e	=	*school*	Schule
é p i c e	=	*spice*	Gewürz (vgl. *Spezereien*)
é p o n g e	=	*sponge*	Schwamm
é t a m p e	=	*stamp*	Stempel, Briefmarke
é t a t	=	*state*	Staat
é t o f f e	=	*stuff*	Stoff
é t r a n g e	=	*strange*	fremd
f ê t e	=	*feast*	Fest
f o r ê t	=	*forest*	Forst, Wald
h o n n ê t e	=	*honest*	ehrlich, anständig
h ô p i t a l	=	*hospital*	Hospiz, Krankenhaus
h ô t e	=	*host*	Gastgeber, Wirt
i n t é r ê t	=	*interest*	Interesse
m a î t r e	=	*master*	Meister

*

Beibehaltung des 's' im Englischen (bes. vor c, p und t)

neufranzösisch	englisch	Bedeutung (Assoziation)
albâtre	*alabaster* [-bɑ:-]	- Alabaster
ancêtres	*ancestors* [æ]	- Vorfahren
août	*August* [ɔ:]	- (Monat) August
apôtre	*apostle* [ɔ]	- Apostel

arrêter	*to arrest* [e]	- anhalten, ergreifen
baptême	*baptism* [i]	- Taufe (vgl. *Baptisten*)
bâtard	*bastard* [bɑ:-]	- uneheliches Kind
bête	*beast* [i:]	- wildes Tier (vgl. *Bestie*)
châtaigne	*chestnut* [e]	- Kastanie, Marone
château	*castle* [ɑ:]	- Burg (vgl. *Kastell, Kassel*)
cloître	*cloister* [oi]	- Kloster, Kreuzgang
côte	*coast* [ou]	- Küste (vgl. *Côte d'Azur*)
coût	*cost(s)* [ɔ]	- Kosten
coûter	*to cost* [ɔ]	- kosten
crête	*crest* [e]	- Kamm, Grat, Gipfel
croûte	*crust* [ʌ]	- Kruste, Rinde
dégoût	*disgust* [ʌ]	- Ekel
écarlate	*scarlet* [ɑ:]	- scharlachrot
écluse	*sluice* [u:]	- Schleuse
école	*school* [u:]	- Schule
écran	*screen* [i:]	- Schirm, Leinwand, Schutz (vgl. *Schrank*)
écriture	*scripture* [i]	- Schrift (*Skript* = Drehbuch)
écrou	*screw* [u:]	- Schraube
écume	*scum* [ʌ]	- Schaum
épice	*spice* [ai]	- Gewürz (vgl. *Spezerei*)
épier	*spy* [ai]	- spähen (vgl. *spionieren*)
épine	*spine* [ai]	- Dorn, Rückgrat (vgl. *spinale Kinderlähmung*)
éponge	*sponge* [ʌ]	- Schwamm
épouse	*spouse* [au]	- Gattin (vgl. *Ehegespons*)
établissement	*establishment* [æ]	- Niederlassung, Einrichtung (*Etablissement*)
étable	*stable* [ei]	- Stall (vgl. *stabil*)
établir	*establish* [æ]	- einrichten, gründen
étampe	*stamp* [æ]	- Stempel, Briefmarke
état	*state* [ei]	- Staat, Zustand
étendard	*standard* [æ]	- Standarte, Wimpel
étoffe	*stuff* [ʌ]	- Stoff
étrange	*strange* [ei]	- fremd, sonderbar (vgl. *'stranger'*)

étrangler	*strangle* [æ]	- erwürgen (vgl. *Strang*)
étude	*study* [ʌ]	- Studium
étudier	*to study* [ʌ]	- studieren
fête	*feast* [i:]	- Fest
forêt	*forest* [ɔ]	- Forst, Wald
goût	*gusto* [ʌ]	- Geschmack (vgl. *Ragoût*)
guêpe	*wasp* [ɔ]	- Wespe
hâte	*haste* [ei]	- Hast, Eile
honnête	*honest* [ɔ]	- ehrlich, anständig (vgl. *honorig*)
hôpital	*hospital* [ɔ]	- Krankenhaus (vgl. *Hospiz*)
hôte	*host* [ou]	- Gastgeber, Wirt
hôtesse	*hostess* [ou]	- Gastgeberin, Wirtin
huître	*oyster* [ɔi]	- Auster
île	*isle* [ail]	- Insel (vgl. *'British Isles'*)
intérêt	*interest* [i]	- Interesse
maître	*master* [ɑ:]	- Dienstherr (vgl. *Meister*)
maîtrise	*mastery* [ɑ:]	- Meisterschaft, Beherrschung
mât	*mast* [ɑ:]	- Mast, Mastbaum
paître	*to pasture* [ɑ:]	- weiden (vgl. *Pastor* = Hirte)
pâte	*paste* [ei]	- Teig, Paste
pâté	*pastry* [ei]	- Pastete
pâteux	*pasty* [ei]	- teigig (vgl. *pastos, pastös*)
prêtre	*priest* [i:]	- Priester, Geistlicher
râpe	*rasp* [ɑ:]	- Reibe, Feile (vgl. *Raspel*)
râper	*to rasp* [ɑ:]	- reiben, feilen (vgl. *raspeln*)
reconnaître	*to recognise* [e]	- wiedererkennen (vgl. *rekognoszieren* = erkunden)
rôti	*roast* [ou]	- Röst-, Braten (vgl. *Rostbraten, Roastbeef*)
rôtir	*roast* [ou]	- braten, rösten
tempête	*tempest* [e-]	- Sturm, Unwetter
tête	*test* [e]	- Prüfung (eigentl.: *Kopf, Schädeldecke;* später: *Tonschale* zum Prüfen von geschmolzenem Metall)

*

Die folgende Liste enthält eine Auswahl von Wörtern, die die Engländer im 13., 14. und 15. Jahrhundert – bisweilen (fast) wörtlich, meist jedoch assimiliert – aus dem Französischen übernommen haben. Dass sie diese schon bald nicht mehr als Fremdwörter empfanden, beweist die Zwanglosigkeit, mit der sie Wörter romanischen Ursprungs mit germanischen Prä- und Suffixen verbanden (z.B. *'peaceful'*, *'faithless'*, *'commonly'*, *'**ungracious**'*, *'overturn'*, *'**undue**'*), ja sogar viele alte, synonyme Wörter ihrer eigenen germanischen Sprache zu Gunsten neuer französischer Wörter einfach aussterben ließen (z.B. *'nobel'*/altengl. *æpele;* *'guilty'*/*scyldig;* *'army'*/*here;* *'air'*/*lyft;* *'poor'*/*earm;* *'gracious'*/*hold;* *'uncle'*/*eam* etc.).

Synonymlose Adoptionen aus dem Französischen
– Hauptwörter –

englisch	*französisch*	*Bedeutung* *(Assoziation)*
actor [æ]	*l'acteur*	– Schauspieler (vgl. *Akt*)
age [ei]	*l'âge*	– Alter
ambassador [æ]	*l'ambassadeur*	– Botschafter
amusement [ju:]	*l'amusement*	– Vergnügen
assurance [uə]	*l'assurance*	– Versicherung (vgl. *'sure'*)
baggage [æ-]	*les bagages*	– Gepäck (vgl. *'hand-bag'*)
beak [i:]	*le bec*	– Schnabel
beef [i:]	*le bœuf*	– Rind(fleisch)
biscuit [i-]	*le biscuit*	– Keks
boot [u:]	*la botte*	– Stiefel
box [ɔ]	*la boîte*	– Schachtel
branch [ɑ:]	*la branche*	– Ast (vgl. *Branche*)
brick [i]	*la brique*	– Ziegelstein (vgl. *Brikett*)
butcher [u]	*le boucher*	– Metzger
cause [ɔ:]	*la cause*	– Ursache (vgl. *kausal*)
chain [ei]	*la chaine*	– Kette
change [ei]	*le change*	– Änderung (vgl. *changieren*)

cherry [e]	*la cerise*	- Kirsche
chimney [i]	*la cheminée*	- Schornstein, Kamin (vgl. *Kemenate* = heizbares Frauengemach einer Burg)
chisel [i]	*le ciseau*	- Meißel (vgl. *ziselieren*)
cock [ɔ]	*le coq*	- Hahn (vgl. *Cockpit* = eigentl.: Hahnenkampfarena)
collar [ɔ]	*le collier*	- Halskette, Kragen (vgl. *Kollier, Dekolleté*)
colour [ʌ]	*la couleur*	- Farbe (vgl. *Kolorit*)
contents [ɔ]	*le contenu*	- Inhalt (vgl. *Container*)
corner [ɔ:]	*le coin*	- Ecke
council [au]	*le conseil*	- Rat(sversammlung) (vgl. *Konzil*)
crime [ai]	*le crime*	- Verbrechen (vgl. *Kriminal-*)
custom [ʌ]	*la coutume*	- Sitte
cutlery [ʌ]	*la coutellerie*	- Schneidwaren, Messer (vgl. *Kutter* = Schiff mit scharfem Bug)
danger [ei]	*le danger*	- Gefahr
debt [det]	*la dette*	- Schuld (vgl. *Debet*)
defence [-e]	*la défense*	- Verteidigung (vgl. *Defensive*)
demand [a:]	*la demande*	- Anfrage, Nachfrage
dignity [i-]	*la dignité*	- Würde, hoher Rang
divorce [ɔ:]	*le divorce*	- Scheidung (vgl. *divers*)
eagle [i:]	*l'aigle*	- Adler (lat. = *aquila*)
effort [e-]	*l'effort*	- Anstrengung, Bemühung (vgl. *'force', forcieren*)
embassy [e-]	*l'ambassade*	- Botschaft
engineer [iə]	*l'ingénieur*	- Ingenieur, Konstrukteur (vgl. *Genie*)
entry [e]	*l'entrée*	- Eingang
example [a:]	*l'exemple*	- Beispiel
exchange [ei]	*l'échange*	- Austausch (vgl. *changieren*)
excuse [ju:]	*l'excuse*	- Entschuldigung (vgl. Gegenteil: *'accuse'* = Anklage)
face [ei]	*la face*	- Gesicht (vgl. *Fassade*)
fashion [æ]	*la façon*	- Form, Machart, Mode (vgl. österr. *fesch*)
fork [ɔ:]	*la fourchette*	- Gabel(ung) (vgl. *Mistforke*)
fruit [u:]	*le fruit*	- Frucht

honour [ɔ-]	l'honneur	- Ehre (vgl. Dr. h.c. = Dr. honoris causa = Ehrendoktorwürde)
horizon [ai]	l'horizon	- Horizont
image [i]	l'image	- Bild (vgl. Imagination = Einbildungskraft)
ink [i]	l'encre	- Tinte
judge [ʌ]	le juge	- Richter (vgl. Judikative = die richterliche Gewalt)
judgement [ʌ]	le jugement	- Urteil
lentil [e]	la lentille	- Linse (botan.)
lever [e-]	le levier	- Hebel (vgl. Levante = Morgenland, über dem die Sonne aufgeht)
lion [ai]	le lion	- Löwe (vgl. Leo, Leopard)
marble [ɑ:]	le marbre	- Marmor (vgl. Marmarameer = Meer mit Marmor-Inseln)
measure [e]	la mesure	- Maß (vgl. messen)
mountain [au]	la montagne	- Berg (vgl. Montanunion = europ. Gemeinschaft für Kohle und Stahl)
movement [u:]	le mouvement	- Bewegung (vgl. 'movie' = Film mit bewegten Bildern)
mule [ju:]	le mulet	- Maultier (vgl. Muli)
musician [i]	le musicien	- Musiker
offer [ɔ]	l'offre	- Angebot (vgl. Offerte)
onion [ʌ-]	l'oignon	- Zwiebel
painter [ei]	le peintre	- Maler
painting [ei]	la peinture	- Malerei, Gemälde
parents [æ]	les parents	- Eltern
past [ɑ:]	le passé	- Vergangenheit (vgl. passiert)
pear [ɛə]	la poire	- Birne
pine [ai]	le pin	- Kiefer (vgl. Pinie)
plain [ei]	la plaine	- Ebene (vgl. Plane)
poverty [ɔ]	la pauvreté	- Armut (vgl. Pauperismus = Massenarmut)
prison [i]	la prison	- Gefängnis (vgl. Prise = gekapertes Schiff)
prow [au]	la proue	- (Schiffs-)Bug (vgl. lt. pro = vor)
punishment [ʌ]	la punition	- Strafe (vgl. Pönitenz = Buße)
reason [i:]	la raison	- Vernunft, Grund (vgl. Staatsraison)
refusal [ju:]	le refus	- Weigerung

regard [ɑ:]	le regard	- Achtung, Rücksicht (vgl. *Garde* = Wache)
salmon ['sæmən]	le saumon	- Lachs (vgl. *Salm*)
sausage [ɔ:]	la saucisse	- Wurst
science [ai]	la science	- Wissenschaft (vgl. 'Science-Fiction')
sole [ou]	la sole	- Seezunge (so genannt wegen der Schuhsohlenform)
sponge [ʌ]	l'éponge	- Schwamm
stable [ei]	l'étable	- Stall (vgl. *stabil*)
stomach [ʌ]	l'estomac	- Magen
suggestion [e]	la suggestion	- Vorschlag (vgl. *Autosuggestion, suggestiv*)
surprise [ai]	la surprise	- Überraschung
tailor [ei]	le tailleur	- Schneider (vgl. *Taille*)
temple [e]	la tempe	- Schläfe
touch [ʌ]	l'attouchement	- Berührung (vgl. *Tusche*)
tower [au]	la tour	- Turm
train [ei]	le train	- Schleppe, Gefolge, Zug
treaty [i:]	le traité	- Vertrag, Pakt (vgl. *NATO* = North Atlantic Treaty Organisation)
trout [au]	la truite	- Forelle
veal [i:]	le veau	- Kalb(fleisch)
victory [i]	la victoire	- Sieg (vgl. *Viktoria*)
vinegar [i]	le vinaigre	- Essig (vgl. *Weinessig*)
voice [ɔi]	la voix	- Stimme (vgl. *Vokal*)

Synonymlose Adoptionen aus dem Französischen – Tätigkeitswörter –

englisch	französisch	Bedeutung *(Assoziation)*
accuse [ju:]	accuser	- anklagen (vgl. *Akkusativ*)
adjust [ʌ]	ajuster	- anpassen (vgl. *justieren*)
advise [ai]	aviser	- raten, benachrichtigen (vgl. *avisieren* = ankündigen)
apply [ai]	appliquer	- anwenden (*applizieren, Applikation*)

announce [au]	annoncer	- ankündigen (vgl. *annoncieren*)
arm [ɑ:]	armer	- bewaffnen (vgl. *Alarm*)
assure [uə]	assurer	- versichern, beteuern
attend [e]	attendre	- teilnehmen
blame [ei]	blâmer	- tadeln (vgl. *blamieren*)
carry [æ]	charrier	- (heran)tragen (vgl. *Karre*)
change [ei]	changer	- ändern, wechseln (*changieren*)
cite [ai]	citer	- anführen (vgl. *zitieren*)
complain [ei]	se plaindre	- klagen, sich beschweren
condemn [e]	condamner	- verdammen
consider [i]	considérer	- erwägen, betrachten
console [ou]	consoler	- trösten (vgl. *konsolidieren*)
contradict [i]	contredire	- widersprechen
convince [i]	convaincre	- überzeugen
declare [ɛə]	déclarer	- (öffentl.) erklären (*deklarieren*)
defend [-e]	défendre	- verteidigen (vgl. *defensiv*)
deny [ai]	nier	- leugnen
depend on [-e]	dépendre de	- abhängen von (vgl. *Dependance*)
determine [-ə:-]	déterminer	- bestimmen (vgl. *Determinante*)
detest [-e]	détester	- verachten
distinguish [-i-]	distinguer	- unterscheiden (vgl. *distinguiert*)
doubt [daut]	douter	- bezweifeln (vgl. *dubios*)
envy [e]	envier	- beneiden
excuse [ju:]	s'excuser	- (sich) entschuldigen
exploit [ɔi]	exploiter	- ausnutzen, ausbeuten
flatter [æ]	flatter	- schmeicheln
flourish [ɔ]	fleurir	- blühen (vgl. *florieren*)
force [ɔ:]	forcer	- (er)zwingen (vgl. *forcieren*)
furnish [ə:]	fournir	- möblieren (vgl. *Furnier*)
govern [ʌ]	gouverner	- regieren (vgl. *Gouverneur*)
infect [e]	infecter	- anstecken (vgl. *infizieren*)
insult [ʌ]	insulter	- beleidigen
invent [e]	inventer	- erfinden (vgl. *Inventur*)
judge [ʌ]	juger	- beurteilen (vgl. *judizieren*)
measure [e]	mesurer	- messen
neglect [-e]	négliger	- vernachlässigen (vgl. *Negligé*)

offend [e]	*offenser*	- beleidigen (vgl. *Offensive*)
offer [ɔ]	*offrir*	- anbieten (*Offerte*)
prefer [-ə:]	*préférer*	- vorziehen (vgl. *Präferenz*)
persecute [ə:-]	*persécuter*	- (rechtlich) verfolgen
pray [ei]	*prier*	- beten (vgl. ital. *prego* = bitte)
promise [ɔ]	*promettre*	- versprechen (vgl. *Kompromiss*)
pronounce [au]	*prononcer*	- aussprechen (vgl. *prononcieren*)
propose [ou]	*proposer*	- vorschlagen
publish [ʌ]	*publier*	- veröffentlichen (vgl. *publizieren*)
refuse [ju:]	*refuser*	- verweigern
reign [ei]	*régner*	- herrschen (vgl. *regieren*)
repair [ɛə]	*réparer*	- ausbessern (vgl. *reparieren*)
repeat [i:]	*répéter*	- wiederholen (vgl. *repetieren*)
sign [ai]	*signer*	- unterschreiben (vgl. *signieren*)
suffice [ai]	*suffir*	- genügen (vgl. engl. *'sufficient'*)
suffocate [ʌ]	*suffoquer*	- ersticken
surprise [ai]	*surprendre*	- überraschen
touch [ʌ]	*toucher*	- berühren (vgl. *retuschieren*)
vote [ou]	*voter*	- stimmen für (vgl. *Votum*)

*

Besonders bereitwillig nahmen die Engländer französische Eigenschaftswörter auf, da es ihrem germanisch geprägten Altenglisch an adjektivischen Unterscheidungsmöglichkeiten mangelte. So wird verständlich, dass bei einer ganzen Reihe von germanischen Hauptwörtern eine von zwei Adjektivformen französischer Herkunft ist. Bei der Aussprache ist – wie bei fast allen mittelenglischen Entlehnungen aus dem Französischen – zu beachten, dass die Betonung durchweg vom Wortende auf die erste Silbe des Wortstammes, wenn nicht gar auf das Präfix, verlegt wurde (z.B. *l'accident* ⇨ *'accident'; le cimetière* ⇨ *'cemetery'; désavantage* ⇨ *'disadvantage'; l'exercise* ⇨ *'exercise'; fournir* ⇨ *'furnish'; mentionner* ⇨ *'mention'; promettre* ⇨ *'promise'; commun* ⇨ *'common'; couvert* ⇨ *'covered'; raisonnable* ⇨ *'reasonable'; sérieux* ⇨ *'serious'*).

Germanisches Nomen – romanisches Adjektiv

Hauptwort	germ. Adjektiv rom. Adjektiv	Bedeutung (Assoziation)
awe (la terreur)	awful [ɔ:] terrible [e]	ehrfurchtgebietend fürchterlich (vgl. Terror; Enfant terrible)
blood (le sang)	bloody [ʌ] sanguine [æ]	blutig, blutrünstig blutrot, heißblütig (vgl. Sanguiniker = lebhafter Mensch, Hitzkopf)
body (le corps)	bodily [ɔ] corporal [ɔ:]	körperlich, leiblich körperlich, stofflich (vgl. Korpus)
child (le fils, la fille)	childish [ai] filial [i-]	kindisch kindlich, Kindes- (vgl. Filiale)
church (l'église)	churchly [ə:] ecclesiastic [-æ-]	kirchlich, die Kirche betr. geistlich (vgl. lat. ecclesia = Kirche)
countryside (~ rural)	country-like [ʌ] rural [u:]	ländlich (einfach) ländlich, dörflich (geogr.) (vgl. rustikal)
depth (la profondeur)	deep [i:] profound [au]	tief, innig tiefgründig, vollkommen (vgl. profunde Kenntnisse)
end (la fin)	ending [e] final [ai]	endend endlich, endgültig (vgl. Finale)
father (le père)	fatherly [ɑ:] paternal [-ə-]	väterlich, gütig väterlicherseits (vgl. Pater, Paternoster)
fire (l'ardeur)	burning [ə:] ardent [ɑ:]	brennend feurig, hitzig (vgl. Ardennen = Vulkangebirge)
ghost (l'esprit)	ghostly [ou] spiritual [-i-]	geisterhaft geistig, geistvoll (vgl. Spiritus, Sprit)
god (le dieu)	godly [ɔ] divine [-ai]	fromm, gottesfürchtig göttlich, Gottes- (vgl. Filmdiva)

hand	handy [æ]	handlich, verfügbar
(la main)	manual [æ-]	eigenhändig, Hand- (vgl. manuell)
head	heady [e]	ungestüm, übereilt
(~ capital)	capital [æ]	hauptsächlich, Haupt- (vgl. Kapitalverbrechen)
hearing	hearable [iə]	hörbar
(l'oreille)	aural [ɔ:]	das Gehör betreffend (vgl. Ohr)
heart	hearty [ɑ:]	herzhaft, kräftig
(le cœur)	cordial [ɔ]	herzlich, aufrichtig (vgl. kordial)
home	homely [ou]	behaglich, anheimelnd
(le domicile)	domestic [e]	häuslich, einheimisch (vgl. Domestike = Hausdiener)
king	kingly [i]	königlich, majestätisch
(le roi)	royal [ɔi]	das Königshaus betreffend (vgl. 'Royal Air Force')
life	lively [ai]	lebhaft, munter, flott
(la vie)	vital [ai]	lebensnotwendig, wesentl. (vgl. vitales Interesse)
light	light (bright) [ai]	licht, leuchtend hell
(l'éclairage)	clear [iə]	durchsichtig, rein (vgl. frz. clair = klar, deutlich)
love	lovely [ʌ]	lieblich
(l'amour)	amorous [æ]	verliebt (vgl. amourös, Amor, ital. amore)
man	man- [æ]	Menschen- (z.B. 'man-eater')
(l'homme)	humane [hju:'mein]	menschlich, freundlich (vgl. human)
man	manly [æ]	mannhaft, männlich
(le mâle)	male [ei]	männlich (Geschlecht) (vgl. frz. mâle aus masle = maskulin)
might	mighty [ai]	mächtig, gewaltig
(la violence)	violent [ai]	gewalttätig, heftig (vgl. veralt. violent)
moon	moony [u:]	mondartig, träumerisch
(la lune)	lunatic [u:]	wahnsinnig (= vom Mond beeinflusst; vgl. Frau Luna)
mother	motherly [ʌ]	mütterlich, bemutternd
(la mère)	maternal [-ə:-]	mütterlicherseits (vgl. Mater, Material, Matrize)

need	*needy* [i:]	Not leidend, bedürftig
(la nécessité)	*necessary* [e-]	notwendig (vgl. *Reise-Necessaire*)
nose	*nosy* [ou]	großnäsig, neugierig
(le nez)	*nasal* [ei]	näselnd (vgl. *Nase, Nasallaut, nasaliert*)
right	*right* [ai]	richtig
(la justesse)	*just* [ʌ]	gerecht, fair (vgl. *Justiz, just = gerade, rechtzeitig*)
sight	*sighted* [ai]	sehend, -sichtig
(la visibilité)	*visible* [i-]	sichtbar (vgl. *Vision, Visage, Visum, visieren*)
strength	*strong* [ɔ]	stark, kräftig
(la restriction)	*strict* [i]	streng, peinlich genau, eng (vgl. *strikt, Strick*)
sun	*sunny* [ʌ]	sonnig, heiter
(le soleil)	*solar* [ou]	die Sonne betreffend (vgl. *Solarenergie*)
time	*timely* [ai]	rechtzeitig, zeitgemäß
(le temps)	*temporal* [e]	zeitlich, irdisch (vgl. *Tempo = schnelles Zeitmaß*)
war	*warlike* [ɔ:]	kriegerisch
(~ martial)	*martial* [ɑ:]	Kriegs-, Militär- (vgl. *Mars = röm Kriegsgott*)
water	*watery (wet)* [ɔ]	wässerig, nass
(l'eau)	*aquatic* [-æ-]	das Wasser betreffend (vgl. *Aquarium*)
wilderness	*wild* [ai]	wild, ungezähmt
(le désert)	*desert* [e-]	verlassen, öde, wüst (vgl. *desertieren*)
will	*willing* [i]	bereitwillig, geneigt
(la volonté)	*voluntary* [ɔ]	freiwillig (vgl. *Volontär* = freiwillig und ohne Vergütung Arbeitender)
woman	*womanish* [u]	weibisch, verweichlicht
(la femme)	*female* [i:]	weiblich (Geschlecht) (vgl. *feminin*)
word	*wordy* [ə:]	wortreich, weitschweifend
(la lettre)	*literal* [i]	wörtlich, buchstäblich (vgl. *Letter* = Buchstabe; *Literatur*)

*

Bis zum 15. Jahrhundert hatte sich die englische Sprache in allen Lebensbereichen durchgesetzt, und selbst die Adeligen, die noch fließend die Sprache ihrer normannischen Vorfahren beherrschten oder gar schreiben konnten, galten als außergewöhnlich gebildet. Mittelenglisch war die anerkannte Sprache aller gesellschaftlichen Schichten des Landes geworden, wenn auch immer noch die unterschiedliche Bedeutung germanischer Wörter und ihrer aus dem Französischen stammenden Synonyme die tiefe soziale Kluft zwischen den Feudalherren und der abgabenpflichtigen Landbevölkerung verriet. So überrascht es nicht, dass etwa die Wörter für Haustiere, deren Aufzucht natürlich Sache der untersten Schichten war, altenglisch sind, während die Ausdrücke für die entsprechenden Fleischarten, die bei Hofe als Braten aufgetragen wurden, aus dem Französischen stammen:

lebendes Tier	*(germanisch)*		*Fleisch*	*(romanisch)*
ox, cow	*(Ochse, Kuh)*	‖	beef	*(le bœuf)*
sheep	*(Schaf)*	‖	mutton	*(le mouton)*
swine, sow	*(Schwein, Sau)*	‖	pork	*(le porc)*
calf	*(Kalb)*	‖	veal	*(le veau)*

Generell kann man sagen, dass – trotz Tausender von hoch- und spätmittelalterlichen Entlehnungen aus der französischen Sprache – die Wörter des täglichen Lebens germanisch blieben; der Engländer *trank ('drank'), aß ('ate'), schlief ('slept')* und *werkte ('worked')* nach wie vor „auf gut englisch", und das Haus *('house'),* in dem er wohnte *('lived'),* mit seinen *Türen ('doors'), Stufen ('steps'), Fenstern ('windows'),* und *Fluren ('floors')* erinnert ebenso an seine altgermanische Vergangenheit, wie die einfachen *Mahlzeiten ('meals'),* die er zu sich nahm *('bread', 'butter', 'milk', 'cheese'* und *'fish')* oder die Bezeichnungen für seine Körperteile *('body'* = Bottich, *'head'* = Haupt, *'shoulder', 'arms', 'hands', 'fingers', 'feet', 'eyes', 'ears', 'nose'* und *'mouth').*

*

c) Die neuzeitliche Flut französischer Sprachimporte

Ähnlich wie die normannische Eroberung Englands oder die verheerenden Folgen der Pest in der Mitte des 14. Jahrhunderts sollte die Erfindung der Buchdruckerkunst am Ende des Mittelalters entscheidenden Einfluss auf die englische Sprache nehmen. Die Möglichkeit, Schriften mit Hilfe beweglicher Metalllettern beliebig oft zu kopieren, förderte ihre weite Verbreitung ebenso wie die gewachsenen Bildungschancen der Mittelklasse zu Beginn der Neuzeit und der zunehmende Handel mit dem europäischen Festland. Die Publikation von Büchern und Reiseberichten, der schriftliche Austausch progressiver Ideen und wissenschaftlicher Erkenntnisse sowie die Neuauflage klassischer Texte erforderte einerseits eine Vereinheitlichung des englischen Ausdrucks und der bis dahin recht unterschiedlichen Rechtschreibung, öffnete andrerseits aber auch neuen Spracheinflüssen die Tore. Eine Flut lateinischer und moderner französischer Wörter, einschließlich ihrer typischen Vorsilben und Endungen, bescherte dem englischen Wortschatz einen gewaltigen Zuwachs und vollendete die Sprache zu dem, was wir heute unter modernem Englisch verstehen.

Es würde zu weit führen, die unzähligen Wörter französischen Ursprungs aufzulisten, die seit der Renaissance von den Engländern adoptiert oder adaptiert worden sind. Hilfreicher wird es sein, die wichtigsten lateinischen Prä- und Suffixe – einschließlich ihrer französischen Varianten – anhand einiger Wortbeispiele kennen zu lernen.

Da Vor- und Endsilben ohne weiteres erkennbar sind und ihre Bedeutung grundsätzlich konstant ist (Ausnahme: 'in-' = innerhalb und un-), können sie mit dazu beitragen, den Sinngehalt eines Wortes sowohl zu erschließen als auch im Gedächtnis zu behalten und Rechtschreibfehler zu vermeiden. Durch zusätzliche Assoziationen (Vergleich mit deutschen

Fremdwörtern und Vokabeln des *englischen* Grundwortschatzes, aber auch mit den zu Grunde liegenden *französischen* Wörtern) wird die Aneignung der folgenden Vokabeln
hoffentlich erleichtert.

Lateinisch-französische Präfixe im Englischen

(aus dem Französischen übernommene Präfixe sind *kursiv* gedruckt;
Vorsilben können dem folgenden Konsonanten angeglichen sein / Assimilation)

---

ab- = *weg, von, zer-* / *Gegenteil:* **ad-** *(hin, hinzu)*

---

abbreviation = Abkürzung (*„Weg-Kürzung"*; vgl. *Brief* / frz. *abréviation*)
abolish = abschaffen (*„zerstören"* / frz. *abolir*)
absence = Abwesenheit, Zerstreutheit (*„das Wegsein"* / frz. identisch)
absorb = aufsaugen, *absorbieren* (*„wegschlucken"* / frz. *absorber*)
abuse = missbrauchen (*„weg vom normalen Usus"* / frz. *abuser*)
abundance = Überfluss (*„das Wegwogen, Überschwappen"* / frz. *abondance*)

---

ad- = *hin, hinzu, an* / *Gegenteil:* **ab-/re-** *(weg, von)*
(ac-/ag-)

---

accede = beitreten (*„hingehen"*; Gegenteil: *'recede'* / frz. *accéder*)
accelerate = beschleunigen (*„Schnelligkeit hinzufügen"* / frz. *accélérer*)
accelerator = das Gaspedal (*„der Beschleuniger"* / frz. *accélérateur*)
accept = annehmen, *akzeptieren* (*„hinnehmen"* / frz. *accepter*)
access = Zugang, Eintritt (*„das Hingehen"*; vgl. *'accede'* / frz. *accès*)
accident = Zufall, Unfall (*„das Hinfallen"*; vgl. *dekadent* / frz. identisch)
accompany = begleiten (*„einen Begleiter hinzufügen"*; vgl. *Kompanie*)
accomplish = vollenden (*„hinzu füllen"*; vgl. *komplett* / frz. *accomplir*)
acquire = erwerben, *akquirieren* (*„hinzu suchen"* / frz. *acquérir*)
adapt = anpassen (*„anwendbar machen"*; vgl. *Adapter* / frz. *adapter*)
add = hinzufügen, *addieren* (*„hinzu geben"* / frz. *additionner*)
address = anreden, *adressieren* (*„sich richten an"* / frz. *adresser*)
adjective = Eigenschaftswort (*„das Hinzugefügte"* / frz. *adjectif*)
adjust = anpassen (*„nahe hinbringen"*; vgl. *justieren* / frz. *ajuster*)
admire = bewundern (*„sich hin wundern"*; vgl. *'mirror'* / frz. *admirer*)
admonish = ermahnen (*„hinweisen"*; vgl. *monieren* / frz. *admonester*)
adolescent = heranwachsend (*„zunehmend"* / frz. identisch)
adore = bewundern (*„anbeten"*; vgl. lat. *ora et labora* / frz. *adorer*)

adult = Erwachsener (*„Herangewachsener"*; vgl. *'adolescent'*)

advise = raten, benachrichtigen, avisieren (*„hinzielen"* / frz. *aviser*)

agglomerate = anhäufen (*„hinzu ballen"*; vgl. *Agglomeration* / frz. *agglomérer*)

aggravate = erschweren (*„Gewicht hinzufügen"*; vgl. *gravierend* / frz. *aggraver*)

aggregate = vereinigen (*„der Herde hinzufügen"*; vgl. *Gregor* = Hirte / frz. *agréger*)

aggression = Angriff (*„das Herangehen"* / frz. *agression*)

---

bi- [bai-]   = *zweimal, zwei, Doppel-*

---

biceps = Oberarmmuskel, Bizeps (*„der Zweiköpfige"* / frz. identisch)

bicycle = Fahrrad (*„Doppelkreis"*; vgl. *Zyklus* / frz. *bicyclette*)

biennial = zweijährig (vgl. *Biennale, Annalen* / frz. *biennal*)

bigamy = Doppelehe, Bigamie (*„Zwei-Ehe"* / frz. *bigamie*)

bi*nocular = Fernglas (*„Doppelauge"*; vgl. *Okular* / frz. *binoculaire*)

---

con-
(col-/com-)   = *(zusammen) mit* / Gegenteil: **contra-** *(gegen)*

---

collaborate = zusammenarbeiten, kollaborieren (frz. *collaborer*)

collapse = zusammenbrechen; Zusammenbruch, *Kollaps*

colleague = Mitarbeiter, Kollege (*„Mit-Abgeordneter"* / frz. *collègue*)

collect = sammeln (*„zusammenlesen"*; vgl. *Kollekte* / frz. *collectionner*)

college = Höhere Schule, Uni (*„gelehrte Zusammenkunft"* / frz. *collège*)

collide = zusammenstoßen, kollidieren (*„sich zusammen verletzen"*)

collocate = ordnen (*„zusammenlegen, nebeneinander legen"*)

colloquial = umgangssprachlich (*„wie man mit anderen redet"*)

colloquy = Besprechung, Kolloquium (*„Mitrede"* / frz. *colloque*)

combat = Kampf (*„Zus.-Kampf"*; vgl. *Kombattant, 'battle'* / frz. identisch)

combine = verbinden, kombinieren (*„zwei zusammenfügen"* / frz. *combiner*)

commence = anfangen (*„zusammen beginnen"* / frz. *commencer*)

commerce = Handel (*„Warenaustausch"*; vgl. *kommerziell* / frz. identisch)

commotion = Aufruhr, Tumult (*„Zusammen-Bewegung"* / frz. identisch)

companion = Begleiter, Kamerad (*„jmd., mit dem man das Brot teilt"*)

compare = vergleichen (mit) (*„zusammen bereiten"* / frz. *comparer*)

compassion = Mitleid (*„das Mitleiden"*; vgl. *Passion* / frz. identisch)

compete = konkurrieren (mit) (*„zusammen streben, zus. eilen"*; vgl. *kompetent*)

compile = zusammentragen (*„zusammenhäufen"* / frz. *compiler*)

complain = sich beschweren (*„zusammen klagen"* / frz. *se plaindre*)

compose = zusammenfügen, komponieren (vgl. *Kompost* / frz. *composer*)

compress = zusammenpressen (vgl. *Kompresse* / frz. *comprimer*)

compute = berechnen (*„zusammenrechnen"*; vgl. *Computer* / frz. *compter*)

concede	= einräumen, *konzedieren* („*zusammen weichen*" / frz. *concéder*)
concise	= kurz, knapp („*zusammengeschnitten*"; vgl. auch *präzis* / frz. *concis*)
concrete	= Beton („*das Zusammengewachsene, die Verhärtung*"; vgl. *konkret*)
confirm	= bestätigen („*zusammen stärken*"; vgl. *Konfirmation* / frz. *confirmer*)
conform	= (sich) anpassen („*eine gemeinsame Form geben*" / frz. *conformer*)
congest	= anhäufen, verstopfen („*zusammentragen*" / frz. *congestionner*)
connect	= verbinden („*zusammenbinden*"; vgl. *Konnex* / frz. *connecter*)
conquer	= erobern („*zusammen erwerben*" / frz. *conquérir*)
conquest	= Eroberung („*Zusammensuchen*"; vgl. span. *conquista* / frz. *conquête*)
conscience	= Gewissen („*das Zusammen-Wissen*" / frz. identisch)
consent	= übereinstimmen („*zusammen fühlen*"; vgl. *Konsens* / frz. *consentir*)
consist	= bestehen aus („*zusammenstehen*"; vgl. *Konsistenz* / frz. *consister*)
contain	= beinhalten („*zusammenhalten*"; vgl. *Container* / frz. *contenir*)
contribute	= beitragen („*zusammen gewähren*"; vgl. *Tribut* / frz. *contribuer*)
convene	= sich versammeln („*zusammenkommen*" / frz. *convenir*)
convince	= überzeugen („*zusammen bewältigen, siegen*" / frz. *convaincre*)

---

contra-
counter- [au-]   = **(ent)gegen**   / Gegenteil: **con-** *(mit)*

---

contradict	= widersprechen („*dagegensprechen*" / frz. *contredire*)
contrary	= entgegengesetzt, konträr (frz. *contraire*)
contrast	= Gegensatz („*das Dagegenstehen*" / frz. *contraste*)
contravene	= zuwiderhandeln („*entgegenkommen*" / frz. *contrevenir*)
*counter*act	= vereiteln („*entgegenhandeln*" / frz. *contrarier*)
*counter*balance	= Gegengewicht (vgl. *Balance, Bilanz* / ital. *bilancio*)
*counter*charge	= Gegenklage (frz. *contre-charge*)
*counter*march	= Rückmarsch („*Gegenmarsch*")
*counter*part	= Gegenstück („*Gegenteil*")
*counter*point	= Begleitmelodie, Kontrapunkt (frz. *contrepoint*)
*counter*sign	= gegenzeichnen (frz. *contresigner*)
*counter*stroke	= Rückschlag („*Gegenstoß*"; vgl. *Streich*)
*counter*weight	= Gegengewicht
*counter*work	= vereiteln („*entgegenarbeiten*")
country	= Land, Gegend („*das Entgegenliegende*" / frz. *contrée*)

---

de-   = **von, herab, von oben bis unten, weg**

---

debar	= (ver)hindern („*abhalten*"; vgl. *Barriere, Bar*)
debate	= erörtern, debattieren („*von oben herab kämpfen*"; vgl. '*battle*')
decadent	= entartet, dekadent („*herabfallend*" / frz. *décadent*)

decay	= verfallen, verwesen („*herabfallen*" / frz. *déchoir*)
decease	= sterben, verscheiden („*wegscheiden*" / frz. *décès* = Ableben)
decelerate	= verlangsamen („*herunterbeschleunigen*"; Gegent. *'accelerate'*)
decide	= beschließen („*den Knoten durchschneiden*" / frz. *décider*)
declare	= öffentl. erklären („*von oben herab klarstellen*" / frz. *déclarer*)
decline	= sinken, senken, deklinieren („*herabbeugen*" / frz. *décliner*)
deduct	= abziehen (v. Preis) („*herabführen, wegnehmen*" / frz. *déduire*)
defeat	= vernichten („*heruntermachen*" / frz. *défaire*)
defect	= mangelhaft, defekt („*heruntergemacht*" / frz. *défectif*)
defend	= verteidigen („*abwehren*"; vgl. defensiv, Fender / frz. *défendre*)
define	= bestimmen, definieren („*abgrenzen*" / frz. *définir*)
deliver	= liefern; erlösen („*wegbefreien*"; vgl. *'liberty'* / frz. *délivrer*)
demand	= fordern („*weggeben, abgeben*"; vgl. Mandat / frz. *demander*)
demolish	= zerstören, demolieren („*abbauen*" / frz. *démolir*)
demonstrate	= demonstrieren („*von oben herab zeigen*" / frz. *démontrer*)
depart	= abreisen („*wegteilen*" / frz. *départir*)
department	= Abteilung (frz. *département*)
departure	= Abreise („*Trennung von*" / frz. *départ*)
depend	= abhängen („*herabhängen*"; vgl. Pendel / frz. *dépendre*)
depict	= zeichnen, darstellen („*abmalen*"; vgl. *'picture'*)
deport	= fortschaffen, deportieren („*wegtragen*" / frz. *déporter*)
depress	= niederdrücken („*hinabdrücken*" / frz. *déprimer*)
derive	= ableiten (vgl. Derivat, *'river'* / frz. *dériver*)
descend	= herabsteigen (frz. *descendre*)
describe	= beschreiben („*herunterschreiben*"; vgl. deskriptiv / frz. *décrire*)
design	= entwerfen („*ganz zeichnen*"; vgl. Dessin / frz. *dessiner*)
desire	= ersehnen („*von den Sternen herabwünschen*" / frz. *désirer*)
despise	= verachten („*von oben auf jmd. herabschauen*")
destroy	= zerstören („*vom Haufen herabnehmen*" / frz. *détruire*)
determine	= entscheiden („*völlig bestimmen*" / frz. *déterminer*)

---

dis- (di-/dif-) = *ent-, weg, auseinander, nicht*

digest	= ordnen, verdauen („*auseinander tragen*"; vgl. *'Reader's Digest'*)
digress	= abschweifen („*auseinander gehen*"; vgl. Kongress)
differ	= sich unterscheiden, differieren („*auseinander halten*" / frz. *différer*)
difficult	= schwierig („*nicht leicht*"; vgl. diffizil / frz. *difficile*)
diffuse	= ver-, zerstreut, diffus („*auseinander gegossen*" / frz. *diffus*)
disabled	= verkrüppelt („*unfähig gemacht*"; vgl. Ggt.: sich habilitieren, *'able'*)
disappear	= verschwinden („*wegerscheinen*"; vgl. *'appear'* / frz. *disparaître*)
disappoint	= enttäuschen („*nicht verabreden*"; vgl. *'appoint'* / frz. *désappointer*)
discern	= erkennen, unterscheiden („*auseinander trennen*" / frz. *discerner*)

discharge = entlasten („*von einer Aufgabe entbinden*" / frz. *décharger*)
discord = Zwietracht („*Nicht-Harmonie*"; Gegent.: '*concord*' / frz. *discorde*)
discount = Rabatt („*das Abziehen, Abzählen*"; *Konto* / frz. *décompte*)
discover = entdecken („*abdecken, enthüllen*"; vgl. *Briefkuvert* / frz. *découvrir*)
discreet = besonnen, diskret („*unterschieden*"; vgl. '*discern*' / frz. *discret*)
discuss = erörtern („*auseinander schütteln*"; vgl. *diskutieren* / frz. *discuter*)
disease = Krankheit („*das Unwohlsein*"; vgl. '*to feel at ease*', '*easy*')
disgust = Ekel („*der Nicht-Geschmack*"; vgl. *Gusto* / frz. *dégoût*)
dismiss = entlassen („*wegschicken*"; vgl. *Mission* = Sendung, Auftrag)
dismount = absteigen; auseinander nehmen, demontieren (vgl. '*mountain*')
dispatch = Eilabfertigung („*Verhinderung*"; vgl. *Depesche* / frz. *dépêche*)
disperse = zerstreuen („*ausbreiten*"; vgl. *Dispersionsfarbe* / frz. *disperser*)
display = zur Schau stellen („*entfalten, ausbreiten*" / frz. *déployer*)
dispose = erledigen, anordnen, disponieren („*weglegen*" / frz. *disposer*)
dispute = heftiger Streit, Disput („*Meinungsunterschied*" / frz. identisch)
distant = fern („*auseinander stehend*"; vgl. *Distanz* / frz. identisch)
distinct = verschieden, ausgeprägt („*getrennt*" / frz. identisch)
distinguish = unterscheiden („*in Klassen trennen*"; vgl. *distinguiert* / frz. *distinguer*)
distract = ablenken („*auseinander ziehen*"; vgl. *Traktor* / frz. *distraire*)
district = Bezirk, Distrikt („*Abgeteiltes, nicht Angebundenes*"; vgl. *Strick* / frz. id.)
disturb = stören („*in Unordnung bringen*"; vgl. *Turbulenz* / frz. *perturber*)
divide = teilen, dividieren („*auseinander sehen*"; vgl. *Division* / frz. *diviser*)
divorce = Scheidung („*Abtrennung*"; vgl. *divers* / frz. identisch)

---

ex- = ***aus, heraus*** / Gegenteil: **intra-** *(hinein)*
(e-/ec-/ef-)

---

eccentric = ungewöhnlich („*heraus aus der Mitte*" / frz. *excentrique*)
edit = veröffentlichen („*herausgeben*"; vgl. *Edition* / frz. *éditer*)
educate = erziehen („*herausbilden*" / frz. *éduquer*)
effect = bewirken („*ausarbeiten*"; vgl. *effektiv* / frz. *effectuer*)
effort = Anstrengung („*herauskommende Stärke*"; vgl. '*force*' / frz. ident.)
ejection = Ausstoßung („*Hinauswurf*" / frz. *éjection*)
elaborate = ausarbeiten („*herausgearbeitet*" / frz. *élaborer*)
elect = wählen („*auslesen, auswählen*"; vgl. *Elite* / frz. *élire*)
elegant = geschmackvoll („*ausgewählt*" / frz. *élégant*)
elevate = erheben („*herausheben*"; vgl. '*elevator*' = Aufzug / frz. *élever*)
eloquent = sprachgewandt („*aussprechend*" / frz. *éloquent*)
emerge = auftauchen („*heraustauchen*" / frz. *émerger*)
emergency = Notfall („*das plötzliche Auftauchen*"; vgl. '*emergency exit*')
emigrate = auswandern („*herauswandern*"; vgl. *Emigrant* / frz. *émigrer*)
eminent = erhaben („*herausragend*"; vgl. *Eminenz*, '*mount*' / frz. *éminent*)
emotion = Rührung („*die Bewegung von innen heraus*" / frz. *émotion*)

enormous	= gewaltig, enorm („außerhalb der Norm" / frz. énorme)
erect	= aufrichten („ausrichten" / frz. ériger)
eruption	= Ausbruch („das Herausbrechen" / frz. éruption)
especially	= besonders („aus besonderer Art"; vgl. Spezies / frz. éspèce = Art)
establish	= einrichten, etablieren („herausbefestigen"; vgl. stabil / frz. établir)
evacuate	= leeren, evakuieren („ausleeren"; vgl. Vakuum / frz. évacuer)
evade	= ausweichen („herausgehen"; Gegent.: 'invade' / frz. évader)
evaluate	= bewerten („auswerten"; vgl. 'value' = Wert / frz. évaluer)
event	= Ereignis („das Herauskommen"; vgl. eventuell / frz. événement)
evident	= offenbar („klar herausschauend" / frz. évident)
exaggerate	= übertreiben („heraussteigern, anhäufen" / frz. exagérer)
examine	= prüfen, examinieren („auswiegen" / frz. examiner)
example	= Beispiel, Exempel („das Herausgenommene" / frz. exemple)
exceed	= überschreiten („darüber hinausgehen"; vgl. Exzess / frz. excéder)
except	= ausschließen („herausnehmen"; vgl. 'accept' / frz. exepter)
exchange	= wechseln („austauschen"; vgl. changieren / frz. échanger)
excite	= erregen („hervorrufen"; vgl. zitieren / frz. exiter)
exclaim	= ausrufen (vgl. 'claim' = beanspruchen / frz. exclamer)
exclude	= ausschließen (vgl. exklusiv; Gegent.: 'include' / frz. exclure)
excuse	= entschuldigen („die causa = Ursache herausnehmen" / frz. excuser)
exhibit	= ausstellen („heraushalten"; vgl. Exhibitionist / frz. exhiber)
exist	= leben, existieren („hervorgehen" / frz. exister)
exit	= Ausgang (vgl. Exitus = Tod)
expand	= ausdehnen („ausbreiten"; vgl. Expansion / frz. épandre)
expulsion	= Vertreibung („die Austreibung"; vgl. expulsiv / frz. ident.)
expense	= Kosten („Ausgabe"; vgl. 'expensive' = teuer)
experience	= Erfahrung („Erfahrung aus der Gefahr heraus" / frz. expérience)
expire	= verfallen, sterben („aushauchen"; vgl. 'inspire' / frz. expirer)
explain	= erklären („ausebnen, eben machen")
explore	= erforschen („aussuchen"; vgl. 'explorer' / frz. explorer)
export	= ausführen, exportieren („heraustragen" / frz. exporter)
expose	= enthüllen, exponieren („ausstellen"; vgl. Position / frz. exposer)
express	= ausdrücken („auspressen"; Gegent.: 'impress' / frz. exprimer)
extend	= ausdehnen (vgl. extensiv / frz. étendre)
extinguish	= vernichten („ausstreichen, auslöschen" / frz. éteindre)
exult	= frohlocken („herausspringen" / frz. exulter)

---

extra- = **außer(halb)** / Gegenteil: **in-** (innerhalb)

---

extra	= besonders („außerhalb des Normalen" / frz. identisch)
extraneous	= fremd („außerhalb liegend"; vgl. 'strange' / frz. étrange)
extraordinary	= ungewöhnlich („außergewöhnlich" / frz. extraordinaire)
extravagant	= ausschweifend („außerhalb wandernd" / frz. identisch)

144

in- = *in, (hin)ein-* / *Gegenteil:* **ex-** *(heraus)*	
(im-/em-/en-)	

embark	= sich einschiffen (*„in die Barke gehen" / frz. embarquer*)
embed	= einbetten
embrace	= umarmen (*„in die Arme nehmen"; vgl. Brachialgewalt / frz. embrasser*)
enable	= befähigen (*„in die Lage versetzen"; vgl. 'able'*)
enclose	= einschließen (vgl. *Klausur, Klosett / frz. enclore*)
encounter	= treffen (sozusagen *„in jmd. hineinlaufen"; vgl. kontra / frz. rencontrer*)
encourage	= ermutigen (*„Mut einflößen"; vgl. Courage / frz. encourager*)
endanger	= gefährden (*„in Gefahr bringen" / frz. mettre en danger*)
engage	= verpflichten (*„in Lohn nehmen"; vgl. Gage / frz. engager*)
engrave	= einprägen, *eingravieren* (*„eingraben"*)
enjoy	= genießen (*„Freude hineinbringen" / vgl. frz. joie* = Freude)
enrol	= einschreiben (*„sich in die Rolle eintragen" / frz. enrôler*)
entitle	= berechtigen (*„in ein Recht versetzen"; vgl. Titel*)
entrust	= anvertrauen (*„ins Vertrauen ziehen"*)
include	= einschließen (vgl. *Klausur, Kloster, Klosett / frz. enclore*)
increase	= wachsen (*„hineinwachsen"; vgl. Crescendo / vgl. frz. croître*)
indent	= eindrücken (*„zahnähnliche Eindrücke hinterlassen"; vgl. Dentist*)
indicate	= hinweisen (*„hineinkünden"; vgl. Indikator, Indiz / frz. indiquer*)
induce	= veranlassen (*„hineinführen"; vgl. Induktion, 'duke' / frz. enduire*)
infect	= anstecken, *infizieren* (*„hineintun" / frz. infecter*)
inflame	= entflammen (*„in Flammen setzen" / frz. enflammer*)
influence	= beeinflussen, Einfluss (vgl. *Influenza* = Grippe / *frz. influence*)
inquire	= erfragen (*„Erkundigungen einholen"; vgl. Inquisition / frz. enquérir*)
inspect	= besichtigen (*„hineinsehen"; vgl. Inspektor / frz. inspecter*)
inspire	= veranlassen, *inspirieren* (*„eine Idee einhauchen" / frz. inspirer*)
install	= einführen, *installieren* (*„in den Stall führen" / frz. installer*)
insult	= beleidigen (*„hineinspringen"; vgl. Salto / frz. insulter*)
intend	= beabsichtigen (*„sich hinlehnen"; vgl. tendieren / frz. entendre*)
intention	= Absicht, *Intention* (frz. identisch)
invent	= (er)finden (*„hineinkommen"; vgl. Inventar / frz. inventer*)
involve	= verwickeln, *involvieren* (*„hineindrehen"*)

in- = *un-, nicht, dagegen*	
(en-/im-)	

enemy	= Feind (*„Nicht-Freund"; vgl. Ggt.: frz. ami, ital. amigo / frz. ennemi*)
entire	= völlig (*„unberührt"; vgl. integer / frz. entier*)
immediate	= sofort (*„ohne Vermittler"; vgl. Medium / frz. immédiat*)

immortal = unsterblich (vgl. *Salto mortale* / frz. *immortel*)
indifferent = gleichgültig (*„ohne Unterschied"*; vgl. *Differenz* / frz. *indifférent*)
individual = persönlich, einzeln (*„unteilbar"*; vgl. *dividieren* / frz. *individuel*)
infant = Kleinkind (*„nicht sprechend"*; vgl. *infantil* / frz. *enfant*)
infinitive = Nenn-, Grundform (*„die nicht definierte, unbegrenzte Form"*)
injury = Verletzung (*„das Unrecht"*; vgl. *Jura, Jurist* / frz. *injure*)
innocent = unschuldig (*„unschädlich"*; vgl. *'noxious'* / frz. identisch)
insane = wahnsinnig, unsinnig (*„nicht heil"*; vgl. *Sanatorium*)
intact = unversehrt (*„unberührt"*; vgl. *Takt, Tangente* / frz. identisch)
invalid = gebrechlich (*„nicht kräftig"*; vgl. *Invalide* / frz. *invalide*)

---

inter-	= *zwischen, gegenseitig, in der Mitte*

intercept = abfangen (*„mittendrin ergreifen"*; vgl. *kapern* / frz. *intercepter*)
interchange = gegenseitig austauschen (vgl. *'change'* = Wechselstube)
interest = Interesse (*„das Dazwischensein"*; vgl. *Essenz* / frz. *intérêt*)
intermediate = dazwischenliegend (*„in der Mitte dazwischen"*; vgl. *Intermezzo*)
international = zwischenstaatlich (*„zwischen den Nationen"* / frz. identisch)
interrupt = unterbrechen (*„mittendrin abbrechen"* / frz. *interrompre*)
interval = Zwischenzeit (*„Zwischenmauer"* / frz. *intervalle*)
intervene = sich einmischen, intervenieren (*„dazwischenkommen"*)
interview = eine Unterredung haben (*„sich gegenseitig sehen"* / frz. ident.)

---

ob- (oc-/of-/op-)	= *(ent)gegen, hin*

obedient = gehorsam (*„entgegenhorchend"*; vgl. *Audienz* / frz. *obéissant*)
object = einwerfen (*„entgegenwerfen"*; vgl. *objektiv* / frz. *objecter*)
oblige = sich verpflichten (*„sich hinbinden"*; vgl. *obligatorisch* / frz. *obliger*)
observe = befolgen, observieren (*„hindienen"* / frz. *observer*)
obstacle = Hindernis (*„das im Weg Stehende"* / frz. identisch)
obvious = offensichtlich (*„auf dem Weg begegnend"*; vgl. lat. *via, 'way'*)
occasion = günstige Gelegenheit (*„Zufall"*; vgl. *'case'* / frz. identisch)
occupy = besetzen (*„entgegengreifen"*; vgl. *Okkupation* / frz. *occuper*)
occur [-ə:] = vorfallen (*„entgegenlaufen"*; vgl. *kursieren, Konkurrent*)
offend = verletzen, kränken (*„dagegenstoßen"*; vgl. *offensiv* / frz. *offenser*)
offer = anbieten, offerieren (*„entgegentragen"*; vgl. *Offerte* / frz. *offrir*)
opponent = Gegner, Opponent (*„ein sich Widersetzender"*)
oppose = bekämpfen (*„entgegenstellen"*; vgl. *opponieren* / frz. *opposer*)
opposite = gegenüber (*„gegenübergesetzt"*; vgl. *Opposition* / frz. identisch)
oppress = unterdrücken (*„gegendrücken"*; vgl. *Repressalien* / frz. *oppresser*)

146

---

per- [pə:-] = *durch, hindurch, völlig*

---

perceive   = wahrnehmen („*völlig aufnehmen*" / frz. *percevoir*)
perennial   = beständig („*das ganze Jahr hindurch*" / frz. *pérennant*)
perfect   = vollendet („*völlig gemacht*" / frz. *parfait*)
performance = Durchführung („*das Durchformen*" / frz. identisch)
perish   = zu Grunde gehen („*hindurchgehen*" / frz. *périr*)
permit   = erlauben („*hindurchschicken*" / frz. *permettre*)
perspective = Ausblick, Perspektive („*der Durchblick*" / frz. identisch)
persuade   = überreden („*etwas völlig versüßen*"; vgl. *'sweet'* / frz. *persuader*)
perverse   = widernatürlich („*völlig verdreht*"; vgl. *Version* / frz. *pervers*)

---

post-   = *nach, hinter* *(zeitl.)*   / *Gegenteil: pre- (vor)*

---

posthumous = nachgeboren („*nach der Beerdigung des Vaters*"; vgl. *Humus*)
posterior = Gesäß („*Hintern*" / frz. *postérieur*)
postpone   = verschieben („*nach hinten legen*")
postscript = Nachschrift (frz. *postscriptum*)
postwar   = Nachkriegs- (z.B. *'postwar Germany'*)

---

pre- [pri:-]   = *vor* *(zeitl. und örtl.)*   / *Gegenteil:* **post-** *(nach)*

---

precaution   = Vorsicht(smaßnahme) (vgl. *Kaution* / frz. *précaution*)
precede   = vorausgehen (vgl. *Präzedenzfall* / frz. *précéder*)
precise   = genau, präzis („*vorne abgeschnitten*" / frz. *précis*)
predestination = Vorherbestimmung (vgl. *'destination'* = Bestimmungsort)
preface [ˈprefis] = Vorwort („*Vorrede*"; vgl. *Präfation* / frz. *préface*)
prefer   = vorziehen („*vorantragen*"; vgl. *Präferenz* / frz. *préférer*)
prefix   = Vorsilbe, Präfix („*vorne angeheftet*" / frz. *préfixe*)
pregnant [ˈpre-] = schwanger, prägnant (= inhaltsschwer, knapp; „*vorgeburtlich*")
prejudice [ˈpre-] = Vorurteil („*Vorverurteilung*"; vgl. *präjudizieren* / frz. *préjudice*)
premature   = vorzeitig („*vor der Reife*"; *Matura* = Reifeprüfung / frz. *prématuré*)
prepare   = vorbereiten, präparieren (vgl. *parat* = bereit / frz. *préparer*)
preposterous = widernatürlich, albern („*vor/nach*" = in beliebiger Reihenfolge)
present [ˈpre-] = anwesend („*vorher da seiend*" / frz. *présent*)
present [-ˈzent] = schenken, präsentieren („*vorzeigen*" / frz. *présenter*)
preserve   = behüten („*vorab schützen*"; vgl. *Präservativ* / frz. *préserver*)
preside   = den Vorsitz haben, präsidieren, Präsident (frz. *présider*)
pretend   = vortäuschen („*sich vorstrecken*"; vgl. *prätentiös* / frz. *prétendre*)
prevent   = verhindern („*zuvorkommen*"; vgl. *präventiv* / frz. *prévenir*)

| pro- | = *für* | / Gegenteil: **contra-** *(gegen)* |
| pro- | = *vor(wärts)* | / Gegenteil: **re-** *(zurück)* |

proceed = weitergehen („*vorgehen*"; vgl. *Prozedur, Prozess* / frz. *procéder*)

proclaim = öffentlich verkünden („*ausrufen*" / frz. *proclamer*)

produce = herstellen, vgl. *produzieren* („*vorwärts führen*" / frz. *produire*)

progress = Fortschritt („*Vorwärtsschreiten*"; vgl. *Progression* / frz. *progrès*)

project = Plan, *Projekt* („*das Vorausgeworfene*" / frz. *projet*)

prominent = hervorragend (vgl. *Prominenz, eminent*)

promise = versprechen („*vorausschicken*"; vgl. *Kompromiss* / frz. *promettre*)

promote = (be)fördern („*vorwärts bewegen*"; vgl. *Promotion* / frz. *promouvoir*)

pronoun = Fürwort („*für ein Hauptwort*", z.B. „*er*" *für* „*Vater*" / frz. *pronom*)

propel = vorantreiben (vgl. *Propeller;* frz. *propulser*)

propose = vorschlagen („*vorlegen*" / frz. *proposer*)

prose = Alltägliches, *Prosa* („*das Direkte, Vorwärtsgerichtete*" / frz. *ident.*)

prosecute = verfolgen („*vorwärts verfolgen*"; vgl. *'prosecutor'* = Staatsanwalt)

prospect = Aussicht („*das Vorausschauen*"; vgl. *Prospekt* / frz. *prospectus*)

prostitute = sich prostituieren („*sich vor aller Augen hinstellen*" / frz. *prostituer*)

protect = schützen („*ein Vordach aufstellen*"; vgl. *protegieren* / frz. *protéger*)

protest = Einspruch erheben („*als Zeuge vortreten*"; vgl. *testieren* / *protester*)

provide = besorgen, liefern („*sich vorsehen, vorsorgen*"; vgl. *Provision*)

provoke = herausfordern, *provozieren* („*hervorrufen*" / frz. *provoquer*)

| re- [ri-] | = *zurück, entgegen* | / Gegenteil: **pro-** *(vorwärts)* |
| re- [ˈriː-] | = *wieder* | |

react = reagieren („*zurückwirken*"; vgl. *Aktion* / frz. *réagir*)

rebel [ˈrebl] = Aufrührer, *Rebell* („*der Entgegen-Kämpfer*" / frz. *rebelle*)

recede = zurückweichen, -gehen (vgl. *Rezession;* Gegent.: *procede*)

receipt [riˈsiːt] = Empfangsbestätigung, *Rezept* (frz. *récépissé*)

reception = Empfang („*die Entgegennahme*" / frz. *réception*)

recipe [ˈresipi] = Rezept (lat.: „*Man nehme!*"; abgekürzt: *RP* / frz. *recette*)

reclaim = beanspruchen („*zurückfordern*"; vgl. *Reklame* / frz. *réclamer*)

recognise [ˈre]= erkennen („*wiedererkennen*"; vgl. *kognitiv* / frz. *reconnaître*)

recommend = empfehlen („*wiederum empfehlen*" / frz. *recommender*)

reconcile = versöhnen („*wieder zusammenbringen*"; vgl. *Konzil* / frz. *réconcilier*)

recover = sich erholen („*wiedergewinnen*" / frz. *recouvrer*)

recreation = Erfrischung („*Wiedererschaffung*"; vgl. *Kreatur* / frz. *récréation*)

reduce = verkleinern, *reduzieren* („*zurückbringen*" / frz. *réduire*)

refer (to) = sich beziehen auf, *referieren* („*zurücktragen*" / frz. *référer*)

reflect = spiegeln, *reflektieren* („*zurückbiegen*"; vgl. *Reflex* / frz. *refléter*)

refrigerator = Kühlschrank (*„Wiederkühlmacher"*; vgl. *frigide* / frz. *réfrigérateur*)
refugee [re-] = Flüchtling (*„der Zurückfliehende"*; vgl. *Refugium* / frz. *refugié*)
regard = beachten (*„wieder auf der Hut sein"*; vgl. *Gardine* / frz. *regarder*)
regress = Rückgang, *Regression* (*„das Zurückweichen"* / frz. *régression*)
regret = bedauern, beklagen (*„zurückgrüßen, zurückrufen"* / frz. *regreter*)
relate = erzählen (*„zurücktragen"* / frz. *relater*)
relax = sich entspannen (*„wieder locker werden"*; vgl. *lax* / frz. *relaxer*)
release = entlassen (*„wieder loslassen"* / frz. *laisser* = lassen)
reluctant = widerwillig (*„gegen etwas ankämpfend"*)
rely = sich verlassen auf (*„sich rückverbinden mit"* / frz. *relier*)
remain = bleiben (*„zurückbleiben"*; vgl. *Manier* = Gewohnheit)
remark = bemerken (*„wieder kennzeichnen"*; vgl. *markieren* / frz. *remarquer*)
remember = sich erinnern (*„wieder angliedern"*; vgl. *'member'* / frz. *se remémorer*)
remind = jmd. erinnern (*„ins Gedächtnis z.rufen"*; vgl. *'mind'* / frz. *remémorer*)
remove = entfernen (*„zurückbewegen"*; vgl. *mobil* / frz. *remouvoir*)
repeat = wiederholen, *repetieren* (*„noch mal fordern"*; vgl. *Petition* / *répéter*)
repel [ri'pel] = zurücktreiben (Gegenteil: *'propel'*; vgl. *Propeller*)
reply = erwidern, entgegnen (*„zurückrollen"*; vgl. *Replik* / *répliquer*)
report = berichten (*„zurücktragen"*; vgl. *Reporter* / frz. *reporter*)
reproach = tadeln, vorwerfen (*„wieder nahe bringen"* / frz. *reprocher*)
reputation ≐ Ruf, Ansehen (*„Wiederberechnung"*; vgl. *Computer*/ frz. ident.)
require = (er)fordern, *requirieren* (*„wiederholt verlangen"* / frz. *requérir*)
rescue = retten (*„wieder herausschütteln"*)
research = Forschung (*„wiederholtes Suchen"*; vgl. *Recherche* / frz. *recherche*)
resemble = ähneln (*„widerscheinen"*; vgl. *'similar'* = ähnlich / frz. *ressembler*)
resign = aufgeben, *resignieren* (*„die Unterschrift zurücknehmen"* / frz. *résigner*)
resist = sich widersetzen (*„sich dagegenstellen"*; vgl. *resistent* / frz. *résister*)
respect = hochachten, *respektieren* (*„zurückschauen"* / frz. *respecter*)
respond = erwidern (*„wieder geloben, bürgen"*; vgl. *Sponsor* / frz. *répondre*)
responsible = verantwortlich (vgl. *'respond'* / frz. *responsable*)
result = Ergebnis (*„das Zurückspringen"*; vgl. *Resultat* / frz. *résultat*)
retire = sich zurückziehen (nur berufl.), *retirieren* (vgl. *Tirade* / frz. *retirer*)
retreat = sich zurückziehen (vgl. *Traktor* / frz. *rétracter*)
return = zurückkehren (*„sich umdrehen"* / frz. *retourner*)
reverse = Rückseite (*„das Zurückgedrehte"*; vgl. *Revers der Jacke* / frz. *revers*)

---

sub- [səb-/'sʌb-] = ***unter, nahe bei*** / Gegenteil: **super-** *(über)*
(suc-/suf-/sup-/sus-)

---

subconscious = unterbewusst (vgl. *'science'* = Wissen, -schaft / frz. *subconscient*)
subdivide ['sʌb-] = unterteilen (vgl. *dividieren* / frz. *subdiviser*)
subject ['sʌb-] = Untertan, *Subjekt* (*„der Unterworfene"* / frz. *sujet*)
submarine ['sʌb] = U-Boot (*„Unterwasserfahrzeug"* / frz. *sous-marin*)

submerge	= untertauchen (Gegent.: *'emerge'* = auftauchen / frz. *submerger*)
submit	= unterbreiten, unterwerfen (frz. *soumettre*)
subordinate	= unterordnen (vgl. *Subordination, Ordnung* / frz. *subordonner*)
subscribe	= unterzeichnen, *subskribieren* (frz. *souscrire*)
substitute [ˈsʌb-]	= ersetzen („*darunter stellen*"; vgl. *Substitut* / frz. *substituer*)
subtle [sʌtl]	= fein, zart (Weberei: „*unter die Kettfäden passend*" / frz. *subtil*)
subtract	= abziehen, *subtrahieren* (vgl. *Traktor* / frz. *soustraire*)
suburban	= vorstädtisch („*unterstädtisch*"; vgl. *'urban'* / frz. *suburbain*)
succeed	= nachfolgen („*von unten folgen*"; vgl. *sukzessive* / frz. *succéder*)
success	= Erfolg („*das direkt Nachfolgende*" / frz. *succès*)
suffer [ˈsʌf-]	= leiden („*schwer darunter tragen*" / frz. *souffrir*)
sufficient	= ausreichend („*heruntermachend*"; vgl. *süffisant* = selbstgefällig)
suffix [ˈsʌf-]	= Nachsilbe, *Suffix* („*unten Angeheftetes*"; vgl. *Kruzifix* / frz. *suffixe*)
suffocate [ˈsʌf-]	= erdrosseln („*die Kehle abdrücken*"; vgl. *fauchen* / frz. *suffoquer*)
suffrage [ˈsʌf-]	= Wahlrecht („*Abstimmung*"; vgl. *Suffragette* = Frauenrechtlerin)
supply	= ersetzen, *supplementieren* („*darunter füllen*" / frz. *suppléer*)
support	= unterstützen („*von unten mittragen*" / frz. *supporter*)
suppose	= vermuten („*unterstellen*"; vgl. *Position* / frz. *supposer*)
suppress	= unterdrücken (vgl. *pressen* / frz. *suppression*)
suspect	= verdächtigen („*darunter schauen*"; vgl. *suspekt* / frz. *suspecter*)
suspend	= entlassen, *suspendieren* („*herunterhängen*" / frz. *suspendre*)
sustain	= erhalten („*unterhalten*" / frz. *sustenter*)

---

super- [sjuː-/suː-]   = **über, darüber**   / Gegenteil: **sub-** *(unter)*
sur- [sə-]

---

superb	= prächtig („*überlegen*" / frz. *superbe*)
superficial	= oberflächlich (vgl. *Fassade*, *'face'* / frz. *superficiel*)
superfluous	= überflüssig („*überfließend*"; vgl. *Fluss* / frz. *superflu*)
superhuman	= übermenschlich (vgl. *human, Humanismus* / frz. *surhumain*)
superior	= überlegen, höher (vgl. *Pater Superior* / frz. *supérieur*)
supernatural	= übernatürlich (vgl. *Natur* / frz. *surnaturel*)
superstition	= Aberglaube („*das Darüberstehen*"; vgl. *Station* / frz. ident.)
supervise	= beaufsichtigen („*überblicken*"; vgl. *Vision* / frz. *surveiller*)
surface [ˈsə-]	= Oberfläche (vgl. *Fassade, 'face', 'superficial'* / frz. identisch)
surmount	= überwinden („*übersteigen*"; vgl. *'mountain'* / frz. *surmonter*)
surname	= Familienname („*der Name darüber*" / frz. *surnom*)
surpass	= übersteigen („*darüber gehen*"; vgl. *Passage* / frz. *surpasser*)
surplus	= Überschuss („*das Mehr darüber hinaus*" / frz. identisch)
surprise	= überraschen („*darüber erwischen*" / frz. *surprendre*)
surrealism	= Kunst des Unbewussten („*Über-Realismus*" / frz. *surréalisme*)
surrender	= aufgeben („*übergeben*"; *Rendezvous* = Begebt euch nach / *rendre*)
surtax	= Steuerzuschlag („*Übersteuer*"; vgl. *Taxe* = Gebühr / frz. *surtaxe*)

*surv*eillance = Aufsicht („*Überwachung";* vgl. *Vigil* = Wache / frz. identisch)
*surv*ey = besichtigen, prüfen („*überblicken";* vgl. *'view'* / frz. *surveiller)*
*surv*ive = überleben (vgl. *Vivat!* = „*Er/sie soll leben!"* / frz. *survivre)*

| **trans-** | = *quer über, jenseits* |

transact = abwickeln („*hinüberhandeln";* vgl. *Aktion* / frz. *transiger)*
transcend = übersteigen (vgl. *transzendent* = jenseits aller Erfahrungen)
transfer = übertragen („*hinübertragen";* vgl. *Transfer* / frz. *transférer)*
transform = umbilden („*überformen";* *Transformator* / frz. *transformer)*
transgress = überschreiten, -treten (vgl. *Progression* / frz. *transgresser)*
transit ['trænsit] = Übergang, Durchgangsverkehr (frz. identisch)
translation = Übersetzung („*Übertragung";* vgl. *'translate'* / frz. identisch)
translucent = durchscheinend (vgl. *Luzifer* = Lichtträger / frz. *translucide)*
transmit = (über)senden (vgl. *Transmitter* / frz. *transmettre)*
transparent = durchscheinend, durchsichtig (vgl. *'appear'* / frz. identisch)
transpire = ausdünsten, *transpirieren* („*hinüberhauchen"* / frz. *transpirer)*
transplant = verpflanzen, *transplantier.* („*hinüberpflanzen"* / frz. *transplanter)*
transport = befördern, *transportieren* („*hinübertragen"* / frz. *transporter)*

*

Vorsilben und häufige lateinische Wortstämme

Wenn Sie die Liste mit den lateinischen und französischen Präfixen aufmerksam studiert haben, wird Ihnen sicher aufgefallen sein, dass wechselnden Vorsilben oft die gleichen Wortstämme folgen, deren Grundbedeutung zu kennen daher beim Lernen (= Verstehen *und* Behalten) vieler englischer Vokabeln äußerst hilfreich sein kann. So erscheint als Basis ganzer Wortfamilien immer wieder die erste, vor allem aber die dritte Stammform lateinischer Verben, von denen die wichtigsten im Folgenden vorgestellt werden sollen.

Da viele der lateinisch/französischen Wurzeln seit der Renaissance nicht nur ins moderne Englisch eingingen, sondern auch Bestandteil gebräuchlicher deutscher Fremdwörter wurden, dürfte ihre Aneignung sinnvoll sein und nicht übermäßig schwer fallen.

cedere* / cessum** = *gehen (weichen) / gegangen*

*			
	ac·ceed	*(„hinzu gehen")*	= beitreten, einwilligen
	con·cede	*(„zusammen weichen")*	= einräumen, *konzedieren*
	ex·ceed	*(„darüber hinausgehen")*	= überschreiten
	pre·cede	*(„vorgehen")*	= vorausgehen
	pro·ceed	*(„vorwärts gehen")*	= weitergehen
	re·cede	*(„zurückgehen")*	= zurückweichen
	se·cede	*(„weggehen")*	= sich trennen
	suc·ceed	*(„von unten folgen")*	= nachfolgen

**			
	ac·cess	*(„das Hingehen")*	= Zugang, Eintritt
	ex·cess	*(„das Herausgehen")*	= Ausschweifung, Übermaß
	pro·cess	*(„das Vorwärtsgehen")*	= Fortgang, Verlauf
	re·cess	*(„das Zurückgehen")*	= Schlupfwinkel, stiller Ort
	suc·cess	*(„das v. unten Folgende")*	= Erfolg

Beachten (und *verstehen*) Sie auch die folgenden Ableitungen des gleichen Verbs: ⇨ *'precedent'* (Präzedenzfall), ⇨ *'procedure'* (Verfahren, Prozedur); ⇨ *'concession'* (Zugeständnis, Konzession), ⇨ *'precession'* (Vorrücken), ⇨ *'procession'* (Umzug, Prozession), ⇨ *'recession'* (Rückgang, Rezession), ⇨ *'secession'* (Trennung, Abfall von), ⇨ *'successful'* (erfolgreich), ⇨ *'succession'* (Nachfolge), ⇨ *'successive'* (aufeinander folgend, sukzessive)

(dicere) / **dict**um = *sagen / gesagt* (vgl. *'Dictionary'*)

ad·dict	*(„der Zuspruch")*	= (Drogen-)Abhängiger
contra·dict	*(„dagegensprechen")*	= widersprechen
e·dict	*(„das Ausgesagte")*	= Verordnung, *Edikt*
in·dict	*(„hineinsprechen")*	= anklagen
inter·dict	*(„dazwischensprechen")*	= verbieten
pre·dict	*(„vorhersagen")*	= prophezeien
ver·dict	*(„Wahrspruch")*	= Urteilsspruch

Weitere Ableitungen: ⇨ *'addicted' (drogenabhängig),* ⇨ *'addiction' (Drogenabhängigkeit),* ⇨ *'benediction' (Dankgebet, Segnung),* ⇨ *'contradiction' (Widerspruch),* ⇨ *'indiction' (Ankündigung),* ⇨ *'interdiction' (Verbot, Untersagung),* ⇨ *'predictable' (vorhersagbar),* ⇨ *'prediction' (Prophezeiung),* ⇨ *'predictor' (Seher, Prophet)*

---

ducere* / ductum****** = *führen / geführt* (vgl. *'duke'*)

*	**de·**duce	*(„ableiten")*	= folgern
	in·duce	*(„hinleiten")*	= veranlassen, überreden
	intro·duce	*(„einführen")*	= vorstellen, einführen
	pro·duce	*(„vorwärts führen")*	= herstellen, *produzieren*
	re·duce	*(„zurückführen")*	= zurückführen, *reduzieren*
	se·duce	*(„abseits führen")*	= verführen
**	**ab·**duct	*(„wegführen")*	= entführen
	con·duct	*(„zusammenführen")*	= leiten; (gute) Führung
	de·duct	*(„herunterführen")*	= abziehen (vom Preis)
	pro·duct	*(„das Hervorgebrachte")*	= Erzeugnis, *Produkt*

Weitere Ableitungen: ⇨ *'abduction' (Entführung),* ⇨ *'conductor' (Schaffner, Dirigent),* ⇨ *'deduction' (Abzug, Rabatt),* ⇨ *'induction' (Einsetzung, Anführung),* ⇨ *'introduction' (Vorstellung),* ⇨ *'production' (Herstellung),* ⇨ *'reduction' (Preisermäßigung),* ⇨ *'seduction' (Verführung)*

---

gradi **/ gress**um = *schreiten / geschritten* (vgl. Grad)

ag·gress	*(„hinschreiten")*	= angreifen
con·gress	*(„das Zusammenschreiten")*	= Zusammentritt, *Kongress*
e·gress	*(„das Herausschreiten")*	= Austritt
pro·gress	*(„das Vorwärtsschreiten")*	= Fortschritt, *Progress*
re·gress	*(„das Zurückschreiten")*	= Rückschritt, *Regress*
trans·gress	*(„überschreiten")*	= übertreten

Weitere Ableitungen: ⇨ *'grade' (Schritt, Grad),* ⇨ *'gradual'*
(schrittweise), ⇨ *'to graduate' (graduieren, einen akademischen Grad erwerben);* ⇨ *'aggression' (Angriff),* ⇨ *'aggressive' (angriffslustig),* ⇨ *'aggressor' (Angreifer),* ⇨ *'degression' (Absteigen, Sinken),* ⇨ *'progression' (Fortschreiten),* ⇨ *'progressive' (fortschreitend, zunehmend).*

---

ferre* / latum** = *tragen / getragen* (vgl. *Fähre*)

*   **con·fer**   *(„zusammentragen")*   = sich beraten, *konferieren*
    de·fer   *(„heruntertragen")*   = sich beugen, nachgeben
    in·fer   *(„hineintragen")*   = folgern, schließen
    of·fer   *(„entgegentragen")*   = anbieten, *offerieren*
    ***pre·*fer**   *(„vorantragen")*   = vorziehen
    re·fer   *(„zurücktragen")*   = sich beziehen auf, *referieren*
    suf·fer   *(„unter der Last leiden")*   = leiden
    trans·fer   *(„hinübertragen")*   = übertragen, *transferieren*

**   **e·late**   *(„heraustragen")*   = erheben, ermutigen
    de·late   *(„abträglich sprechen")*   = anzeigen, denunzieren
    pro·late   *(„vorwärts getragen")*   = gestreckt, weit verbreitet
    re·late   *(„zurücktragen")*   = erzählen
    trans·late   *(„übertragen")*   = übersetzen

Weitere Ableitungen: ⇨ *'conference' (Konferenz),* ⇨ *'conferment' (Verleihung),* ⇨ *'deference' (Nachgiebigkeit, Hochachtung),* ⇨ *'deferential' (ehrerbietig),* ⇨ *'preference' (Bevorzugung),* ⇨ *'sufferance' (Duldung, Einwilligung),* ⇨ *'suffering' (Leiden, Dulden),* ⇨ *'transference' (Übertragung);* ⇨ *'elated' (stolz, erhoben),* ⇨ *'elation' (freudige Stimmung, Begeisterung),* ⇨ *'delation' (Denunziation, Anzeige),* ⇨ *'relation' (Erzählung; logische Beziehung, Verhältnis; Verwandter),* ⇨ *'relative' (sich beziehend, relativ),* ⇨ *'relativity' (Bedingtheit, Relativität),* ⇨ *'relator' (Anzeiger, Denunziant),* ⇨ *'translator' (Übersetzer),* ⇨ *'translation' (Übersetzung, Übertragung)*

(-icere) / -iectum = *werfen / geworfen* (vgl. *Subjekt*)

ab·ject	*(„weggeworfen")*	= verworfen, elend
de·ject	*(„niederwerfen")*	= entmutigen, niederschmettern
e·ject	*(„hinauswerfen")*	= hinauswerfen, verstoßen
in·ject	*(„hineinwerfen")*	= einspritzen, *injizieren*
inter·ject	*(„dazwischenwerfen")*	= eine Bemerkung einwerfen
ob·ject	*(„dagegenwerfen")*	= einwerfen, einwenden
pro·ject	*(„nach vorne werfen")*	= entwerfen, planen, *projektieren*
re·ject	*(„zurückwerfen")*	= verwerfen, zurückweisen
sub·ject	*(„unterwerfen")*	= unterwerfen
tra·ject	*(„hinüberwerfen")*	= übertragen; Übergang

Weitere Ableitungen: ⇨ *'adjective' (Eigenschaftswort, Adjektiv),* ⇨ *'conjecture' (Mutmaßung, Zusammenreimen),* ⇨ *'dejection' (Niedergeschlagenheit),* ⇨ *'injection' (Spritze, Injektion),* ⇨ *'interjection' (Ausruf, Interjektion),* ⇨ *'projectile' (Geschoss, Projektil),* ⇨ *'projection' (Plan; Vorsprung),* ⇨ *'projective' (Projektions-),* ⇨ *'projector' (Projektionsapparat; Erfinder),* ⇨ *'rejection' (Ablehnung, Zurückweisung),* ⇨ *'subjection' (Unterwerfung),* ⇨ *'subjective' (persönlich, einseitig),* ⇨ *'subjectivity' (Subjektivität)*

legere* / lectum** = *sammeln (lesen) / gesammelt*

*	**col**·lege	*(„gelehrte Zusammenk.")*	= Kolleg, Uni, Seminar
**	**col**·lect	*(„zusammenlesen")*	= sammeln
	e·lect	*(„auslesen")*	= wählen (polit.)
	intel·lect	*(„Auswahl zwischen")*	= Verstand, Intellekt
	pre·lect	*(„vorlesen")*	= eine Vorlesung halten
	se·lect	*(„auslesen")*	= auswählen

Weitere Ableitungen: ⇨ *'colleague' (Kollege),* ⇨ *'collective' (zusammengefasst),* ⇨ *'collector' (Einsammler, Schaffner),* ⇨

'collegial' (das College betreffend), ⇨ *'elegant'* (auserlesen), ⇨ *'intelligent'* (denkfähig, klug); ⇨ *'election'* (Wahl), ⇨ *'prelect'* (einen Vortrag halten), ⇨ *'prelection'* (Vorlesung), ⇨ *'selection'* (Auswahl), ⇨ *'selective'* (auswählend, selektiv), ⇨ *'selectness'* (Auserlesenheit), ⇨ *'selector'* (Auswähler, Wähler)

---

mittere* / **miss**um** = *schicken (werfen) / geschickt*

---

*	**ad·**mit	*(„in Bewegung bringen")*	= zugeben, gestatten
	com·mit	*(„sich schicken")*	= verpflichten, übergeben
	e·mit	*(„hinausschicken")*	= aussenden, *emittieren*
	inter·mit	*(„dazwischenwerfen")*	= unterbrechen
	intro·mit	*(„hineinschicken")*	= einführen, einfügen
	o·mit	*(„wegwerfen")*	= auslassen, übergehen
	per·mit	*(„hindurchschicken")*	= erlauben; Passierschein
	re·mit	*(„zurückschicken")*	= (Geld) überweisen; entlassen
	sub·mit	*(„unterwerfen")*	= unterwerfen; unterbreiten
	trans·mit	*(„hinüberschicken")*	= übertragen, senden
**	**dis·**miss	*(„wegschicken")*	= entlassen, verabschieden
	pro·mise	*(„vorwärts schicken")*	= versprechen; Versprechung
	re·mise	*(„das Zurückschicken")*	= Wagenschuppen, Remise
	sur·mise	*(„darüber werfen")*	= vermuten, sich einbilden

Weitere Ableitungen: ⇨ *'admittance'* (Zulassung, Eintritt), ⇨ *'commitment'* (Verpflichtung), ⇨ *'remittance'* (Geldübersendung), ⇨ *'remitter'* (Geldsender), ⇨ *'transmitter'* (Sender); ⇨ *'admission'* (Eintritt, Aufnahme), ⇨ *'commissary'* (Beauftragter, Kommissar), ⇨ *'commission'* (Auftrag, Amt, Ausschuss), ⇨ *'dismissal'* (Entlassung), ⇨ *'emissary'* (Abgesandter), ⇨ *'emission'* (Aussendung), ⇨ *'intermission'* (Unterbrechung), ⇨ *'intromission'* (Einführung, Zulassung), ⇨ *'omission'* (Weglassung, Auslassung), ⇨ *'permissible'* (erlaubt, zulässig), ⇨ *'permission'* (Genehmigung), ⇨ *'submission'* (Unterwerfung), ⇨ *'submissive'* (unterwürfig), ⇨ *'transmission'* (Übersendung, Weitergabe)

---

movere* / motum** = *bewegen / bewegt* (vgl. *Motor*)

---

*	move	*(„bewegen")*	= fortbewegen; rühren
	re·move	*(„zurückbewegen")*	= entfernen, wegräumen
**	de·mote	*(„herunterbewegen")*	= degradieren
	pro·mote	*(„vorwärts bewegen")*	= befördern, *promovieren*
	re·mote	*(„rückwärts bewegt")*	= entfernt

Weitere Ableitungen: ⇨ *'immovability' (Unbeweglichkeit),* ⇨ *'immovable' (unbeweglich),* ⇨ *'mob' (erregbare, bewegbare Masse),* ⇨ *'mobile' (leicht beweglich, mobil),* ⇨ *'mobility' (Beweglichkeit),* ⇨ *'movement' (Bewegung),* ⇨ *'movie' (Film, Kino),* ⇨ *'moving staircase' (Rolltreppe),* ⇨ *'commotion' (Aufruhr, Tumult),* ⇨ *'motion' (Bewegung, Gang),* ⇨ *'to motivate' (motivieren),* ⇨ *'motivation' (Begründung),* ⇨ *'motive' (Beweggrund),* ⇨ *'motor' (Bewegung erzeugende Maschine),* ⇨ *'motorist' (Autofahrer),* ⇨ *'remoteness' (Entfernung),* ⇨ *'removal' (Beseitigung),* ⇨ *'remover' (Möbelspediteur),* ⇨ *'emotion' (Gemütsbewegung),* ⇨ *'emotional' (gefühlsmäßig),* ⇨ *'promoter' (Förderer),* ⇨ *'promotion' (Förderung, Beförderung)*

---

pellere* / pulsum** = *treiben / getrieben* (vgl. *Propeller*)

---

*	com·pel	*(„zusammentreiben")*	= zwingen, unterwerfen
	dis·pel	*(„auseinander treiben")*	= zerstreuen, verbannen
	ex·pel	*(„hinaustreiben")*	= ausstoßen, vertreiben
	im·pel	*(„hineintreiben")*	= antreiben, zwingen
	pro·pel	*(„vorantreiben")*	= vorwärts treiben, antreiben
	re·pel	*(„zurücktreiben")*	= zurückdrängen, abstoßen
**	pulse	*(„das Treiben")*	= Pulsschlag; *pulsieren*
	im·pulse	*(„das Hineintreiben")*	= Trieb, Antrieb, *Impuls*
	re·pulse	*(„zurücktreiben")*	= zurückschlagen, -treiben

Weitere Ableitungen: ⇨ *'to appeal' (sich wenden an, appellieren),* ⇨ *'appellant' (Bittsteller),* ⇨ *'impeller' (Antriebrad),* ⇨ *'propeller' (Luft-, Schiffsschraube),* ⇨ *'repellent' (abstoßend);* ⇨ *'compulsion' (Zwang),* ⇨ *'compulsory' (zwingend, obligatorisch),* ⇨ *'expulsion' (Vertreibung, Ausweisung),* ⇨ *'impulsion' (Stoß, Anstoß, Anregung),* ⇨ *'impulsive' (triebhaft, impulsiv),* ⇨ *'propulsion' (Antrieb),* ⇨ *'propulsive' (vorwärts treibend),* ⇨ *'to pulsate' (pochen, pulsieren),* ⇨ *'pulsation' (Pochen, Pulsschlag),* ⇨ *'repulsion' (Widerwille, Abneigung), 'repulsive' (abstoßend, widerwärtig)*

(ponere) / positum *= stellen (legen) / gestellt* (vgl. *Position*)

pose	*(„sich hinstellen")*	= auftreten, *posieren*
com·pose	*(„zusammenstellen")*	= zusammensetzen, *komponier.*
de·pose	*(„abstellen")*	= absetzen, *deponieren*
dis·pose	*(„auseinander legen")*	= anordnen, *disponieren*
ex·pose	*(„herausstellen")*	= entblößen, *exponieren*
im·pose	*(„hineinlegen")*	= auferl.; täuschen, *imponieren*
op·pose	*(„entgegenstellen")*	= entgegentreten, *opponieren*
pro·pose	*(„vorstellen")*	= vorschlagen
re·pose	*(„zurücklegen")*	= niederlegen, sich erholen
sup·pose	*(„unterstellen")*	= vermuten, annehmen
super·pose	*(„darüber legen")*	= aufschichten, lagern
trans·pose	*(„hinüberstellen")*	= umstellen, *transponieren*
com·posite	*(„zusammengesetzt")*	= zusammengesetzt, gemischt
op·posite	*(„entgegengestellt")*	= gegenüberstehend

Weitere Ableitungen: ⇨ *'component' (Bestandteil, Teil),* ⇨ *'exponent' (Repräsentant, Exponent),* ⇨ *'opponent' (Gegner),* ⇨ *'apposition'. (Beifügung),* ⇨ *'composition' (Zusammensetzung, Mischung, Komposition),* ⇨ *'deposit' (Unterpfand, Anzahlung),* ⇨ *'depot' (Lagerhaus, Depot),* ⇨ *'disposable' (verfügbar),* ⇨ *'disposal' (Erledigung, Beseitigung),* ⇨ *'disposition' (Anordnung),* ⇨ *'exposition' (Ausstellung),* ⇨ *'im-*

position' (Bürde; Täuschung), ⇨ *'impostor' (Betrüger),* ⇨
'opposition' (Widerstand), ⇨ *'position' (Lage, Stellung),* ⇨
'proposal' (Vorschlag), ⇨ *'supposition' (Voraussetzung,
Annahme),* ⇨ *'superposition' (Übereinanderlagerung),* ⇨
'transposition' (Umstellung)

---

portare / **port**atum = *tragen / getragen* (vgl. *Portal*)

port	*(„die Pforte")*	= Hafen(stadt)
com·port	*(„zusammentragen")*	= sich benehmen, verhalten
de·port	*(„hinuntertragen")*	= fortschaffen, *deportieren*
dis·port	*(„auseinander tragen")*	= sich vergnügen, zerstreuen
ex·port	*(„hinaustragen")*	= ausführen, *exportieren*
im·port	*(„hineintragen")*	= einführen, *importieren*
im·port	*(„das Hineingetragene")*	= Bedeutung, Tragweite
re·port	*(„zurücktragen")*	= Bericht erstatten; Bericht
sup·port	*(„von unten mittragen")*	= unterstützen, aufrechterhalten
trans·port	*(„hinübertragen")*	= befördern, *transportieren*

Weitere Ableitungen: ⇨ *'deportation' (Verbannung, Ausweisung),* ⇨ *'deportee' (Verbannter),* ⇨ *'exportation' (Aus-
fuhr),* ⇨ *'importance' (Wichtigkeit, Wert),* ⇨ *'important'
(bedeutend, wichtig),* ⇨ *'importation' (Einfuhr),* ⇨ *'portable'
(tragbar),* ⇨ *'portage' (Transport, Frachtgeld),* ⇨ *'porter'
(Träger),* ⇨ *'portion' (zugemessener Anteil, Portion),* ⇨ *'proportion' (Maßstab, Verhältnis),* ⇨ *'reporter' (Berichterstatter),*
⇨ *'transportation' (Beförderung)*

(premere) / **press**um = *drücken / gedrückt* (vgl. *Presse*)

press	*(„das Gedrückte")*	= Hast, Druck; Presse
com·press	*(„zusammendrücken")*	= zusammenpress., *komprimieren*
de·press	*(„hinunterdrücken")*	= niederdrücken, *deprimieren*
ex·press	*(„herausdrücken")*	= ausdrücken, äußern
ex·press	*(„ausgedrückt")*	= ausdrücklich, Eil-

im·press	*(„hineindrücken")*	= beeindrucken
op·press	*(„dagegendrücken")*	= bedrücken, bedrängen
re·press	*(„zurückdrücken")*	= zurückdrängen, unterdrücken
sup·press	*(„unterdrücken")*	= unterdrücken, vertuschen

Weitere Ableitungen: ⇨ *'compression' (Verdichtung, Kompression),* ⇨ *'compressor' (Verdichter),* ⇨ *'depressed' (deprimiert),* ⇨ *'depression' (Niedergeschlagenheit),* ⇨ *'expression' (Ausdruck),* ⇨ *'expressive' (ausdrucksvoll),* ⇨ *'impression' (Eindruck),* ⇨ *'impressive' (eindrucksvoll),* ⇨ *'oppression' (Bedrängnis),* ⇨ *'oppressive' (bedrückend),* ⇨ *'pressure' (Druck),* ⇨ *'repressor' (Unterdrücker),* ⇨ *'repression' (Unterdrückung, Repressalie),* ⇨ *'repressive' (repressiv, unterdrückend),* ⇨ *'suppression' (Vertuschung)*

---

quaerere / (quaes**itum**) = *suchen (fragen) / gesucht*

con·quer	*(„zusammensuchen")*	= erobern
con·quest	*(„das Zus.gesuchte")*	= Eroberung
in·quest	*(„das Hineinsuchen")*	= Untersuchung
re·quest	*(„die Rückfrage")*	= Ersuchen, Nachfrage, Bitte

Weitere Ableitungen: ⇨ *'acquire' (erwerben, erlangen),* ⇨ *'acquisition' (Erwerbung),* ⇨ *'conqueror' (Eroberer),* ⇨ *'inquire' (erfragen),* ⇨ *'inquiry' (Anfrage, Gesuch),* ⇨ *'inquisitor' (Untersuchungsrichter),* ⇨ *'question' (Frage),* ⇨ *'require' (verlangen),* ⇨ *'requisition' (Forderung, Erfordernis)*

---

sistere* / **stat**um** = *stehen (stellen) / gestanden*

*	**as**·sist	*(„beistehen")*	= helfen, *assistieren*
	con·sist	*(„zusammenstehen")*	= bestehen aus, sich zus.setzen
	de·sist	*(„Abstand nehmen")*	= ablassen von
	ex·ist	*(„entstehen")*	= vorhanden sein, *existieren*
	in·sist	*(„sich hinstellen")*	= bestehen auf, *insistieren*

per·sist	(*„durchstehen"*)	= beharren
re·sist	(*„widerstehen"*)	= Widerstand leisten
sub·sist	(*„sich unterhalten"*)	= sich ernähren, sich erhalten

**	state	(*„Stand"*)	= Lage, Stadium; Staat
	state	(*„hinstellen"*)	= behaupten
	e·state	(*„das Herausragende"*)	= Stand, Besitztum
	pro·state	(*„das Vorstehende"*)	= Vorsteherdrüse, Prostata

Weitere Ableitungen: ⇨ *'assistance' (Beistand),* ⇨ *'assistant' (Gehilfe),* ⇨ *'consistence' (Dichte, Haltbarkeit),* ⇨ *'consistent' (vereinbar, übereinstimmend),* ⇨ *'existence' (Dasein, Leben, Existenz),* ⇨ *'existent' (vorhanden),* ⇨ *'insistence' (Beharren),* ⇨ *'insistent' (nachdrucksvoll),* ⇨ *'persistence' (Hartnäckig- keit),* ⇨ *'persistent' (hartnäckig),* ⇨ *'resistance' (Widerstand),* ⇨ *'resistant' (widerstrebend, widerstandsfähig),* ⇨ *'subsist- ence' (Lebensunterhalt);* ⇨ *'constancy' (Beständigkeit),* ⇨ *'constant' (standfest, beständig, dauernd),* ⇨ *'distance' (Ab- stand),* ⇨ *'distant' (entfernt, weit),* ⇨ *'instance' (Beispiel, besonderer Fall),* ⇨ *'instancy' (Dringlichkeit),* ⇨ *'instant' (dringend, sofortig),* ⇨ *'statement' (Feststellung, Behauptung),* ⇨ *'static' (feststehend, statisch),* ⇨ *'station' (Stand, Haltung; Bahnhof),* ⇨ *'statistics' (Statistik),* ⇨ *'substance' (Gegenstand, Stoff),* ⇨ *'substantive' (selbstständig; Hauptwort)*

(-spicere) / **spect**um	= *sehen (schauen) / gesehen*

as·-pect	(*„der Hinblick"*)	= Anblick, Ansicht
ex·-pect	(*„ausschauen"*)	= erwarten
in·spect	(*„hineinschauen"*)	= besichtigen, *inspizieren*
intro·spect	(*„Innenschau halten"*)	= Umschau halten, forschen
pro·spect	(*„Vorschau"*)	= Aussicht
re·spect	(*„Rückschau"*)	= Bezug, Hinsicht; Achtung
re·spect	(*„zurückschauen"*)	= sich beziehen, *respektieren*
sus·-pect	(*„darunter schauen"*)	= argwöhnen, vermuten

Weitere Ableitungen: ⇨ *'conspicuous' (augenscheinlich, auffällig),* ⇨ *'perspicuous' (klar sichtbar),* ⇨ *'suspicion' (Argwohn, Verdacht),* ⇨ *'suspicious' (verdächtig, misstrauisch),* ⇨ *'conspectus' (allgem. Übersicht),* ⇨ *'expectance' (Warten),* ⇨ *'expectant' (erwartungsvoll),* ⇨ *'expectation' (Erwartung),* ⇨ *'inspection' (Untersuchung),* ⇨ *'inspector' (Untersucher),* ⇨ *'introspection' (Innenschau),* ⇨ *'perspective' (perspektivische Ansicht; Aussicht),* ⇨ *'prospectus' (Ankündigung, Vorausschau, Prospekt),* ⇨ *'respectability' (Achtbarkeit, Ansehen),* ⇨ *'respective' (betreffend),* ⇨ *'spectacle' (Schauspiel),* ⇨ *'spectacles' (Brille),* ⇨ *'spectator' (Zuschauer),* ⇨ *'spectrum' (Farbenbild, Spektrum)*

---

tendere* / **tent**um** = *dehnen (spannen) / gedehnt*

---

*	tend	*(„sich dehnen")*	= gerichtet sein, abzielen
	at·tend	*(„sich hinneigen")*	= beachten, anwesend sein
	con·tend	*(„sich zus. anspannen")*	= wetteifern
	dis·tend	*(„auseinander dehnen")*	= ausdehnen
	ex·tend	*(„ausdehnen")*	= ausstrecken, ausbauen
	in·tend	*(„hineinneigen")*	= beabsichtigen
	pre·tend	*(„hervorstrecken")*	= vorgeben, vortäuschen
**	tent	*(„das Aufgespannte")*	= Zelt
	ex·tent	*(„das Ausgedehnte")*	= Ausdehnung, Weite
	in·tent	*(„hineingerichtet")*	= gerichtet, gespannt

Weitere Ableitungen: ⇨ *'attendance' (Bedienung, Pflege),* ⇨ *'attendant' (Diener, Wärter),* ⇨ *'tendency' (Neigung),* ⇨ *'tender' (Wärter, Begleitwagen, -boot),* ⇨ *'tender' (geneigt, weichherzig),* ⇨ *'to tender' (anbieten, darbieten),* ⇨ *'attention' (Aufmerksamkeit),* ⇨ *'attentive' (aufmerksam),* ⇨ *'extensive' (ausgedehnt, geräumig),* ⇨ *'extensible' (dehnbar),* ⇨ *'extension' (Vergrößerung, Streckung),* ⇨ *'intensive' (lebhaft, eindringlich),* ⇨ *'intention' (Absicht),* ⇨ *'pretension' (Anmaßung),* ⇨ *'pretentious' (anmaßend)*

venire* / **vent**um** = *kommen / gekommen* (vgl. *Wind*)

*	**con**·vene	*(„zusammenkommen")*	= sich versammeln
	super·vene	*(„noch dazukommen")*	= (plötzlich) hinzukommen
**	**ad**·vent	*(„das Ankommen")*	= Ankunft, *Advent*
	con·vent	*(„die Zusammenkunft")*	= Klostergebäude
	e·vent	*(„das Herauskommen")*	= Ereignis; Ausgang, Ergebnis
	in·vent	*(„hereinkommen")*	= erfinden, erdenken
	pre·vent	*(„zuvorkommen")*	= verhindern

Weitere Ableitungen: ⇨ *'convenience' (Bequemlichkeit, Komfort),* ⇨ *'convenient' (geeignet, bequem),* ⇨ *'prevenient' (vorhergehend),* ⇨ *'provenance' (Herkunft, Ursprung),* ⇨ *'revenue' (Einkünfte),* ⇨ *'adventure' (unerwartetes Ereignis, Abenteuer),* ⇨ *'adventurous' (abenteuerlich, kühn),* ⇨ *'convention' (Versammlung, Übereinkunft),* ⇨ *'eventual' (möglich, schließlich, eventuell),* ⇨ *'invention' (Erfindung),* ⇨ *'inventive' (erfinderisch, schöpferisch),* ⇨ *'inventor' (Erfinder),* ⇨ *'prevention' (Verhütung, Verhinderung), 'preventive' (vorbeugend, präventiv),* ⇨ *'subvention' (Unterstützung),* ⇨ *'supervention' (unvermutetes Hinzukommen),* ⇨ *'to ventilate' (lüften, ventilieren),* ⇨ *'ventilation' (Luftzufuhr)*

vertere* / **vers**um** = *wenden / gewendet* (vgl. *Version*)

*	**ad**·vert	*(„sich hinwenden")*	= hinweisen
	con·vert	*(„zus.wenden")*	= umwandeln
	di·vert	*(„auseinander wenden")*	= ablenken
	e·vert	*(„herauswenden")*	= nach außen drehen
	intro·vert	*(„hineinwenden")*	= nach innen richten
	in·vert	*(„umwenden")*	= umkehren
	per·vert	*(„völlig verdrehen")*	= verführen, entstellen
	re·vert	*(„sich zurückwenden")*	= zurückkehren
	sub·vert	*(„von unten wenden")*	= erschüttern, untergraben

**	verse	*(„Wendung")*	= Vers, Strophe
ad·verse		*(„hingewendet")*	= feindlich, gegnerisch
di·verse		*(„auseinander gewendet")*	= verschieden, ungleich
in·verse		*(„umgewendet")*	= entgegengesetzt
ob·verse		*(„entgegengewendet")*	= zugewandt; Vorderseite
per·verse		*(„ganz gewendet")*	= widernatürlich, böse
‹ **re**·verse		*(„zurückgewendet")*	= umgekehrt
trans·verse		*(„hinübergewendet")*	= quer, diagonal

Weitere Ableitungen: ⇨ *'advertise' (bekannt machen, inserieren),* ⇨ *'advertisement' (Inserat, Anzeige),* ⇨ *'advertising' (Reklame, Werbung),* ⇨ *'convertible' (umwandelbar),* ⇨ *'obversion' (Umkehrung),* ⇨ *'perverter' (Verführer),* ⇨ *'adversary' (Widersacher, Gegner),* ⇨ *'adversity' (Missgeschick, Unglück),* ⇨ *'conversable' (gesprächig),* ⇨ *'conversation' (Unterhaltung),* ⇨ *'conversion' (Bekehrung, Übertritt),* ⇨ *'diversion' (Ablenkung),* ⇨ *'diversity' (Verschiedenheit),* ⇨ *'eversion' (Umkehrung),* ⇨ *'introversive' (nach innen gerichtet),* ⇨ *'perversion' (Verdrehung, Perversion),* ⇨ *'reversible' (umkehrbar),* ⇨ *'reversion' (Rückkehr, Rückfall),* ⇨ *'subversion' (Umsturz, Vernichtung),* ⇨ *'subversive' (untergrabend, umstürzlerisch),* ⇨ *'transversal' (quer verlaufend)*

*

Lateinisch-französische Suffixe im Englischen

Von den zahlreichen romanischen Endsilben, die über das moderne Französisch in die englische Sprache Eingang fanden, sollen nur die wichtigsten behandelt werden. Wie die Vorsilben haben auch die Suffixe immer die gleichen Grundbedeutungen, sodass deren Kenntnis helfen kann, viele der komplizierteren englischen Hauptwörter, Verben und Adjektive zu verstehen, zumindest jedoch ihren Sinn zu erraten. So bezeichnet die Endsilbe *'-ment'* hinter lateinischen Verbstämmen entweder das *Mittel* oder das *Ergebnis* einer Handlung, z.B. *'fragment' (Bruchstück), 'government' (Regierung), 'management' (Verwaltung, Leitung), 'refreshment' (Erfrischung), 'statement' (Feststellung, Behauptung),* während das romanische Suffix *'-ent'* der Partizipendung *'-ing'* entspricht und die *Eigenschaft* von Dingen und Personen beschreibt, z.B. *'absent' (abwesend), 'ardent' (glühend), 'competent' (angemessen), 'confident' (zuversichtlich), 'current' (laufend), 'dependent' (abhängig), 'different' (sich unterscheidend), 'existent' (lebend), 'fluent' (fließend), 'patient' (leidend, geduldig), 'prominent' (hervorragend), 'silent' (schweigend).* Aus manchem dieser Partizipien ist im Laufe der Zeit sogar ein eigenständiges Hauptwort geworden, z.B. *'agent' (der Handelnde), 'content' (der Umfang;* Plur.: *der Inhalt), 'continent' („das Zusammenhaltende", der Kontinent), 'event' (das Vorkommende, das Ereignis), 'parent' (der Erzeuger, der Vater), 'parents' (die Eltern), 'president' (der Vorsitzende), 'resident' („der Zurückbleibende", der Ansässige), 'student' (der Studierende).* Die gleiche Bedeutung und Funktion hat die Endung *'-ant'* (vor allem nach Verben mit der lateinischen Endung *-are*), zum Beispiel *'abundant' (überfließend, reichlich), 'arrogant' (für sich beanspruchend, anmaßend), 'emigrant' (der Auswanderer), 'hesitant' (zögernd), 'ignorant' (unwissend), 'inhabitant' (der Bewohner), 'merchant' (der Händler), 'radiant' (strahlend), 'servant' (der Diener), 'tolerant' (ertragend).* Die Substantivformen dieser Suffixe sind fast immer *'-ance'* (oder *'-ancy'*) bzw. *'-ence'* (oder *'-ency'*); bitte beachten Sie, dass – im Gegensatz zu den französischen Herkunftswörtern – die Betonung im Englischen auf der ersten, allenfalls auf der zweiten Silbe liegt.

Wörter auf *-ant* und *-ance/-ancy*

Partizip	Hauptwort	deutsche Bedeutungen	
abund**ant**	- abund**ance**	= überfließend	- Überfluss
appar**ent**	- appe**ar**a**nce**	= erscheinend	- Erscheinung

assistant	- assistance	= Helfender	- Hilfe
brilliant	- brilliance	= glänzend	- Glanz
constant	- constancy	= beständig	- Beständigkeit
distant	- distance	= entfernt	- Entfernung
dominant	- dominance	= herrschend	- Herrschaft
elegant	- elegance	= fein, erlesen	- Feinheit
important	- importance	= wichtig	- Wichtigkeit
infant	- infancy	= Kleinkind	- Kindheit
intolerant	- intolerance	= unduldsam	- Unduldsamkeit
militant	- militancy	= kämpferisch	- Kampfgeist
pregnant	- pregnancy	= schwanger	- Schwangerschaft
relevant	- relevance	= wichtig	- Wichtigkeit
resistant	- resistance	= widerstehend	- Widerstand
resonant	- resonance	= widerhallend	- Widerhall
significant	- significance	= bedeutend	- Bedeutsamkeit
vacant	- vacancy	= leer, frei	- Leere, Freizeit

*

Wörter auf -ent und -ence/-ency

Partizip	Hauptwort	deutsche Bedeutungen	
affluent	- affluence	= reichlich	- Überfluss
competent	- competence	= zuständig	- Zuständigkeit
confident	- confidence	= zuversichtlich	- Zuversicht
consistent	- consistency	= vereinbar	- Vereinbarkeit
convenient	- convenience	= bequem	- Bequemlichkeit
corpulent	- corpulence	= beleibt	- Beleibtheit
current	- currency	= (um)laufend	- Währung
dependent	- dependence	= abhängig	- Abhängigkeit
efficient	- efficiency	= tüchtig	- Tüchtigkeit
eminent	- eminence	= erhaben	- Erhabenheit
evident	- evidence	= offenkundig	- Offenkundigkeit
existent	- existence	= lebend	- Leben
indifferent	- indifference	= gleichgültig	- Gleichgültigkeit
intelligent	- intelligence	= denkfähig	- Denkfähigkeit

patient	- patience	= geduldig	- Geduld
present	- presence	= gegenwärtig	- Gegenwart
president	- presidency	= Vorsitzender	- Vorsitz
prominent	- prominence	= hervorragend	- Hervorragen
silent	- silence	= still	- Stille

*

Englische Wörter mit den Suffixen *'-que'* und *'-gue'* sind leicht als Entlehnungen aus dem Französischen zu identifizieren. Viele der auf diese beiden Silben endenden Adjektive und Substantive haben wir als Fremdwörter übernommen, die in unserer Sprache allerdings auf *-k* bzw. *-g* enden – und genauso werden sie im Englischen ausgesprochen.

Das Suffix *-que* (Aussprache: -k)

englische Entlehnung	*dt. Fremdwort*	*Bedeutung*
antique	*antik*	= altmodisch
brusque	*brüsk*	= schroff
boutique	*Butike*	= kleiner, exklusiver Laden
cheque	*Check*	= Scheck
critique	*Kritik*	= kritischer Essay
discotheque	*Diskothek*	= Lokal mit Schallpl.-Musik
grotesque	*grotesk*	= wunderlich, absurd
masque	*Maske*	= Verkleidung, Maskenspiel
opaque	*opak*	= undurchsichtig
pique	*Pik*	= heimlicher Groll
picturesque	*pittoresk*	= malerisch
plaque	*Plakat*	= Schmuckplatte
technique	*Technik*	= Verfahren, Methode

*

Das Suffix *-gue* (Aussprache: -g)

englische Entlehnung	dt. Fremdwort	Bedeutung
catalogue	*Katalog*	= Verzeichnis
colleague	*Kollege*	= Mitarbeiter
dialogue	*Dialog*	= Zwiegespräch
epilogue	*Epilog*	= Nachwort, Schlusswort
intrigue	*Intrige*	= Ränkespiel
league	*Liga*	= Wettkampfklasse, Bund
monologue	*Monolog*	= Selbstgespräch
pedagogue	*Pädagoge*	= Erzieher, Lehrer
plague	*Plage*	= Seuche, Pest
prologue	*Prolog*	= Vorwort
synagogue	*Synagoge*	= jüdisches Gotteshaus
vague	*vage*	= unbestimmt

*

Ähnlich leicht ist die Bedeutung der Endung '*-ous*' [-əs] zu verstehen (lateinisch: *-osus* / französisch: *-eux*); sie entspricht dem deutschen Suffix *-ös* (= *-lich, -isch, -haft, -reich*) und verwandelt ein Haupt- in ein Eigenschaftswort. Ein stummes '*e-*' vor der Endung entfällt in der Regel (s. '*adventure*' zu '*adventurous*'); die Betonung ist – im Gegensatz zur französischen Endbetonung – wiederum auf den Wortanfang verlagert.

Das Suffix *-ous* (= -ös, -lich, -haft)

englisches Adjektiv	deutsche Bedeutung (Herkunft / Assoziationen)
advantageous	- vorteilhaft (aus '*advantage*' = Vorteil)
adventurous	- abenteuerlich (aus '*adventure*' = Abenteuer)
ambiguous	- zweideutig, doppelsinnig (aus '*ambiguity*' = Zweideutigkeit; vgl. *ambi-* = zwei)

ambit**ious**	- ehrgeizig, *ambitiös* (aus *'ambition'* = Ehrgeiz)
amor**ous**	- verliebt, *amourös* (vgl. frz. *l'amour*)
anx**ious**	- besorgt, *ängstlich* (aus *'anxiety'* = Besorgnis)
capac**ious**	- geräumig (aus *'capacity'* = Fassungsvermögen)
capric**ious**	- launisch, *kapriziös* (aus *'caprice'* = Laune, Grille)
caut**ious**	- vorsichtig (aus *'caution'* = Vorsichtsmaßnahme)
consc**ious**	- bewusst (aus *'conscience'* = Gewissen; vgl. *'science'*)
continu**ous**	- ununterbrochen, *kontinuierlich* (aus *'continuity'* = Zusammenhang; vgl. *Kontinent*)
courag**eous**	- mutig, *couragiert* (aus *'courage'* = Mut; vgl. frz. *le cœur*)
court**eous**	- höflich, höfisch (aus *'court'* = Königshof)
cur**ious**	- neugierig, *kurios* (aus *'curiosity'*; vgl. *Kuriosität*)
danger**ous**	- gefährlich (aus *'danger'* = Gefahr)
delic**ious**	- köstlich, *deliziös* (aus *'delicacy'* = Köstlichkeit; vgl. *delikat*)
dev**ious**	- abwegig (vgl. lat. *via* = *'way'*; *'obvious'* = offensichtlich)
disastr**ous**	- katastrophal (aus *'disaster'* = Unglück; vgl. *Desaster*)
dub**ious**	- zweifelhaft, *dubios* (aus *'dubiety'* = Ungewissheit; vgl. *In dubio pro reo* = im Zweifelsfall für den Angeklagten)
enorm**ous**	- ungeheuer, *enorm* (aus *'enormity'* = Ungeheuerlichkeit; vgl. *Norm, normal*)
env**ious**	- neidisch (aus *'envy'* = Neid)
fabul**ous**	- sagenhaft, *fabelhaft* (aus *'fable'* = Fabel, Märchen)
fictit**ious**	- erfunden, *fiktiv* (aus *'fiction'* = Dichtung)
fur**ious**	- wütend, *furios* (aus *'fury'* = Wut; vgl. *Furie*)
gener**ous**	- großzügig, *generös* (aus *'generosity'* = Freimut)
glor**ious**	- herrlich, *glorreich* (aus *'glory'* = Ruhm, Ehre)
grac**ious**	- anmutig, *graziös* (aus *'grace'* = Anmut; vgl. *grazil*)
humor**ous**	- launig, *humorig* (aus *'humour'* = Laune, Humor)
infect**ious**	- ansteckend, *infektiös* (aus *'infection'* = Ansteckung)
labor**ious**	- mühsam (aus *'labour'* = Mühe, Arbeit; vgl. *Labor*)
luxur**ious**	- üppig, *luxuriös* (aus *'luxury'* = Luxus)
malic**ious**	- boshaft, *maliziös* (aus *'malice'* = Bosheit)
monstr**ous**	- ungeheuer, *monströs* (aus *'monstrosity'* = Ungeheuerlichkeit, Missbildung; vgl. *Monster*)
murder**ous**	- blutig, *mörderisch* (aus *'murder'* = Mord)
myster**ious**	- rätselhaft, *mysteriös* (aus *'mystery'* = Geheimnis)
nebul**ous**	- nebelhaft, *nebulös* (aus *'nebulosity'* = Undeutlichkeit)

nervous	- erregbar, *nervös* (aus *'nerve'* = Nerv)
notorious	- berüchtigt, *notorisch* (aus *'notoriety'* = Bekanntsein)
officious	- übereifrig, *offiziös* (aus *'office'* = Dienst, Amt; Büro)
pious	- fromm (aus *'piety'* = Frömmigkeit; vgl. *Pietät, Pieta*)
piteous	- kläglich (aus *'pity'* = Mitleid, Erbarmen)
populous	- volkreich (aus *'people'* = Leute; Volk)
precious	- wertvoll (vgl. *Preis, Pretiosen* = Kostbarkeiten)
previous	- vorhergehend (vgl. lat. *via* = *'way'*)
prosperous	- blühend (aus *'prosperity'* = Gedeihen; vgl. *Prosperität*)
rebellious	- aufrührerisch, *rebellisch* (aus *'rebellion'*)
religious	- fromm, *religiös* (aus *'religion'*)
ridiculous	- lächerlich, absurd (aus *'ridicule'* = Absurdität)
rigorous	- streng, *rigoros* (aus *'rigour'* = Starrheit, Strenge)
ruinous	- verfallen, *ruinös* (aus *'ruin'* = Verfall; vgl. *Ruine*)
scandalous	- anstößig, *skandalös* (aus *'scandal'* = öffentl. Ärgernis)
scrupulous	- gewissenhaft, *skrupulös* (aus *'scruple'* = Bedenken)
serious	- ernsthaft, *seriös* (vgl. *Seriosität*)
simultaneous	- gleichzeitig, *simultan* (vgl. *Simultandolmetscher*)
spacious	- geräumig (aus *'space'* = Ausdehnung; vgl. *spazieren*)
studious	- fleißig (aus *'study'* = Lernen, Studium)
superfluous	- überflüssig (aus *'superfluity'* = Überfluss)
superstitious	- abergläubisch (aus *'superstition'* = Aberglaube)
suspicious	- verdächtig, misstrauisch (aus *'suspicion'* = Verdacht; vgl. *suspekt*)
tremulous	- zitternd (aus *'tremor'* = Zittern; vgl. *Tremolo*)
various	- verschiedenartig, (aus *'variety'* = Vielfalt; vgl. *Varieté, Variante*)
vicious	- lasterhaft, böse (aus *'vice'* = Laster; vgl. *Circulus vitiosus* und *'vicious circle'* = Teufelskreis)
victorious	- siegreich (aus *'victory'* = Sieg; vgl. *Viktoria*)
virtuous	- tugendhaft, *virtuos* (aus *'virtue'* = Tugend)
voluminous	- umfangreich, *voluminös* (aus *'volume'* = Umfang)
zealous	- eifrig (bedacht) (aus *'zeal'* = Eifer; vgl. *Zelot* = Glaubenseiferer)

*

Die Suffixe *'-fy'* und *'-fication'*, die auf die lateinische Verbendung *-ficare* zurückgehen, haben grundsätzlich die Bedeutung *machen* bzw. *-(mach)ung,* sodass sich der Wortsinn vieler englischer Tätigkeits- und Hauptwörter leicht an ihnen erkennen lässt (s. *'simplify'* = einfach machen, vereinfachen / *'simplification'* = Vereinfachung).

Die Suffixe -fy und -fication (= -en/-ern bzw. -ung)

Verb	Hauptwort	deutsche Bedeutungen	
amplify	- amplification	= erweitern	- Erweiterung
certify	- certification	= beglaubigen	- Beglaubigung
clarify	- clarification	= abklären	- Abklärung
classify	- classification	= einstufen	- Einstufung
crucify	- crucification	= kreuzigen	- Kreuzigung
deify	- deification	= vergöttern	- Vergötterung
diversify	- diversification	= verändern	- Veränderung
electrify	- electrification	= elektrifizieren	- Elektrifizierung
exemplify	- exemplification	= erläutern	- Erläuterung
falsify	- falsification	= fälschen	- Fälschung
fortify	- fortification	= verstärken	- Verstärkung
glorify	- glorification	= verherrlichen	- Verherrlichung
gratify	- gratification	= belohnen	- Belohnung
identify	- identification	= identifizieren	- Identifizierung
intensify	- intensification	= steigern	- Steigerung
justify	- justification	= rechtfertigen	- Rechtfertigung
magnify	- magnification	= vergrößern	- Vergrößerung
modify	- modification	= abändern	- Abänderung
mollify	- mollification	= besänftigen	- Besänftigung
mystify	- mystification	= verklären	- Verklärung
notify	- notification	= benachrichtig.	- Benachrichtigung
nullify	- nullification	= aufheben	- Aufhebung
pacify	- pacification	= befrieden	- Befriedung
personify	- personification	= verkörpern	- Verkörperung
purify	- purification	= reinigen	- Reinigung

qualify	- quali**fication**	= (s.) befähigen	- Befähigung
ratify	- rati**fication**	= bestätigen	- Bestätigung
rectify	- recti**fication**	= berichtigen	- Berichtigung
simplify	- simpli**fication**	= vereinfachen	- Vereinfachung
specify	- speci**fication**	= einz. angeben	- Einzelangabe
testify	- testi**fication**	= bezeugen	- Zeugnis
unify	- uni**fication**	= vereinigen	- Vereinigung
verify	- veri**fication**	= nachweisen	- Nachweis
versify	- versi**fication**	= dichten	- Dichtkunst

*

Das englische Suffix *'-able'* (seltener *'-ible'*) drückt stets eine *Fähigkeit* oder *Möglichkeit* aus und entspricht dem deutschen *-bar, -lich* oder *-wert*. Damit sind Sie nicht nur in der Lage, die Bedeutung vieler englischer Wörter zu verstehen, sondern durch Anhängen der Endsilbe *'-able'* an ein beliebiges englisches Verb ein mit großer Wahrscheinlichkeit richtiges Eigenschaftswort zu bilden (*'eat'* zu *'eatable'* = essbar). Bei der Rechtschreibung ist lediglich zu beachten, dass ein stummes End-*'e'* vor dem Suffix *'-able'* in der Regel entfällt. Die Betonung liegt – wie immer – auf der ersten oder zweiten Wortsilbe, auf keinen Fall also auf der Endung *'-able'* [⇨ -əbl]. Das Gleiche gilt für Adjektive auf *'-ible'*, die oft nicht von einem englischen Verb, sondern einem Hauptwort abgeleitet sind.

Das Suffix **-able** (= -bar, -wert, -lich)

Verb	Adjektiv	deutsche Bedeutung
accept	accept**able**	- annehmbar, *akzeptabel*
adjust	adjust**able**	- einstellbar (vgl. *justierbar*)
admir*e*	admir**able**	- bewundernswert
agree	agree**able**	- zustimmenswert, angenehm

avail	available	- verfügbar, nutzbar, vorhanden
bear	bearable	- tragbar, erträglich
comfort	comfortable	- behaglich, *komfortabel*
compare	comparable	- vergleichbar (vgl. *Komparativ*)
consider	considerable	- betrachtenswert, beträchtlich
depend	dependable	- zuverlässig, verlässlich
desire	desirable	- wünschenswert (vgl. VN *Desirée*)
endure	durable	- dauerhaft, haltbar (vgl. *dauern*)
eat	eatable	- essbar
enjoy	enjoyable	- erfreulich
hate	hateable	- hassenswert
hear	hearable	- hörbar, vernehmbar
heat	heatable	- heizbar
honour	honourable	- ehrbar (vgl. *honorieren*)
laugh	laughable	- lachhaft, lächerlich
love	lovable	- liebenswert, reizend
measure	measurable	- messbar
move	movable	- bewegbar, beweglich
note	notable	- bemerkenswert (vgl. *notieren*)
pass	passable	- passierbar, *passabel*
pay	payable	- zahlbar
port	portable	- tragbar (vgl. *Portier*)
practise	practicable	- durchführbar, *praktikabel*
prefer	preferable	- vorziehbar, vorzuziehen
read	readable	- lesbar, leserlich
reason	reasonable	- vernünftig, annehmbar
remark	remarkable	- bemerkenswert
respect	respectable	- ehrbar, *respektabel*
tame	tameable	- bezähmbar
teach	teachable	- lehrbar
transfer	transferable	- übertragbar
turn	turnable	- drehbar, wendbar
use	usable	- brauchbar, verwertbar
value	valuable	- wertvoll
vary	variable	- verstellbar, veränderlich, *variabel*
work	workable	- ausführbar, betriebsfertig

Das Suffix -*ible* (= -bar, -wert, -lich)

Adjektiv	deutsche Bedeutung
audible	- hörbar
compatible	- vereinbar
convertible	- umwandelbar
credible	- glaubwürdig, glaubhaft
divisible	- teilbar
edible	- essbar
flexible	- biegsam, biegbar
horrible	- furchtbar
legible	- lesbar, leserlich
permissible	- erlaubt, zulässig
responsible	- verantwortlich
sensible	- vernünftig
tangible	- greifbar, fühlbar
terrible	- schrecklich, furchtbar
visible	- sichtbar

*

Das Anhängsel *'-let'* (frz. *-ette*) hat im Englischen etwa die gleiche Wirkung wie unsere Verkleinerungssuffixe *-chen* und *-lein*. So bilden Sie mühelos aus einem *'book'* ein *'booklet'*, also *Büchlein,* aus einer *'isle' (Insel)* ein *'islet'*, also ein *Inselchen,* aus einem *'leaf' (Blatt)* ein *'leaflet'*, also *Blättchen* oder *Flugblättchen,* und aus einer *'table' (Tafel)* ein *'tablet'*, also ein *Täfelchen* oder eine *Tablette.* Versuchen Sie sich selbst einmal als Wortschöpfer, indem Sie einfache Begriffe wie *'cross', 'garden', 'house', 'ring'* etc. durch Anhängen der Diminutivsilbe verkleinern. Allerdings wird nicht immer die Sache selbst verniedlicht, sondern bisweilen kann die Endsilbe *'-let'* auch ein Kleidungs- oder Schmuckstück bezeichnen, das an entsprechenden Körperteilen getragen wird, wie z.B. *'armlet' (Armbändchen), 'necklet' (Halskettchen), 'singlet'* *(ärmelloses Hemdchen, Trikot)* oder *'wristlet' (Armbändchen, Pulswärmer).* In der nachfolgenden Liste sollen nur die weniger leicht durchschaubaren oder unregelmäßigen Diminutivformen englischer Substantive aufgeführt werden.

Das Diminutivsuffix *-let* (= -chen, -lein)

Verniedlichung	(Herkunftswort)	deutsche Bedeutung
ballet	*(ball)*	- Ballett (eigtl.: *kleiner Ball*)
bracelet	*(brace)*	- Armspange (eigtl.: *Riemchen*)
cutlet	*(cut)*	- Schnitzel (eigtl.: *Schnittchen*)
fillet	*(fill)*	- Filet (eigtl.: *Streifchen*)
goblet	*(gob)*	- Becher (eigtl.: *kl. Hohlraum*)
gullet	*(gully)*	- Schlund (eigtl.: *kleine Rinne*)
hamlet	*(ham)*	- Weiler (eigtl.: *Dörfchen*)
pellet	*(pill)*	- Kügelchen (eigtl.: *Pillchen*)
ringlet	*(ring)*	- Löckchen (eigtl.: *Ringelchen*)
rivulet	*(river)*	- Bach (eigtl.: *Flüsschen*)
runlet	*(run)*	- Bächlein (eigtl.: *Rinnsal*)
toilet	*(toil)*	- Toilette (eigtl.: *Tüchlein*)
violet	*(viola)*	- Veilchen (eigtl.: *Violettchen*)

*

Wegen des weit gehenden Verzichts auf Endungen sind englische Wörter in der Regel Zwitterwesen, d.h. sie können sowohl männlich als auch weiblich sein (s. *'cook'* = Koch/Köchin, *'friend'* = Freund/Freundin, *'pupil'* = Schüler/Schülerin etc.). Wenn nötig, kann durch das Voranstellen von *'boy'* oder *'male'* (= *männlich*) bzw. *'girl'* oder *'female'* (= *weiblich)* sexuelle Klarheit geschaffen werden. Darüber hinaus gibt es aber auch eine echte (sprachliche) Geschlechtsumwandlung im Englischen, die ebenso schnell zu vollziehen wie auch wieder rückgängig zu machen ist, indem man das *männliche*

Wort um die *weibliche* Endung '*-ess*' erweitert bzw. kürzt. Zu beachten ist, dass dabei in einigen Fällen die *männliche* Endung '*-er*' oder '*-or*' zu einem '*-r*' verkürzt wird.

Das „weibliche" Suffix -ess (= -in)

männl. Form	weibl. Variante	deutsche Bedeutung
actor	**actress**	- Schauspielerin (vgl. *Akteur*)
adventurer	**adventuress**	- Abenteurerin (vgl. *Advent* = Herannahen, unerwartetes Eintreten einer Situation)
ambassador	**ambassadress**	- Botschafterin (urverwandt mit *Amt*)
ancestor	**ancestress**	- Ahnin (lat. *antecedere* = vorhergehen)
baron	**baroness**	- Baronin (Angehörige des höheren Adels)
count	**countess**	- Gräfin, *Komtess*
director	**directress**	- Leiterin, Vorsteherin (vgl. *Direktrice*)
duke	**duchess**	- Herzogin (vgl. *Dukaten* = im Herzogtum gültige Münzen)
emperor	**empress**	- Kaiserin (vgl. '*empire*' = Kaiserreich)
god	**goddess**	- Göttin
governor	**governess**	- Erzieherin (*Gouvernante, Gouverneur*)
heir	**heiress**	- Erbin
host	**hostess**	- Gastgeberin, Wirtin (vgl. '*youth hostel*' = Jugendherberge und frz. *l'hôtel*)
lion	**lioness**	- Löwin (vgl. *Leo*)
Jew	**Jewess**	- Jüdin
manager	**manageress**	- Managerin (vgl. '*manual*')
mister	**mistress**	- Herrin (vgl. *Meister, Magister*); Geliebte, *Mätresse*
murderer	**murderess**	- Mörderin
negro	**negress**	- Negerin, Schwarze (vgl. *Porta Nigra*)
poet	**poetess**	- Dichterin
prince	**princess**	- Prinzessin
steward	**stewardess**	- Aufwärterin, *Stewardess*
tiger	**tigress**	- Tigerin
viscount	**viscountess**	- Vicomtesse (Adlige zw. Gräfin und Baronin)
waiter	**waitress**	- Kellnerin

Eine der häufigsten englischen Hauptwortendungen ist die aus dem lateinischen Suffix *-tas* abgeleitete Endsilbe *'-ty'*, die sich über das französische *-té* zum deutschen Fremdwortsuffix *-tät* wandelte. Die meisten der englischen Substantive auf *'-ty'* sind damit augenblicklich zu verstehen und leicht zu erinnern, z.B. *'activity'* *(Aktivität)*, *'capacity'* *(Kapazität)*, *'elasticity'* *(Elastizität)*, *'electricity'* *(Elektrizität)*, *'faculty'* *(Fakultät)*, *'humanity'* *(Humanität)*, *'identity'* *(Identität)*, *'majesty'* *(Majestät)*, *'perversity'* *(Perversität)*, *'rarity'* *(Rarität)*, *'stability'* *(Stabilität)*, *'universality'* *(Universalität)*, *'virtuosity'* *(Virtuosität)*, *'vitality'* *(Vitalität)* etc. Eine Reihe von englischen Hauptwörtern auf *'-ty'* hat jedoch keine deutsche Fremdwortentsprechung (oder die ehemaligen Fremdwörter sind nicht mehr gebräuchlich); daher sollen diese Substantive etymologisch oder anhand von Assoziationen erklärt werden.

Das Hauptwortsuffix *-ty* (lat. *-tas*, frz. *-té*)

engl. Hauptwort	Bedeutung (Herkunft / Assoziationen)
ability	- Fähigkeit (vgl. *Habilitation* = Lehrberechtigung an Hochschulen)
anxiety	- Ängstlichkeit, Sorge (vgl. *Angst, Enge*)
audacity	- Kühnheit, Dreistigkeit (vgl. *'dare'* = wagen)
availability	- Verfügbarkeit (*'valid'* = gültig; Ggt. *'invalid'* = hinfällig)
beauty	- Schönheit (vgl. *Beau* = Stutzer, Dandy)
bounty	- Spende, Prämie (vgl. *Bonus, Bon* = Gutschrift)
brevity	- Kürze (vgl. *Brevier* = Gebetbuch der katholischen Geistlichen; *Brief*)
capability	- Fähigkeit (vgl. *kapieren* = begreifen)
cavity	- Höhle, Loch (vgl. *Kaverne* = Hohlraum)
certainty	- Gewissheit (vgl. *Zertifikat* = Bescheinigung, Zeugnis)
charity	- Nächstenliebe (vgl. *Caritas*)
civility	- Höflichkeit (vgl. *zivilisiert*)
clarity	- Klarheit, Reinheit (vgl. *Klarinette* = hell tönend. Holzinstrument)
complicity	- Mitschuld (vgl. *Komplize* = Mittäter)
cordiality	- Herzlichkeit (vgl. *kordial* = herzlich; *Cordula, Sacré Cœur*)

cruelty	- Grausamkeit (vgl. *krud* = roh, grausam)
cupidity	- Habgier (vgl. *Cupido* = röm. Gott der Liebe und Leidenschaft)
deity	- Gottheit (aus lat. *deus* / griech. *theós* = Gott)
density	- Dichte (vgl. *Kondensation* = Verdichtung)
difficulty	- Schwierigkeit (vgl. *diffizil* = schwierig)
enmity	- Feindschaft (aus lat. *inimicus* = in-amicus = Feind)
equality	- Gleichheit (vgl. *egal; Äquator* = Gleichmacher)
eternity	- Ewigkeit (vgl. *Eternit* = Asbestzement)
fidelity	- Treue (vgl. *fidel* = dem Frohsinn treu, *Fidelio, Hi-Fi* = High Fidelity)
honesty	- Ehrlichkeit (vgl. *Honorar* = Ehrensold)
hospitality	- Gastfreundschaft (*Hospital, hospitieren* = als Gast zuhören)
hostility	- Feindseligkeit (aus lat. *hostis* = Feind)
humility	- Demut, Unterwürfigkeit (vgl. *Humus* = Erdboden)
magnanimity	- Großmut (aus lat. *magnus* = groß; *animus* = Geist)
modesty	- Bescheidenheit (vgl. *modest* = bescheiden)
necessity	- Notwendigkeit (vgl. *Necessaire* = Reisetasche für Toilettenartikel)
novelty	- Neuheit (vgl. *Novelle* = Erzählung einer neuen Begebenheit)
partiality	- Parteilichkeit (vgl. *Partei, Partie, Party*)
peculiarity	- Eigentümlichkeit (aus lat. *peculium* = Besitz an Vieh / Geld)
penalty	- Strafe, Strafpunkt (vgl. *verpönt* = bei Strafe verboten)
possibility	- Möglichkeit (vgl. *'possible'* = möglich)
property	- Eigentum (vgl. *proper* = eigen, sauber, ordentlich)
proximity	- Nähe (vgl. *'to approach'* = sich nähern)
reliability	- Zuverlässigkeit (vgl. *Religion* = Bindung an Gott)
responsibility	- Verantwortung (vgl. *korrespondieren* = mit Briefen antworten)
safety	- Sicherheit (vgl. *Safe*)
severity	- Strenge, Ernst (vgl. VN *Severin*)
similarity	- Ähnlichkeit (vgl. *Simulation; Faksimile* = Nachbildung)
sincerity	- Aufrichtigkeit (vgl. *'Yours sincerely'* = aufrichtig der/die Ihre ...)
unity	- Einheit (vgl. *Union, United States*)
usability	- Brauchbarkeit (vgl. *Usus* = Brauch; *'to use'* = gebrauchen)
validity	- Gültigkeit (vgl. *Valuta* = Währungsgeld, Wert)
vanity	- Eitelkeit (vgl. *'vain'* = leer, eitel)
vicinity	- Nachbarschaft (lat. *vicus* = Siedlung; vgl. ON *-wik, -wijk, -wich*)
visibility	- Sichtbarkeit (vgl. *Visier* = Gesichtsschutz; *Vision* = Trugbild)

Das englische Hauptwortsuffix *'-er'* (oder *'-or'*) ist identisch mit unserer Endung für einen *Täter* oder *Verursacher* und braucht daher nicht eigens behandelt zu werden. Weniger bekannt ist dagegen die Endsilbe *'-ee'* für den *Empfänger* oder jemanden, *mit dem etwas geschieht.* Nachfolgend sind nur Substantive aufgeführt, von denen es entweder echte *Täter/ Opfer*-Wortpaare oder lediglich eine *Passiv*-Version gibt.

Das Passiv-Suffix -ee (frz. -é)

(Täter)	*Empfänger*		*deutsche Bedeutungen*
	absentee	-	Abwesender (vgl. *Absenz*)
(addresser)	**addressee**	- *(Absender)*	Empfänger (vgl. *Adresse*)
	committee	-	zusammengeruf. Ausschuss
(debtor)	**debtee**	- *(Schuldner)*	Gläubiger (vgl. *Debet* = Soll)
	devotee	-	Frömmler
	divorcee	-	Geschiedener
(donor)	**donee**	- *(Stifter)*	Beschenkter
	draftee	-	Gezogener, Wehrpflichtiger
(drawer)	**drawee**	- *(Aussteller)*	Bezogener (Wechsel)
(employer)	**employee**	- *(Arbeitgeber)*	Arbeitnehmer
	evacuee	-	Evakuierter (vgl. *Vakuum*)
(examiner)	**examinee**	- *(Prüfer)*	Prüfling
(grantor)	**grantee**	- *(Verleiher)*	Privilegierter
	internee	-	Gefangener
(jester)	**jestee**	- *(Spötter)*	Zielscheibe des Spotts
(legator)	**legatee**	- *(Erblasser)*	Erbe
(lover)	**lovee**	- *(Liebhaber)*	Geliebter
(nominator)	**nominee**	- *(Ernenner)*	Ernannter
(obligor)	**obligee**	- *(Schuldner)*	Gläubiger
	patentee	-	Patentinhaber
(payer)	**payee**	- *(Zahler)*	Empfänger einer Summe
	referee	-	Schiedsrichter
	refugee	-	Flüchtling
(trainer)	**trainee**	- *(Sportlehrer)*	Sportschüler
	trustee	-	Beauftragter, Treuhänder

d) Unterhaltsames (und hilfreiches) Stöbern
im Wortmuseum

Einige Wörter, die die Engländer nach der Eroberung Britanniens durch die Normannen aus dem Französischen übernommen haben und noch heute allgemein gebräuchlich sind, haben eine so interessante Einzelgeschichte, dass ihre Herkunft und Entwicklung näher beleuchtet werden soll.

Seit der normannischen Zeit bezeichnen die englischen Adeligen sich selbst als

gentry (Adel),

also als Angehörige derselben hochgeborenen *'Gens'* (lat. *gens, gentis* = Geschlecht, Sippe; vgl. *Generation, Genetik, Genese* etc.), bis im Laufe der Zeit sogar der einfache Mann – eine noble Gesinnung vorausgesetzt (*'gentle'* = gnädig, milde, sanft, nett; frz. *gentil*) –

gentleman

genannt wurde. Die altehrwürdige, ebenfalls aus dem Französischen stammende Bezeichnung

peer (frz. *le pair*)

für einen höheren Adligen (d.h. vom Baron bis zum Herzog) mit Anrecht auf einen Sitz im *House of Lords* hat eigentlich genau dieselbe Grundbedeutung, die im Übrigen schon in der lateinischen Redensart *primus inter pares* – Erster unter Gleichen – zum Ausdruck gebracht wurde (lat. *par, paris* = gleich, ebenbürtig; vgl. dt. *paarig* und *Paar*). Eine edle Dame war natürlich mit *Madam* anzureden, eine Wortzusammensetzung, die aus dem lateinischen *mea domina* (= meine Herrin; vgl. ital. *madonna*) abzuleiten ist und über die fran-

zösische Version *madame* (vgl. *Dame*) ins Englische übernommen wurde. Ein wenig schwerer zu erkennen ist die
Bedeutung der Wörter

reign und rule (Königsherrschaft),

die beide ihren Ursprung in *rex, regis* (lat. = König) haben;
während *'reign'* auf *regnum* – das lateinische Wort für Königreich – zurückgeht (frz. *le règne;* vgl. *regieren, Regent, Re-*
gie), wurde *'rule'* vom Substantiv *regula* abgeleitet (lat. =
Richtschnur, Maßstab, *Regel;* vgl. *regulieren*), weshalb *'ruler'*
noch heute sowohl *Herrscher* als auch *Lineal* bedeuten kann.
Das auf dem lateinischen Adjektiv *regalis* basierende französische Eigenschaftswort

royal (königlich)

ist unverändert ins Englische übernommen worden (vgl. frz. *le*
roi = der König) und erfährt in der üblichen Kombination
'royal rule' (= *königliche König*sherrschaft) eigentlich eine
unnötige Wiederholung. Ein höfischer Edelmann wurde als

cavalier (Ritter, Reiter)

bezeichnet (frz. *le chevalier;* vgl. *Kavalier*), ein Wort, das im
spanischen *caballero* und in unserer *Kavallerie* noch nach-
klingt. Im Übrigen war die englische Gesellschaft, also die

society (frz. *la société*),

streng in *soziale* Schichten eingeteilt (aus lat. *societas* = Gemeinschaft), deren Siedlungsbereiche in der Regel ebenso klar
voneinander getrennt waren, wie sich ihre Lebensweisen
unterschieden.

Die *Bürgerschaft* (frz. *la bourgeoisie;* vgl. frz. *le bourg,* engl.
'borough' = Marktflecken) lebte – auch geographisch – im

Schatten des Adels innerhalb einer mit Mauer und Graben befestigten

city (Stadt)

(frz. *la cité,* aus lat. *civitas* = Bürgerschaft; vgl. *zivil* = bürgerlich), oft zusätzlich geschützt durch eine eigene Stadtburg, die *Zitadelle.* Ein in der Stadt wohnender Bürger, ein

citizen (frz. *le citoyen),*

hatte natürlich ungleich größere Rechte und Freiheiten als der auf dem Lande (frz. *le pays*) lebende Kleinbauer, der

peasant (frz. *le paysan),*

dessen Kapital der gepachtete Boden (engl. = *'soil',* frz. *le sol;* vgl. *solide*) sowie seine eigene Arbeitskraft war, und der dem adeligen Grundbesitzer nicht nur zu erheblichen Ernteabgaben verpflichtet war, sondern ihm an festgelegten Tagen des Jahres auch zu bestimmten Arbeitsleistungen, den so genannten Hand- und Spanndiensten, auf den herrschaftlichen Gütern zur Verfügung stehen musste. Ein sozialer Aufstieg in die nächsthöhere Klasse – oder gar den Adel – war nur in den seltensten Fällen möglich, gelang es doch höchstens der einen oder anderen gut aussehenden jungen Dame, ihr Schicksal durch eine

marriage (Heirat)

mit einem Höhergestellten zu verbessern (frz. *le mariage;* vgl. *'to marry'* = heiraten).

Die kleinste soziale Einheit, die ein Leben lang wirtschaftliche, rechtliche und emotionale Sicherheit bot, war die Großfamilie, in der neben den Eltern und Geschwistern auch die Verwandten mütter- und väterlicherseits ihren festen Platz hatten, wie die *'grandmother'* und der *'grandfather'* (frz. *la grand-mère* bzw. *le grand-père*), die *'aunt'* (= Tante, aus lat. *amita*, altfrz. *l'ante*, mod. *la tante*), der *'uncle'* (= Onkel, aus lat. *avunculus*, frz. *l'oncle*) und diverse Geschwisterkinder, also die *'nephews'* und *'nieces'* (frz. *le neveu* bzw. *la nièce*, aus lat. *nepos* bzw. *neptis*; vgl. *Nepotismus* = Vetternwirtschaft). Trotz der unbestrittenen patriarchalischen Hierarchie war so mancher

trouble (Unruhe)

innerhalb der Familie unausweichlich (frz. *le trouble*, aus lat. *turba*; vgl. *Trubel, Turbine, Turbulenz*), den die harten Lebensbedingungen ebenso mit sich brachten wie Generationskonflikte und Veränderungen in der Sippe bei Geburt und Tod, Eheschließung und Erbe, Klostereintritt und Kriegsdienst etc. Wenn die Familie nach außen auch zusammenhielt, kam es darum zwischen den einzelnen Mitgliedern bisweilen doch zu handfesten

quarrels (Streitigkeiten),

die ihre sprachliche Entsprechung in unserem Fremdwort *Querelen* haben (frz. *la querelle*; vgl. *Querulant* = Nörgler). Auf der anderen Seite hatte ein Schwacher oder Behinderter innerhalb der Familie einen selbstverständlichen Anspruch auf Toleranz und lebenslange Geborgenheit. In diesem Zusammenhang ist die Bedeutung des Wortes

lunatic (Irrer)

interessant; *'lunacy'* (Wahnsinn) geht auf *luna* (lat. = Mond, frz. *la lune*; vgl. *Frau Luna*) zurück und spiegelt die mittelalterliche Überzeugung, dass das Schicksal des Menschen vom Mond abhänge und die Stimmung eines Irren wechselhaft wie der Mond sei (vgl. *Laune*, frz. *lunatique* = launisch). Innerhalb der Hausgemeinschaft wohnte man in der Regel auf engstem Raum zusammen. Weder Kinder noch Gesinde hatten An-

spruch auf ein eigenes Bett, geschweige denn ein Einzelzimmer; man teilte sich eine kleine

chamber (Kammer)

(frz. *la chambre,* aus lat. *camera* = Gewölbe; vgl. *Kamera*
sowie *Kamerad* = Stubengenosse), für deren Beleuchtung
neben Tran- und Petroleumlampen vor allem

candles (Kerzen)

verwendet wurden (lat. *candela* = Kerze, *candere* = weiß sein,
glänzen, frz. *la chandelle;* vgl. *Kandelaber* = Kerzenleuchter,
aber auch *Kandidat* = Weißgekleideter[1]). Bereitwillig übernahm man Neuerungen vom Kontinent samt ihren französischen Bezeichnungen wie die weiche, warme

blanket (Bettdecke)

aus ungefärbter Schafwolle (frz. *blanc* = weiß; vgl. *blank*), und
den bequemen

chair (Stuhl),

der mit seiner oft prachtvoll gearbeiteten Rückenlehne bislang
hochgestellten Persönlichkeiten vorbehalten war (frz. nur noch
la chaire = Lehrstuhl an einer Universität; vgl. *'chairman'* =
Vorsitzender). Viele andere Wörter für Einrichtungsgegen-
stände und architektonische Besonderheiten sind ebenfalls
französischen Ursprungs; so ist das

picture (Bild)

dem Substantiv *la peinture* entlehnt (frz. = Malerei, aus lat.
pingere, pictum = malen; vgl. *Piktogramm* = graphisches

---

[1] Im alten Rom trugen Amtsbewerber ein leuchtend weißes Gewand.

Symbol, *Pigment* und engl. *'to paint'*, *'painter'*, *'painting'* und *'depict'* = entwerfen). Die

toilet (Toilette)

hat eine recht lange und abwechslungsreiche Geschichte. Als Verkleinerungsform des französischen *la toile* (= Leinentuch) bedeutete der Begriff zunächst *Tüchlein* (frz. *la toilette*), das über einen kleinen Tisch gebreitet wurde, auf dem man Waschzeug und Gegenstände zur Haarpflege ablegte. Im Laufe der Zeit nannte man bald den Tisch, dann auch die Körper- und Haarpflege selbst und schließlich sogar – ohne das Kind beim Namen nennen zu müssen – jeden Waschraum mit Abort *Toilette*. Auch das Wort

closet

hatte ursprünglich nichts mit einem *WC* (= *'water closet'*) zu tun, sondern bezeichnete lediglich einen kleinen abgetrennten Raum, in dem Vorräte, Werkzeug oder auch Kleidung aufbewahrt wurden (vgl. *'to close'*, *'closed'*, *Kloster, Klausur*). Erst als der Abtritt – meist ein frei stehendes Bretterhäuschen im Hinterhof – auf den Flur des Haupthauses verlegt wurde, bürgerte sich der verhüllende Ausdruck *'closet'* für das stille Örtchen ein, auf das man sich ungestört (und ohne längeren Anmarschweg) zurückziehen konnte. Ein wollener

curtain (Fenstervorhang)

(altfranz. *la cortine*, ital. *cortina*; vgl. *Cortina d'Ampezzo*[1]) diente neben der Verschönerung der Stuben und Kammern – vor allem in den Stadtwohnungen – dem Schutz der Privatsphäre; insbesondere wollte der Hausherr wohl verhindern, dass neugierige Nachbarn von gegenüberliegenden Fenstern aus seine Frau oder seine Töchter bei der Morgen- oder

---

[1]   *Cortina* ist ein italienischer Kurort in den Dolomiten.

Abendtoilette beobachteten; das gleiche Misstrauen offenbart sich in dem interessanten Bedeutungswandel des Wortes *Jalousie* (frz. = Rollladen) zum englischen Substantiv

jealousy (Eifersucht).

Andrerseits lenkte die wohlhabendere Stadtbevölkerung ganz bewusst die bewundernden, vor allem aber neidischen Blicke der Mitbürger und Passanten auf die bunten Fassadenmalereien, die als breites Band unterhalb der Fensterreihen die Geschosse markierten und in einer Bilderserie die Geschichte des Hausbaus und der Familie, aber auch Begebenheiten aus der jeweiligen Stadtgeschichte oder der Heiligen Schrift „erzählten". Die Verkürzung des Wortes *'history'* (lat. *historia* = Geschichte) zu

story oder storey

in der Doppelbedeutung *Erzählung* und *Stockwerk* macht so durchaus Sinn.

Es ist wenig verwunderlich, dass viele Ausdrücke, die das Essen und die Mode betreffen, ebenfalls aus dem Französischen stammen. Die warme Hauptmahlzeit des Tages, das

dinner (frz. *le dîner*),

das je nach Lebensumständen und -gewohnheiten mittags oder abends eingenommen wird, ist vom lateinischen Substantiv *disieiunium* (*dis* = weg, *ieiunium* = das Fasten; vgl. frz. *le déjeuner*) abzuleiten und entspricht damit eigentlich dem germanischen Wort *'breakfast'* für Frühstück, das gewöhnlich mit dem Verzehr von

cereals (frz. *les céréales*),

einer Art Müsli aus allerlei essbarem Korn, z.B. *'cornflakes'* und *'porridge'*, eingeleitet wird (lat. *cerealis* = Korn anbauend; vgl. *Ceres* = römische Göttin der Feldfrucht und des Wachstums). Die Herkunft des Wortes

beverage (Getränk)

vom lateinischen Verb *bibere, potum* ist recht offensichtlich (frz. *breuvage;* vgl. engl. *'beer'*, dt. *Bier*), nicht dagegen seine Verwandtschaft mit *'poison'* (= Gift; frz. ebenfalls *poison,* aus lat. *potio, -nem* = Gifttrank). Engländer könnten sicherlich in tiefe Melancholie verfallen, wenn sie daran denken, auf gewisse französische Ess- und Trinkgewohnheiten verzichten zu müssen, die ihnen die normannische Eroberung beschert hat. *'Wine'*, der seit jeher vom sonnigeren Kontinent einge-führt werden musste, da Weinreben (*'vines'*) im kühlen briti-schen Klima nicht so recht gedeihen, erfreut sich nicht nur als Getränk allgemeiner Beliebtheit. Ebenso begehrt sind frische

grapes (Weintrauben)

zur Abrundung eines Mahls (frz. *les grappes;* vgl. ital. *grappa* = Weinbrand). Das Wort

dessert (frz. *le dessert*)

bezeichnet eigentlich nicht die Nachspeise selbst, sondern vielmehr das Abtragen der Speisereste und des benutzten Ge-schirrs und Bestecks (vgl. frz. *desservir* = den Tisch abdecken, aus lat. *dis-* und *servire;* vgl. *abservieren*), eine Aufgabe, die von *'servants'* (= Hausdienern) erledigt wurde. Dem so ty-pisch englischen

butler

oblag ursprünglich nur die Verwaltung des Weinkellers (vgl. *'bottle'* und frz. *la bouteille* = die Flasche), bevor er zum wohlerzogenen Haushofmeister in den Schlössern und Pracht-bauten der Noblen und Reichen avancierte.

Zeitgemäße Kleiderordnung und Mode (*'fashion'*, frz. *façon* = Machart, aus lat. *facere* = machen; vgl. österr. *fesch*) wurden schon immer durch die *Haute Couture* diktiert. So sind vor allem die oberen Schichten der britischen Gesellschaft für den allgemeinen Modestandard, aber auch die französische Benennung mancher Kleidungsstücke verantwortlich, die in einem – häufig begehbaren – Kleiderschrank, der

wardrobe (frz. *la garde-robe*),

aufbewahrt wurden (aus *'ward'* = Schutz und *'robe'* = Kleid; vgl. *warten* = pflegen), bis man schließlich den Kleiderbestand selbst als *'wardrobe'* bezeichnete (vgl. auch unsere Doppelbedeutung der *Garderobe*!). Ein Kleidungsstück heißt im Englischen generell

garment,

was eigentlich so viel bedeutet wie Ausrüstung (frz. *garnir* = ausstatten; vgl. *garnieren, Garnitur*). Das Kleid mit individueller Note – aber der Mode entsprechend – wäre ein

dress,

dessen Grundbedeutung sich aus dem lateinischen Partizip *directus* (= ausgerichtet; vgl. *dirigieren*) ergibt. Früher trug die Dame beim Ausgehen über dem Kleid einen

cloak (Umhang)

– wegen seines weiten Zuschnitts so genannt (frz. *la cloche* = Glocke; vgl. *'clock'* = Uhr, Turmuhr) –, während der Herr der Schöpfung sich nach wie vor in einen

suit (Anzug)

aus Jacke und Hose des gleichen Stoffes gewandet (frz. *la suite* = Folge, Reihenfolge; vgl. *'pursuit'* = Verfolgung, *'to*

suit' = passen; davon abgeleitet: *'set'* = Garnitur). Als lang-
lebige und anscheinend unverzichtbare Attribute der Männer-
mode seien nur zwei genannt: der umlegbare

collar (Kragen),

der sich aus der breiten Schulterpasse *(Koller)* des mittelalter-
lichen Wamses entwickelte (frz. *le collier* = Halsband, aus lat.
collum = Nacken; vgl. *Dekolleté*), und die heute meist *'tie'*
genannte

cravat (frz. *la cravate*),

die im 17. Jahrhundert aus dem typischen Leinenschal *kroa-
tischer* Söldner in französischen Diensten entstand (frz. *le
Croate* = Kroate; vgl. *Krawatte*).

Mit zunehmender Verstädterung und Landflucht infolge der
Industrialisierung entstanden viele neue Berufszweige; aber
auch alte Handwerksbetriebe und Kaufläden verlegten ihren
Sitz in die aufstrebenden Städte, in denen sich eine zahlungs-
kräftige Mittelschicht etabliert hatte. Für den Schneider, den

tailor (frz. *le tailleur*)

– von frz. *tailler* = schneiden (vgl. *Taille, Detail* und ital.
tagliatelle = geschnittene Nudeln) – gab es ebenso volle Auf-
tragsbücher wie für den

carpenter

(= Zimmermann; frz. *le charpentier;* aus lat. *carpentarius* =
eigentl.: Karrenmacher; vgl. *'car', Karre*) und den

joiner,

also den Tischler (frz. *joindre* und engl. *'to join',* aus lat. *jungere* = verbinden; vgl. *'joint'* = Gelenk, *'joint venture'* = Ge-

meinschaftsunternehmen, *'junction'* = Verbindung, Knoten-
punkt). In besonderem Maße profitierte der

retailer (Einzelhändler)

vom allgemein steigenden Wohlstand der städtischen Bevölkerung. Er bezog von Großhändlern Waren, die er stückweise
oder in kleineren Mengen (s. frz. *tailler* = schneiden, zuschnei-
den; vgl. *'tailor'*) an seine Kunden weiterverkaufte. Interessanterweise bedeutet ja auch das germanische Wort *'deal'*
praktisch *Teil* und *zuteilen* (vgl. *'to deal out cards'* = Karten
austeilen). Bahnbrechende Neuheiten und modische Trends
konnte man ohne jegliche Kaufverpflichtung auf der

fair,

dem regelmäßig abgehaltenen Jahrmarkt, bestaunen (frz. *la
foire,* aus lat. *feria* = Feiertag; vgl. *Ferien* und *'trade fair'* =
Handelsmesse), der mit seinem bunten Trubel gleichzeitig den
Charakter eines Volksfestes hatte (vgl. *'fair'* = Kirmes).

Generell wird der Kauf und Verkauf von Waren im Englischen
durch die Substantive *'trade'* (aus dt. *Tritt* = Schritt, Weg; vgl.
'trade wind' = Passat, also Handelswind) oder

commerce (frz. *le commerce*)

beschrieben. Letzteres geht – wie das Adjektiv *'commercial'*
(= kaufmännisch, *kommerziell*) – auf die lateinischen Wörter
merx, mercis (= Ware) und *merces, mercedis* (= Lohn, Preis,
Verdienst; vgl. *Mercedes*) zurück, von denen etliche englische
Vokabeln abgeleitet sind, wie *'merchant'* (= Kaufmann, Groß-
händler), *'mercantile'* (= Handel treibend), *'merchandise'*
(= Ware), *'mercer'* (= Textilkaufmann), *'mercenary'* (= Söldner), aber auch *'merit'* (= Verdienst, Wert; vgl. *Meriten* und
Pour le mérite = preuß. Verdienstorden) und *'mercy'* (= Gnade, Mitleid; vgl. frz. *merci* = danke), der man, sozusagen
unverdient, preisgegeben ist.

Der aufblühende Handel erforderte eine immer umfangreichere Verwaltung und ließ daher neue Berufszweige und Arbeitsplätze entstehen. Hatte ein

bureau

anfangs lediglich einen mit rotbraunem Wollstoff bezogenen Schreibtisch bezeichnet (frz. = *la bure,* aus lat. *burrus* = feuerrot), so bekam das Wort im 17. Jahrhundert zusätzlich die Bedeutung *Büro* – heute allerdings meist *'office'* genannt (frz. *l'office,* aus lat. *officium* = Dienst; vgl. *offiziell, Offizier*). Einen ähnlichen Doppelsinn – zumindest im Deutschen und Französischen – hat das Wort *Sekretär* (frz. *le secrétaire* = Schreibschrank mit Geheimfach / Schriftführer) bewahrt; im Mittelalter war ein englischer

secretary

ausschließlich der Vertraute, sozusagen der Geheimnisträger einer hochstehenden Persönlichkeit, für die er die Korrespondenz erledigte (aus lat. *secretus* = verschwiegen; vgl. *'secret'* = Geheimnis, *'secret service'*); in dem Ausdruck *'Secretary of State'* für einen englischen Minister ist diese Bedeutung in etwa erhalten geblieben. Heute meint man mit *'secretary'* im Allgemeinen jedoch eine Angestellte, die für ihren Chef neben Schreibarbeiten auch Organisationsaufgaben übernimmt (vgl. *Sekretärin, Sekretariat*). Für den Schreibschrank benutzt der Engländer im Übrigen das französische Fremdwort *secretaire,* in dessen Geheimfach er delikate Dokumente aufbewahren mag, sein Vermögen an Schmuck und Geld (= *'treasure'*) deponiert er natürlich im *Tresor* (frz. *le trésor* = Schatzkammer, aus lat. *thesaurus* = Schatz, Vorrat). Die für einen Büroangestellten übliche Berufsbezeichnung

clerk [ɑ:]

hat eine vergleichbare Entwicklung durchlaufen; sie basiert auf dem lateinischen Wort *clericus* (= Geistlicher, frz. *le clerc;*

vgl. *'clerical'* = geistlich, *'clergy'* = Geistlichkeit, *Klerus*, *'clergyman'* = Geistlicher), was dadurch verständlich wird, dass im Mittelalter allenfalls die Mönche des Lesens und Schreibens kundig waren, die das Monopol auf diese Fertigkeiten, die ja die Voraussetzung zur selbstständigen Lektüre und Auslegung der Heiligen Schrift sind, verständlicherweise nur ungern aus der Hand gaben.[1] Als seit Ende des 15. Jahrhunderts die Klosterschulen nicht mehr nur Novizen – also ihren eigenen Nachwuchs – ausbildeten, sondern ihre Pforten auch für die Söhne von Adeligen und besonders gut situierten Kaufleuten öffneten (was den scheinbaren Widerspruch aufklären mag, warum ausgerechnet teure Privatschulen noch heute *'public schools'* heißen), wurden die privilegierten Schulabgänger, die nicht Priester werden wollten, dennoch *'clerks'* genannt. Sie fanden im öffentlichen Dienst (vgl. *'town clerk'* = Stadtsekretär) oder in großen Unternehmen (vgl. *'chief clerk'* = Bürovorsteher, *'signing clerk'* = Prokurist) eine angesehene und gut bezahlte Anstellung.

Besonders großen Einfluss auf die englische Sprache hatten der rasante Aufbau der Industrie und der Fortschritt der Technik; das vorhandene Vokabular versagte bei der Benennung der zahlreichen Neuerungen und Erfindungen, sodass entweder künstliche Begriffe – in der Regel lateinischen oder französischen Ursprungs – geprägt werden mussten, oder aber überkommene Wörter einen neuen Sinngehalt erhielten. So bedeutete das Substantiv

industry

fortan nicht mehr Fleiß und Betriebsamkeit (frz. *l'industrie,* aus lat. *industria* = Fleiß, Energie; vgl. *'industrious'* = fleißig, emsig), sondern benannte vielmehr die Entwicklung und Produktion von Massengütern. Gleichermaßen ist mit dem alten

---

[1] Zumindest blieb die Schul-*Fibel* (= *Bibel*) lange Zeit das erste und einzige Lesebuch der Schüler!

Wort *'business'* (= Geschäftigkeit; vgl. *'to be busy'* = beschäftigt, fleißig sein) inzwischen jede Art von Geschäft gemeint. Im modernen Sprachgebrauch wird der Begriff

manufacture

für die Fertigung maschinell erzeugter Waren verwendet, obwohl dessen Grundbedeutung doch eigentlich *Handarbeit* ist (frz. *la manufacture,* aus lat. *manu facere* = mit der Hand herstellen; vgl. *Manufaktur, 'manual'* = manuell). Zur entsprechenden Benennung des Fertigungsortes erinnerte man sich an das alte lateinische Wort *factorium,* mit dem in Rom für gewöhnlich eine gewerbsmäßig betriebene Ölmühle bezeichnet wurde; also nannte man eine neu eröffnete Fabrik fortan *'manufactory'* oder kurz

factory

(vgl. *Faktorei* = Handelsniederlassung; s. *'to manufacture'*). Voraussetzung für die industrielle Produktion war die Erfindung von Maschinen, die Arbeitsvorgänge mechanisieren oder gar automatisieren und somit die Leistung vieler Handwerker ersetzen konnten, sowie die Nutzbarmachung der Antriebskraft des Dampfes, des Verbrennungsmotors und besonders der Elektrizität, die auch kleinen Gewerbetreibenden ihre Konkurrenzfähigkeit gegenüber den mächtigen Fabriken sicherte. Das Wort

engine (Maschine)

war ebenfalls schon seit Jahrhunderten in England gebräuchlich gewesen, anfänglich im Sinn von Findigkeit oder Kunstfertigkeit und später als Bezeichnung für alle möglichen mechanischen Vorrichtungen. Erst mit der Erfindung der *'steam engine'* (James Watt, 1765) zum Antrieb mechanischer Spinnmaschinen und Webstühle, die Britanniens wirtschaftliche Überlegenheit auf dem Weltmarkt begründeten, bekam das Wort seine heutige Bedeutung (frz. *l'engin,* aus lat. *in-genium* = Begabung, Scharfsinn; vgl. *Genie, genial* und *'engineer'* = *Ingenieur;* vgl. auch andere Wörter mit dem lateinischen Stamm *gen-* = Entstehung, z.B. *Genese, Generator, Genitiv, Generation* etc.).

Durch die bahnbrechenden Neuerungen auf dem Gebiete des Transportwesens und den zunehmenden Wohlstand infolge der Industrialisierung eröffneten sich auch für die breite Masse bislang ungeahnte Möglichkeiten der Mobilität. Vor allem die dampfgetriebene

locomotive

sollte den öffentlichen Verkehr im frühen 19. Jahrhundert revolutionieren (frz. *la locomotive,* aus lat. *loco motivus* = Ortswechsel; vgl. *'locomotion'* = Fortbewegung, *'motion'* = Bewegung, *'motive'* = Beweggrund, *'to move'* = bewegen, umziehen, *'movie'* = Film, d.h. „bewegte Bilder"). Zur Bezeichnung des Eisenbahnzuges bot sich das altbekannte Wort

train

an, das zuvor in der Bedeutung *Schleppe, Gefolge, Tross* benutzt worden war (frz. *le train;* aus lat. *trahere, tractum* = ziehen; vgl. *'to train'* = erziehen, aufziehen, *trainieren; Traktor* = Zugmaschine). Mit Schienen,

rails

(einer Doppelreihe hintereinander verlegter, mit Querbohlen stabilisierter Bretter; vgl. *'railroad'* und *'railway'*), hatte man bislang nicht selten die unbefestigten und verschlammten Stadtstraßen für Wagen und Karren leichter befahrbar gemacht; ursprünglich waren *'rails'* aber Gitterstäbe oder Lattenzäune, wie die Ausdrücke *'hand-rail'* (= Treppengeländer) und *'railing'* (= *Reling* eines Schiffes) noch heute bezeugen (frz. *le rail,* aus lat. *regula* = Messlatte, Lineal; vgl. *'rule', 'ruler'*). Im Übrigen: Können Eisenbahngleise – aus der Vogelperspektive betrachtet – nicht tatsächlich den Eindruck einer endlosen, umgelegten Reling erwecken?

'Trams' (eigentl.: auf Schienen laufende Förderwagen im Bergbau) und *'buses'* (frz. *le bus,* Kurzf. aus lat. *omnibus =* „für alle") erleichterten bald den innerstädtischen Verkehr, bis um die Jahrhundertwende mit dem *'motor car'* ein individuelles Fortbewegungsmittel zur Verfügung stand, das raffiniertes Erdöl, also

petrol (Benzin),

als Kraftstoff benötigte (frz. *le pétrole* = Erdöl, aus lat. *petra =* Fels, *oleum* = Öl; vgl. *'to petrify'* = versteinern, *Petroleum, Petrochemie; Petra* und *Peter* = Kurzf. von *Petrus*).

Die schnelleren Verkehrsmittel und der sich rasch ausweitende Welthandel – vor allem mit den britischen Kolonien – und die Fortschritte in der Kommunikationstechnik hatten die Entfernungen scheinbar schrumpfen lassen, und der höhere Bildungsstand, die verlängerte Freizeit sowie das gestiegene Einkommen hatten die Reiselust der breiten Masse geweckt. Das gebräuchlichste englische Wort für *Reise* ist

travel,

womit für gewöhnlich eine abenteuerliche Auslandsreise, zumindest eine längere Reise gemeint ist, die vor der Zeit des Pauschalurlaubs und Massentourismus sicherlich eine Strapaze gewesen sein muss, wie die Herkunft des Wortes *'travel'* vermuten lässt (frz. *le travail* = Arbeit, Qual, aus lat. *trepalium* = Folterinstrument, „Dreipfahl"). Das Wort

voyage

ist mehr oder weniger als Bezeichnung für eine Seereise reserviert (frz. *le voyage,* altfrz. *le vayage,* aus lat. *via* = Weg und

viaticum = Reisegeld, Wegzehrung; vgl. *'way'*). Eine Tages-
fahrt mit einem festen Ziel auf dem Lande ist eher eine

journey

(frz. *la journée* = Tageslauf, Tagelohn, aus lat. *diurnum* =
Tagewerk; vgl. *'journeyman'* = Gehilfe, ursprüngl.: Tagelöhner; *Journal, Journalist*). Noch kürzer und unbeschwerter
wäre eine

excursion

(= Ausflug, kleine Wanderung; frz. *l'excursion,* aus lat.
excursio, -nem = das Hinausgehen; vgl. *Exkurs*), während mit
einem *'trip'* gar nur eine Vergnügungstour oder ein Abstecher
gemeint ist (vgl. dt. *trippeln*).

Die Körperertüchtigung ist eine der beliebtesten Freizeit-
beschäftigungen der Briten, weswegen die meist englischen
Bezeichnungen vieler Sportarten international gebräuchlich
sind, z.B. *Tennis* (aus dem frz. Imperativ des Verbs *tenir* =
halten, fangen; also: *Tenez!* = „Halte! Fange!"), *Soccer* oder
Socker (= Fußball, von *'to sock'* = hauen, prügeln), *Rugby*
oder *Rugger* (Slang = raues „Fußballspiel", bei dem auch das
Werfen des Balls mit der Hand erlaubt ist; benannt nach der
Schulstadt *Rugby*), *Kricket* (= Spiel mit einem Ball, einem
Schläger und einem *Wicket* = dreistäbiges Tor; frz. *le cricket;*
vgl. dt. *Krücke*), *Golf* (schott. = Schläger, dem das engl. *'club'*
= Keule entspricht), *Hockey* (mögl. aus *'hooky'* = krumm,
hakenförmig) und *Polo* (= orient. Reiterballspiel; ind. *polo* =
Ball). Dass die Engländer vor allem Rasensportarten so kulti-
viert haben, hängt sicherlich nicht nur mit dem milden, feuch-
ten Klima zusammen; die Ursache für die typisch englische
Parklandschaft mit den nur selten von Baumgruppen unter-
brochenen Grünflächen liegt wohl eher an der Insellage
Englands, welche die seefahrenden Bewohner schon früh zur
Rodung ihrer Wälder für den Schiffsbau verleitete, und an
dem hohen frühindustriellen Holzbedarf für Hochöfen, Gru-

benstempel, Eisenbahnschwellen etc. Zudem glaubte Britannien, mit der Herrschaft über seine vielen, klimatisch günstiger gelegenen Kolonien auf eine eigene Landwirtschaft weit gehend verzichten zu können, sodass riesige Areale unbebaut blieben und für Rasensportarten – selbst solche mit großem Flächenbedarf – zur Verfügung standen.

* * *

4

Der Beitrag anderer Sprachen

Mit einer gewissen Selbstverständlichkeit werden Anglizismen – d.h. englische Wörter und Redewendungen – in fast allen Ländern der Welt benutzt, wenn auch die Aussprache sich zuweilen so verändert hat, dass die zu Grunde liegende englische Bedeutung nicht mehr unmittelbar erkennbar ist. Wer würde schon hinter dem in Ostasien und Westafrika gebräuchlichen *'Pidgin English'* das ursprünglich gemeinte *'Business English'* vermuten?

So international die englische Fachterminologie auf den Gebieten der Wissenschaft und der Hochtechnologie, der Literatur und des Films, des Handels und des Tourismus, der Musik und des Sports auch sein mag, so ist doch der englische Wortschatz selbst reich an Entlehnungen aus den unterschiedlichsten Sprachen, mit denen die Seefahrernation und Kolonialmacht Großbritannien im Laufe der letzten Jahrhunderte in Berührung kam. Darüber hinaus versagte die eigene Sprache häufig bei der Benennung neuzeitlicher Entdeckungen und Erfindungen in naturwissenschaftlichen Disziplinen wie der Chemie, Biologie und Medizin, für deren Bezeichnung in England – mehr noch als im übrigen Westeuropa – das Altgriechische zur unerschöpflichen Quelle wurde.

a) Die Übernahme griechischer Wörter und Präfixe

Zeitgleich mit der in der Reformation gipfelnden Auflehnung gegen die römisch-päpstliche Autorität hatte das Lateinische als Fachsprache des Wissenschaftlers im 16. Jahrhundert an Bedeutung verloren. Für neue, sozusagen synthetische Wortschöpfungen bevorzugte man nun das Vokabular der antiken

Philosophen, wobei allerdings weiterhin lateinische Schreib-
regeln Anwendung fanden (z.B. Ersatz des griechischen 'κ'
durch das lateinische 'c'). Solche Wortkonstruktionen aus der
sprachlichen Retorte sind leicht aufgrund typischer Konsonantenverbindungen wie *'ph'* und *'rh'* zu identifizieren (Vorsicht: *'th'* und *'y'* könnten, wie wir gesehen haben, auch aus
dem Germanischen bzw. Französischen stammen). Noch eindeutiger weisen bestimmte Wortpräfixe auf einen griechischen
Ursprung hin, die zu verstehen äußerst hilfreich sein kann,
zumal sie auch in unserer Sprache häufig anzutreffen sind.
Selbst wenn eine Vokabel als solche unbekannt sein sollte,
signalisiert eine vertraute Vorsilbe zumindest doch die *Bedeu-
tungsrichtung* eines Wortes, das innerhalb des Satzzusammen-
hanges dann oftmals auf den ersten Blick erraten werden kann.
Es erscheint daher lohnenswert, sich die folgenden Präfixe zu
Eigen zu machen (und – wenn Sie mögen – nebenbei die griechische Schrift zu erlernen)!

Häufige griechische Vorsilben

*(in Klammern: Herkunftshinweise und Assoziationen;
englische Wörter in Schrägdruck und Anführungszeichen)*

---

allo- *(ἀλλο-)*   = **ander-, anders**   *('other', 'different')*

'all|egory' = „anderer Ausdruck", bildliche Darstellung eines abs-
trakten Begriffs, oft anhand einer Statue, *Allegorie* (aus *allo-* = anders
+ *agoreúein* = sprechen, reden; vgl. *'allegorical'*, *Agorá* = Markt- und
Versammlungsplatz in altgriechischen Städten, *Allotria* = andere,
unsinnige Dinge; ↑ *'all|ergy'* und *'par|allel'*)

'all|ergy' = Überempfindlichkeit gegenüber bestimmten Stoffen, *Al-
lergie* (aus *allo-* = anders + *érgon* = Werk, Tatkraft; vgl. *'allergic'*,
'allergen' = eine *Allergie* hervorrufender Stoff, *Allergiker; 'energy'* =
einem Körper innewohnende Kraft, Arbeit zu verrichten; ↑ *'all|egory'*,
'allo|pathy' und *'par|allel'*)

'allo|pathy' = Heilverfahren, das Krankheiten mit entgegengesetzt
wirkenden Mitteln zu heilen versucht, *Allopathie* (aus *allo-* = anders +
páthe = Leid; vgl. *Pathos* = Leidenschaft, *pathetisch, 'patient'* =
Patient, geduldig; ↑ *'anti|pathy'*, *'homœo|pathy'*, *'sym|pathy'* und
'tele|pathy')

---

an- *(ἀ-)*[1]   **= ohne, nicht**   *('without', 'not')*

'an|archy' = Herrschaftslosigkeit (aus *an-* = ohne + *arché* = Herrschaft, Anfang; vgl. *Archäologie, archaisch*; ↑ *'aut|archy'*, *'mon|archy'* und *'tetr|archy'*)

'an|alpha|bet' = ein des Lesens und Schreibens Unkundiger (aus *an-* = ohne + *álpha, bêta* = die ersten beiden Buchstaben des griechischen *Alphabets*)

'an|ec|dote' = kurze, nicht herausgegebene Geschichte mit Pointe, *Anekdote* (aus *an-* = nicht + *ékdotos* = herausgegeben; ↑ *'anti|dote'*)

'an|onymous' = ungenannt, anonym (aus *an-* ohne + *ónoma* = Name; vgl. *'anonymity'*; ↑ *'hom|onym'*, *'pseud|onym'* und *'syn|onym'*)

---

ana- *(ἀνα-)*   **= zurück, wieder, auf-**   *('re-', 'back-')*

'ana|baptist' = Wiedertäufer (aus *ana-* = wieder + *báptisma* = Taufe; vgl. *Baptisten*, VN Johann *Baptist* = Johannes der Täufer)

'ana|chronism' = falsche zeitliche Einordnung, *Anachronismus* (aus *ana-* = zurück + *chrónos* = Zeit; vgl. *'chronic'* = chronisch, *'chronology'* = chronologische Anordnung, *Chronologie*, *'chronicle'* = Jahrbuch, *Chronik*, *'chronicler'* = *Chronist*, *'chronometer'* = genau gehende Uhr, Taktmesser, *Chronometer;* ↑ *'syn|chronism'*)

'ana|logy' = Entsprechung, *Analogie* (aus *ana-* = wieder + *lógos* = Wort, Lehre; ↑ *'apo|logy'*, *'cata|logue'*, *'deca|logue'*, *'dia|logue'*, *'epi|logue'*, *'eu|logy'*, *'mono|logue'* und *'tri|logy'*)

'ana|lysis' = Untersuchung, *Analyse* (aus *ana-* = auf + *lýsis* = Lösung; vgl. *analytisch*, *'analyst'* = *Analytiker;* ↑ *'cata|lysis'*, *'dia|lysis'* und *'para|lysis'*)

'ana|tomy' = Zergliederung, Lehre von Form und Körperbau der Lebewesen, *Anatomie* (aus *ana-* = ab + *tomé* = Abschnitt, Schnitt; vgl. *anatomisch*)

---

[1] Da es im Griechischen den Buchstaben *'h'* nicht gibt, bestimmt ein nach links oder rechts geöffnetes *Häkchen* über dem jeweiligen Vokal, ob er mit einem *'h'* angehaucht wird oder nicht

$$\acute{α}- = \boldsymbol{ha}\text{-,}$$
$$\grave{α}- = \boldsymbol{a}\text{-.}$$

Ein *'r'* am Wortanfang wird dagegen immer aspiriert, also *ῥ = **rh*** (vgl. die entsprechenden deutschen Fremdwörter aus dem Griechischen **Rhabarber, Rhapsodie, Rheuma, Rhetorik, Rhinozeros, Rhododendron, Rhombus, Rhythmus**).

200

---

anti- *(ἀντι-)* = **(ent)gegen, wider** *('contra-', 'counter-')*

'Ant\arctic' = Südpolargebiet, *Antarktis* (aus *anti-* = gegen + *árktos* = Norden, Eisbär; vgl. *Arktis*)

'anti\dote' = Gegengift (aus *anti-* = gegen + *dotós* = gegeben; vgl. *dosieren, Dosis;* ↑ *'an\ek\dote'*)

'anti\pathy' = Abneigung, Widerwille (aus *anti-* = gegen + *páthe* = Leid; vgl. *'patient'* = *Patient*, geduldig; ↑ *'homœo\pathy'*, *'sym\pathy'* und *'tele\pathy'*)

'anti\septic' = keimtötend, *antiseptisch* (aus *anti-* = gegen + *sêpsis* = Verwesung, Verfaulung; vgl. *Sepsis* = Blutvergiftung)

'anti\thesis' = Gegenbehauptung, *Antithese* (aus *anti-* = gegen + *thésis* = Stellung, Satz; vgl. *'thesis'* = Leitsatz, *These;* ↑ *'hypo\thesis'*, *'meta\thesis'*, *'par\en\thesis'* und *'syn\thesis'*)

---

apo- *(ἀπο-)* = **weg, ab** *('away', 'off-')*

'Apo\calypse' = Offenbarung des Johannes über das Weltende, *Apokalypse* (aus *apo-* = ab + *kalýptein* = decken)

'apo\logy' = Entschuldigung (aus *apo-* = weg + *lógos* = Wort, Rede; vgl. *'to apologise';* ↑ *'ana\logy'*, *'cata\logue'*, *'deca\logue'*, *'dia\logue'*, *'epi\logue'*, *'eu\logy'*, *'mono\logue'* und *'tri\logy'*)

'apo\stle' = Apostel (aus *apo* = weg + *stéllein* = senden, schicken; vgl. *'epistle'* = Sendschreiben, *Apostelbrief* im Neuen Testament)

'apo\strophe' = Auslassungszeichen, *Apostroph* (aus *apo* = weg + *strophé* = Wendung, Drehung; vgl. *Strophe;* ↑ *'cata\strophe'*)

'apo\thecary' = Apotheker (aus *apo* = weg + *théke* = Lade, Kasten, Aufbewahrungsort; vgl. *Apotheke, Hypothek, Theke*)

---

auto- *(αὐτο-)* = **selbst, von selbst** *('self-')*

'aut\archy' = wirtschaftliche Unabhängigkeit, *Autarkie* (aus *auto-* = selbst + *arché* = Herrschaft, Anfang; vgl. *autark, archaisch, Archäologie, Architekt;* ↑ *'an\archy'*, *'mon\archy'* und *'tetr\archy'*)

'auto\genous' = selbsttätig, ursprünglich, *autogen* (aus *auto-* = selbst + *génesis* = Entstehung; vgl. *autogenes* Training, *Genesis, Genetik;* ↑ *'hetero\geneous'* und *'homo\geneous'*)

'auto\matic' = selbsttätig, *automatisch* (aus *auto-* = selbst + *mêtis* = Klugheit; vgl. *'automat'*, *'automation'*, *'automobile';* *'authentic'* = echt, verbürgt, *authentisch*, *'author'* = Verfasser, *Autor*)

'auto\nomy' = Eigengesetzlichkeit, *Autonomie* (aus *auto-* = selbst + *nómos* = Gesetz; vgl. *autonom;* ↑ *'auto\genous'* und *'iso\nomy'*)

'aut\opsy' = „eigenes Sehen", Leichenöffnung (aus *auto-* = selbst + *ópsis* = Anblick, Sicht; vgl. *'optics'* = *Optik,* *'optician'* = *Optiker,* *'optical'* = *optisch*)

'auto\gram' = eigenhändige Unterschrift einer bekannten Persönlichkeit, *Autogramm* (aus *auto-* = selbst + *grámma* = Schrift; ↑ *'dia\gram',* *'epi\gram',* *'mono\gram',* *'tele\gram'* und *'tetra\gram'*)

---

cata- *(κατα-)*	= ***(hin)unter***	*('de-', 'down-')*

'cat\hedral' = bischöfliche oder erzbischöfliche Hauptkirche, *Kathedrale* (aus *kata-* = hinunter + *hédra* = Sitz; vgl. *Katheder* = Lehrpult, Lehrstuhl)

'cat\holic' = „alle betreffend", *katholisch* (aus *kata-* = hinunter + *hólos* = ganz; vgl. *'whole',* *'holocaust'* = „Ganzverbrennung", *Holographie* = dreidimensionale Wiedergabe von Bildern)

'cata\logue' = Verzeichnis, *Katalog* (aus *kata-* = untereinander + *lógos* = Wort; ↑ *'ana\logy',* *'apo\logy',* *'deca\logue',* *'dia\logue',* *'epi\logue',* *'eu\logy',* *'mono\logue'* und *'tri\logy'*)

'cata\lysis' = Auflösung, *Katalyse* (aus *kata-* = herunter + *lýsis* = Lösung; vgl. *Katalysator;* ↑ *'ana\lysis',* *'dia\lysis'* und *'para\lysis'*)

'cata\pult' = antike Wurfmaschine, *Katapult* (aus *kata-* = hinunter + *pállein* = schwingen; vgl. *katapultieren*)

'cata\ract' = Wasserfall, *Katarakt* (aus *kata-* = hinunter + *rháttein* = stoßen, stürzen)

'cata\rrh' = Schnupfen, *Katarrh* (aus *kata-* = hinunter + *rheîn* = fließen; vgl. *Kater* = Folge übermäßigen Alkoholgenusses, *Rhein* = Fluss; ↑ *'dia\rrhœa'*)

'cata\strophe' = Wendung zum Schlimmen, *Katastrophe* (aus *kata-* = hinunter + *strophé* = Wendung; vgl. *Strophe;* ↑ *'apo\strophe'*)

---

dia- [ai] *(δια-)*	= ***durch, hindurch***	*('per-', 'through-')*

'dia\gonal' = „durch die Ecken" laufend (aus *dia-* = durch + *góny* = Ecke, Knie; ↑ *'hepta\gon',* *'hexa\gon',* *'octo\gon',* *'penta\gon'* und *'tetra\gon'*)

'dia\gnosis' = Krankheitserkennung durch bloßen Augenschein, *Diagnose* (aus *dia-* = durch + *gnôsis* = Erkenntnis; vgl. *Diagnostik*)

'dia\gram' = zeichnerische Darstellung von errechneten Werten, *Diagramm* (aus *dia-* = durch + *grámma* = Schrift, Zeichen; ↑ *'auto\gram',* *'epi\gram',* *'mono\gram',* *'tele\gram'* und *'tetra\gram'*)

'dia|lect' = Mundart, Ausdrucksweise, *Dialekt* (aus *dia-* = durch + *léxis* = Redeweise; vgl. *Lexikon*)

'dia|logue' = Wechselrede, *Dialog* (aus *dia-* = durch + *lógos* = Wort, Rede; ↑ *'ana|logy'*, *'apo|logy'*, *'cata|logue'*, *'deca|logue'*, *'epi|logue'*, *'eu|logy'*, *'mono|logue'* und *'tri|logy'*)

'dia|lysis' = chemische Trennung, Blutwäsche durch eine künstliche Niere, *Dialyse* (aus *dia-* = durch + *lýsis* = Lösung; ↑ *'ana|lysis'*, *'cata|lysis'*, *'dia|lysis'* und *'para|lysis'*)

'dia|meter' = Durchmesser (aus *dia-* = durch + *métron* = Maß; vgl. *diametral* entgegengesetzt; ↑ *'para|meter'* und *'sym|metry'*)

'dia|rrhœa' = Durchfall, *Diarrhö* (aus *dia-* = durch + *rheîn* = fließen; vgl. *Rhein* = Fluss, Strom; ↑ *'cata|rrh'*)

'Dia|spora' = „zerstreute" Gebiete religiöser Minderheiten (aus *dia-* = hindurch + *speírein* = streuen; vgl. *'to spray'* = sprühen, *'hair spray'*, *'to spread'* = ausbreiten, *sporadisch* = verstreut, gelegentlich, *Sporen* = Samenzellen von Pflanzen)

---

epi- *(ἐπι-)*	**= darüber, auf**	*('sur-', 'on-', 'over-')*

'epi|centre' = senkrecht über einem Erdbebenherd liegendes Gebiet auf der Erdoberfläche, *Epizentrum* (aus *epi-* = darüber + *kéntron* = Stachel, Mitte, lat. *centrum;* vgl. *zentral, Zentrum*)

'epi|demic' = Massenerkrankung, Volksseuche, *Epidemie* (aus *epi-* = über + *dêmos* = Volk; vgl. *epidemisch,* also „über das ganze Volk kommend")

'epi|logue' = Nachwort, *Epilog* (aus *epi-* = darauf + *lógos* = Wort, Rede; vgl. *'prologue'* = Vorwort; ↑ *'ana|logy'*, *'apo|logy'*, *'cata|-logue'*, *'deca|logue'*, *'dia|logue'*, *'epi|logue'*, *'eu|logy'*, *'mono|logue'* und *'tri|logy'*)

'epi|scopal' = bischöflich (aus *epi-* = auf + *skopós* = Späher, Seher; vgl. *Episkopat* = Gesamtheit der Bischöfe, *'bishop'* = Bischof, „Aufseher", und gleichbedeutend lat. *inspector*)

---

eu- [ju] *(εὐ-)*[1]	**= gut, wohl**	*('bene-', 'well-')*

'Eu|charist' = Abendmahl (aus *eu-* = gut + *cháris* = Gunst, Dank; vgl. *Eucharistie, Charisma*)

'ev|angelical' = evangelisch (aus *eu-* = gut + *ángelos* = der Bote, Engel; vgl. *Evangelium* = frohe Botschaft, *Los Angeles* und den VN *Angela*)

---

[1] Im modernen Griechisch wird *'υ'* wie *'v'* gesprochen, also *'eu'* = *'ev'*.

'eu|logy' = Lobrede (aus *eu-* = gut + *lógos* = Wort, Rede; ↑ *'ana|logy'*, *'apo|logy'*, *'cata|logue'*, *'deca|logue'*, *'dia|logue'*, *'epi|logue'*, *'mono|logue'* und *'tri|logy'*)

---

hemi- *(ἥμι-)*   = *halb*   *('semi-'*, *'half-'*)

'hemi|sphere' = (Erd-)Halbkugel, *Hemisphäre* (aus *hemi-* = halb + *sphaîra* = Kugel, Bereich; vgl. *Atmosphäre* = *Atem*-Raum)
'hemi|cycle' = Halbkreis (aus *hemi-* = halb + *kýklos* = Kreis; vgl. *'bicycle'*; ↑ *'tri|cycle'*)

---

hetero- *(ἕτερο-)*   = *anders*   *('diverse'*, *'other'*)

'hetero|geneous' = anders geartet, *heterogen* (aus *hetero-* = anders + *génos* = Geschlecht, Gattung; vgl. *Genese,* = Entstehung, *Genetik,* VN *Eugen* = Wohlgeborener; ↑ *'auto|genous'*, *'hetero|sexual'* und *'homo|geneous'*)
'hetero|sexual' = andersgeschlechtlich, *heterosexuell* (aus *hetero-* = anders + lat. *sexus* = Geschlecht; ↑ *'homo|sexual'*)

---

homo- *(ὅμο-)*   = *gleich*   *('equal'*, *'same'*)

'homœo|pathy' = Heilverfahren, bei dem Kranke mit stark verdünnten Mitteln behandelt werden, die unverdünnt bei Gesunden ähnliche Krankheitserscheinungen hervorrufen würden, *Homöopathie* (aus *homoîos* = gleich, ähnlich + *páthos* = Leid; vgl. *'patient'* = Patient; ↑ *'allo|pathy'*, *'anti|pathy'*, *'sym|pathy'* und *'tele|pathy'*)
'homo|geneous' = gleich geartet, einheitlich, *homogen* (aus *homo-* = gleich + *génos* = Geschlecht, Gattung; ↑ *'hetero|geneous'*)
'homo|sexual' = gleichgeschlechtlich, *homosexuell* (aus *homo-* = gleich + lat. *sexus* = Geschlecht; ↑ *'hetero|sexual'*)
'hom|onym' = Wort, das wie ein anderes geschrieben und gesprochen wird, aber nicht die gleiche Bedeutung hat, *Homonym* (aus *homo-* = gleich + *ónoma* = Name; ↑ *'an|onymous'*, *'pseud|onym'* und *'syn|-onym'*)

---

hyper- [ai] *(ὑπερ-)* = *über, darüber*   *('super-'*, *'above'*)

'hyper|bole' = Übertreibung, *Hyperbel* (aus *hyper-* = über + *bolé* = Wurf; vgl. *Böller, Ball, Ballistik* = Lehre von der Flugbahn der Geschosse, *parabol;* ↑ *'para|ble'* und *'sym|bol'*)

hypo- [ai] *(ὑπο-)* = **unter, darunter** *('sub-', 'under-')*

'hypo|chondria' = eingebildetes Kranksein, *Hypochondrie* (aus *hypo-* = unter + *chóndros* = Brustknorpel, unterhalb dessen die „Krankheit" empfunden wird; vgl. *'hypo|chondriac'* = eingebildeter Kranker, *Hypochonder*)

'hypo|crite' = Heuchler (aus *hypo-* = unter + *krités* = Richter, *hypocrités* = Schauspieler; vgl. *'hypo|crisy'* = Heuchelei, *'hypo|critical'* = heuchlerisch, *'critic'* = *Kritiker*, *'criticism'* = *Kritik*)

'hypo|thesis' = Vorentwurf für eine Theorie, Unterstellung, *Hypothese* (aus *hypo-* = unter + *thésis* = Stellung, Satz; ↑ *'anti|thesis'*, *'meta|thesis'*, *'par|en|thesis'* und *'syn|thesis'*)

iso- *(ίσο-)* = **gleich** *('equal', 'same')*

'iso|bar' = Verbindungslinie zwischen Orten gleichen Luftdrucks, *Isobare* (aus *iso-* = gleich + *barýs* = schwer, drückend; vgl. *Barometer*)

'iso|therm' = Verbindungslinie zwischen Orten gleicher Temperatur, *Isotherme* (aus *iso-* = gleich + *thérme* = Wärme, Hitze; vgl. *Thermalbad, Thermometer, Thermosflasche*)

'iso|nomy' = Gleichheit vor dem Gesetz, *Isonomie* (aus *iso-* = gleich + *nómos* = Gesetz; vgl. *autonom, Autonomie*; ↑ *'auto|nomy'*)

meta- *(μετα-)* = **herum, mit, nach** *('after-', 'around')*

'meta|morphosis' = Umgestaltung, Verwandlung, *Metamorphose* (aus *meta-* = um + *morphé* = Gestalt; vgl. *'morphology'* = Formenlehre; *Morpheus* = altgriech. Gott der Träume, daher *'morphine'* = *Morphium*; ↑ *'di|morphous'*)

'meta|phor' = übertragener bildlicher Ausdruck, sprachliches Bild, *Metapher* (aus *meta-* = um + *phérein* = tragen; vgl. *Amphore* = antikes zweihenkliges Gefäß, *Phosphor* = Lichtträger, Feuerträger; VN *Christopher* = Christusträger)

'meta|physics' = Lehre vom hinter der sinnlich erfahrbaren, natürlichen Welt Liegenden, *Metaphysik* (aus *meta-* = nach + *phýsis* = Natur; vgl. *'metaphysician'* = Metaphysiker, *'physics'* = Naturlehre, Physik, *'physical'* = naturwissenschaftlich, körperlich, *physikalisch*, *'physician'* = Arzt, *'physicist'* = Physiker)

'meta|stasis' = „Umstellung", Veränderung, Tochtergeschwulst, *Metastase* (aus *meta-* = herum + *stásis* = Standort; vgl. VN *Anastasia* aus *ana|stasis* = Auferstehung)

'meta|thesis' = Lautumstellung innerhalb eines Wortes, z.B. „Born" statt „Bronn" (aus *meta-* = um + *thésis* = Stellung, Satz; ↑ *'anti|thesis'*, *'hypo|thesis'* und *'syn|thesis'*)

'met|eor' = Lufterscheinung, Feuerkugel, *Meteor* (aus *meta-* = herum + *aér* = Luft; vgl. *'air'*)

'met|hod' = planmäßiges Vorgehen, *Methode* (aus *meta-* = nach + *hodós* = Weg; vgl. *'methodical'*, *'Methodist'*; ↑ *'peri|od'*)

---

ortho- *(ὀρϑο-)*   = *richtig, recht-*   *('right', 'correct')*

'ortho|graphy' = Rechtschreibung, *Orthographie* (aus *ortho-* = richtig + *graphé* = Schrift, Schriftbild, Umriss; vgl. *'graphical'* = *graphisch*, *'graphite'* = schwarzes Schreibmineral aus Kohlenstoff in Bleistiften, *Graphit*; ↑ *'para|graph'*)

'ortho|dox' = rechtgläubig, *orthodox* (aus *ortho-* = recht + *dóxa* = Meinung; vgl. *'orthodoxy'* = Rechtgläubigkeit, *Orthodoxie, orthodoxe Kirche, Dogma* = religiöser Glaubenssatz; ↑ *'para|dox'*)

'ortho|paedy' = Behandlung kranker Bewegungsorgane (aus *ortho-* = richtig + *pedân* = hüpfen, springen; vgl. *'orthopaedist'* = *Orthopäde*)

---

pan- *(παν-)*   = *all(e), voll, ganz*   *('all-', 'full-')*

'pan|creas' = Bauchspeicheldrüse (aus *pan-* = ganz + *kréas* = Fleisch; vgl. auch lat. *creare* = erschaffen, *'to create'*, *'creation'*, *'creator'* *'creature'*)

'pan|demonium' = „Reich der bösen Geister", Höllenlärm (aus *pan-* = alle + *daímon* = Geist; vgl. *Dämonen*)

'pan|oply' = vollständige Rüstung (aus *pan-* = ganz + *hóplon* = Rüstung; vgl. *Hopliten* = Schwerbewaffnete im alten Griechenland)

'pan|opticon' = Sammlung von Sehenswürdigkeiten oder Kuriositäten, *Panoptikum* (aus *pan-* = alle + *ópsis* = Ansicht, Wahrnehmung; vgl. *'optics'* = Optik, *'optician'* = Optiker)

'pan|orama' = „Allschau", Rundblick, *Panorama* (aus *pan-* = ganz + *hórama* = Anblick; vgl. *'panoramic view'*)

'pan|theism' = „Allgottlehre", nach der Gott und die Welt identisch sind (aus *pan-* = alles + *theós* = Gott; vgl. *'theology'*, *'theological'*, VN *Theodor, Dorothea* = Geschenk Gottes; ↑ *'mono|theism'*)

'panto|mime' = stummes Gebärdenspiel; Darsteller einer *Pantomime* (aus *panto-* = alles + *mímema* = Schauspiel bzw. *mimetés* = Nachahmer; vgl. *'mime'* = *Mime*, Possenreißer, *'to mimic'* = nachahmen, mimen, *'mimicry'* = Nachäfferei; *Mimik* = Gebärdensprache, *Mimose* = „Gaukler-" oder „Affenblume")

---

para- *(παρα-)*[1] **= (da)neben, jenseits** *('alongside')*

'para|ble' = lehrhafte Dichtung, Gleichnis, *Parabel*, eigentl.: „Abwei-
chung" (aus *para-* = neben + *bolé* = Wurf; vgl. *Parabolspiegel, Pa-
rabolantenne;* ↑ *'hyper|bole'*, *'para|ble'* und *'sym|bol'*)

'para|dentosis' = Zahnfleischschwund, *Parodontose* (aus *para-* =
neben + *odoús* = Zahn; vgl. *'tooth'; Dentist*)

'para|dox' = Widerspruch in sich, *Paradoxon* (aus *para-* = daneben,
vorbei + *dóxa* = Meinung, Beschluss; vgl. *Dogma* = kirchliche Lehr-
meinung; ↑ *'ortho|dox'*)

'para|graph' = §-Zeichen neben nummerierten Textabschnitten (aus
para- = neben + *gráphein* = schreiben; ↑ *'ortho|graphy'*)

'par|allel' = in gleichem Abstand nebeneinander verlaufend, *parallel*
(aus *para-* = neben + *allélon* = einander, von *állos* = anderer; vgl.
Parallele, Parallelogramm; Allotria = „abwegige Dinge", Lärm,
Tumult; ↑ *'all|egory'* und *'all|ergy'*)

'para|meter' = kennzeichnende veränderliche Größe in technischen
und wirtschaftlichen Prozessen, *Parameter* (aus *para-* = neben +
métron = Maß; vgl. *Meter;* ↑ *'dia|meter'* und *'sym|metry'*)

'para|lysis' = Lähmung (aus *para-* = jenseits von + *lýsis* = Lösung; vgl.
'to paralyse' = lähmen, *'paralytic'* = gelähmt, Gelähmter; ↑ *'ana|-
lysis'*, *'cata|lysis'* und *'dia|lysis'*)

'para|noia' = Wahnsinn (aus *para-* = jenseits von + *nóos* = Verstand)

'para|phrase' = Umschreibung mit anderen Wörtern, *Paraphrase* (aus
para- = neben + *phrázein* = anzeigen, meinen, ersinnen; vgl. *'phrase'*
= Redewendung; *Fratze*)

'para|site' = Tischgenosse, Mitesser, Schmarotzer, *Parasit* (aus *para-* =
neben + *sîtos* = Brot, Speise; vgl. *'parasitic'*)

'par|en|thesis' = Redeteil zwischen Gedankenstrichen, *Parenthese* (aus
para- = neben + *en* = im + *thésis* = Satz, Stellung; vgl. *These;* ↑ *'anti|-
thesis'*, *'hypo|thesis'*, *'meta|thesis'* und *'syn|thesis'*)

'par|ish' = Pfarrgemeinde (aus *para-* = neben + *oîkos* = Haus, Wohn-
bereich; vgl. *'parishioner'* = Gemeindemitglied, *Pfarrer; Ökologie,
Ökonomie;* ↑ *'di|ocese'*)

'par|ody' = komische Umbildung eines ernsten Werkes, *Parodie* (aus
para- = neben + *odé* = Gesang, Gedicht; vgl. *Ode, 'rhapsody';* ↑ *'met|-
hod'*)

---

[1] Eine zweite Vorsilbe *'para-'* mit der Bedeutung **gegen** entstammt dem
lateinischen Verb *parare* = abwehren, *parieren* (vgl. *'parachute'* =
Fallschirm, *'parapluie'* = Regenschirm, *'parasol'* = Sonnenschirm und
'paravent' = Windschirm).

peri- *(περι-)* = *rundum, herum* *('around', 'about')*

'peri|od' = Zeitabschnitt, *Periode* (aus *peri-* = herum + *hodós* = Weg, Reise; vgl. *'periodical'* = Zeitschrift, *periodisch;* ↑ *'met|hod'*)

'peri|phery' = Rand, Randgebiet, *Peripherie* (aus *peri-* = herum + *phérein* = tragen; vgl. *'peripheric'* = *peripher*)

'peri|scope' = ausfahrbares Sehrohr für U-Boote, mit dem man „um die Ecke sehen" kann, *Periskop* (aus *peri-* = herum + *skopeîn* = betrachten, spähen; vgl. *'microscope';* ↑ *'tele|scope'*)

poly- *(πολυ-)* = *viel, viele* *('much', 'many')*

'poly|chrome' = Vielfarbigkeit, bunte Bemalung, *Polychromie* (aus *poly-* = viel + *chrôma* = Farbe; vgl. *Chrom;* ↑ *'mono|chrome'*)

'poly|gamy' = Vielweiberei, *Polygamie* (aus *poly-* = viel + *gámos* = Heirat, Ehe; vgl. *'polygamous', polygam;* ↑ *'mono|gamy'*)

'poly|glot' = vielsprachig, *polyglott* (aus *poly-* = viel + *glôssa / glôtta* = Zunge; vgl. *Glossar* = Wörterverzeichnis mit Erklärungen)

'poly|technic' = mehrere Zweige der Technik umfassend, *polytechnisch* (aus *poly-* = viel + *téchne* = Kunst, Wissenschaft; vgl. *Polytechnikum* = technische Hochschule)

'poly|gon' = Vieleck, *Polygon* (aus *poly-* = viel + *góny* = Knie, Ecke; ↑ *'dia|gonal'*, *'hepta|gon'*, *'hexa|gon'*, *'octo|gon'*, *'penta|gon'* und *'tetra|gon'*)

'poly|pus' = Tintenfisch, Krake, *Polyp* (aus *poly-* = viel + *poús, podós* = Fuß; ↑ *'octo|pus'*)

'poly|theism' = Vielgötterei, *Polytheismus* (aus *poly-* = viel + *theós* = Gott; vgl. *'atheism'* = Gottesleugnung, *'theology';* ↑ *'mono|theism'* und *'pan|theism'*)

proto- *(πρωτο-)* = *zuerst, vor* *('first')*

'prot|agonist' = „erster Schauspieler", Hauptdarsteller, *Protagonist* (aus *proto-* = zuerst + *agonistés* = Wettkämpfer, Anwalt, Redner)

'proto|col' = schriftliche Zusammenfassung, förmliche Niederschrift, *Protokoll* (aus *proto-* = vor + *kólla* = Leim; *protókollon* = ursprünglich den Papyrusrollen „vorgeleimtes" Blatt mit Angaben über die Entstehung und den Verfasser des Textes; vgl. *Collage* = aus buntem Papier geklebtes Bild)

'proto|n' = positiv geladenes Teilchen im Atomkern, *Proton* (aus *prôton* = das Erste)

'*proto|plasm*' = Lebenssubstanz der Zellen, *Protoplasma* (aus *proto-* = zuerst + *plásma* = Gebilde; vgl. *Blutplasma*)

'*proto|type*' = Urbild, erste Ausführung, Muster, *Prototyp* (aus *proto-* = zuerst + *týpos* = Gestalt, Vorbild; vgl. '*type*' = *Typ*, '*to type*' = „tippen", Maschine schreiben, '*typist*' = Stenotypistin)

---

pseudo- [sju] *(ψευδο-)*   = *falsch, vorgetäuscht*   ('*false*')

'*pseud|onym*' = „falscher Name", Künstlername, Deckname, *Pseudonym* (aus *pseudo-* = falsch + *ónoma* = Name; vgl. '*pseudonymity*' = Verwendung eines *Pseudonyms*, '*pseudonymous*' = pseudonym; ↑ '*an|onymous*' und '*an|onymity*')

'*pseudo|scientific*' = nur vorgeblich wissenschaftlich, pseudo-wissenschaftlich (aus *pseudo-* = vorgetäuscht + lat. *scientia* = Wissen; vgl. '*science*' = Wissenschaft)

'*pseudo|religion*' = Scheinreligion (aus *pseudo-* = vorgetäuscht + lat. *religio* = Verpflichtung, Bund zwischen Mensch und Gott, lat. *religare* = anbinden; vgl. *Liga* = Verbund)

---

sym-, syn- *(συμ-, συν-)* = *zusammen, mit*   ('*com-*', '*con-*')

'*sym|bol*' = Wahrzeichen, stellvertretendes Sinnbild für einen anderen, nicht wahrnehmbaren geistigen Sachverhalt, *Symbol* (aus *sym-* = zusammen + *bállein* = werfen; vgl. '*symbolic*' = symbolisch, Ball, Ballistik; ↑ '*para|ble*' und '*para|bole*')

'*sym|metry*' = Gleichmaß, Ebenmaß (aus *sym-* = zusammen + *métron* = Maß; vgl. '*symmetrical*' = symmetrisch; ↑ '*dia|meter*' und '*para|meter*')

'*sym|pathy*' = „Mitgefühl", Sympathie (aus *sym* = mit + *páthos* = Gefühl; vgl. '*sympathetic*' = sympathisch, mitfühlend; ↑ '*allo|pathy*', '*anti|pathy*', '*homœo|pathy*' und '*tele|pathy*')

'*sym|phony*' = „Zusammenklang", Symphonie (aus *sym-* = zusammen + *phoné* = Stimme, Klang; vgl. '*symphonic*' = symphonisch, '*phonetic*' = lautlich, Phon, Grammophon, Xylophon = Schlaginstrument, bei dem Holzstäbchen mit zwei Klöppeln zum Klingen gebracht werden; ↑ '*tele|phone*')

'*sym|posium*' = „Trinkgelage", Diskussionstagung von Wissenschaftlern (aus *sym-* = zusammen + *pósis* = Gelage, Trank; vgl. '*poison*' = Gifttrank)

'*sym|ptom*' = „Zusammenfall", Anzeichen, Vorbote, Warnzeichen, *Symptom* (aus *sym-* = zusammen + *ptôma* = Fall; vgl. '*symptomatic*' = symptomatisch) *'syn|agogue'* = jüdisches Gotteshaus, *Synagoge* (aus *syn-* = zusammen + *agogé* = Führung; vgl. *'pedagogue'*, aus *paîs, paidós* = Kind, Knabe + *agogós* = Führer)

'syn|chronism' = Gleichzeitigkeit (aus *syn-* = zus. + *chrónos* = Zeit; vgl. *'synchronical'*, *'to synchronise'* = synchronisieren, *'synchronisation'*, *'chronical'*, *'chronology'*, Chronik; ↑ *'ana|chronism'*)

'syn|dicate' = Unternehmerverband, Verkaufskartell, *Syndikat* (aus *syn-* = zusammen + *díke* = Recht, Gewohnheit; vgl. *Syndikus*)

'syn|drome' = „Zusammenlaufen", Krankheitsbild mit unterschiedlichen Symptomen, *Syndrom* (aus *syn-* = zus. + *drómos* = Lauf; vgl. *'dromedary'* = Dromedar, *'hippodrome'* = Pferderennbahn)

'syn|onym' = Wort mit ähnlicher oder gleicher Bedeutung (aus *syn-* = zusammen + *ónoma* = Name, Wort; ↑ *'an|onymous'*, *'pseud|onym'*)

'syn|opsis' = „Zusammenschau", vergleichende Übersicht, *Synopse* (aus *syn-* = zusammen + *ópsis* = Anblick, Sicht; vgl. *'optic'* = optisch, *'optician'* = Optiker; ↑ *'aut|opsy'*)

'syn|tax' = Wortfügung, Satzgefüge, *Syntax* (aus *syn-* = zusammen + *táxis* = Ordnung; vgl. *'tax'* = Steuer, Gebühr, *'to tax'* = taxieren, *Taxe* = Gebührenordnung, *'taxi'*)

'syn|thesis' = Zusammenfügung, *Synthese* (aus *syn-* = zusammen + *thésis* = Stellung, Satz; vgl. *'synthetics'* = Kunststoffe; synthetisch; ↑ *'anti|thesis'*, *'hypo|thesis'*, *'meta|thesis'* und *'par|en|thesis'*)

---

tele- *(τηλε-)*   **= fern, weit weg**   *('far-', 'far off')*

'tele|phone' = Fernsprecher, *Telephon* (aus *tele-* = fern + *phoné* = Ton, Klang; vgl. *'telephonist'*, *Phonetik* = Lautlehre; ↑ *'sym|phony'*)

'tele|gram' = telegraphisch übermittelte Nachricht, *Telegramm* (aus *tele-* = fern + *grámma* = Schrift; vgl. *'grammar'* = Grammatik; *Piktogramm* = Bildsymbol mit internat. festgelegter Bedeutung; ↑ *'auto|-gram'*, *'dia|gram'*, *'epi|gram'*, *'mono|gram'* und *'tetra|gram'*)

'tele|kinesis' = „Fernbewegung" von Gegenständen durch ein Medium, *Telekinese* (aus *tele-* = fern + *kínema* = Bewegung; vgl. *'cinema'* = Kino)

'tele|pathy' = „Fernfühlen", *Telepathie* (aus *tele-* = fern + *páthos* = Gefühl; vgl. *'pathetic'* = gefühlvoll, pathetisch; ↑ *'allo|pathy'*, *'anti|pathy'*, *'homœo|pathy'* und *'sym|pathy'*)

'tele|scope' = Fernrohr, *Teleskop* (aus *tele-* = fern + *skopeîn* = sehen; vgl. *'scope'* = Ziel, Gesichtskreis, geistiger Horizont, *'microscope'*; ↑ *'peri|scope'*)

'tele|vision' = Fernsehen, *Television* (aus *tele-* = fern + lat. *visio* = Anblick; vgl. *'vision'* = Erscheinung, *Vision*, *'visit'* = Besuch, *Visite*)

Ebenfalls erwähnenswert sind die griechischen Zahlwörter, die als Präfixe den künstlichen, neuzeitlichen Wortschöpfungen eine abgewandelte Bedeutung verleihen. Da sie in ähnlicher Form auch bei uns gebräuchlich sind, bieten die folgenden Beispiele viele Assoziationen zum erfolgreichen Lernen.

Griechische Zahlwörter als Präfixe

*(in Klammern: Herkunftshinweise und Assoziationen;
englische Wörter in Schrägdruck und Anführungszeichen)*

---

(1) **mono-** *(μονο-)* = *einzeln, allein* ('alone', 'single')

'mon|archy' = „Alleinherrschaft", Monarchie (aus *mono-* = allein + *arché* = Herrschaft, Anfang; vgl. *'monarch'*, *'monarchist'*, *'archœology'*; ↑ *'an|archy'*, *'aut|archy'* und *'tetr|archy'*)

'mon|astery' = Kloster, lat. *monasterium* (aus *monázein* = allein leben: *mono-* = allein + *zoé* = Leben; vgl. *'monk'* = Mönch; Zoologie, Zoo)

'mono|chrome' = einfarbiges Gemälde (aus *mono-* = einzeln + *chróma* = Farbe; vgl. *Chrom;* ↑ *'poly|chrome'*)

'mon|ocle' = „Einglas", Monokel (aus *mono-* = allein + lat. *oculus* = Auge; vgl. *'binocular'* = Feldstecher, Opernglas, *Okular* = Augenlinse eines optischen Gerätes)

'mono|culture' = Anbau nur einer Nutzpflanze, *Monokultur* (aus *mono-* = allein + lat. *cultura* = Anbau; vgl. *'agriculture'*)

'mono|gamy' = Einehe, Monogamie (aus *mono-* = einzeln + *gámos* = Heirat, Ehe; vgl. *monogam;* ↑ *'poly|gamy'*)

'mono|gram' = „Einzelbuchstaben", künstlerisch gestaltete Anfangsbuchstaben des Vor- und Nachnamens, *Monogramm* (aus *mono-* = allein + *grámma* = Buchstabe, Schrift; vgl. *'monography';* ↑ *'auto|gram'*, *'dia|gram'*, *'epi|gram'*, *'tele|gram'* und *'tetra|gram'*)

'mono|lith' = Säule oder Denkmal aus einem einzeln stehenden Steinblock, *Monolith* (aus *mono-* = allein + *líthos* = Stein; vgl. *Lithographie* = Steindruck)

'mono|logue' = längeres Selbstgespräch, Monolog (aus *mono-* = allein + *lógos* = Wort, Rede; ↑ *'ana|logy'*, *'apo|logy'*, *'cata|logue'*, *'deca|logue'*, *'dia|logue'*, *'epi|logue'*, *'eu|logy'* und *'tri|logy'*)

'mono|poly' = alleiniger Anspruch auf Herstellung und Verkauf eines Produkts, *Monopol* (aus *mono-* = allein + *poleîn* = verkaufen; vgl. *Monopolist, monopolistisch* = auf Marktbeherrschung und Höchstgewinnerzielung ausgehend)

'mono|theism' = Eingottglaube, *Monotheismus* (aus *mono-* = einzeln + *theós* = Gott; vgl. die drei *monotheistischen Religionen:* Judentum, Christentum und Islam; ↑ *'poly|theism'*)

'mono|tone' = eintönige Wiederholung, Einerlei, *Monotonie* (aus *mono-* = allein + *tónos* = Ton, Spannung; vgl. *'monotonous'* = monoton)

---

(2) di- [ai/i] *(δι-)* = **doppelt, zwei-** *('bi-', 'double')*

'di|lemma' = Qual der Wahl zwischen zwei Dingen, *Dilemma* (aus *di-* = zwei + *lêmma* = Gewinn, Vorteil)

'di|ocese' = Amtsgebiet eines katholischen Bischofs, *Diözese* (aus *di-* = zwei + *oikeîn* = verwalten, bewohnen; ↑ *'par|ish'*)

'di|ploma' = „zweifach Gefaltetes", Urkunde über eine Auszeichnung oder eine abgelegte Prüfung, *Diplom* (aus *diploûs* = zweifach gefaltet; vgl. *'diplomacy'* = Diplomatie, *'diplomat'* und *'diplomatic'*)

'di|morphous' = „zweigestaltig", in zwei Formen auftretend, *dimorph* (aus *di-* = zwei + *morphé* = Gestalt; vgl. *'morphology'* = Formenlehre; ↑ *'meta|morphosis'*)

---

(3) tri- [ai/i] *(τρι-)* = **dreifach, drei-** *('triple')*

'tri|cycle' = Dreirad (aus *tri-* = drei + *kýklos* = Kreis; vgl. *'bicycle'* = Zweirad, Fahrrad; ↑ *'hemi|cycle'*)

'tri|logy' = drei zusammengehörende Buchbände, *Trilogie* (aus *tri-* = drei + *lógos* = Wort, Rede; ↑ *'ana|logy'*, *'apo|logy'*, *'cata|logue'*, *'deca|logue'*, *'dia|logue'*, *'epi|logue'*, *'eu|logy'* und *'mono|logue'*)

'tri|pod' = dreifüßiges Gestell (aus *tri-* = drei + *poús, podós* = Fuß; vgl. *'antipodes'* = „Gegenfüßler", *Antipoden:* Menschen auf der gegenüberliegenden Seite der Erde; ↑ *'hexa|pod'*, *'octo|pus'* und *'poly|pus'*)

---

(4) tetra- *(τετρα-)* = **vierfach, vier-** *('fourfold', 'quadruple')*

'tetra|gon' = Viereck (aus *tetra-* = vier + *góny* = Ecke; ↑ *'dia|gonal'*, *'hepta|gon'*, *'hexa|gon'*, *'octo|gon'*, *'penta|gon'*, *'poly|gon'*)

'tetr|archy' = im Altertum Herrschaft über den vierten Teil eines Landes (aus *tetra-* = vier + *arché* = Herrschaft; vgl. *'tetrarch'*; ↑ *'an|-archy'*, *'aut|archy'* und *'mon|archy'*)

'tetra|gram' = Bezeichnung für die vier hebräischen Buchstaben des Gottesnamens „Jahwe": J-H-W-H (aus *tetra-* = vier + *grámma* = Buchstabe, Schrift; ↑ *'auto|gram'*, *'dia|gram'*, *'epi|gram'*, *'mono|-gram'* und *'tele|gram'*)

---

(5) penta- *(πεντα-)* = ***fünffach, fünf-*** *('fivefold', 'quintuple')*

'penta\gon' = (aus *penta-* = fünf + *góny* = Ecke; vgl. *Pentagon* = fünfeckiges Gebäude des Verteidigungsministeriums in Washington, *'pentagonal'* = fünfeckig; ↑*'dia\gonal'*, *'hepta\gon'*, *'hexa\gon'*, *'octo\gon'*, *'poly\gon'* und *'tetra\gon'*)
'pent\athlon' = Fünfkampf, *Pentathlon* (aus *penta-* = fünf + *âthlon* = Wettkampf, Kampfpreis; vgl. *'athletics'* = *Leichtathletik*, *'athlete'* = *Athlet*, *'athletic'* = *athletisch*)
'Penta\teuch' = „Fünf-Rollen-Buch" des Moses, die ersten fünf Bücher des Alten Testaments, *Pentateuch* (aus *penta-* = fünf + *teûchos* = Gerät, Gefäß, Rolle; vgl. *'Pentecost'* = Pfingsten, also ein Fest, das am 50. Tag nach Ostern gefeiert wird)

---

(6) hexa- *(ἑξα-)* = ***sechsfach, sechs-*** *('sixfold', 'sextuple')*

'hexa\gon' = Sechseck, *Hexagon* (aus *hexa-* = sechs + *góny* = Ecke, Knie; vgl. *'hexagonal'*; ↑*'dia\gonal'*, *'hepta\gon'*, *'octo\gon'*, *'penta\gon'*, *'poly\gon'* und *'tetra\gon'*)
'hexa\pod' = Sechsfüßer, *Hexapode* (aus *hexa-* = sechs + *poús, podós* = Fuß; ↑*'octo\pus'*, *'poly\pus'*, *'tetra\pod'* und *'tri\pod'*)

---

(7) hepta- *(ἑπτα-)* = ***siebenfach, sieben-*** *('sevenfold')*

'hepta\gon' = Siebeneck, *Heptagon* (aus *hepta-* = sieben + *góny* = Ecke, Knie; ↑*'dia\gonal'*, *'hexa\gon'*, *'octo\gon'*, *'penta\gon'*, *'poly\gon'* und *'tetra\gon'*)

---

(8) octo- *(ὀκτω-)* = ***achtfach, acht-*** *('eightfold', 'octuple')*

'octa\gon' = Achteck, *Oktogon* (aus *okto-* = acht + *góny* = Ecke, Knie; ↑*'dia\gonal'*, *'hepta\gon'*, *'hexa\gon'*, *'penta\gon'*, *'poly\gon'* und *'tetra\gon'*)
'octo\pus' = Tintenfisch, *Oktopode* (aus *okto-* = acht + *poús, podós* = Fuß; vgl. *Ödipus* = Schwellfuß; ↑*'poly\pus'*, *'hexa\pod'*, *'tetra\pod'* und *'tri\pod'*)

---

(9) ennea- *(ἐννεα-)* = ***neunfach, neun-*** *('ninefold')*

'ennead' = Serie von neun Dingen oder Personen (aus *ennea-* = neun)

---

(10) deca- *(δεκα-)* = ***zehnfach, zehn-*** *('tenfold')*

'deca\de' = Zehnergruppe, vor allem Jahrzehnt, *Dekade* (aus *dékatos* = der Zehnte; vgl. *dekadisch* = zehnteilig, *Dekagramm* = österr. für zehn Gramm)

'deca\logue' = die Zehn Gebote, *Dekalog* (aus *deka-* = zehn + *lógos* = Wort, Rede, Lehre; ↑ *'ana\logy'*, *'apo\logy'*, *'cata\logue'*, *'dia\logue'*, *'epi\logue'*, *'eu\logy'*, *'mono\logue'* und *'tri\logy'*)

*

Einige griechische Wortstämme – meist kombiniert mit einer der oben aufgeführten Vorsilben – kehren in englischen Vokabeln so häufig wieder, dass das Lernen ihrer Grundbedeutung dieser relativ kleinen Mühe wert sein sollte. Sie werden erleben, dass Sie ab sofort eine große Anzahl von Entlehnungen aus dem Griechischen (die der Engländer im Gegensatz zu uns nicht als Fremdwörter empfindet) problemlos verstehen und sogar leicht in Ihren aktiven Sprachschatz übernehmen können; machen Sie die Probe aufs Exempel beim Betrachten der folgenden Wortfamilien, von denen Sie Einzelbeispiele schon kennen gelernt haben:

Wortstamm *'-arch(y)'*

(aus griech. ἀρχή [arché] = Anfang, Erz-, Ur-, Herrschaft;
ἄρχειν [árchein] = anfangen, herrschen), z.B.

'anarchy' = Herrschaftslosigkeit; *'archaic'* = archaisch, altertümlich, frühzeitlich; *'archangel'* = Erzengel; *'archæology'* = Altertumskunde (s. auch *'-log-'*); *'archbishop'* = Erzbischof; *'archetype'* = Urbild; *'architect'* = Urbaumeister; *'archives'* ['aːkaivz] = Urkundensammlung; *'hierarchy'* = „heilige Herrschaft", Rangordnung; *'monarch'* = Alleinherrscher (Kaiser / König); *'monarchy'* = Alleinherrschaft; *'oligarchy'* = Herrschaft einer kleinen Gruppe; *'tetrarchy'* = Herrschaft über den vierten Teil eines Landes

Wortstamm *'bio-'*

(aus griech. βίος [bios] = Leben), z.B.

'antibiotic' = Antibiotikum (biologischer Wirkstoff gegen „lebende" Krankheitserreger); *'biochemistry'* = Biochemie (Wissenschaft von den chemischen Vorgängen in Lebewesen); *'biography'* = Lebensbeschreibung, Lebensgeschichte (s. auch *'-graph-'*); *'biological'* = biologisch, naturbedingt; *'biology'* = Wissenschaft von der belebten Natur (s. auch *'-log-'*); *'biosphere'* = Biosphäre (Gesamtheit des von Lebewesen besiedelten Teils der Erde); *'biotope'* = Biotop (durch bestimmte Pflanzen oder Tiere gekennzeichneter Lebensraum); *'symbiosis'* = das Zusammenleben artfremder Lebewesen

Wortstamm *'-cracy'* / *'-crat'*

(aus griech. κράτος [krátos] = Kraft, Herrschaft), z.B.

'aristocracy' = Aristokratie, adelige Oberschicht (Herrschaft der „Besten"); *'aristocrat'* = Angehöriger des Adels; *'aristocratic'* = vornehm; *'autocracy'* = Autokratie (unumschränkte „Selbstherrschaft"); *'autocrat'* = diktatorischer Alleinherrscher (z.B. der Zar); *'bureaucracy'* = Bürokratie, Beamtenapparat („Beamtenherrschaft"); *'democracy'* = Demokratie („Volksherrschaft", s. auch *'-demo-'*); *'democrat'* = den Willen der Volksmehrheit respektierender Mensch; *'democratic'* = dem Volkswillen entsprechend

Wortstamm *'-dem(o)-'*

(aus griech. δῆμος [dêmos] = Volk, Gemeinde), z.B.

(*'democracy'*, *'democrat'* und *'democratic'* = s. *'-cracy'* bzw. *'-crat'*); *'demagogue'* = Demagoge, Volksverführer („Führer des Volkes"); *'democratism'* = übertriebene Anwendung demokratischer Prinzipien; *'demographic'* = die Bevölkerungswissenschaft betreffend (s. auch *'-graph-'*); *'demography'* = Demographie (Beschreibung der wirtschafts- und sozialpolitischen Bevölkerungsbewegung); *'endemic'* = endemisch, einheimisch (die „Bevölkerung" – z.B. Tiere oder Pflanzen – eines begrenzten Lebensraumes betreffend); *'epidemic'* = Epidemie, Seuche (eine das ganze Volk befallende Krankheit)

Wortstamm *'-geo-'*

(aus griech. γῆ [gê] = Erde), z.B.

'geodesy' = Geodäsie, Vermessungswesen, („Erdvermessung"); *'geographer'* = Geograph, Erdkundler („Erdbeschreiber", s. auch *'-graph-'*); *'geographical'* = geographisch, erdkundlich; *'geography'* = Geographie, Erdkunde („Erdbeschreibung"); *'geological'* = geologisch (die „Erdgeschichte" betreffend, s. auch *'-log-'*); *'geologist'* = Geologe (Wissenschaftler auf dem Gebiet der „Erdgeschichte"); *'geology'* = Geologie (Wissenschaft von der Entwicklungsgeschichte und dem Bau der Erde); *'geometry'* = Geometrie („Erdmaß", Zweig der Mathematik, der sich mit Gebilden der Ebene und des Raumes befasst); *'geophysics'* = Geophysik (Wissenschaft von den physikalischen Vorgängen und Erscheinungen auf, über und in der Erde)

Wortstamm *'-gram(me)'*

(aus griech. γράμμα [grámma] = Buchstabe, Schrift), z.B.

'diagram' = Diagramm (zeichnerische Darstellung von Größenverhältnissen); *'epigram'* = Spottgedicht („Aufschrift"); *'grammar'* = Grammatik (Struktur einer Sprache); *'grammatical'* = grammatisch, sprachrichtig; *'gramophone'* = Plattenspieler („geschriebener Ton", s. auch

'-phon-'); *'kilogram'* = 1.000 Gramm (griech. χίλιοι = tausend); *'monogram'* = künstlerisch gestaltete Anfangsbuchstaben eines Namens („Einzelbuchstabe"); *'program'* = vorgesehener Ablauf einer Unternehmung („schriftliche Bekanntmachung"); *'telegram'* = drahtlos übermittelte Nachricht („Fernschreiben")

*Wortstamm '-**graph**-'*

(aus griech. γράφειν [gráphein] = schreiben, malen), z.B.

'bibliography' = Bücherverzeichnis; *'biographical'* = biographisch (den Lebenslauf eines Menschen betreffend, s. auch *'bio-'*); *'biography'* = Biographie („Lebensbeschreibung"); *'geography'* = „Erdbeschreibung" (s. auch *'geo-'*); *'graphic'* = graphisch, zeichnerisch; *'graphite'* = weiches Schreibmineral aus Kohlenstoff; *'paragraph'* = fortlaufend nummerierter kleiner Abschnitt in wissenschaftlichen Schriften; *'photograph'* = Fotograf („Lichtschreiber"); *'photography'* = Foto („Lichtschrift", s. auch *'phos-'/ 'photo-'*); *'pornography'* = Schmutzliteratur („von Huren handelnde Schrift"); *'telegraph'* = „Fernschreiber"; *'topograph'* = Vermessungsingenieur; *'topography'* = Beschreibung und Darstellung von Orten in der Geographie

*Wortstamm '-**(h)od**-'*

(aus griech. ὁδός [hodós] = Weg, Reise), z.B.

'anode' = positive Elektrode („Aufweg", Eingang); *'cathode'* = negative Elektrode („Abstieg", Ausgang); *'diode'* = Zweipolröhre („Doppelweg"); *'electrode'* = Elektrode (elektrischer Leiter, der den Stromübergang in ein anderes Medium vermittelt); *'episode'* = kurze Begebenheit innerhalb eines Zeitabschnittes (Ereignis „auf dem Weg"); *'exodus'* = Auszug (z.B. der Juden aus Ägypten); *'method'* = planmäßiges Vorgehen (sozusagen „mit einem Reise-

ziel"); *'methodical'* = methodisch, durchdacht; *'period'* = Zeitraum („Rundweg"); *'periodical'* = wiederkehrend; *'synod'* = Versammlung von evangelischen Geistlichen oder katholischen Bischöfen („Zusammenkunft")

Wortstamm '-*hydr(o)*-'

(aus griech. ὕδωρ [hýdor] = Wasser), z.B.

'carbohydrate' = Kohlehydrat (organische Verbindung aus Kohlenstoff, Sauerstoff und Wasserstoff, z.B. Stärke oder Zucker); *'dehydrated'* = ausgetrocknet („entwässert"); *'hydrant'* = Zapfstelle an einem Wasserrohr; *'hydraulic'* = Lehre von der Bewegung der Flüssigkeiten (z.B. Hydraulikbremse des Autos); *'hydrocarbon'* = Kohlenwasserstoff; *'hydrofoil'* = Tragflügelboot ; *'hydrogen'* = Wasserstoff; *'hydrography'* = Gewässerkunde (s. auch *'-graph-'*); *'hydroplane'* = Wasserflugzeug; *'hydrostatic'* = Hydrostatik (Wissenschaft von den Gleichgewichtszuständen bei ruhenden Flüssigkeiten)

Wortstamm '-*log*-'

(aus griech. λόγος [lógos] = Wort, Rede, Lehre), z.B.

'analogy' = Entsprechung; *'apology'* = Entschuldigung, Verteidigungsrede; *'astrology'* = Sterndeutung; *'biology'* = Lehre von der belebten Natur (s. auch *'bio-'*); *'catalogue'* = Verzeichnis, Auflistung; *'chronology'* = Lehre von der Zeitmessung, zeitliche Abfolge; *'dialogue'* = Wechselrede, Zwiegespräch; *'ecology'* = Ökologie (Lehre von den Wechselbeziehungen zwischen Lebewesen und ihrer Umwelt); *'epilogue'* = Nachwort; *'gynæcology'* = Gynäkologie (Frauenheilkunde); *'ideology'* = Weltanschauung („Lehre von den Ideen"); *'logic'* = Lehre vom folgerichtigen Denken; *'meteorology'* = Wetterkunde; *'monologue'* = Selbstgespräch („Einzelrede"); *'pathology'* = Krankheitslehre

(„Lehre vom Leiden", s. auch *'-path'*); *'philology'* =
Sprach- und Literaturwissenschaft („Wissenschaftsliebe");
'physiology' = Lehre von den Lebensvorgängen; *'pro-logue'*= Vorwort; *'psychology'* = „Seelenkunde"; *'socio-logy'* = „Gesellschaftslehre"; *'technology'* = Verfahrens-kunde (Lehre von der Umwandlung von Rohstoffen in
Fertigprodukte); *'theology'* = Wissenschaft von den Glau-bensvorstellungen einer Religion („Gotteslehre", s. auch
'theo-'); *'zoology'* = Tierkunde

Wortstamm *'mikro-'*

(aus griech. μικρός [mikrós] = klein, gering), z.B.

'microbiology' = Lehre von den kleinsten Lebewesen;
'microcosm' = „Welt im Kleinen"; *'microfilm'* = Film mit
mikroskopisch kleinen Textablichtungen; *'micro-organism'*
= kleinstes Lebewesen; *'microphone'* = Schallumwandler
(„Schwachstimme"); *'microscope'* = optisches Vergröße-rungsgerät („Kleinsichtgerät", s. auch *'-scop-'*)

Wortstamm *'-pat(h)-'*

(aus griech. πάθος [páthos] = Leid, Leidenschaft, Unglück), z.B.

'antipathy' = Abneigung, Widerwille (vgl. „jmd. nicht lei-den können"); *'apathetic'* = teilnahmslos, apathisch („ohne
Leidenschaft"); *'apathy'* = Teilnahmslosigkeit; *'impa-tience'* = Ungeduld; *'impatient'* = ungeduldig; *'pathetic'* =
leidenschaftlich, pathetisch; *'pathology'* = Krankheitslehre
(„Lehre vom Leiden"); *'pathos'* = Leidenschaftlichkeit, Er-griffenheit; *'patience'* = Geduld, Ausdauer; *'patient'* =
geduldig ertragend, nachsichtig, Patient; *'sympathetic'* =
mitleidend, wohlwollend; *'sympathise'* = sein Beileid aus-drücken, mitfühlen, sympathisieren; *'sympathy'* = Mitleid,
Zuneigung; *'telepathy'* = „Fernfühlen" (s. auch *'tele-'*)

Wortstamm '-phil-'

(aus griech. φίλος [philos] = freundlich;
φιλία [philia] = Liebe, Freundschaft), z.B.

'bibliophile' = „Bücherfreund"; 'philologist' = Philologe
(„Freund der Wissenschaften"); 'philology' = Sprach- und
Literaturwissenschaft („Wissenschaftsliebe"); 'philoso-
pher' = Philosoph („Freund der Weisheit"); 'philosophy' =
Philosophie („Weisheitsliebe", Streben nach Erkenntnis der
Zusammenhänge in der Welt)

Wortstamm '-phon-'

(aus griech. φωνή [phoné] = Laut, Klang, Stimme, Sprache), z.B.

'gramophone' = Plattenspieler, Schallplattenapparat („geschriebener Ton", s. auch '-gram-'); 'headphone' = Kopf-
hörer; 'microphone' = Mikrophon („Schwachstimme");
'phonetics' = Lautlehre, Aussprache; 'symphony' = Sym-
phonie („Zusammenstimmen", „Einklang"); 'telephone' =
Fernsprecher; 'videophone' = Bildtelephon; 'xylophone' =
hölzernes Schlaginstrument („Holzstimme")

Wortstamm 'phos-' / 'photo-'

(aus griech. φῶς, φωτός [phôs, photós] = Licht), z.B.

'phosphate' = Phosphat (Salz der Phosphorsäure; Dünger);
'phosphoresce' = phosphoreszieren (im Dunkeln leuchten);
'phosphorus' = Phosphor („Lichtträger"); 'photocopy' =
Fotokopie, Ablichtung; 'photograph' = Lichtbild („Lichtschrift", s. auch '-graph'); 'photographer' = Fotograf;
'photography' = Fotografie, Lichtbildkunst; 'photosensitive' = lichtempfindlich; 'photosynthesis' = Photosynthese
(Aufbau chemischer Verbindungen in Grünpflanzen durch
Lichteinwirkung)

Wortstamm 'psych-'

(aus griech. ψυχή [psyché] = Seele), z.B.

'psyche' [ˈsaiki] = Seele, Geist; *'psychiatrist'* = Psychiater („Seelenarzt"); *'psychiatry'* = Lehre von den seelischen Störungen („Seelenheilkunde"); *'psychical'* = seelisch, psychisch; *'psychological'* = psychologisch (die Seele berücksichtigend); *'psychologist'* = Psychologe („Seelenwissenschaftler"); *'psychology'* = „Seelenkunde"; *'psychopath'* = Kranker mit von der Norm abweichendem geistigseelischen Verhalten („Seelenkranker", s. auch *'-path'*)

Wortstamm '-scop-'

(aus griech. σκοπεῖν [skopeîn] = sehen, betrachten), z.B.

'episcopal' = bischöflich (Bischof = „Aufseher"); *'horoscope'* = Schicksalsdeutung aus Sternkonstellationen, Voraussage („Stundenseherei"); *'microscope'* = optisches Vergrößerungsgerät („Kleinsichtgerät", s. auch *'micro-'*); *'periscope'* = Seerohr für U-Boote; *'scope'* = geistiger Horizont; *'telescope'* = Fernrohr

Wortstamm 'tele-'

(aus griech. τηλοῦ [teloû] = fern, weit), z.B.

'telegram' = „Fernschreiben" (s. auch *'-gram-'*); *'telekinesis'* = Telekinese („Fernbewegung": das Bewegtwerden von Gegenständen allein durch übersinnliche Kräfte; vgl. Kino); *'telepathy'* = „Fernfühlen" (das Wahrnehmen seelischer Vorgänge eines anderen Menschen ohne Vermittlung der Sinnesorgane, s. auch *'-path-'*); *'telephone'* = Fernsprecher („Fernklang", s. auch *'-phon-'*); *'telescope'* = Fernrohr; *'television'* = „Fernsehen"

Wortstamm 'the(o)-'

'atheism' = Gottesleugnung; *'monotheism'* = Glaube an einen einzigen Gott; *'pantheism'* = „Allgottlehre" (Lehre, in der Gott und die Welt identisch sind); *'polytheism'* = „Vielgötterei"; *'theology'* = „Gotteslehre" (Wissenschaft von den Glaubensvorstellungen einer Religion, s. auch *'-log-'*); *'theologian'* = Theologe („Gottesgelehrter"); *'theological'* = theologisch, die Theologie betreffend

*

Ausgefallene Anlehnungen an griechische Begriffe

Nicht alle englischen Vokabeln griechischer Herkunft sind so eindeutig wie die oben beschriebenen an ihren Vorsilben oder Wortstämmen zu erkennen; viele scheinbar original englische Begriffe (und auch vermeintlich deutsche Wörter!) gehen ebenfalls auf das Altgriechische zurück, von denen im Folgenden nur einige besonders interessante Beispiele erklärt werden sollen. Dem seit Jahrhunderten in allen Kultursprachen gebräuchlichen Wort

gas

liegt überraschenderweise das griechische χάος [cháos] zu Grunde, das bis zu den modernen Erkenntnissen der Wissenschaft über die chemische Zusammensetzung der Atmosphäre nur die ungeformte Leere des Weltraums bezeichnete, während das Substantiv

air

seine Urbedeutung behalten hat (griech. ἀήρ [aér] = Dunst, Luft). Die Milchstraße, im Volksmund *'Milky Way'* genannt, ist eine recht wörtliche Übersetzung des wissenschaftlich korrekten Begriffes

galaxy

(griech. *γάλα, γάλακτος* [gála, gálaktos] Milch). Auch unser Wort Klima und seine englische Entsprechung

climate

verdanken wir den alten Griechen (griech. *κλίμα* [klíma] = Zone, Himmelsgegend), die die Erde – entsprechend dem Einfallswinkel der Sonnenstrahlen – bereits in Klimazonen eingeteilt hatten (griech. *ζώνη* [zóne] = Gürtel) und die Tropenzone beiderseits des Äquators, also die

tropical zone

innerhalb der Wendekreise, *τροπή* [tropé] nannten (griech. = Wendung, Sonnenwende; *τροπικὸς κύκλος* [tropikòs kýklos] = Wendekreis), während die

arctic zone

ihre Bezeichnung vom polaren Sternbild des „Kleinen Bären" erhalten hat (griech. *ἄρκτος* [árktos] = Bär, Norden).

Auf die alttestamentarische Schöpfungsgeschichte im ersten Buch Moses, die

genesis

(griech. *γένεσις* [génesis] = Entstehung), geht gleich eine ganze Reihe von englischen Wörtern zurück, die Ihnen wegen ihrer Ähnlichkeit mit deutschen Begriffen entweder bekannt sind oder wegen ihrer Anlehnung an den Stamm *γεν-* (griech. *γένος* [génos] = Geschlecht, Gattung und *γενεά* [geneá] =

Stamm, Abkunft, Geburt) leicht zu verstehen und zu behalten sind, wie *'gender'* (= grammatisches Geschlecht), *'gene'* (= Erbfaktor), *'genealogy'* (= Stammbaum), *'generation'* (= Menschengeschlecht), *'to generate'* (= erzeugen, hervorbringen), *'generator'* (= Erzeuger, z.B. von elektrischem Strom), *'genetics'* (= Entstehungslehre, Erblehre), *'genitals'* (= Geschlechtsteile), *'genitive'* (= Wesfall in der Grammatik, die Herkunft bezeichnender Fall) etc. Weniger augenfällig ist die Abstammung vieler *'kin-'* Wörter von der griechischen Basis *gen-;* so bezeichnet der Ausdruck

next of kin

die Familie im engeren Sinne, also die Blutsverwandtschaft (griech. γυνή [gyné] = Weib, Frau, vgl. *'gynæcology';* γονή [goné] = Geburt, γόνος [gónos] = Sohn; γόνυ [góny] = Knie[1]). Unser *König* und seine englische Entsprechung

king

(= edles Stammesoberhaupt) sind ebenso Abkömmlinge dieser Wortfamilie wie das deutsche *Kind* und das englische

kind

in den Bedeutungen „Art, Gattung" und „gütig, freundlich" (da zur selben Familie gehörend), mit dem überraschenderweise sogar unser *Kinn,* im Englischen

chin,

verwandt ist (griech. γένειον [géneion] = Kinn und γένυς [génys] = Kinnbacke, sozusagen „Auswuchs" oder „kleiner Ableger" des Gesichts; vgl. auch unsere Verkleinerungssuffixe „-chen" und „-ken"!).

---

[1] Im Altertum gebar eine Frau normalerweise in kniender Haltung.

Den griechischstämmigen Wörtern, die das Entstehen neuen Lebens bezeichnen, stehen solche gegenüber, die die Vergänglichkeit des Körpers beinhalten. Das Substantiv

coffin (Sarg),

ein naher Verwandter unseres *Koffers* (= Kiste, Truhe), hat – wenn man von der gekappten Endsilbe absieht – seine ursprüngliche Form bis auf den heutigen Tag kaum verändert (griech. κόφινος [kóphinos] = großer Weidenkorb, Sarg[1]), und auch das

skeleton (Skelett)

ist unverkennbar griechischer Herkunft und beschreibt in realistischer Weise den Zustand des fleischlosen Knochengerüsts (σκελετός [skeletós] = trocken; Gerippe). Da uns aus fast allen Teilbereichen der Medizin griechische Fachausdrücke und Krankheitsbezeichnungen geläufig sind, fällt es uns leicht, ihre fast identischen englischen Entsprechungen zu verstehen (z.B. *'neuralgia'* = Nervenschmerzen, griech. νεῦρον [neûron] = Nerv und ἄλγος [álgos] = Schmerz; *'psychosomatic'* = die Wechselwirkung zwischen Seele und Körper betreffend, griech. ψυχή [psyché] = Seele und σῶμα [sôma] = Körper etc.). Aber hätten Sie vermutet, dass auch der

surgeon (Chirurg)

– über das verkürzte altfranzösische Wort *serurgien* – seine Benennung den Alten Griechen verdankt? Mit dem Titel χει-

---

[1] Bei unserem Begriff *Sarg* handelt es sich um eine Kurzform von *Sarkophag* (griech. σαρκοφάγος λίθος [sarkophàgos líthos] = Steinsarg). Das Wort bedeutet eigentlich „Fleisch fressender Stein" (griech. σάρξ [sárx] = Fleisch und φάγος [phágos] = Fresser); der für die Herstellung antiker Totenschreine verwendete Kalkstein hatte nämlich die erstaunliche Fähigkeit, das Fleisch eines Leichnams innerhalb kurzer Zeit zu zerstören und ohne nennenswerte Geruchsbelästigung in Staub zu verwandeln.

ρουργός [cheirourgós] brachten sie ihre Hochachtung vor der handwerklichen Geschicklichkeit des Wundheilers zum Ausdruck (griech. χείρ [cheír] = Hand und ἔργον[1] [érgon] = Werk). Für den Schmerz kennt der Engländer neben *'pain'* das Wort

ache

(griech. ἄχος [áchos]), häufig kombiniert mit den schmerzenden Körperteilen oder Organen (z.B. *'headache'*, *'heartache'*, *'toothache'*), für deren Bezeichnung er ebenfalls griechische Entlehnungen verwendet. Die Milz, im Englischen

spleen

(griech. σπλήν [splén]), galt bei uns lange Zeit als Sitz der Melancholie und wird noch heute mit den vermeintlich durch sie verursachten Gemütsverstimmungen wie „Ärger", „üble Laune" und „Verschrobenheit" gleichgesetzt, für die der Hellene allerdings eher die Galle verantwortlich machte (s. *'melancholy'*; griech. μέλας [mélas] = schwarz, düster und χολή [cholé] = Galle, Zorn; vgl. *'cholera'* = „Gallenbrechdurchfall", *'choleric'* = jähzornig sowie unseren Ausdruck *Gallenkolik*). Auch den

stomach (Magen)

haben eigentlich schon die Griechen so genannt (στόμαχος [stómachos] = Speiseröhre, Magenöffnung), wobei der Wortbestandteil *'stoma'* in der Fachsprache der Biologen und Anatomen – wie im griechischen Original – „Pflanzenspalt", „Öffnung" oder „Mund" bedeutet (griech. στόμα [stóma]; vgl. *Stomatitis* = Entzündung der Mundschleimhaut).

---

[1] Hiervon abgeleitet ist übrigens der mehrdeutige Begriff ὄργανον [órganon] = Organ, Werkzeug, Stimme; vgl. auch *'organ'* = Orgel und *'organist'* = Orgelspieler).

Im Gegensatz zum deutschen Sprachgebrauch hat sich im Englischen die ursprüngliche Bedeutung des *'gymnasium'* oder kurz

gym (Turnhalle)

behaupten können; obschon zur geistigen Schulung auch Diskussionen auf dem Stundenplan standen, war das *Gymnasion* des klassischen Altertums in erster Linie eine Sportschule[1], in der junge Griechen mehr oder weniger nackt *'body building'* betrieben (griech. γυμνάζειν [gymnázein] = üben; γυμνός [gymnós] = nackt, leicht bekleidet; vgl. *'gymnastics'*), um als durchtrainierte *Athleten* an Wettkämpfen teilzunehmen (griechisch ἆθλον [âthlon] = Kampfpreis; vgl. *'athlete'*, *Triathlon* = Dreikampf).

Im Bereich der Zoologie kennt der Engländer das dem deutschen *Tier* ähnelnde, jedoch von griechisch θήρ [thér] (= wildes Tier) abzuleitende

deer (Rotwild);

damit wird auch die Bedeutung des Wortes *Panther* (griech. πάνθερ = „ganz wildes Tier") verständlich. Der englische

lion (Löwe)

sieht seinem antiken Stammvater λέων [léon] immer noch zum Verwechseln ähnlich, und auch das Flusspferd, dem die Griechen in Ägypten begegnet waren, hat seinen uralten Namen

hippopotamus

---

[1] Die englische *'school'* geht ursprünglich auf griechisch σχολή [s|cholé] zurück, ein Wort, das „Muße, Ruhe" bedeutete und klarstellt, dass das Studieren in der Antike noch eine Form der Freizeitgestaltung war.

behalten (zusammengesetzt aus griech. *ἵππος* [híppos] = Pferd und *ποταμός* [potamós] = Fluss, Strom; vgl. *Philipp,* von *φίλιππος* [phílippos] = „Pferdefreund" und *Hippodrom* = Reitbahn; der letzte Teil dieses Wortes, eigentlich *δρόμος* [drómos], bedeutet – ebenso wie in *'dromedary'* = Dromedar, Kamel – „Lauf" oder „Rennbahn").

In der *Botanik* (griech. *βοτάνη* [botáne] = Gras, Pflanze; vgl. *'botany'* und *'botanic'*) finden sich ebenfalls etliche griechischstämmige Bezeichnungen, die inzwischen meist recht englisch wirken, wie

tree

(= Baum; griech. *δόρυ* [dóry] = Holz und *δρῦς* [drys] = Eiche; vgl. auch unsere „Baumendung" *-der,* z.B. in *Holunder* und *Wacholder*) und

petal

(= Blüten-, Blumenblatt; griech. *πέταλον* [pétalon] = Blatt, Platte), ferner der immer noch exotisch klingende

asparagus (Spargel)

(griech. *ἀσπάραγος* [aspáragos] = junger Trieb; vgl. den bei uns als Zierspargel oder Spargelgrün bekannten *Asparagus*) sowie der seit Menschengedenken beliebte

pepper

(griech. *πέπερι* [péperi] = Pfeffer; vgl. *Peperoni* und *Paprika*). Der Engländer ist sich der Vielzahl der Entlehnungen aus dem Griechischen offensichtlich nicht bewusst, schließlich ruft er – wenn ihm etwas „böhmisch" oder „spanisch" vorkommt – aus: *'That's Greek to me!'* Dabei gibt es selbst unter den Bezeichnungen für alltägliche Lebensmittel einige, die ihren Ursprung im klassischen Altertum haben; das auf den ersten Blick so germanisch anmutende

bread

ist – über unser deutsches *Brot* – ebenso von einem uralten griechischen Wort (βρωτός [brotós] = essbar) hergeleitet wie die dazugehörige *'butter'* (βούτυρον [boútyron] = Butter), während der Name für den im 19. Jahrhundert erfundenen, aus tierischen oder pflanzlichen Fetten hergestellten Butterersatz, also die *'margarine'*, von den Chemikern gleich miterfunden wurde (griech. μάργαρον [márgaron] und μαργαρίτης [margarítes] = Perle, die wahrscheinlich wegen ihres schimmernden Glanzes mit der *Margarine* assoziiert wurde; vgl. *Margarete* oder *Margret* und *Margerite*). *'Marmalade'* (griech. μελίμηλον [melímelon], aus μέλι [méli] = Honig und μῆλον [mêlon] = Apfel; vgl. *'melon'* = *Melone* und *Melisse* = „Bienenkraut") hieß in England anfangs nur das mit Zucker eingekochte Fruchtmus der Quitte oder des Granatapfels[1], wohingegen *'marmalade'* heute hauptsächlich die typisch englische *Apfelsinenmarmelade* bezeichnet.

Die Anlage und Einrichtung seines Wohnhauses beschreibt der Engländer unwissentlich ebenfalls mit einer Anzahl griechischer Wörter. Mag er den offenen Kamin, dessen knisterndes Holzfeuer seit Menschengedenken Wärme und Behaglichkeit im *'sitting-room'* verbreitet, auch für eine ureigene britische Erfindung halten, so geht doch seine Benennung

chimney

auf eine antike Wortfamilie zurück (κάμινος [káminos] = Ofen und καμάρα [kamára] = Gewölbe, Wohnraum; vgl. lat. *camera*, *'chamber'* und unsere *Kammer;* damit besteht zwischen

---

[1] Der Granatapfel verdankt seinen Namen der großen Menge an Samenkernen; vgl. *Granate*.

'chimney' und 'chamber' der gleiche Sinnzusammenhang wie bei der germanischen Entsprechung 'stove' und Stube). Das Wort

climax

ist zwar seit langem mit „Höhepunkt" zu übersetzen, bedeutete bei den Alten Griechen jedoch „Leiter" oder „Treppe" (κλῖμαξ [klîmax]; vgl. κλίμα [klíma] = Neigung, Schräge). Die alten

tapestries (Wandteppiche)

in herrschaftlichen Häusern mögen uns daran erinnern, dass unsere Tapeten (griech. τάπης [tápes] = Teppich, Decke) eigentlich ein preiswerter Ersatz dieser kunstvoll geknüpften Wandbehänge sind, deren Funktion heutzutage Ölgemälde – oft nach ihrem Malgrund schlicht

canvas (Leinwand)

genannt – übernommen haben (griech. κάνναβις [kánnabis] = Hanf). Für die aus Flachs gewebte Wäsche und Kleidung benutzt man dagegen das Wort

linen,

das trotz seiner offensichtlichen Verwandtschaft mit unserem Leinen nicht aus dem Germanischen stammt (griech. λίνον [línon] = Flachs, Faden, Leinwand; vgl. 'line' = Leine, aus Flachs gedrehtes Seil). Da traut man dem

sponge (Schwamm)

seine altehrwürdige Abkunft schon bereitwilliger zu (griech. σπόγγος [spóngos] = Schwamm; vgl. 'sponge-cloth' = saugfähiger Baumwollstoff, Frottee; 'spongiform' = schwammähnlich, wie in BSE, d.h. 'Bovine Spongiform Encephalopathy =

bei Rindern auftretende schwammförmige Hirnauflösung), während sie bei unserer modernen, auf der Anziehung bzw. Abstoßung elektrisch geladener Teilchen beruhenden Energiequelle, der

electricity (Elektrizität),

offensichtlich ist (griech. ἤλεκτρον [élektron] = Bernstein[1]; vgl. *'electron'* = negativ geladenes Elementarteilchen, *'electronics'*, *'electric'* und *'electrician'* = Elektriker). Die

lamp

gab es als Bezeichnung jeder Art von Leuchter, z.B. als Öl- oder Tranfunzel, bereits lange vor der Nutzung der Elektrizität (griech. λάμπειν [lámpein] = leuchten; λαμπάς [lampás] = Fackel). Das Gleiche gilt für die

machine,

die schon im Altertum den Menschen manche Arbeit abnahm oder erleichterte (griech. μηχανή [mechané] = Werkzeug, Maschine, List, Hilfsmittel; vgl. *'mechanic'* = Handwerker, Mechaniker, *'mechanism'* = Mechanismus, Triebwerk). Eine der Arbeiten, die eine Maschine leisten kann – etwa im Bergbau (griech. μέταλλον [métallon] = Grube, Bergwerk; vgl. *'metal'* = Metall) –, ist die

gyration (Drehung),

eine Bezeichnung, für die ebenfalls ein griechisches Wort Pate stand (γυρός [gyrós] = rund, kreisförmig; vgl. das griechische Nationalgericht *Gyros,* welches aus Röstfleisch besteht, das von einem senkrechten Drehspieß in Schichten abgeschabt wird, aber auch unsere Fremdwörter *Girlande* = bandförmiges

---

[1] Die geheimnisvolle Kraft, die manche Stoffe nach Reibung auf andere ausüben, war bis zum 16. Jahrhundert nur beim Bernstein beobachtet worden.

Laub- oder Blumengewinde und *Giro* = „Kreis", bargeldloser
Zahlungsverkehr). Als die Brüder Lumière 1896 die Technik
der bewegten Bilder (griech. τέχνη [téchne] = Kunst) erfunden
und ihr Filmvorführgerät *cinématographe* benannt hatten, bürgerte sich in der englischsprachigen Welt bald der verkürzte
Begriff

cinema (Kino)

für das Filmtheater ein, womit abermals ein uraltes Wort mit
neuem Geist beseelt war (griech. κίνημα [kínema] = Bewegung, von κινεῖν [kineîn] = bewegen; vgl. *kinetische Energie*
= Bewegungsenergie sowie *Telekinese* = „Fernbewegung" von
Gegenständen durch übersinnliche Kräfte).

Zum Schluss sei die ungewöhnliche Fruchtbarkeit des altgriechischen Stammwortes πόλις [pólis][1] erwähnt, mit dem die
Menschen der Antike ihren Stadtstaat, z.B. Athen, bezeichne-
ten. Ihm verdanken zahlreiche englische (und deutsche) Begriffe ihren Ursprung. Während

politics

die Staatskunst als Wissenschaft oder die allgemeine politische
Anschauung eines Bürgers meint, bedeutet

policy

eher deren praktische Anwendung in einem bestimmten Staat
(z.B. *'Britain's foreign policy'* = Englands Außenpolitik). Der
Politiker selbst heißt

politician

---

[1] Städte, deren Namen auf *-pol* oder *-pel* (= *-polis*) enden, sind leicht als
griechische Gründungen zu erkennen, z.B. *Konstantinopel* (Stadt des
Konstantin), *Neapel* (Neustadt), *Sewastopol* (Stadt des Sebastian) etc.

(griech. πολιτικός [politikós] = Staatsmann), und für die öffentliche Ordnung in Stadt und Land sorgt als Exekutivorgan selbstverständlich die

police,

also die *Polizei*. Im alten Stadtstaat befand sich der Königshof oder die Burg, und so wird verständlich, dass die *Bürger* der Stadt – anders als die ungehobelten Landbewohner – sich *höfliche* Manieren zulegten, was die Engländer nach wie vor durch das Adjektiv

polite

zum Ausdruck bringen (griech. πολίτης [polítes] = Bürger; vgl. *'politeness'* = Höflichkeit, gutes Benehmen). In Anlehnung an die alte *'metropolis'* („Mutterstadt", *Metropole* mit weltstädtischem Charakter) sind im vorigen Jahrhundert sogar ganz neue Wortschöpfungen mit dem Suffix *'-polis'* entstanden wie etwa die *'Megalopolis'* (Riesenstadt) oder die recht respektlosen Spitznamen *'Cottonopolis'* („Baumwollstadt") für Manchester als Zentrum der englischen Textilindustrie und *'Porkopolis'* („Schweinefleischstadt") für Chicago, das wegen seiner Schlachthöfe berühmt wurde.

b) Die Bereicherung durch außereuropäisches Wortgut

Wie alle anderen europäischen Sprachen ist das Englische seit dem Mittelalter mit fremden Kulturen und exotischen Sprachen in Berührung gekommen. Im Jahre 711 waren die Mauren über Nordafrika nach Spanien eingefallen, und in den fast acht Jahrhunderten ihrer Herrschaft über große Teile der iberischen Halbinsel hatten ihre überlegenen Kenntnisse und beeindruckenden Fähigkeiten auf den Gebieten der Literatur und Baukunst, der Medizin und Chemie, der Mathematik und Physik, des Handels und der Diplomatie einen starken Einfluss auf die europäische Kultur genommen und den Fortschritt der

Wissenschaften gefördert. So blieb es nicht aus, dass mit der Übernahme von Ideen und Erkenntnissen, von Lebensgewohnheiten und technischen Innovationen auch die entsprechenden arabischen Bezeichnungen Eingang in die europäischen Sprachen fanden.

Die Einverleibung zahlreicher Kolonien und die seit Nelsons Sieg über Napoleon unbestrittene Überlegenheit auf den Meeren sicherten dem Britischen Empire die Kontrolle über den größten Teil des Welthandels. Reiseberichte und Journalismus machten die Engländer mit entfernten Erdteilen und ungewohnten Lebensweisen bekannt, und im Gefolge des Güterzustroms wurden die Namen exotischer Waren gleich mitgeliefert. So trug einerseits das politische und kommerzielle Expansionsstreben der Engländer zur Ausweitung ihres Sprachraumes auf die Kolonien in Amerika und Australien, in Afrika und Asien bei, andrerseits hat ihre bisweilen überheblich anmutende Weltoffenheit die Bereicherung ihrer Muttersprache um viele neue Ausdrücke ermöglicht und den kosmopolitischen Charakter des Englischen gefördert.

Wörter aus dem Arabischen

Die europäischen Sprachen verdanken die meisten arabischen Entlehnungen verständlicherweise der Vermittlung des Spanischen, da die iberische Bevölkerung sich im Laufe der Jahrhunderte dem Lebensstil der maurischen Eroberer weit gehend angepasst und viele ihrer Ausdrücke zu Eigen gemacht hatte. Berühmte islamische Baudenkmäler, z.B. die im südspanischen Granada gelegene *Alhambra*[1] (*al-hamra* = die Rote) und manches andere, *Alcázar* genanntes Schloss (*al-qasr* = die Burg) erinnern an die ehemaligen Herren; auch Städtenamen wie *Alcántara* (*al-qantara* = die Brücke) oder *Almería* (*al-meriya* = der Wachtturm) verraten ihre arabischen Gründer,

---

[1] Der Artikel *al* ist ein recht verlässliches Indiz für den arabischen Ursprung eines spanischen Wortes.

und ganze Landstriche – etwa die portugiesische *Algarve* (*al-gharb* = der Westen) – sind noch immer unter ihren maurischen Bezeichnungen bekannt.

Obwohl etliche der folgenden englischen Wörter nahe Verwandte in unserer Sprache haben, ist ihr arabischer Ursprung bis auf wenige Ausnahmen nicht offensichtlich. Wir reden zwar von *arabischen* Zahlen und benutzen das Wort *Ziffer*, sind uns aber nicht bewusst, wie stark der frühe arabische Vorsprung in den Naturwissenschaften sich im Englischen und Deutschen widerspiegelt, z.B.

IN DER MATHEMATIK:

cipher   = *Ziffer*, Null[1], Geheimschrift (arab. *as-sifr* = die Leere, die Null; vgl. *Chiffre, dechiffrieren* = *entziffern*)

algebra   = *Algebra*, Buchstabenrechnung (arab. *al-jabr* = Verbindung getrennter Teile zu einem Ganzen)

IN DER CHEMIE:

chemistry = *Chemie* (arab. *al-kimiya* = die *Chemie;* vgl. *Alchimie* oder *Alchemie;* das Ziel der *Alchimisten* war insbesondere die künstliche Herstellung von Gold)

amalgam   = chemische Verbindung von Metallen mit Quecksilber (arab. *amalgama* = Verquickung; vgl. das in der Zahntechnik verwendete und umstrittene *Amalgam*)

kali   = *Kali*, Laugensalz (arab. *al-qaliy* = kalzinierte Asche; vgl. *Alkali, Kalisalz*)

alcohol   = *Alkohol* (arab. *al-kuhul* = das *Kohl,* aus Antimon bereitete Salbe zum Schwarzfärben der Augenlider; in der *Alchimie* später mit der Bedeutung „feines, trockenes Pulver" und „Weingeist")

elixir   = *Elixier*, Zaubertrank, Heilpräparat (arab. *al-iksir* = Lebenssaft; vgl. *Lebenselixier*)

musk   = *Moschus* (arab./pers. *mushk* = Hode, Duftdrüse der asiatischen Zwerghirsche)

---

[1] Im 10. Jh. wurden die römischen Zahlen in Spanien, im 15. Jh. auch im übrigen Abendland durch arabische ersetzt. Dabei spielte die bis dahin unbekannte *Ziffer* Null die entscheidende Rolle, da erst sie die Einführung des Dezimalsystems ermöglichte.

235

balm	=	*Balsam*, dickflüssiges Gemisch aus Harzen und ätherischen Ölen, das besonders in der Parfümerie und Medizin verwendet wird (arab. *balasan* = *Balsampflanze;* s. *'mummy'*)
amber	=	Bernstein (arab. *anbar* = Duftstoff aus der fettigen Darmausscheidung des Pottwals; vgl. *Ambra*)
mummy	=	*Mumie*, einbalsamierte Leiche (arab./pers[1]. *mum* = Wachs; s. *'balm'*)

IN DER ASTRONOMIE UND METEOROLOGIE:

nadir	=	*Nadir*, Fußpunkt, dem Zenit genau gegenüberliegender Punkt an der Himmelskugel (arab. *nadir* = entgegengesetzt, gegenüber)
zenith	=	*Zenit*, Scheitelpunkt, senkrecht über dem Beobachtungspunkt gelegener höchster Punkt des Himmelsgewölbes (arab. *samt* = Weg, eigentl.: *samt al-ras* = „Weg über dem Kopf"; s. auch *'race'*, S. 236)
monsoon	=	*Monsun*, trockener Landwind im Winter, feuchter Seewind im Sommer (arab. *mausim* = Jahreszeit)
sirocco	=	*Schirokko*, drückend heißer, trockener Wind in Nordafrika (arab. *sharuq* = Ostwind)
typhoon	=	*Taifun* (arab. *tufan* = Wirbelwind; s. chines. Wörter)

Bei ihren Begegnungen mit der islamischen Welt im besetzten Spanien, aber auch während der Kreuzzüge und der Kolonialzeit, hatten die christlichen Völker Europas die militärische Disziplin und den Kampfgeist der Mohammedaner fürchten gelernt. Ihren administrativen und diplomatischen Fähigkeiten in Friedenszeiten konnten sie jedoch nur Bewunderung zollen, und noch heute ist mancher muslimische Fachbegriff oder Titel in der englischen (und deutschen) Standardsprache zu finden, z.B.

IM KRIEGS- UND JAGDWESEN:

arsenal	=	*Arsenal*, Waffenlager (arab. *dar-as-sina'ah* = Haus der Handwerkskunst, Zeughaus)

---

[1] Das Persische hat eine starke arabische Beimischung; mehr als die Hälfte des persischen Wortschatzes ist semitischer Herkunft.

calibre = *Kaliber,* Durchmesser eines Geschützrohres oder eines Geschosses (arab. *qalib* = Modell, Metallgussform)

risk = *Risiko,* Gefahr (arab. *risq* = Gabe von Gottes Gnade, Lohn, Glück)

razzia = *Razzia,* Streifzug, Angriff (arab. *ghaziah* = militärischer Feldzug)

safari = *Safari,* Jagdexpedition (arab. *safar* = Reise)

askari = *Askari,* eingeborener Soldat, besonders in Westafrika (arab. *askar* = Armee)

IN POLITIK UND GESELLSCHAFT:

sultan = *Sultan* (arab. *sultan* = Macht, Herrscher; vgl. *Sultanat* und den ungar. VN *Zoltán*)

sherif[1] = *Scherif,* Nachkomme Mohammeds von seiner Tochter Fatima (arab. *sharif* = edel, erhaben)

mate = *Matt, schachmatt* (arab./pers. *esh shakh mat* = der König ist tot; vgl. auch den pers. Herrschertitel *Schah* sowie unser *matt* = schwach, kraftlos, glanzlos)

emir = *Emir,* arabischer Prinz oder Statthalter (arab. *amir* = Befehlshaber; vgl. *Admiral*)

admiral = *Admiral* (altfranz. *amiral;* arab. *amir* = Befehlshaber; vgl. *Emir*)

sheikh = *Scheich* (arab. *shaikh* = alter Mann)

gala = *Gala,* Festkleidung; festliche Feier (arab. *khil'a* = offizielle Tracht)

mask = *Maske,* Verkleidung (arab. *maskhara* = Possenreißer; vgl. *Maskerade, maskieren*)

race = *Rasse* (arab. *ras* = Ursprung, Anfang, Kopf; s. auch *'zenith',* S. 235)

sahib = Herr; besonders in Asien Anrede für einen Europäer (arab. *sahib* = Meister, Freund)

fakir = *Fakir,* Selbstpeiniger, Bettelmönch (arab. *faqir* = arm; armer Mann, Bettler)

Kaffir = *Kaffer,* abwertende Bezeichnung der weißen Südafrikaner für einen Schwarzen (arab. *kafir* = Ungläubiger)

---

[1] *'Sherif'* (auch *'shereef'*) ist nicht mit dem Wort *'sheriff'* zu verwechseln, das in einer englischen Grafschaft (= *'shire'*) einen hohen Verwaltungsbeamten oder in Amerika den obersten, gewählten Polizeibeamten einer Stadt bezeichnet.

Dass fast alle europäischen Sprachen, besonders im mediterranen Raum, die Namen arabischer Exportprodukte beinahe unverändert übernommen haben, mag nicht so sehr verwundern wie die Gewöhnung an viele merkantile Begriffe arabischer Herkunft, ja sogar an exotische Bezeichnungen im Bereich des täglichen Lebens, z.B.

IN WOHNUNG UND HAUSHALT:

harem = *Harem* (arab. *haram* = verbotener Raum)

alcove = *Alkoven* (arab. *al-qubba* = Bettnische)

mattress = *Matratze* (arab. *al-matrah* = Matte, Kissen)

sofa = *Sofa* (arab. *soffa* = Ruhebank, Kissen auf dem Kamelsattel)

divan = *Diwan*, Polstersofa (arab. *diwan* = mit Polsterkissen ausgestatteter Empfangsraum, Arbeitsraum)

carafe = *Karaffe*, dickbauchige Flasche (arab. *gharafa* = Wasser schöpfen)

IN RELIGION UND WELTANSCHAUUNG:

mosque = *Moschee* (arab. *masdjid* = Ort, wo man sich niederwirft, Anbetungsraum, Gotteshaus)

Satan = *Satan*, Teufel (arab. *shaitan* = böser Geist; hebr. *satan* = Widersacher)

kismet = *Kismet*, unabwendbares Schicksal (arab. *qismat* = von Allah zugeteiltes Los)

assassin = Meuchelmörder (arab. *hashshash* = Haschisch-Esser, Mehrz. *hashshashin;* die *Assassinen* waren Angehörige einer fanatischen mohammedanischen Sekte zur Zeit der Kreuzzüge, deren Ziel es war, im Haschischrausch möglichst viele Christen zu ermorden; vgl. *'to assassinate'* = umbringen, *'assassination'* = Meuchelmord; s. auch *'hashish'*, S. 238)

IN HANDEL UND GEWERBE:

tariff = *Zolltarif*, Preisverzeichnis (arab. *ta'rif* = Bekanntmachung)

carat = *Karat*, Gold- und Edelsteingewicht (arab. *qirat* = vier Gran; bei Juwelen entspricht ein Gramm fünf *Karat;* bei Gold wird die Feinheit der Legierung in *Karat* angegeben, reines Gold hat 24 *Karat*)

tare = *Tara,* Verpackungsgewicht (arab. *tarhah* = was weg-
geworfen wird, Abfall)

average = Durchschnitt; *Havarie,* Seeschaden, dessen Kosten in
früheren Zeiten gleichmäßig auf alle beteiligten Par-
teien verteilt wurden (arab. *awariya* = beschädigte
Ware; durch Schaden an einem Schiff oder seiner
Ladung entstandene Kosten; vgl. *'to average'* = den
Durchschnitt berechnen)

magazine = *Magazin* (arab. *makhzan* = Lager, Mehrz. *makhazin*)

coffee = *Kaffee* (arab. *qahwah* = Wein oder *Kaffee;* vgl. *Café*
und *Koffein*)

cotton = *Kattun,* Baumwolle (arab. *qutn* = Baumwollpflanze;
vgl. *Kutte* und *Chitin,* griech. χιτών [chitón] = Kleid
und lat. *tunica* = ärmelloses Gewand, *Tunika*)

lemon = *Limone,* Zitrone (arab. *limah;* vgl. *'lemonade'* = Limonade, *'limes'* = Zitrusfrüchte, *'Limey'* = amerik.
abwertende Bezeichnung für einen Engländer, da
Zitrusfrüchte früher in der brit. Marine als beste
Vorbeugung gegen den gefürchteten Skorbut galten)

orange = *Orange,* Apfelsine[1] (arab. *naranj;* vgl. span. *naranja*
und *Pomeranze* = bittere Apfelsine, aus ital. *pomo* =
Apfel und *arancia* = Orange)

date = Frucht der *Dattelpalme* (arab. *daqal* = Dattel)

sugar = *Zucker* (arab. *al-sukkar* = gemahlener *Zucker;* vgl.
span. *azucar*)

sug.-candy = *Kandiszucker* (arab. *sukkar qandi;* vgl. *kandieren* =
Früchte durch Einzuckern haltbar machen)

syrup = *Sirup,* dickflüssiger Zuckerrübenauszug oder Frucht-
saft (arab. *sharab* = Getränk; s. *'sherbet'*)

sherbet = *Sorbet,* Halbgefrorenes (arab. *sharbat* = Getränke,
Mehrz. von *sharab;* s. *'syrup'*)

hashish = *Haschisch,* Cannabis, aus dem Blütenharz des Hanfs
gewonnenes Rauschgift (arab. *hashish* = trockenes
Kraut, Heu; s. auch *'assassin',* S. 237)

---

[1] Die *Apfelsine* (= Apfel von China) verdankt ihren deutschen Namen dem
ursprünglichen Anbaugebiet in Südchina, von wo sie um 1700 über die
Nordseehäfen Amsterdam und Hamburg nach Norddeutschland ge-
langte. Die Bezeichnung *Orange* geht auf die späteren Importe aus dem
Mittelmeerraum zurück; vgl. auch *Pfirsich* (= Apfel aus Persien),
niederl. *Perzik,* engl. *'peach'.*

Wörter indischer und chinesischer Herkunft

Seit dem frühen 17. Jahrhundert hatte die britische *East India Company* an den südostasiatischen Küsten Niederlassungen gegründet und in den folgenden 200 Jahren den ganzen indischen Subkontinent unter ihre Kontrolle gebracht – für die Engländer sicherlich ein willkommener Ersatz für ihre Verluste in Nordamerika (1776 Gründung der USA). Erst Mitte des 19. Jahrhunderts übernahm die britische Regierung die Kontrolle über den Besitz der *East India Company,* und fortan regierte ein Vizekönig mit einem verhältnismäßig kleinen Heer von Verwaltungsbeamten und Soldaten eine Bevölkerung von mehreren Hundert Millionen.

Mit dem Niedergang der anderen europäischen Kolonialmächte – Portugal, Holland und Frankreich – konnte das britische Reich seine Handelstätigkeit bis nach Ostasien ausdehnen, wo man mit dem Erwerb Hongkongs im Jahre 1842 sozusagen einen Fuß in die Tür nach China gestellt hatte. Während in Indien die englischen Soldaten und Kolonialbeamten sowie die Händler, die indische Rohstoffe gegen britische Fertigwaren exportierten, in engem Kontakt mit der einheimischen Bevölkerung standen und teilweise sogar deren Lebensgewohnheiten übernahmen, beschränkte sich das Interesse an China bis zum 19. Jahrhundert vornehmlich auf ein einziges Produkt – den Tee. Trotz hoher Preise und einer horrenden Luxussteuer war das Teetrinken in England bereits im 18. Jahrhundert so verbreitet, dass die Ostindische Kompanie nicht einmal davor zurückschreckte, den Chinesen diese heiß begehrte Ware mit Opiumlieferungen aus den eigenen Besitzungen in Hinterindien zu bezahlen. Erst als es gelungen war, Teepflänzchen aus China herauszuschmuggeln und in Indien und Ceylon, also in den eigenen Kolonien, Teeplantagen anzulegen, schlug den Regierenden in London das Gewissen, und sie fanden sich endlich bereit, einen schmutzigen Tauschhandel zu verbieten, dessen moderne Variante *Waffen für Öl* heißt.

Obwohl das Chinesische viele Gemeinsamkeiten mit der englischen Sprache aufweist[1], hat es verständlicherweise einen wesentlich geringeren Einfluss auf das Englische gehabt als die Amtssprache Indiens – das *Hindi* –, und naturgemäß beschränken sich die Entlehnungen aus dem Chinesischen mehr oder weniger auf Handelsgüter und den Austausch von Höflichkeiten (oder von deren Gegenteil), während die meisten aus den indischen Sprachen adoptierten Wörter den recht angenehmen Lebensstil der europäischen Kolonialherren spiegeln, denen allenfalls Krankheiten zu schaffen machten, von denen man in der Heimat nicht einmal die Namen kannte.

WÖRTER AUS DEM CHINESISCHEN:

tea   = *Tee* (chin. *t'e,* im Mandarindialekt *ch'a;* vgl. die *tscha* bzw. *tschaj* ausgesprochenen Bezeichnungen für *Tee* in den slaw. Sprachen und im Türkischen)

kaolin   = *Kaolin,* Porzellanerde (chin. *kao* = hoch, *ling* = Hügel; nach dem Berg *Kaoling,* woher der Rohstoff zur Porzellanherstellung ursprünglich stammte)

typhoon   = *Taifun* (chin. *tai fung* = größter Wind; s. arab. Wörter)

sampan   = *Sampan,* Wohnboot (chin. *sam* = drei, *pan* = Deck)

mah-jong   = *Mah-Jongg,* chinesisches Dominospiel (chin. *ma* = Sperling, *djung* = Spiel)

chin-chin   = Prosit! (chin. *t'sing t'sing* = „Zum Wohl!")

---

[1] Das Englische ähnelt in der Tat dem Chinesischen, da beide Sprachen hauptsächlich aus kurzen, wenn nicht gar einsilbigen Wörtern bestehen, die oft nur in der Vokalhöhe differieren (z.B. engl. *'man'*-*'men'; 'pit'*-*'pet'*-*'pat'*-*'pot'*-*'put'; 'kin'*-*'Ken'*-*'can'*-*'con'; 'sheer'*-*'share'*-*'shore'*-*'sure'* etc.) oder als Homophone – d.h. gleich klingende Wörter unterschiedlicher Bedeutung und Schreibung – noch schwerer auseinander zu halten sind (z.B. *'sow'*-*'sew'*-*'so'* = säen - nähen – also / *'blue'*-*'blew'* = blau - blies / *'no'*-*'know'* = nein - kennen etc.). Desgleichen ist in beiden Sprachen meist nur aus dem Kontext ersichtlich, ob es sich um eine *Tätigkeit* oder einen *Zustand,* eine *Person* oder *Sache,* möglicherweise aber auch deren *Eigenschaft* handelt, da das Englische ebenfalls auf fast alle Endungen verzichtet (Ausnahmen: *'-s', '-ed',* und *'-ing'* als Verbsuffixe, *'-s'* als Pluralendung von Hauptwörtern, *'-er'* und *'-est'* bei der Steigerung von Adjektiven und *'-ly'* bei Adverbien).

mandarin = *Mandarin,* europäischer Name für hohe Beamte des chinesischen Kaiserreichs; *Mandarine,* kleine, orangenähnliche Zitrusfrucht (ursprünglich malai./ind. *mantri* = Ratgeber; die *Mandarine* verdankt ihren Namen möglicherweise dem gelben Gewand der chinesischen Beamten)

cotow = *Kotau,* ehrerbietige Verbeugung bis auf den Boden (chin. *k'o* = klopfen, anstoßen, *t'ou* = Kopf)

Chink = Slangausdruck für einen Chinesen (falsche Aussprache des Ländernamens *China;* chin. *chung-kuo* = Reich der Mitte)

Chinaman = abfällig für *Chinese* (chin. *chung-kuo-ren* = Mann aus dem Reich der Mitte; das Wort *'chinaman'* ist also eigentlich eine wörtliche Übersetzung des Ausdrucks, mit dem sich ein Chinese selbst bezeichnet)

coolie = *Kuli,* chinesischer oder indischer Tagelöhner, Lastträger (chin. *ku* = bitter, *li* = Mühe; s. auch ind. Wörter, S. 242)

WÖRTER AUS DEM INDISCHEN SPRACHRAUM:

posh = exquisit, tipptopp (angebl. Abkürzung von *'port out – starboard home';* vornehme Indienreisende bevorzugten auf der Hinreise eine zum kühleren Norden gerichtete Kabine auf der linken Schiffsseite – also an Backbord –, während sie auf der Heimreise an Steuerbord wohnten)

dinghy = *Dinghi,* Beiboot (ind. *dingi* = kleines Boot)

bungalow = *Bungalow,* typischer Flachbau der Europäer in Indien (ind. *bangla* = bengalisch; vgl. *Bengalen* sowie die ind. Stadt *Bangalore* und den Staat *Bangladesch)*

verandah = *Veranda,* gedeckter, balkonartiger Vorbau eines Hauses (ind. *varanda* = Geländer)

cot = Kinderbett, leichte Bettstelle (ind. *khat* = Bett, Hängematte)

pyjamas = *Pyjama,* weite, in der Hüfte mit einem Band gehaltene Hose, Schlafanzug (ind. *pae-jamah* = lose Hose, aus *pae* = Fuß, Bein und *jamah* = Kleid)

shampoo = *Shampoo,* Haarwaschmittel (ind. *chhampna* = massieren, *chhampo* = „Massiere!")

chintz = *Chintz,* glänzendes, mit bunten Blumenmustern bedrucktes Baumwollgewebe (ind. *chint* = bunt)

lilac	=	*Lila*, Flieder (ind. *lil* = blau, bläulich)
khaki	=	*Khaki*, Erdfarbe, gelbbrauner Stoff der Tropenuniformen (ind. *khaki* = staubig)
jodhpurs	=	*Jodhpurhose*, oben weite, von den Knien an enge Reithose (benannt nach der indischen Stadt *Jodhpur*)
polo	=	*Polo*, Reiterballspiel (ind. *polo* = Ball)
punch	=	*Punsch*, alkoholisches Heißgetränk (ind. *panch* = fünf; so benannt nach den fünf, für einen *Punsch* notwendigen Zutaten: Arrak, Zucker, Zitronensaft, Wasser oder Tee und Gewürz; vgl. auch die ind. Landschaft *Pandschab*, engl. '*Punjab*' = Fünfstromland)
cheroot	=	Zigarre, Stumpen (ind. *shuruttu* = Tabakrolle)
curry	=	*Curry*, Gewürzmischung oder mit scharfen Gewürzen gekochtes Reisgericht (ind. *kari* = Tunke)
beriberi	=	*Beriberi*, Vitaminmangel-Krankheit mit Lähmungserscheinungen und allgemeinem Kräfteverfall (aus der Verdopplung von ind. *beri* = Schwäche)
jungle	=	*Dschungel*, (ind. *jangal* = Ödland, Unterholz)
jute	=	*Jute*, Faser aus der Rinde eines indischen Baumes (ind. *jhoto* = Haarzopf, Flechte)
calico	=	*Kaliko*, feines Baumwollgewebe, bes. für Bucheinbände (benannt nach der ostindischen Stadt *Kalikut*)
rupee	=	*Rupie*, Währungseinheit in Indien (ind. *rupiyah* = geprägtes Silber; vgl. auch *Rubel*)
loot	=	Kriegsbeute, plündern (ind. *lut* = Beute)
nabob	=	*Nabob*, Provinzgouverneur, reicher Mann (ind. *nawwah* = verehrungswürdig; in England wurden ehemalige Kolonialbeamte, die wohlhabend in die Heimat zurückkehrten, ebenfalls *Nabob* genannt)
coolie	=	*Kuli*, Name indischer und chinesischer Tagelöhner, Lastträger (*Kuli* = indischer Stamm in Guzerat; tamil. *kuli* = mieten; s. auch chines. Wörter, S. 241)
pariah	=	*Paria*, Angehöriger der niedersten Kaste in Indien, Unberührbarer, Ausgestoßener (ind. *paraiyan* = Trommelschläger)
Brahman	=	*Brahmane*, Angehöriger der indischen Priesterkaste (ind. *brahman* = Priester; vgl. *Brahma* = höchster Gott des Hinduismus, *Brahmaputra* = Fluss in Indien)
rajah	=	*Radscha*, indischer Fürstentitel (ind. *rajah* = König, Fürst; Königin, Fürstin = '*ranee*')

maharajah = *Maharadscha,* Titel indischer Prinzen (ind. *maha =* groß, *rajah =* Fürst; vgl. auch Gandhis Ehrentitel *Mahatma:* aus *maha =* groß und *atmán =* Seele, Hauch, woraus sich übrigens unsere Wörter *Atem* und *atmen* entwickelt haben!)

Wörter aus den Eingeborenensprachen

Es würde zu weit führen, alle fremden Sprachen, mit denen die Briten in ihrem weltumspannenden Empire in Berührung kamen, auch nur aufzuzählen oder gar ihrem Einfluss auf das Englische nachzuspüren; trotzdem sollen einige etymologisch interessante Wortübernahmen aus den alten Sprachen der Neuen Welt angeführt und auch die Handvoll der ins Englische übernommenen Ausdrücke vom Schwarzen Kontinent sowie von den *Aborigines* Australiens nicht unerwähnt bleiben.

Man darf annehmen, dass die Engländer in den „primitiven" Sprachen der Eingeborenen keine allzu große Quelle der Bereicherung für ihre Muttersprache sahen, da man mit den Ureinwohnern weder handelte noch verhandelte, sondern ihr Territorium mitsamt aller Schätze von Anfang an als rechtmäßiges Eigentum der Krone betrachtete und jeden engeren Kontakt mit den „unzivilisierten" Stämmen und Völkern in ihren Rückzugsgebieten und Reservaten bis auf den heutigen Tag vermieden hat. So kann es kaum verwundern, dass im Englischen nur eine äußerst bescheidene Anzahl von Wörtern aus den Sprachen der Indianer, der Afrikaner und der australischen *Aborigines* – meist zur Bezeichnung fremder Tier- und Pflanzenarten – überlebt hat. Im Gegenteil, es wird als selbstverständlich angesehen, dass die Ureinwohner sich kulturell weit gehend angepasst haben und längst die Sprache ihrer ehemaligen britischen Kolonialherren als ihre eigene betrachten. Von den wenigen Eingeborenenwörtern, die man für wert befand, ins Englische aufgenommen zu werden, stammen z.B. die folgenden

AUS DEM ALTEN AMERIKA:

cannibal	=	*Kannibale,* Menschenfresser (karib. *caribe* = tapfer; Kolumbus glaubte auf seiner Fahrt nach Westen – die ihn ja eigentlich nach Indien hatte bringen sollen – das Reich des Groß-*Khans* erreicht zu haben; daher missverstand er den Namen des Antillenstammes der *Karaiben,* die gefürchtete Menschenfresser waren, als *Kaniben* und bezeichnete sie als *caníbales* und später als *caríbales;* vgl. *'Caribbean Sea' = Karibik*)
canoe	=	*Kanu,* hölzernes Ruderboot der Eingeborenen, primitiver Einbaum (karib. *canaoa* = Baumkahn)
hurricane	=	*Hurrikan,* heftiger Sturmwind in Westindien (karib. *furacan;* vgl. unser Lehnwort *Orkan*)
hammock	=	*Hängematte* (karib. *hamaca* = hängendes Bett)
potato	=	*Kartoffel*[1] (karib. *batata* = Süßkartoffel; vgl. *Batate* und niederl. *patates* = Pommes frites)
tomato	=	*Tomate*[2] (mexik. *tomatl*); die Tomate war bereits bei den Azteken eine hochentwickelte Kulturpflanze
cocoa	=	*Kakao,* Pulver aus den Samenkörnern der Frucht des Kakaobaumes (mexik. *kakaua-atl;* vgl. *Schokolade*)
chocolate	=	*Schokolade,* Kakaotrunk (mexik. *chocolatl,* eng verwandt mit *kakaua-atl;* vgl. *Kakao*)
coyote	=	*Kojote,* amerikanischer Präriewolf (mexik. *coyotl*)
totem	=	*Totem,* Ahnentier und Stammeszeichen einer indianischen Sippe, das als zauberischer Helfer verehrt wird (indian. *ototeman* = Zeichen, Familie, Stamm)
Manitou	=	*Manitu,* Großer Geist, Gott (indian. *manitu* = er ist *manit,* d.h. die allen Menschen und Dingen innewohnende Macht; vgl. die nach *Manitu* benannte kanadische Provinz *Manitoba*)

---

[1] Unser Wort *Kartoffel* stammt aus Italien, wo die *tartufoli* eigentlich *Trüffel* (= Pilze) bezeichnen, deren unterirdische Fruchtkörper Ähnlichkeit mit Kartoffeln haben. In Deutschland wurde der „Erdapfel" erst in den Hungerzeiten des Dreißigjährigen Krieges ein wichtiges Volksnahrungsmittel.

[2] Die nach der Entdeckung Amerikas auch in Europa angebauten *Tomaten* fanden zunächst nur als Zierpflanzen Verwendung, da ihre Früchte für giftig, zumindest für ungesund gehalten wurden. Bei uns hießen sie früher „Liebesäpfel" oder „Paradiesäpfel"; in Österreich werden sie noch heute „Paradeiser" genannt.

AUS SCHWARZAFRIKA:

banana = *Banane,* tropische Südfrucht (westafrik. *bana*)

zebra = afrikanisches Wildpferd mit weißen und schwarzen Streifen (kongol. *serbá*); interessanterweise betrachten wir das *Zebra* als weißes Tier mit schwarzen Streifen, während es die Eingeborenen in Afrika als ein schwarzes Tier mit weißen Streifen bezeichnen

gnu = süd- und ostafrikanische Antilope (hottent. *nqu*)

corral = Viehgehege, Pferch (aus der Sprache der Hottentotten; vgl. *Kral* = Runddorf afrikanischer Stämme)

tsetse ≐ *Tsetsefliege,* Stechfliege im tropischen Afrika, Überträgerin der Schlafkrankheit (Bantusprache); das Wort ahmt wohl das Fluggeräusch des Insekts nach

chimpanzee = *Schimpanse,* dem Menschen entwicklungsgeschichtlich am nächsten stehende Menschenaffengattung (zentralafrik. Eingeborenenwort)

gorilla = *Gorilla,* schon in der Antike bekannte Menschenaffengattung (westafrik. Eingeborenenwort)

VOM AUSTRALISCHEN KONTINENT:

boomerang = *Bumerang,* gekrümmtes Wurfholz, Jagdwaffe der Eingeborenen (austral. *wo-mur-rang*)

kangaroo = *Känguru,* Beuteltier (austral. *kangooroo;* im 18. Jahrhundert von James Cook entdeckt)

wombat = *Wombat,* Beutelmaus (austral. *womat*)

emu = *Emu,* straußenähnlicher Laufvogel (austral. *emia*)

dingo = *Dingo,* australischer Wildhund (Eingeborenenwort)

*

Es wäre geradezu verwunderlich, wenn die Engländer – die zwar immer eine gewisse Hochachtung für unsere Kultur hegten, uns in Kriegszeiten jedoch die *Hunnen* nannten – nicht auch eine Reihe von anscheinend unübersetzbaren deutschen Wörtern übernommen hätten. Die folgende kleine Auswahl vorwiegend wenig schmeichelhafter Germanismen in der englischen Sprache spiegelt ohne Frage ein tief verwurzeltes Vorurteil gegen uns *Krauts,* das aber angesichts der bedauerlichen

Erfahrungen, die England im 20. Jahrhundert mit uns Deutschen gemacht hat, vielleicht nicht ganz unbegründet ist:

'Kraut' (Schimpfwort für einen Deutschen), *'kaiser'*, *'reich'*, *'kriegspiel'*, *'reiter'* (Kavallerist), *'jäger'* (Scharfschütze; früher vom Förster rekrutiert), *'Hun'* (Hunne, deutscher Soldat), *'horde'*, *'knapsack'* („Knappsack", Tornister), *'rucksack'*, *'Nazi'*, *'Gestapo'*, *'blitz'* (Blitzkrieg), *'London blitz'* (Luftangriffe auf London), *'Krupp'*, *'flammenwerfer'*, *'gasmask'*, *'flak'*, *'schuss'*, *'strafe'* (Angriff; Geschützfeuer), *'to strafe'* (bombardieren), *'werwolf'*, *'poltergeist'*, *'kobold'* (Hausgeist), *'aberglaube'*, *'crank'* (krank), *'kummel'* (Kümmellikör), *'schnaps'*, *'fleck'*, *'lust'*, *'grobian'*, *'gestalt'*, *'schneuzer'* (Schnurrbart), *'meerschaum'* (Meerschaumpfeife), *'groschen'*, *'spiel'* (Wettkampf), *'schnauzer'* (Hund), *'dachshund'*, *'spitz'* (Hund), *'otter'*, *'hinterland'*, *'loess'* (Löss), *'linden'* (Lindenbaum), *'schmalz'*, *'schnitzel'*, *'sauerkraut'*, *'kohlrabi'*, *'zwieback'*, *'marzipan'*, *'kindergarten'*, *'kultur'*, *'krummhorn'*, *'umlaut'* und *'zollverein'*.

*

Hiermit wollen wir die etymologischen Betrachtungen abschließen, die uns vor allem beim Lesen englischer Texte (aber auch beim Zuhören) helfen können, die Bedeutung vieler Wörter zu erkennen oder abzuleiten und über Assoziationen im Gedächtnis zu behalten. Der folgende Teil wird Ihnen eine Menge Tricks für eine bessere Kommunikationsfähigkeit in der Fremdsprache verraten, z.B. wie Sie in den verschiedensten Lebenssituationen die passenden Worte finden, wie Sie Ihren aktiven Wortschatz weniger mühsam erweitern, wie Sie in Zukunft Aussprache- und Rechtschreibfehler vermeiden und die englische Grammatik gar auf drei bis vier Faustregeln reduzieren können!

* * *

II

Wichtige Lerntipps und Faustregeln

Vielleicht gehören Sie zu den glücklichen Menschen, denen
das „Vokabelpauken" nie allzu schwer gefallen ist. Trotzdem
werden Sie möglicherweise die Erfahrung gemacht haben,
dass schnelles Lernen meist auch schnelles Vergessen bedeutet
und Sie neue Wörter kaum über den jeweiligen Vokabeltest
oder die anstehende Klausur hinaus zur Verfügung haben. Im
Folgenden erfahren Sie eine Handvoll Tricks, mit denen Sie
sich nicht nur das traditionelle Aneignen von Vokabeln
erleichtern können, sondern durch die spontane Einsicht in ein
Prinzip – und nicht durch Büffeln! – auch in der Lage sind,
eine Vielzahl bislang unbenutzter Wörter beim Abfassen eines
englischen Textes oder in Gesprächen augenblicklich zu
verwenden, dabei typische Orthographiefehler zu vermeiden,
die Geheimnisse einer korrekten Aussprache zu durchschauen
und die Grundsätze des Satzbaus zu beherzigen.

1

Verdoppeln Sie doch einfach Ihren Wortschatz!

Im gleichen Augenblick, in dem Sie einen der nachstehenden
Tricks begreifen, haben Sie sich eigentlich schon eine große
Anzahl neuer Wörter erschlossen. Um die Gültigkeit des jeweiligen Prinzips zu überprüfen und eine gewisse Geläufigkeit
in seiner Anwendung zu erzielen, sollten Sie sich dennoch ein
wenig mit den angeführten Wortbeispielen beschäftigen,
zumal auch Ihr Leseverstehen davon profitieren wird.

a) Deutsche Verben und ihre englischen Kurzformen

Ein Großteil des englischen Vokabulars stammt, wie wir im ersten Teil gesehen haben, aus dem Germanischen. Besonders bei kurzen englischen Verben ist die Wahrscheinlichkeit sehr hoch, dass es sich um ursprünglich deutsche Wörter handelt. Die in der Wortliste mit einem * gekennzeichneten Beispiele sind dagegen gebräuchliche Eindeutschungen aus dem Englischen.

Tipp   *Streichen Sie versuchsweise das Suffix -en bei zweisilbigen deutschen Tätigkeitswörtern. In vielen Fällen erhalten Sie automatisch die entsprechende englische Verbform!*

➲   *bringen = 'to bring'*

Anmerkungen:

- Unser *ü* wird im Englischen meist durch ein *'i'* ersetzt!
- Deutsche Vorsilben sind in der Regel zu streichen!
- Endkonsonanten werden im Englischen nicht verdoppelt! (Ausnahmen: *'f'*, *'l'* und *'s'*)
- Die Kombination *'kn-'* wird nur als [n-] gesprochen!

Beweisen Sie sich, wie leicht es sein kann, englische Verben aus dem Deutschen abzuleiten (die Lösungen finden Sie neben vielen anderen Beispielen auf den nächsten Seiten):

bersten	= ?	lüften	= ?	stemmen	= ?
blinken	= ?	pumpen	= ?	trompeten	= ?
füllen	= ?	rammen	= ?	trotten	= ?
*ein*lullen	= ?	rosten	= ?	*ver*rotten	= ?
hacken	= ?	schlingen	= ?	warnen	= ?
knoten	= ?	schnappen	= ?	*ein*wachsen	= ?

Beispiele englischer Kurzverben

Grundbedeutg.	veränderte Bedeutung	engl. Verb (Bemerkungen)
bell*en*	läuten, schellen	- **bell** [e] (*'bell'* = Glocke)
berst*en*		- **burst** [ə:]
bind*en*		- **bind** [ai]
blink*en*	zwinkern	- **blink** [i]
box*en*		- **box** [ɔ]
bring*en*		- **bring** [i]
duck*en*	tauchen, sich ducken	- **duck** [ʌ] (*'Donald Duck'*)
*ein*lull*en*	beruhigen	- **lull** [ʌ]
end*en*		- **end** [e]
fall*en*		- **fall** [ɔ:]
find*en*		- **find** [ai]
fisch*en*		- **fish** [i]
flieh*en*		- **flee** [i:] (ohne Dehnungs-*h*)
flirt*en**		- **flirt** [ə:]
form*en*		- **form** [ɔ:]
füll*en*		- **fill** [i]
gap*en*	gaffen, gähnen	- **gape** [ei]
grill*en**		- **grill** [i]
gurgel*n*	glucksen	- **gurgle** [ə:]
hack*en*	zerhacken, treten	- **hack** [æ]
hast*en*	eilen, sich beeilen	- **haste** [ei]
hinder*n*		- **hinder** [i]
hör*en*		- **hear** [iə]
kick*en**	mit dem Fuß stoßen	- **kick** [i]
knot*en*	verknüpfen	- **knot** [nɔt]
küss*en*		- **kiss** [i]
land*en*		- **land** [æ]
last*en*	(an)dauern	- **last** [ɑ:]
leck*en*	auslaufen, undicht sein	- **leak** [i:]
lehn*en*		- **lean** [i:] (ohne Dehnungs-*h*)
lern*en*		- **learn** [ə:]
lös*en*	lockern	- **loose** [u:]

lüften	(an)heben	- **lift** [i] (vgl. *liften, Lift*)
machen		- **make** [ei] (*ch* = 'k')
managen*	handhaben, leiten	- **manage** [æ-]
meinen	bedeuten	- **mean** [i:]
melken		- **milk** [i]
missen	verpassen, verfehlen	- **miss** [i]
mixen*	mischen	- **mix** [i]
ordern*	bestellen	- **order** [ɔ:]
packen		- **pack** [æ]
pellen	abschälen	- **peel** [i:]
picken	(auf)nehmen	- **pick** [i]
pinnen	anheften	- **pin** [i] (ohne Verdopplung)
planen		- **plan** [æ]
plündern		- **plunder** [ʌ]
pressen	drängen, drücken	- **press** [e]
puffen	paffen, verpuffen	- **puff** [ʌ]
pullen	(= rudern) ziehen	- **pull** [u] (vgl. *'pullover'*)
pumpen		- **pump** [ʌ]
rammen		- **ram** [æ] (ohne Verdopplung)
rasten	sich ausruhen	- **rest** [e]
rennen		- **run** [ʌ] (ohne Verdopplung)
rollen		- **roll** [ou]
rösten		- **roast** [ou]
rosten		- **rust** [ʌ]
schaudern		- **shudder** [ʌ]
scheinen	leuchten, strahlen	- **shine** [ai]
schlingen	hängen, aufhängen	- **sling** [i]
schnappen	ergreifen	- **snap** [æ] (ohne Verdopplung)
schrillen	gellen, schrill äußern	- **shrill** [i]
schwärmen	sich drängen	- **swarm** [ɔ:]
schwellen	anschwellen	- **swell** [e]
schwimmen		- **swim** [i] (ohne Verdopplung)
schwindeln		- **swindle** [i]
schwingen		- **swing** [i]
schwören	fluchen	- **swear** [ɛə]
sehen		- **see** [i:] (ohne Dehnungs-*h*)

send*en*		- **send** [e]
sing*en*		- **sing** [i]
sink*en*		- **sink** [i]
spann*en*	um-, überspannen	- **span** [æ] (ohne Verdopplung)
spar*en*	schonen, aussparen	- **spare** [εə]
spend*en*	ausgeben	- **spend** [e]
spinn*en*	drehen, wirbeln	- **spin** [i] (ohne Verdopplung)
spring*en*		- **spring** [i]
starr*en*		- **stare** [εə]
start*en**		- **start** [ɑ:]
steck*en*		- **stick** [i]
stehl*en*		- **steal** [i:] (ohne Dehnungs-*h*)
stemm*en*		- **stem** [e] (ohne Verdopplung)
stepp*en*	treten, schreiten	- **step** [e] (ohne Verdopplung)
still*en*	beruhigen	- **still** [i]
stink*en*		- **stink** [i]
stopp*en*		- **stop** [ɔ] (ohne Verdopplung)
stör*en*	bewegen, rühren	- **stir** [ə:]
streu*en*	aus-, bestreuen	- **strew** [u:] (*u* = '*w*')
ström*en*		- **stream** [i:]
stürm*en*		- **storm** [ɔ:]
tast*en*	schmecken	- **taste** [ei]
trompet*en*		- **trumpet** [ʌ]
trott*en*	traben	- **trot** [ɔ] (ohne Verdopplung)
tu(e)n		- **do / does** [u: / ʌ]
turn*en*	drehen, wenden	- **turn** [ə:]
*ver*lang*en*	sich sehnen	- **long** [ɔ] (vgl. *langen nach*)
*ver*rott*en*		- **rot** [ɔ] (ohne Verdopplung)
*ver*wund*en*		- **wound** [u:]
walk*en*	wälzen, gehen	- **walk** [ɔ:] (vgl. *Walzer*)
wall*en*	hervorquellen	- **well** [e] (vgl. *aufwallen*)
wander*n*		- **wander** [ɔ]
wärm*en*	erwärmen, aufwärmen	- **warm** [ɔ:]
warn*en*		- **warn** [ɔ:]
wasch*en*		- **wash** [ɔ]
wachs*en*	einwachsen, bohnern	- **wax** [æ]

wend*en*	s. begeben, s. wenden	- **wend** [e]
werk*en*	arbeiten	- **work** [ə:] (vgl. *werkeln*)
wind*en*	aufdrehen, aufziehen	- **wind** [ai]
wink*en*	blinzeln	- **wink** [i]
wunder*n*	sich wundern	- **wonder** [ʌ]

*

b) Die Nützlichkeit deutscher Fremdwörter

Da die englische Sprache entscheidend durch das Lateinische und seine romanischen Nachfolgesprachen mitgeprägt wurde, liegt der Nutzen deutscher Fremdwörter – sofern sie ebenfalls aus dem Lateinischen stammen – auf der Hand. Die folgenden Seiten bieten Ihnen Gelegenheit, Ihren Fremdwortschatz zu erweitern und gleichzeitig zu erfahren, wie dieser Ihnen bei Übersetzungen ins Englische, aber auch in Gesprächssituationen aus der Verlegenheit helfen kann.

Tipp *Versuchen Sie, ein deutsches Verb durch ein Fremdwort mit dem Suffix -ieren zu ersetzen. Wenn Sie diese Endung streichen, erhalten Sie fast immer ein gleichbedeutendes englisches Verb!*

➲ *(einführen) import~~ieren~~ = 'to import'*

Anmerkungen:

- Manche englische Verben sind – anders als im Deutschen – nicht von der ersten, sondern von der dritten Stammform des lateinischen Tätigkeitswortes abgeleitet, z.B. dt. *agieren* (von *agere*) – engl. *'to act'* (also von *actum*)!
- Die deutsche Endung *-fizieren* wird im Englischen zu *'-fy'* verkürzt (z.B. *simplifizieren = 'to simplify'*, s. weitere Tipps).

Genießen Sie zunächst Ihre schöpferischen Fähigkeiten, indem Sie die folgenden deutschen Fremdwörter zu korrekten, bislang wahrscheinlich unbekannten englischen Verben umfunktionieren! Danach sollten Sie sich ruhig ein wenig in die Wortlisten vertiefen, in denen Sie auch diese Wörter wiederfinden:

zusammenrechnen	(addieren)	= ?
anpassen	(adaptieren)	= ?
Beifall klatschen	(applaudieren)	= ?
beistehen	(assistieren)	= ?
verbinden	(bandagieren)	= ?
ausersehen	(designieren)	= ?
sich unterscheiden	(differieren)	= ?
begleiten	(eskortieren)	= ?
bestehen	(existieren)	= ?
ausprobieren	(experimentieren)	= ?
(an)heften, befestigen	(fixieren)	= ?
arbeiten	(funktionieren)	= ?
verallgemeinern	(generalisieren)	= ?
nicht beachten	(ignorieren)	= ?
einpflanzen	(implantieren)	= ?
in Kenntnis setzen	(informieren)	= ?
sammeln	(kollektieren)	= ?
verbinden	(kombinieren)	= ?
gegenüberstellen	(kontrastieren)	= ?
jammern	(lamentieren)	= ?
misshandeln	(malträtieren)	= ?
erneuern	(modernisieren)	= ?
beobachten	(observieren)	= ?
ebnen	(planieren)	= ?
aufstellen	(postieren)	= ?
verwirklichen	(realisieren)	= ?
auswählen	(selektieren)	= ?
ausgeben	(spendieren)	= ?
entlassen	(suspendieren)	= ?
neigen zu	(tendieren)	= ?
stimmen für	(votieren)	= ?

Verben aus deutschen Fremdwörtern auf -ieren (1)
(Die Liste ist nach den deutschen Fremdwörtern alphabetisch sortiert)

deutsche Bedeutung	dt. Fremdwort	engl. Entsprechung
aufsaugen	absorbieren	- **absorb** [ɔ:]
anpassen, bearbeiten	adaptieren	- **adapt** [-æ]
zusammenrechnen	addieren	- **add** [æ]
an Kindes statt annehmen	adoptieren	- **adopt** [-ɔ]
richten an, anreden	adressieren	- **address** [-e]
sich eingewöhnen	akklimatisieren	- **acclimatise**[1] [-ai-]
annehmen, hinnehmen	akzeptieren	- **accept** [-e]
aufschrecken, wecken	alarmieren	- **alarm** [-ɑ:]
(sich) vergnügen	amüsieren	- **amuse** [ju:]
untersuchen, zergliedern	analysieren	- **analyse** [æ-]
sich gewaltsam aneignen	annektieren	- **annect** [-e]
sich mahnend wenden	appellieren	- **appeal** [i:]
Beifall klatschen	applaudieren	- **applaud** [ɔ:]
genehmigen, bestätigen	approbieren	- **approve** [u:]
befestigen, bewaffnen	armieren	- **arm** [ɑ:]
ordnen, vereinbaren	arrangieren	- **arrange** [ei]
verhaften	arrestieren	- **arrest** [-e]
vorwärts kommen, ankomm.	arrivieren	- **arrive** [ai]
beistehen, helfen	assistieren	- **assist** [i]
hochachten, schätzen	ästimieren	- **esteem** [i:]
angreifen	attackieren	- **attack** [æ]
bescheinigen	attestieren	- **attest** [e]
ermächtigen, billigen	autorisieren	- **authorise** [ɔ:-]
benachrichtigen, warnen	avisieren	- **advise** [ai]
im Gleichgewicht halten	balancieren	- **balance** [æ-]
verbinden	bandagieren	- **bandage** [æ-]
gründen auf	basieren	- **base** [ei]
beschuldigen, bloßstellen	blamieren	- **blame** [ei]
hemmen, hindern	blockieren	- **block** [ɔ]

---

[1] Die alte – und noch amerikanische – Schreibung des Suffixes *'-ize'* ist durch die modernere Form *'-ise'* [-aiz] ersetzt worden.

Bomben werfen	**bombard**_ieren_	- **bombard** [ɑ:]
kaltstellen, meiden	**boykott**_ieren_	- **boycott** [ɔi]
die Farbe wechseln	**chang**_ieren_	- **change** [ei]
zeitlich festsetzen, festlegen	**dat**_ieren_	- **date** [ei]
erörtern	**debatt**_ieren_	- **debate** [ei]
ableiten, folgern	**deduz**_ieren_	- **deduce** [ju:]
vorbeimarschieren	**defil**_ieren_	- **defile** [ai]
erklären, abgrenzen	**defin**_ieren_	- **define** [ai]
verunstalten, entstellen	**deform**_ieren_	- **deform** [ɔ:]
absetzen, entwürdigen	**degrad**_ieren_	- **degrade** [ei]
öffentlich reden, vortragen	**deklam**_ieren_	- **declaim** [ei]
verkünden	**deklar**_ieren_	- **declare** [ɛə]
beugen (gram.), sich senken	**deklin**_ieren_	- **decline** [ai]
außer Dienst stellen	**demobilis**_ieren_	- **demobilise** [ou]
entkräften, zermürben	**demoralis**_ieren_	- **demoralise** [ɔ]
anzeigen, öffentlich rügen	**denunz**_ieren_	- **denounce** [au]
verschleppen	**deport**_ieren_	- **deport** [ɔ:]
verlassen	**desert**_ieren_	- **desert** [-ə:]
ausersehen, beabsichtigen	**design**_ieren_	- **design** [ai]
genau beschreiben	**detaill**_ieren_	- **detail** [ei]
bestimmen	**determin**_ieren_	- **determine** [-ə:]
entscheiden	**dezid**_ieren_	- **decide** [ai]
sich unterscheiden	**differ**_ieren_	- **differ** [i]
speisen, essen	**din**_ieren_	- **dine** [ai]
ernüchtern, v. Illus. befreien	**desillusion**_ieren_	- **disillusion** [u:]
verringern, nicht mitrechnen	**diskont**_ieren_	- **discount** [au]
in schlechten Ruf bringen	**diskredit**_ieren_	- **discredit** [e]
sich streiten, streiten um	**disput**_ieren_	- **dispute** [ju:]
Abstand nehmen	sich **distanz**_ieren_	- **distance** [i]
verteilen	**distribu**_ieren_	- **distribute** [-i-]
züchtigen	**disziplin**_ieren_	- **discipline** ['i-i]
teilen	**divid**_ieren_	- **divide** [-ai]
beurkunden, urkdl. belegen	**dokument**_ieren_	- **document** [ɔ]
unnötig erregend darstellen	**dramatis**_ieren_	- **dramatise** [æ-]
malerisch behängen	**drap**_ieren_	- **drape** [ei]
zurichten; bekleiden	**dress**_ieren_	- **dress** [e]

sich bekämpfen	sich **duell**_ieren_	- **duel** [juː]
herausgeben (Zeitung)	**edit**_ieren_	- **edit** [e]
in Umlauf bringen, aussend.	**emitt**_ieren_	- **emit** [-i]
verpflichten; sich verloben	**engag**_ieren_	- **engage** [ei]
abtragen, verwittern	**erod**_ieren_	- **erode** [ou]
begleiten	**eskort**_ieren_	- **escort** [ɔː]
frohlocken	**exalt**_ieren_	- **exult** [ʌ]
prüfen	**examin**_ieren_	- **examine** [æ]
ausführen, vollstrecken	**exekut**_ieren_	- **execute** [e-]
ausgraben	**exhum**_ieren_	- **exhume** [juː]
verbannen, verweisen	**exil**_ieren_	- **exile** [ˊeksail]
bestehen	**exist**_ieren_	- **exist** [i]
ausdehnen, ausweiten	**expand**_ieren_	- **expand** [ɑː]
Versuche anstellen	**experiment**_ieren_	- **experiment** [-e-]
laut zerplatzen	**explod**_ieren_	- **explode** [ou]
ausführen	**export**_ieren_	- **export** [ɔː]
aus dem Stegreif sprechen	**extempor**_ieren_	- **extempore** [-e-]
zum Gären bringen	**ferment**_ieren_	- **ferment** [-e]
fruchtbar machen	**fertilis**_ieren_	- **fertilise** [ə-]
durchseihen, filtern	**filtr**_ieren_	- **filter** [i]
Geldgeschäfte machen	**finanz**_ieren_	- **finance** [æ]
vortäuschen („hinfingern")	**fing**_ieren_	- **finger** [i]
(an)heften, befestigen	**fix**_ieren_	- **fix** [i]
seitlich liegen, angrenzen	**flank**_ieren_	- **flank** [æ]
in den Brennpunkt bringen	**fokuss**_ieren_	- **focus** [ou]
beschleunigen, erzwingen	**forc**_ieren_	- **force** [ɔː]
bilden, formen	**form**_ieren_	- **form** [ɔː]
mit Briefmarken versehen	**frank**_ieren_	- **frank** [æ]
(zusammen)backen	**fritt**_ieren_	- **frit** [i]
(be)gründen	**fund**_ieren_	- **found** [au]
arbeiten, tätig sein	**funktion**_ieren_	- **function** [ʌ]
losrasen	**galopp**_ieren_	- **gallop** [æ]
verallgemeinern	**generalis**_ieren_	- **generalise** [e-]
verglasen, polieren	**glas**_ieren_	- **glaze** [ei]
abstufen, einteilen	**grad**_ieren_	- **grade** [ei]
eingraben, einritzen	**grav**_ieren_	- **grave** [ei]

unterlegen	grund*ieren*	- **ground** [au]
in einer Gruppe anordnen	grupp*ieren*	- **group** [u:]
mit Klebstoff versehen	gumm*ieren*	- **gum** [ʌ]
zu gleichen Hälften teilen	halb*ieren*	- **halve** [æ]
(hoch)achten	honor*ieren*	- **honour** [ɔ]
faszinieren	hypnotis*ieren*	- **hypnotise** [ˈi-ai]
veredeln, vergeistigen	idealis*ieren*	- **idealise** [aiˈdiə-]
nicht beachten	ignor*ieren*	- **ignore** [ɔ:]
unbeweglich machen	immobilis*ieren*	- **immobilise** [ou]
unempfänglich machen	immunis*ieren*	- **immunise** [i-]
einpflanzen	implant*ieren*	- **implant** [ɑ:]
einführen	import*ieren*	- **import** [ɔ:]
unvorbereitet handeln	improvis*ieren*	- **improvise** [i-]
Industrie auf- oder ausbauen	industrialis*ieren*	- **industrialise** [ʌ]
herbeiführen, verursachen	induz*ieren*	- **induce** [ju:]
in Kenntnis setzen	inform*ieren*	- **inform** [ɔ:]
einatmen	inhal*ieren*	- **inhale** [ei]
erfragen, sich erkundigen	inquir*ieren*	- **inquire** [aiə]
bestehen auf	insist*ieren*	- **insist** [-i]
anregen	inspir*ieren*	- **inspire** [aiə]
einrichten	install*ieren*	- **install** [ɔ:]
beabsichtigen	intend*ieren*	- **intend** [e]
erläutern, auslegen	interpret*ieren*	- **interpret** [-ə:-]
sich einmischen	interven*ieren*	- **intervene** [-i:]
einmarschieren, einfallen	invad*ieren*	- **invade** [ei]
anlegen, ausstatten	invest*ieren*	- **invest** [e]
einbeziehen	involv*ieren*	- **involve** [ɔ]
lagern	kamp*ieren*	- **camp** [æ]
in einen Kanal verwandeln	kanalis*ieren*	- **canalise** [æ-]
in Kapital umsetzen	kapitalis*ieren*	- **capitalise** [æ-]
zu Geld machen, einziehen	kass*ieren*	- **cash** [æ]
schleudern	katapult*ieren*	- **catapult** [æ-]
verschlüsseln	kod*ieren*	- **code** [ou]
flirten, liebäugeln	kokett*ieren*	- **coquet** [e]
sammeln	kollekt*ieren*	- **collect** [e]
zusammenstoßen	kollid*ieren*	- **collide** [ai]

besiedeln, ansiedeln	kolonis*ieren*	- **colonise** [ɔ-]
färben, einfärben	kolor*ieren*	- **colour** [ʌ]
verbinden, vereinigen	kombin*ieren*	- **combine** [ai]
befehlen	kommand*ieren*	- **command** [ɑ:]
näher ausführen	komment*ieren*	- **comment** [e]
bevollmächtigen	kommission*ieren*	- **commission** [i]
vervollständigen	komplett*ieren*	- **complete** [i:]
beglückwünschen, (be)ehren	kompliment*ieren*	- **compliment** [ɔ]
verdichten .	kondens*ieren*	- **condense** [e]
in eine Zustand versetzen	kondition*ieren*	- **condition** [i]
sich beraten	konfer*ieren*	- **confer** [ə:]
zusammenstellen, gestalten	konfigur*ieren*	- **configure** [i]
bestätigen	konfirm*ieren*	- **confirm** [ə:]
(sich) entgegenstellen	konfront*ieren*	- **confront** [ʌ]
erhalten	konserv*ieren*	- **conserve** [ə:]
sich verschwören	konspir*ieren*	- **conspire** [aiə]
zurate ziehen	konsult*ieren*	- **consult** [ʌ]
verbrauchen	konsum*ieren*	- **consume** [ju:]
gegenüberstellen	kontrast*ieren*	- **contrast** [ɑ:]
beaufsichtigen, prüfen	kontroll*ieren*	- **control** [ou]
umwandeln	konvert*ieren*	- **convert** [ə:]
zugeben	konzed*ieren*	- **concede** [i:]
abschreiben, nachbilden	kop*ieren*	- **copy** [ɔ]
in Briefwechsel stehen	korrespond*ieren*	- **correspond** [ɔ]
zerfressen, zerfallen	korrod*ieren*	- **corrode** [ou]
einkleiden, verkleiden	kostüm*ieren*	- **costume** [ju:]
heilen	kur*ieren*	- **cure** [kjuə]
zu kämpfen haben	labor*ieren*	- **labour** [ei]
jammern, beklagen	lament*ieren*	- **lament** [e]
rechtskräftig machen	legalis*ieren*	- **legalise** [i:-]
frei machen	liberalis*ieren*	- **liberalise** [i-]
Linien ziehen, zeichnen	lin(i)*ieren*	- **line** [ai]
amtlich genehmigen	lizens*ieren*	- **license** [ai]
örtlich begrenzen	lokalis*ieren*	- **localise** [ou]
misshandeln, quälen	malträt*ieren*	- **maltreat** [i:]
offenbaren, deutlich zeigen	manifest*ieren*	- **manifest** [æ]

geschickt zu Werke gehen	**manövr**ieren	- **manœuvre** [u:]
kennzeichnen	**mark**ieren	- **mark** [ɑ:]
ziehen	**marsch**ieren	- **march** [ɑ:]
tarnen	**mask**ieren	- **mask** [ɑ:]
anhäufen, ansammeln	**mass**ieren	- **mass** [æ]
verwirklichen, z. Materie m.	**materialis**ieren	- **materialise** [-iə-]
auf mech. Ablauf umstellen	**mechanis**ieren	- **mechanise** [e]
versteinern	**mineralis**ieren	- **mineralise** [i]
dienen, Messe dienen	**ministr**ieren	- **minister** [i-]
mobil machen	**mobilis**ieren	- **mobilise** [ou]
(nach einem Modell) formen	**modell**ieren	- **model** [ɔ]
erneuern, modern machen	**modernis**ieren	- **modernise** [ɔ]
sich lustig machen	sich **mok**ieren	- **mock** [ɔ]
in Stellung bringen	**mont**ieren	- **mount** [au]
sittenpredigen, sittl. bessern	**moralis**ieren	- **moralise** [ɔ]
mit Munition versehen	**munition**ieren	- **munition** [ju:]
wandernd umherziehen	**nomadis**ieren	- **nomadise** [ɔ]
festhalten, feststellen	**not**ieren	- **note** [ou]
(zusammen)zählen	**nummer**ieren	- **number** [ʌ]
beobachten	**observ**ieren	- **observe** [ə:]
anbieten	**offer**ieren	- **offer** [ɔ]
veranstalten, wegnehmen	**organis**ieren	- **organise** [ɔ:]
die Lage bestimmen	sich **orient**ieren	- **orient** [ɔ]
vorbeimarschieren	**parad**ieren	- **parade** [ei]
durchduften	**parfüm**ieren	- **perfume** [ju:]
(einen Hieb) abwehren	**par**ieren	- **parry** [æ]
scherzhaft nachahmen	**parod**ieren	- **parody** [æ]
vorbeigehen	**pass**ieren	- **pass** [ɑ:]
als Erfindung anmelden	**patent**ieren	- **patent** [ei]
beschützen, begünstigen	**patronis**ieren	- **patronise** [æ]
Streife gehen, durchstreifen	**patrouill**ieren	- **patrol** [ou]
Pause machen	**paus**ieren	- **pause** [ɔ:]
in Rente schicken	**pension**ieren	- **pension** [e]
ins Abnormale verkehren	**pervert**ieren	- **pervert** [-ə:]
ein Foto machen	**fotograf**ieren	- **photograph** [ɔ]
sprechen für	**pläd**ieren	- **plead** [i:]

260

ebnen, glätten	plan*ieren*	- **plane** [ei]
mit Platten belegen	platt*ieren*	- **plate** [ei]
(auf)stellen, legen, setzen	platz*ieren*	- **place** [ei]
(sich) gegensätzl. darstellen	polaris*ieren*	- **polarise** [ou]
von Politik reden	politis*ieren*	- **politicise** [-i-]
als Anteil zuweisen	portion*ieren*	- **portion** [ɔ:]
legen, stellen	position*ieren*	- **position** [i]
aufstellen, hinstellen	post*ieren*	- **post** [ou]
vorherbestimmen	prädestin*ieren*	- **predestine** [-e-]
mit einem Vorurteil erfüllen	präjudiz*ieren*	- **prejudice** [e-]
ausüben	praktiz*ieren*	- **practise** [æ]
vorbereiten	präpar*ieren*	- **prepare** [ɛə]
vorführen, bieten	präsent*ieren*	- **present** [-e]
den Vorsitz führen	präsid*ieren*	- **preside** [ai]
genau angeben	präzis*ieren*	- **précis** ['preisi:]
dringlich sein, drängen	press*ieren*	- **press** [e]
bevorzugen	privileg*ieren*	- **privilege** [i-]
prüfen, anbohren	prob*ieren*	- **probe** [ou]
herstellen	produz*ieren*	- **produce** [ju:]
im Profil darstellen	profil*ieren*	- **profile** ['prɔufail]
einen Nutzen ziehen	profit*ieren*	- **profit** [ɔ]
entwerfen	projekt*ieren*	- **project** [e]
ausrufen, ansagen	proklam*ieren*	- **proclaim** [ei]
gedeihen	prosper*ieren*	- **prosper** [ɔ]
Einspruch erheben	protest*ieren*	- **protest** [e]
hervorrufen, reizen	provoz*ieren*	- **provoke** [ou]
schlagen	puls*ieren*	- **pulse** [ʌ]
zerreiben, zerstäuben	pulveris*ieren*	- **pulverise** [ʌ]
aufhören, ausgleichen	quitt*ieren*	- **quit** [i]
aufstellen, anordnen	rang*ieren*	- **range** [ei]
auskratzen, tilgen	ras*ieren*	- **raze** [ei]
vereinfachen	rationalis*ieren*	- **rationalise** [æ-]
in Rationen zuteilen	ration*ieren*	- **ration** [ei]
verwirklichen, erkennen	realis*ieren*	- **realise** [iə]
sich auflehnen	rebell*ieren*	- **rebel** [-e]
verkleinern	reduz*ieren*	- **reduce** [ju:]

Bezug nehmen, erwähnen	refer*ieren*	- **refer** [-ə:]
spiegeln; nachdenken	reflekt*ieren*	- **reflect** [-e]
umgestalten	reform*ieren*	- **reform** [ɔ:]
vorschriftsm. einschreiben	registr*ieren*	- **register** [e]
zurückfordern	reklam*ieren*	- **reclaim** [ei]
auffrischen; verstärken	rekrut*ieren*	- **recruit** [u:]
ausbessern	repar*ieren*	- **repair** [ɛə]
wiederholen	repet*ieren*	- **repeat** [i:]
vertreten	repräsent*ieren*	- **represent** [-e]
verlangen	requir*ieren*	- **require** [aiə]
belegen; vorbehalten	reserv*ieren*	- **reserve** [-ə:]
aufgeben, verzichten	resign*ieren*	- **resign** [ai]
achten, hochachten	respekt*ieren*	- **respect** [-e]
ausbessern	restaur*ieren*	- **restore** [ɔ:]
sich ergeben aus	result*ieren*	- **result** [ʌ]
verzögern	retard*ieren*	- **retard** [ɑ:]
sich zurückziehen	retir*ieren*	- **retire** [aiə]
zurückschicken	retour*nieren*	- **return** [ə:]
rächen	revanch*ieren*	- **revenge** [-e]
sich empören, abfallen	revolt*ieren*	- **revolt** [ɔ]
hersagen, aufsagen	rezit*ieren*	- **recite** [ai]
ein Wagnis eingehen	risk*ieren*	- **risk** [i]
begrüßen, empfangen	salut*ieren*	- **salute** [u:]
bösw. Schwierigk. bereiten	schikan*ieren*	- **chicane** [ei]
entsetzen, erschrecken	schock*ieren*	- **shock** [ɔ]
auswählen, auslesen	selekt*ieren*	- **select** [-e]
ein Zeichen geben	signalis*ieren*	- **signal** [i]
(in groben Zügen) entwerfen	skizz*ieren*	- **sketch** [e]
auslesen, trennen	sort*ieren*	- **sort** [ɔ:]
vergesellschaften	sozialis*ieren*	- **socialise** [ou]
ausgeben, verschwenden	spend*ieren*	- **spend** [e]
sich besonders ausbilden	spezialis*ieren*	- **specialise** [e]
festigen, standfest machen	stabilis*ieren*	- **stabilise** [æ]
aufstellen, post*ieren*	station*ieren*	- **station** [ei]
unfruchtbar machen	sterilis*ieren*	- **sterilise** [e]
sorgsam lesen, lernen	stud*ieren*	- **study** [ʌ]

durch Unterschrift anerkenn.	subskrib*ieren*	- **subscribe** [ai]	
zusammenzählen	summ*ieren*	- **sum** [ʌ]	
entlassen	suspend*ieren*	- **suspend** [e]	
zeitl. z. Gleichlauf bringen	synchronis*ieren*	- **synchronise** [i-]	
in ein System bringen	systematis*ieren*	- **systematise** [i-]	
farbig in die Haut einritzen	tätow*ieren*	- **tattoo** [u:]	
einschätzen	tax*ieren*	- **tax** [æ]	
ein Telegramm senden	telegraph*ieren*	- **telegraph** [e-]	
anrufen	telephon*ieren*	- **telephone** [e-]	
mildern; mischen	temper*ieren*	- **temper** [e]	
ausgerichtet sein, neigen zu	tend*ieren*	- **tend** [e]	
treppenförmig anlegen	terrass*ieren*	- **terrace** [e]	
einschüchtern, unterdrücken	terroris*ieren*	- **terrorise** [e]	
ausbilden, drillen	train*ieren*	- **train** [ei]	
behandeln	trakt*ieren*	- **treat** [i:]	
übertragen	transfer*ieren*	- **transfer** [ə:]	
umwandeln	transform*ieren*	- **transform** [ɔ:]	
umpflanzen	transplant*ieren*	- **transplant** [ɑ:]	
befördern	transport*ieren*	- **transport** [ɔ:]	
als Sieger einziehen, jubeln	triumph*ieren*	- **triumph** [ai]	
tyrannisch beherrschen	tyrannis*ieren*	- **tyrannise** [i-]	
(sich) ändern	varii*ieren*	- **vary** [ɛə]	
beunruhigen, ängstigen	vex*ieren*	- **vex** [e]	
besichtigen, besuchen	visit*ieren*	- **visit** [i-]	
sich ein Bild machen von	visualis*ieren*	- **visualise** [i-]	
beleben, kräftigen	vitalis*ieren*	- **vitalise** [ai-]	
stimmen für	vot*ieren*	- **vote** [ou]	
in Gummi verwand., härten	vulkanis*ieren*	- **vulcanise** [ʌ]	
kitten, verkitten	zement*ieren*	- **cement** [-e]	
im Mittelpunkt vereinigen	zentralis*ieren*	- **centralise** [e]	
in den Mittelpunkt stellen	zentr*ieren*	- **centre** [e]	
ausmeißeln, ausformen	zisel*ieren*	- **chisel** [i]	
anführen	zit*ieren*	- **cite** [ai]	

*

Sie haben inzwischen sicherlich erkannt, dass es äußerst hilfreich sein kann, möglichst viele Fremdwörter zu kennen –
auch wenn wir sie in unserer eigenen Sprache tunlichst
vermeiden sollten. Leider ist aber die Umwandlung eines
deutschen „-*ieren*"-Verbs in seine englische Entsprechung
nicht immer so schematisch zu bewerkstelligen wie bei den
oben aufgeführten Beispielen; die Briten haben ihre Wörter
nämlich nicht konsequent von der *ersten,* sondern bisweilen
von der *dritten* Stammform des lateinischen Ursprungswortes
abgeleitet, z.B. *'to act'* vom lateinischen *actum* = gehandelt,
und nicht – wie wir – vom Infinitiv *agere* = handeln (vgl. dt.
agieren) oder *'to animate'* nicht aus *animare* = anregen (vgl.
dt. *animieren*), sondern aus *animatum* = angeregt.

Tipp   *Bilden Sie aus dem „-ieren"-Fremdwort ein
Substantiv und streichen Sie gegebenenfalls
die Endung -ion!*
*So erhalten Sie mit ziemlicher Sicherheit die
korrekte englische Tätigkeitsform. (Die entsprechenden deutschen Hauptwörter sind
nämlich – wie die englischen Verben! – von
der dritten Stammform des lateinischen Ursprungswortes abgeleitet.)*

➲   *diktieren – **Diktat** = 'to **dictate**'*

Anmerkung:

• Wenn Sie an das englische Verb die Endung *-ion* anhängen, entsteht
automatisch das entsprechende englische Hauptwort!

Am besten probieren Sie es gleich einmal aus:

dekorieren	(-at*ion*)	= ?	kalkulieren	(-at*ion*)	= ?
frustrieren	(-at*ion*)	= ?	manipulieren	(-at*ion*)	= ?
illustrieren	(-at*ion*)	= ?	vegetieren	(-at*ion*)	= ?

Verben aus deutschen Fremdwörtern auf -ieren (2)

deutsche Bedeutung	dt. Fremdwort (aus der 1. Stammform des lat. Verbs)	engl. Entsprechung (aus der 3. Stammform -atum)
erregen, wühlen	agit*ieren*	- **agit***ate* [æ-]
anregen, aufmuntern	anim*ieren*	- **anim***ate* [æ-]
betonen	akzentu*ieren*	- **accentu***ate* [e]
deutlich (aus)sprechen	artikul*ieren*	- **articul***ate* [i]
schmücken	dekor*ieren*	- **decor***ate* [e]
abordnen, bevollmächtigen	deleg*ieren*	- **deleg***ate* [e-]
abgrenzen	demark*ieren*	- **demarc***ate* [i-]
anschaulich machen, zeigen	demonstr*ieren*	- **demonstr***ate* [e]
einen von je 10 töten	dezim*ieren*	- **decim***ate* [e]
unterscheiden, sondern	differenz*ieren*	- **differenti***ate* [e]
einen Brief dikt*ieren*	dikt*ieren*	- **dict***ate* [ei]
unterschiedlich behandeln	diskrimin*ieren*	- **discrimin***ate* [-i-]
vorherrschen, beherrschen	domin*ieren*	- **domin***ate* [ɔ]
verdoppeln	dupliz*ieren*	- **duplic***ate* [juː]
aussondern, ausschließen	elimin*ieren*	- **elimin***ate* [-i-]
befreien, sich freimachen	emanzip*ieren*	- **emancip***ate* [-æ-]
auswandern	emigr*ieren*	- **emigr***ate* [e]
entnerven, entkräften	enerv*ieren*	- **enerv***ate* [e-]
verdampfen	evapor*ieren*	- **evapor***ate* [-æ-]
geordnet darlegen, klarlegen	formul*ieren*	- **formul***ate* [ɔː]
enttäuschen	frustr*ieren*	- **frustr***ate* [ei]
durch Gebärden ausdrücken	gestikul*ieren*	- **gesticul***ate* [i]
promov*ieren*, aufsteigen	gradu*ieren*	- **gradu***ate* [æ-]
veranschaulichen, erläutern	illustr*ieren*	- **illustr***ate* [i]
nachmachen	imit*ieren*	- **imit***ate* [i-]
sättigen, durchtränken	imprägn*ieren*	- **impregn***ate* [i-]
anzeigen, hinweisen	indiz*ieren*	- **indic***ate* [i-]
vervollständigen, zus.fassen	integr*ieren*	- **integr***ate* [i-]
reizen, erzürnen	irrit*ieren*	- **irrit***ate* [i-]
absondern, abdichten	isol*ieren*	- **isol***ate* [ai]
berechnen	kalkul*ieren*	- **calcul***ate* [æ-]

sich ergeben	**kapitul**_ieren_	- **capitulate** [i]
in Verbindung stehen	**kommuniz**_ieren_	- **communicate** [ju]
erschweren, verwickeln	**kompliz**_ieren_	- **complicate** [ɔ]
einziehen	**konfisz**_ieren_	- **confiscate** [ɔ]
zus.ziehen, beschränken auf	**konzentr**_ieren_	- **concentrate** [ɔ]
zusammenarbeiten	**kooper**_ieren_	- **co-operate** [-ɔ-]
gleichschalten	**koordin**_ieren_	- **co-ordinate** [-ɔ-]
hervorbringen, schaffen	**kre**_ieren_	- **create** [ei]
pflegen	**kultiv**_ieren_	- **cultivate** [ʌ]
für gesetzlich erklären	**legitim**_ieren_	- **legitimate** [-i-]
auflösen, tilgen	**liquid**_ieren_	- **liquidate** [i-]
durch Kniffe beeinflussen	**manipul**_ieren_	- **manipulate** [i]
nachdenken, sinnen	**medit**_ieren_	- **meditate** [e]
antreiben, begründen	**motiv**_ieren_	- **motivate** [ou]
benennen	**nomin**_ieren_	- **nominate** [ɔ]
in bestimmter Weise arbeiten	**oper**_ieren_	- **operate** [ɔ]
teilnehmen, teilhaben	**partizip**_ieren_	- **participate** [-i-]
fordern	**postul**_ieren_	- **postulate** [ɔ]
pochen, schlagen	**puls**_ieren_	- **pulsate** [ei]
regeln, einrichten, anpassen	**regul**_ieren_	- **regulate** [e]
wieder zu Ehren bringen	**rehabilit**_ieren_	- **rehabilitate** [riə´bi-]
erneuern, wiederherstellen	**renov**_ieren_	- **renovate** [e]
heucheln, vortäuschen	**simul**_ieren_	- **simulate** [i]
grübeln, nachdenken	**spekul**_ieren_	- **speculate** [e]
stumpf dahinleben	**veget**_ieren_	- **vegetate** [e-]
schwingen, schwirren	**vibr**_ieren_	- **vibrate** [ai-´ei]
im Umlauf sein	**zirkul**_ieren_	- **circulate** [ə:]

*

Die gleiche Regel gilt für englische Verben auf '-ct', die von der dritten lateinischen Stammform mit dem Suffix -*ctum* (d.h. -*actum*, -*ectum*, -*ictum*, -*uctum*) abstammen, von der wiederum nicht die „-*ieren*"-Verben, sondern unsere Hauptwörter auf -*ion* abgeleitet sind. Streichen Sie diese Endung, und Sie können fast sicher sein, die richtige Infinitivform des englischen Verbs gebildet zu haben (Ausnahme: '*correct*')!

Verben aus deutschen Fremdwörtern auf -ieren (3)

deutsche Bedeutung	dt. Fremdwort (aus der 1. Stammform des lat. Verbs)	engl. Entsprechung (aus der 3. Stammform -ctum; s. dt. Hauptwort!)
verallgemeinern	abstrah*ieren*	- **abstract** [-æ]
schädlich einwirken	affiz*ieren*	- **affect** [e]
handeln	ag*ieren*	- **act** [æ]
abziehen, einbehalten	deduz*ieren*	- **deduct** [ʌ]
richten, lenken, weisen	dirig*ieren*	- **direct** [e]
(sich) aufrichten	erig*ieren*	- **erect** [-e]
herausholen, gewinnen	extrah*ieren*	- **extract** [æ]
einführen, einsetzen	induz*ieren*	- **induct** [ʌ]
aufeinander einwirken	interag*ieren*	- **interact** [æ]
einspritzen	injiz*ieren*	- **inject** [e]
besichtigen, prüfen	inspiz*ieren*	- **inspect** [e]
unterweisen, belehren	instru*ieren*	- **instruct** [ʌ]
aufbauen, errichten	konstru*ieren*	- **construct** [ʌ]
zusammenziehen	kontrah*ieren*	- **contract** [æ]
berichtigen	korrig*ieren*	- **correct** [e]
auf die Wand werfen (Film)	projiz*ieren*	- **project** [e]
schützen	proteg*ieren*	- **protect** [e]
auf etwas eingehen	reag*ieren*	- **react** [æ]
wiederaufbauen, umbauen	rekonstru*ieren*	- **reconstruct** [ʌ]
einschränken, zus.ziehen	restring*ieren*	- **restrict** [-i]
abziehen, abrechnen	subtrah*ieren*	- **subtract** [æ]

*

Bei vielen unserer Fremdwörter geht der „-*ieren*"-Endung noch die Silbe *fiz*- voraus, die auf dem lateinischen Verb *facere* basiert (= machen, tun; vgl. *Benefiz* = Wohltat, *Malefiz* = Übeltat) und die im Gegensatz zu anderen Suffixen im Englischen andeutungsweise erhalten ist. Es ist kinderleicht, auch diese deutschen „-*fizieren*"-Fremdwörter zu englischen Verben (und entsprechenden Hauptwörtern) zu machen.

Tipp *Suchen Sie ein deutsches Verb auf -fizieren, ersetzen Sie diese Endung durch '-fy' und schon haben Sie ein passendes englisches Tätigkeitswort gebildet!*
Die jeweilige Hauptwortform erhalten Sie, wenn Sie statt '-fy' das Suffix '-fication' wählen.

➲ *(einstufen) klassi*fizieren *= ' to classi**fy***'

Anmerkungen:

- Es gibt nur wenige Verben, bei denen dieser Trick versagt (z.B. *intensivieren* = *'intensify'*, *testieren* = *'testify'*, *typisieren* = *'typify'*).
- Im Englischen gibt es zudem eine ganze Reihe von Verben mit der Endung *'-fy'*, für die wir zwar im Deutschen keine Entsprechung haben, deren Bedeutung wir aber trotzdem in Zukunft verstehen können, z.B. *'clarify'* = klären (d.h. *klar machen*), *'crucify'* = kreuzigen (d.h. *ans Kreuz schlagen*), *'horrify'* = erschrecken (d.h. *Horror verursachen*), *'magnify'* = vergrößern (d.h. *groß machen*), *'mollify'* = besänftigen, mildern (d.h. *sanft, „mollig" machen*), *'sanctify'* = heiligen (d.h. *heilig machen*), *'satisfy'* = befriedigen (d.h. *zufrieden, „satt" machen*), *'solidify'* = befestigen, verdichten (d.h. *solide machen*), *'stupefy'* = verdummen (d.h. *stupide machen*), *'terrify'* = Angst einjagen (d.h. *Terror machen*), *'testify'* = bezeugen (d.h. *ein Zeugnis ausstellen*).

Verwandeln Sie die folgenden deutschen Fremdwörter in englische Verben und Hauptwörter:

elektrifizieren	= ?		Elektrifizierung	= ?
glorifizieren	= ?		Glorifizierung	= ?
identifizieren	= ?		Identifizierung	= ?
modifizieren	= ?		Modifizierung	= ?
mystifizieren	= ?		Mystifizierung	= ?
ratifizieren	= ?		Ratifizierung	= ?
spezifizieren	= ?		Spezifizierung	= ?

Verben aus deutschen Fremdwörtern auf *-fizieren*

deutsche Bedeutung	dt. Fremdwort	engl. Entsprechung
vergotten, vergöttlichen	dei*fizieren*	- **dei***fy* [ˈdiːifai]
für untauglich erklären	disquali*fizieren*	- **disquali***fy* [ɔ]
wechselvoll gestalten	diversi*fizieren*	- **diversi***fy* [daiˈvə:-]
elektrisch machen	elektri*fizieren*	- **electri***fy* [-e-]
durch Beispiele belegen	exempli*fizieren*	- **exempli***fy* [-e-]
fälschen, entstellen	falsi*fizieren*	- **falsi***fy* [ɔ:]
befestigen, verstärken	forti*fizieren*	- **forti***fy* [ɔ:]
verherrlichen	glori*fizieren*	- **glori***fy* [ɔ]
vergüten, belohnen	grati*fizieren*	- **grati***fy* [æ]
etw. genau wiedererkennen	identi*fizieren*	- **identi***fy* [aiˈden-]
rechtfertigen, gutheißen	justi*fizieren*	- **justi***fy* [ʌ]
einstufen	klassi*fizieren*	- **classi***fy* [æ]
abändern	modi*fizieren*	- **modi***fy* [ɔ]
einbalsamieren, vertrocknen	mumi*fizieren*	- **mummi***fy* [ʌ]
verklären, vorspiegeln	mysti*fizieren*	- **mysti***fy* [i-]
benachrichtigen	noti*fizieren*	- **noti***fy* [ou]
befrieden, beruhigen	pazi*fizieren*	- **paci***fy* [æ]
verkörpern, vermenschlich.	personi*fizieren*	- **personi***fy* [ɔ]
versteinern	petri*fizieren*	- **petri***fy* [e]
reinigen, läutern	puri*fizieren*	- **puri***fy* [juː]
(sich) befähigen, ausbilden	(s.) quali*fizieren*	- **quali***fy* [ɔ:]
in Zahlen umsetzen, messen	quanti*fizieren*	- **quanti***fy* [ɔ]
verdünnen, schwinden	rare*fizieren*	- **rare***fy* [ɛə]
bestätigen, gutheißen	rati*fizieren*	- **rati***fy* [æ]
berichtigen	rekti*fizieren*	- **recti***fy* [e]
bezeichnen, anzeigen	signi*fizieren*	- **signi***fy* [i-]
vereinfachen	simpli*fizieren*	- **simpli***fy* [i-]
einz. aufführen, zergliedern	spezi*fizieren*	- **speci***fy* [e]
vereinheitlichen, vereinen	uni*fizieren*	- **uni***fy* [ju]
bewahrheiten, beglaubigen	veri*fizieren*	- **veri***fy* [e]
bescheinigen	zerti*fizieren*	- **certi***fy* [ə:]

*

Deutsche Fremdwörter helfen Ihnen nicht nur, treffende englische Verben zu finden, sondern sie ermöglichen Ihnen auch eine ebenso einfache wie sichere Umwandlung deutscher Hauptwörter in englische Substantive. Die für diesen Trick nutzbaren Fremdwörter sind problemlos an ihren Endungen zu erkennen, wobei die offensichtliche Verwandtschaft der deutschen und englischen Suffixe Ihnen die Verfügbarkeit dieses Umwandlungstricks erleichtern wird.

Tipp *Benutzen Sie deutsche Fremdwörter auf -tät!*
Wenn Sie diese Endung durch das Suffix '-ty'
ersetzen, haben Sie in aller Regel ein pas-
sendes englisches Hauptwort gefunden.

➾ *Leichtfertigkeit − **Frivolität** = 'frivolity'*

Anmerkungen:

- Meist stimmt sogar die Schreibung der deutschen Fremdwörter und der englischen Substantive überein (Ausnahme: *k* und z = '*c* ').
- Die Identität der beiden Wortpaare *Paupertät (Armut)* = '*poverty*' und *Solennität (Feierlichkeit)* = '*solemnity*' ist vielleicht erst auf den zweiten Blick erkennbar.

Auch zu diesem Trick wieder einige Übungsbeispiele, bei denen die Umwandlung selbst keinerlei Schwierigkeiten macht, die Bedeutung einiger deutscher Fremdwörter dagegen nicht jedem Leser bekannt sein wird (es könnte kurioserweise geschehen, dass Sie über ein vertrautes *englisches* Substantiv ein Fremdwort in Ihrer *eigenen* Sprache dazulernen, wenn Sie die nachfolgende Liste durcharbeiten):

Animosität	= ?	Generosität	= ?	Nobilität	= ?
Dignität	= ?	Humanität	= ?	Prosperität	= ?
Duplizität	= ?	Libertät	= ?	Sekurität	= ?
Fakultät	= ?	Minorität	= ?	Sozietät	= ?

Englische Hauptwörter auf '-ty' (= -tät)
(Die Liste ist nach den deutschen Fremdwörtern alphabetisch sortiert)

Bedeutung	dt. Fremdwort	engl. Hauptwort
Schärfe, Säure	Acidität [vgl. *Essig*]	- acidity [-i-]
(geist.) Verwandtschaft	Affinität	- affinity [-i-]
Beweglichkeit	Agilität [vgl. *agil*]	- agility [-i-]
Tätigkeit, Wirksamkeit	Aktivität [vgl. *aktiv*]	- activity [-i-]
Zweideutigkeit	Ambiguität [*ambi* = zwei]	- ambiguity [ju]
Feindseligkeit	Animosität ['*enemy*' = Feind]	- animosity [ɔ]
(Jahres-)Rente	Annuität [vgl. *Anno Domini*]	- annuity [ju]
Gewalt, Vollmacht	Autorität [vgl. *Autor*]	- authority [-ɔ-]
Rohheit	Brutalität [vgl. *brutal*]	- brutality [æ]
Missbildung	Deformität [vgl. *deformieren*]	- deformity [ɔ:]
Würde	Dignität [*indigniert* = entwürdigt]	- dignity [i-]
Verschiedenheit	Diversität [vgl. *divers*]	- diversity [ə:]
Göttlichkeit	Divinität [*Diva* = die Göttliche]	- divinity [-i-]
Doppelheit	Duplizität [vgl. *Duplikat*]	- duplicity [-i-]
Spannkraft	Elastizität [vgl. *elastisch*]	- elasticity [-i-]
elektrische Energie	Elektrizität	- electricity [-i-]
Ungeheuerlichkeit	Enormität [vgl. *enorm*]	- enormity [ɔ:]
das Äußerste	Extremität [vgl. *extrem*]	- extremity [-e-]
Fähigkeit, Kraft	Fakultät [vgl. *Fakultas*]	- faculty [æ]
Vertrautheit	Familiarität	- familiarity [-æ-]
Leichtigkeit	Fazilität [vgl. Ggt. '*difficulty*']	- facility [-i-]
Fruchtbarkeit	Fertilität [*fertil* = fruchtbar]	- fertility [-i-]
Festlichkeit	Festivität	- festivity [-i-]
Förmlichkeit	Formalität [vgl. *formal*]	- formality [æ]
Zerbrechlichkeit	Fragilität [vgl. *fragil*]	- fragility [-i-]
Brüderlichkeit	Fraternität [vgl. *fraternisieren*]	- fraternity [ə:]
Leichtfertigkeit	Frivolität [*frivol* = leichtfertig]	- frivolity [ɔ]
Allgemeinheit	Generalität [*generell* = allgem.]	- generality [æ]
Großzügigkeit	Generosität [*generös* = freigeb.]	- generosity [ɔ]
Schwerkraft	Gravität [vgl. *gravierend*]	- gravity [æ]
Erbmasse, Erblichkeit	Heredität ['*heir*' = Erbe]	- heredity [-e-]

Menschlichkeit	**Humani**_tät_ [vgl. _human_]	- **humani**_ty_ [æ]
Feuchtigkeit	**Humidi**_tät_ [_humid_ = feucht]	- **humidi**_ty_ [-i-]
Gleichheit	**Identi**_tät_ [vgl. _identifizieren_]	- **identi**_ty_ [ai´den-]
persönliche Note	**Individuali**_tät_ [vgl. _Individuum_]	- **individuali**_ty_
Rechtschaffenheit	**Integri**_tät_ [vgl. _integer_]	- **integri**_ty_ [e]
Stärke, hoher Grad	**Intensi**_tät_ [vgl. _intensiv_]	- **intensi**_ty_ [e]
Erwerbsunfähigkeit	**Invalidi**_tät_ [_'invalid'_ = ungültig]	- **invalidi**_ty_ [-i-]
Fassungsvermögen	**Kapazi**_tät_	- **capaci**_ty_ [-æ-]
Gebrauchsartikel	**Kommodi**_tät_ [vgl. _Kommode_]	- **commodi**_ty_
Gemeinde	**Kommuni**_tät_ [vgl. _Kommune_]	- **communi**_ty_
Vereinbarkeit	**Kompatibili**_tät_ [_kompatibel_]	- **compatibili**_ty_
Vielschichtigkeit	**Komplexi**_tät_ [vgl. _kompliziert_]	- **complexi**_ty_ [e]
Übereinstimmung	**Konformi**_tät_ [vgl. _konform_]	- **conformi**_ty_
Stetigkeit	**Kontinui**_tät_ [vgl. _kontinuierlich_]	- **continui**_ty_
Verwandelbarkeit	**Konvertibili**_tät_ [_konvertieren_]	- **convertibili**_ty_
Neugier; Rarität	**Kuriosi**_tät_ [vgl. _kurios_]	- **curiosi**_ty_ [ɔ]
Aufgeschlossenheit	**Liberali**_tät_ [vgl. _liberal_]	- **liberali**_ty_ [æ]
Freiheit	**Liber**_tät_ [vgl. _Liberté_]	- **liber**_ty_ [i]
Flüssigkeit	**Liquidi**_tät_ [vgl. _Likör_]	- **liquidi**_ty_ [-i-]
Örtlichkeit	**Lokali**_tät_ [vgl. _Lokal_]	- **locali**_ty_ [æ]
Treue	**Loyali**_tät_ [_loyal_ = treu, anständig]	- **loyal**_ty_ [æ]
Hoheit, Würde	**Majes**_tät_	- **majes**_ty_ [æ]
Mehrheit	**Majori**_tät_	- **majori**_ty_ [ɔ]
Mutterschaft	**Materni**_tät_ [vgl. _Mater, Matrize_]	- **materni**_ty_ [ə:]
Denkweise	**Mentali**_tät_ [vgl. _Mentor_]	- **mentali**_ty_ [æ]
Minderheit	**Minori**_tät_ [vgl. _minus_]	- **minori**_ty_ [ɔ]
Beweglichkeit	**Mobili**_tät_ [vgl. _Automobil_]	- **mobili**_ty_ [-i-]
Ungeheuerlichkeit	**Monstrosi**_tät_ [vgl. _Monster_]	- **monstrosi**_ty_
Sittlichkeit	**Morali**_tät_ [vgl. _moralisch_]	- **morali**_ty_ [æ]
Sterblichkeit	**Mortali**_tät_ [vgl. _Salto mortale_]	- **mortali**_ty_ [æ]
Staatsangehörigkeit	**Nationali**_tät_ [vgl. _Nation_]	- **nationali**_ty_
Unparteilichkeit	**Neutrali**_tät_ [vgl. _neutral_]	- **neutrali**_ty_ [æ]
Adel	**Nobili**_tät_ [_nobel_ = edel]	- **nobili**_ty_ [-i-]
Dunkelheit	**Obskuri**_tät_ [_obskur_ = unbekannt]	- **obscuri**_ty_ [ju]
günstige Gelegenheit	**Opportuni**_tät_ [vgl. _Opportunist_]	- **opportuni**_ty_
Ursprünglichkeit	**Originali**_tät_ [vgl. _Original_]	- **originali**_ty_ [æ]

Gleichheit	Parität [vgl. Paar]	- **parity** [æ]
Vaterschaft	Paternität [vgl. Pater noster]	- **paternity** [ə:]
Ratlosigkeit	Perplexität [perplex = verblüfft]	- **perplexity** [-e-]
Persönlichkeit	Personalität	- **personality** [æ]
Widernatürlichkeit	Perversität [vgl. pervers]	- **perversity** [-ə:-]
Frömmigkeit	Pietät [vgl. Papst Pius ...]	- **piety** [ai]
Vielzahl, Mehrzahl	Pluralität [vgl. Plural]	- **plurality** [æ]
Wechselbeziehung	Polarität [vgl. Pol]	- **polarity** [æ]
Beliebtheit	Popularität [vgl. populär]	- **popularity** [æ]
Vorrecht, Vorrang	Priorität [vgl. Prior = Abt]	- **priority** [prai'ɔ-]
Wahrscheinlichkeit	Probabilität [vgl. probieren]	- **probability** [-i-]
Leistungsfähigkeit	Produktivität [vgl. produktiv]	- **productivity** [-i-]
Gedeihen, Wohlstand	Prosperität [vgl. Zeche Prosper]	- **prosperity** [e]
Geschlechtsreife	Pubertät	- **puberty** [ju]
Öffentlichk., Werbung	Publizität [vgl. Publizist]	- **publicity** [-i-]
Reinheit	Purität [vgl. pur]	- **purity** [ju]
Beschaffenheit, Güte	Qualität	- **quality** [ɔ]
Menge	Quantität [vgl. Quantum]	- **quantity** [ɔ]
atomare Strahlung	Radioaktivität	- **radioactivity** [-i-]
Schnelligkeit	Rapidität [rapide = schnell]	- **rapidity** [-i-]
Seltenheit	Rarität [vgl. rar]	- **rarity** [æ]
Vernunft	Rationalität [vgl. rationalisier.]	- **rationality** [-æ]
Wirklichkeit	Realität [vgl. real]	- **reality** [æ]
Starrheit, Strenge	Rigidität [vgl. rigide]	- **rigidity** [-i-]
(geistige) Gesundheit	Sanität [vgl. Sanitäter]	- **sanity** [æ]
Sicherheit	Sekurität [Sekuritglas]	- **security** [ju]
höheres (Dienst-)Alter	Seniorität [vgl. Senior, Señor]	- **seniority** [ɔ]
Empfindungsvermögen	Sensibilität [vgl. sensibel]	- **sensibility** [-i-]
Heiterkeit	Serenität	- **serenity** [-e-]
Unterwürfigkeit	Servilität [vgl. servieren]	- **servility** [-i-]
Einfachheit	Simplizität [vgl. 'simple']	- **simplicity** [-i-]
Einzigartigkeit	Singularität [vgl. Singular]	- **singularity** [æ]
Nüchternheit	Sobrietät [vgl. sauber]	- **sobriety** [ai]
Feierlichkeit	Solennität [vgl. Missa solemnis]	- **solemnity** [e]
Kameradschaftsgeist	Solidarität [vgl. solide]	- **solidarity** [æ]
Landeshoheit	Souveränität [vgl. souverän]	- **sovereignty** [ɔ]

Gesellschaft	Sozietät [vgl. sozial]	- society [ai]
Besonderheit	Spezialität [vgl. speziell]	- speciality [æ]
Ungezwungenheit	Spontaneität [vgl. spontan]	- spontaneity [i:]
Standfestigkeit	Stabilität [vgl. stabil]	- stability [-i-]
Unfruchtbarkeit	Sterilität [vgl. steril]	- sterility [-i-]
Dummheit, Stumpfsinn	Stupidität [vgl. stupid]	- stupidity [-i-]
Überlegenheit	Superiorität [vgl. super]	- superiority [ɔ]
Dreifaltigkeit	Trinität [vgl. Trinidad]	- Trinity [i-]
Gleichförmigkeit	Uniformität [vgl. Uniform]	- uniformity [ɔ:]
Allgemeinheit	Universalität [vgl. universal]	- universality [æ]
Hochschule	Universität	- university [ə:]
Nützlichkeit	Utilität [vgl. Utensilien]	- utility [-i-]
Mannigfaltigkeit	Varietät [vgl. Varieté]	- variety [ai]
Jungfräulichkeit	Virginität [vgl. Virginia]	- virginity [-i-]
Kunstsinn	Virtuosität [Geigenvirtuose]	- virtuosity [ɔ]
Niedrigkeit	Vulgarität [vgl. vulgär]	- vulgarity [vʌl'gæ-]
Berühmtheit	Zelebrität [vgl. zelebrieren]	- celebrity [-e-]

*

Andere deutsche Hauptwortsuffixe sind nicht so stereotyp bestimmten englischen Endungen zuzuordnen. Trotzdem sollten Sie einige von ihnen kennen lernen. So entsprechen unsere Endungen *-heit, -keit, -nis* und *-schaft* meist den englischen Suffixen *'-hood'*, *'-ness'* oder *'-ship'*, z.B. in *'neighbourhood'* (Nachbarschaft), *'neighbourship'* (Nähe, Nachbarschaft), *'likelihood'* (Wahrscheinlichkeit), *'likeness'* (Gleichheit, Ähnlichkeit), *'hardness'* (Hartherzigkeit), *'hardship'* (Unbequemlichkeit), *'friendliness'* (Freundlichkeit), *'friendship'* (Freundschaft), *'relationship'* (Verhältnis, Verwandtschaft), *'relativeness'* (Bedingtheit) etc.

Schließlich sollten Sie auch unsere „*-ismus*"-Fremdwörter nutzen, die ohne nennenswerte Änderung zu englischen Substantiven werden. Die einzige Schwierigkeit mag darin bestehen, dass nicht alle deutschen Fremdwörter bekannt sind.

> *Tipp* *Machen Sie sich die enge Verwandtschaft un-*
> *serer Fremdwörter auf -ismus mit englischen*
> *Hauptwörtern auf '-ism' zu Nutze!*
>
> ➔ *Selbstsucht – Egoismus = 'egoism'*

Anmerkung:

- Die *'-ism'*-Wörter werden nicht auf der Endsilbe betont, sondern entsprechend den zu Grunde liegenden Eigenschafts- oder Hauptwörtern
  (z.B. *'extremism'* [iks´tri:mizəm] wie in *'extreme'* [iks´tri:m]); üblicherweise
  liegt die Betonung auf der ersten Wortsilbe.
- Einige wenige Wörter enden – wie im Deutschen – nicht auf *'-ism'*,
  sondern auf *'-asm'* (z.B. *'enthusiasm'* [in´θju:ziæzəm], *'orgasm'* [´ɔ:gæzəm]
  und *'sarcasm'* [´sɑ:kæzəm]).

Englische Hauptwörter auf '-ism' (= -ismus)
(Die Liste ist nach den deutschen Fremdwörtern alphabetisch sortiert)

deutsche Bedeutung	dt. Fremdwort	engl. Hauptwort
Alkoholabhängigkeit	**Alkohol***ismus*	- **alcohol***ism* [æ]
amer. Begriff in anderen Sprachen	**Amerikan***ismus*	- **American***ism* [-e-]
Widerstreit, Gegensatz	**Antagon***ismus*	- **antagon***ism* [-æ-]
Leugnung der Existenz Gottes	**Athe***ismus*	- **athe***ism* [´eiθi-]
Gewaltherrschaft	**Despot***ismus*	- **despot***ism* [e]
staatliche Lenkung der Wirtschaft	**Dirig***ismus*	- **dirig***ism* [i-]
Selbstsucht	**Ego***ismus*	- **egoi***sm* [e]
Selbstgefälligkeit	**Egot***ismus*	- **egot***ism* [e]
Begeisterung	**Enthusia***smus*	- **enthusia***sm* [u:]
übersteigert radikale Haltung	**Extrem***ismus*	- **extrem***ism* [-i:-]
antidemokrat. Staatsauffassung	**Faschi***smus*	- **fasci***sm* [æ]
Bewegung zur Befreiung der Frau	**Femin***ismus*	- **femin***ism* [e]
den Adel privilegier. Lehnswesen	**Feudal***ismus*	- **feudal***ism* [ju:]

Streben nach Verwirkl. v. Idealen	**Ideal***ismus*	- **ideal***ism* [ai´diə-]
Großmachtstreben n. Ausdehnung	**Imperial***ismus*	- **imperial***ism* [iə]
Betonen indiv. Rechte in d. Gesell.	**Individual***ismus*	- **individual***ism*
Zeitungsschriftstellerei	**Journal***ismus*	- **journal***ism* [ə:]
besitzorientierte Wirtschaftsform	**Kapital***ismus*	- **capital***ism* [æ-]
Lehrbuch der kathol. Religion	**Katech***ismus*	- **catech***ism* [´kætik-]
Gegenteil des Individualismus	**Kollektiv***ismus*	- **collectiv***ism* [e]
Kolonialpolitik eines Staates	**Kolonial***ismus*	- **colonial***ism* [ou]
Gegenteil des Kapitalismus	**Kommun***ismus*	- **communi***ism* [ɔ]
selbsttätiger Ablauf	**Mechan***ismus*	- **mechan***ism* [e]
zuversichtliche Lebenseinstellung	**Optim***ismus*	- **optim***ism* [ɔ]
gegliedertes lebendiges Ganzes	**Organ***ismus*	- **organ***ism* [ɔ]
Schwarzseherei	**Pessim***ismus*	- **pessim***ism* [e]
Günstlingswirtschaft	**Protektion***ismus*	- **protection***ism* [e]
Wirklichkeitssinn	**Real***ismus*	- **real***ism* [iə]
schmerzhafte Gelenkerkrankung	**Rheumat***ismus*	- **rheumat***ism* [u:]
wollüst. Freude an Grausamkeiten	**Sad***ismus*	- **sad***ism* [æ]
beißender Spott	**Sark***asmus*	- **sarc***asm* [´sɑ:kæ-]
Gegenteil von Liberalismus	**Sozial***ismus*	- **social***ism* [ou]
Gegenströmung zum Naturalismus	**Symbol***ismus*	- **symbol***ism* [i-]
Schreckensherrschaft	**Terror***ismus*	- **terror***ism* [e]
Zerstörungswut	**Wandal***ismus*	- **vandal***ism* [æ-]

*

c) Die sinnvolle Verwendung von Anglizismen[1]

Man mag drüber streiten, ob die Übernahme fremder Begriffe eine Sprache wirklich bereichert oder ob es sinnvoll und Erfolg versprechend ist, solche Wortimporte durch eigene Umschreibungen zu ersetzen (wie z.B. die Franzosen es mehrfach versucht haben). Tatsache ist, dass wir nach dem Zweiten Weltkrieg ungezählte englische Ausdrücke so in unsere Sprache integriert haben, dass sie inzwischen sogar mit deutschen

---

[1] *Anglizismen* nennt man die in anderen Sprachen verwendeten englischen Begriffe.

Wortendungen gebeugt werden (z.B. *managen* und *gemanagt, leasen* und *geleast, testen* und *getestet*). Darüber hinaus gehören viele dieser Anglizismen inzwischen zur internationalen Fachsprache in Wirtschaft und Werbung, in Wissenschaft und Technik, in Politik und Kultur, in Kommunikation und Mode, in Sport und Tourismus, aber auch zum Standardwortschatz der jungen Generation. Auf der Basis dieses adoptierten Wortmaterials lassen sich daher überraschend viele englische Wortfamilien von der Bedeutung her erschließen und über die Assoziation mit den jeweiligen Anglizismen leicht in den aktiven Vokabelschatz überführen.

Tipp

*Machen Sie geläufige **Anglizismen** zu „Ahnen" ganzer englischer Wortfamilien!*

➲   *Sweatshirt* ⇨ *'to sweat'* = *schwitzen*
                ⇨ *'shirt'* = *Hemd*

Anmerkungen:

- Beachten Sie die vom Englischen bisweilen abweichende Orthographie der Anglizismen (Groß-, Getrennt- oder Zusammenschreibung, Verwendung von Bindestrichen etc.);
- die Anglizismen werden auf jeden Fall *englisch* ausgesprochen.

Gebräuchliche Anglizismen im Deutschen
(die wörtliche Übersetzung steht in Klammern)

WOHNUNG, EINRICHTUNG UND HAUSRAT:

Alarm-Clock – Wecker (*Alarm* = „an die Waffen")
- *'alarm'* (*Alarm,* Weckvorrichtung; Angst, Unruhe), *'to raise the alarm'* (*Alarm* schlagen), *'to alarm'* (*alarmieren,* ängstigen), *'alarmist'* (Bangemacher), *'arm'* (Waffe, sozus. *„verlängerter Arm";* vgl. *Armada*), *'arms race'* (Wettrüsten), *'to arm'* (bewaffnen; vgl.

armieren), *'armed forces'* (Streitkräfte), *'armour'* (Rüstung), *'armoured car'* (Panzerwagen), *'armoury'* (Waffenfabrik), *'army'* (*Armee*), *'to join the army'* (Soldat werden);
• *'clock'* (Wand-, Standuhr; vgl. *Glocke*), *'around the clock'* (rund um die Uhr), *'five o'clock'* (5 Uhr), *'to put the clock back'* (das Rad der Zeit zurückdrehen), *'clock card'* (Stechkarte), *'clockface'* (Zifferblatt), *'clocklike'* (wie am Schnürchen), *'clock radio'* (Radiowecker), *'clockwise'* (im Uhrzeigersinn), *'clockwork'* (Uhrwerk), *'to clock in'* (einstempeln)

Apartment – Kleinwohnung
'apart' (einzeln, für sich; vgl. *apart* = geschmackvoll), *'to live apart'* (getrennt leben), *'apartment house'* (Haus mit kleinen Wohneinheiten), *'apartheid'* (Rassentrennung, *Apartheid*)

Basement – Kellergeschoss, Tiefparterre
'base' (*Basis,* Fundament; Stützpunkt), *'baseness'* (Niedertracht, Gemeinheit), *'basic'* (grundlegend), *'basis'* (Grundlage, *Basis*)

Bathroom – Badezimmer
'bath' (*Wannenbad*), *'bathrobe'* (*Bademantel*), *'bath towel'* (*Badetuch*), *'bathtub'* (*Badewanne*), *'to take a bath'* (ein *Bad* nehmen), *'to bathe'* (schwimmen, baden), *'to sunbathe'* (*sonnenbaden*), *'bathing'* (*Baden*), *'bathing accident'* (*Badeunfall*), *'bathing suit'* (*Badeanzug*), *'bathing trunks'* (*Badehose*)

Comfort – Behaglichkeit, *Komfort*
'to live in comfort' (sorgenfrei leben), *'to comfort'* (trösten, beruhigen), *'comfortable'* (bequem, behaglich, sorgenfrei), *'to feel comfortable'* (sich wohl fühlen), *'comforter'* (Tröster, Schnuller), *'comforting '* (tröstlich), *'comfortless'* (unbequem, trostlos)

Dimmer – Helligkeitsregler
'dim' (halbdunkel, trüb, schwach), *'dimly lit'* (schwach erleuchtet), *'to dim'* (verdunkeln; sich verdunkeln), *'to dim out'* (abblenden), *'dimness'* (Dunkelheit, Undeutlichkeit, Mattheit)

Electric Shaver – elektrischer Rasierapparat
• *'electric'* (*elektrisch*), *'electric cushion'* (Heizkissen), *'electric shock'* (Stromschlag), *'electric torch'* (Taschenlampe), *'electrical engineering'* (Elektrotechnik), *'electrician'* (*Elektriker*), *'electricity'* (*Elektrizität*), *'to electrify'* (*elektrifizieren*), *'electronic data processing'* (elektronische Datenverarbeitung, *EDV*);
• *'to shave'* (sich rasieren; vgl. *schaben*), *'shave'* (Rasur), *'shaven'* (kahlgeschoren), *'shaver'* (Rasierapparat), *'shaving brush'* (Rasierpinsel), *'shaving cream'* (Rasiercreme), *'shaving foam'* (Rasierschaum), *'shaving soap'* (Rasierseife)

Mixer – Küchenmaschine

'to mix' (*mischen, anrühren*), *'to mix up'* (durcheinander bringen), *'to mix business with pleasure'* (das Angenehme mit dem Nützlichen verbinden), *'to mix well'* (kontaktfreudig sein), *'mixed'* (*gemischt*), *'mixed blessing'* (zweifelhaftes Vergnügen), *'mixed double'* (Tennis: gemischtes Doppel), *'mixture'* (*Mischung*), *'mix-up'* (Durcheinander, Verwechslung)

Picture – Bild, Illustration

'to be the picture of health' (wie das blühende Leben aussehen), *'to take a picture'* (fotografieren), *'to put in the picture'* (ins Bild setzen), *'to go to the pictures'* (ins Kino gehen), *'picture book'* (Bilderbuch), *'picture frame'* (Bilderrahmen), *'picture tube'* (Bildröhre), *'picturesque'* (malerisch), *'pictorial'* (bebildert), *'pigment'* (Farbstoff, *Pigment*)

Radiator – Heizkörper

'radial' (strahlenförmig, *radförmig*), *'radiant'* (strahlend), *'to radiate'* (ausstrahlen), *'radiation'* (Ausstrahlung), *'radiator grill'* (Kühlergrill), *'radio'* (Funkgerät, *Radio*), *'on the radio'* (im *Radio*), *'to radio'* (funken, durchgeben), *'radioactive'* (*radioaktiv*)

Skyscraper – Wolkenkratzer

- *'sky'* (Himmel), *'the sky's the limit'* (nach oben sind keine Grenzen gesetzt), *'sky-blue'* (himmelblau), *'skydiver'* (Fallschirmspringer), *'skyjacker'* (Flugzeugentführer);
- *'scrape'* (Abschürfung), *'to scrape'* (kratzen, schaben), *'to scrape together'* (Geld: zusammenkratzen)

Thermopane – Doppelverglasung (vgl. *Thermometer*)

- *'thermal'* (*thermisch,* Wärme-), *'thermal spring'* (*Thermalquelle*), *'thermos flask'* (*Thermosflasche*);
- *'pane'* (Fensterscheibe; eigentl.: Tuch, Decke), *'counterpane'* (Tagesdecke)

EHE UND FAMILIE:

Family – Familie

'familiar' (vertraut, bekannt, *familiär*), *'to be familiar with'* (sich auskennen in), *'a family of four'* (eine vierköpfige *Familie*), *'of good family'* (aus gutem Haus), *'family allowance'* (Kindergeld), *'family tree'* (Stammbaum)

just married – frisch verheiratet (vgl. *just* = gerade, eben)

'marriage' (Heirat, Hochzeit), *'marriage certificate'* (Trauschein), *'to marry'* (heiraten; verheiraten, trauen), *'married couple'* (Ehepaar), *'married life'* (Eheleben)

Kid – **Kind, Jugendlicher** (vgl. *Kitz* = Zicklein)
'kid leather' (Ziegenleder), *'my kid brother'* (mein kleiner Bruder), *'to kid'* (auf den Arm nehmen, Spaß machen), *'no kidding?'* (ehrlich?), *'kidnapper'* (Kindesentführer)

Single – **unverheiratete, allein stehende Person** (vgl. *Singular*)
'single room' (Einzelzimmer), *'single-breasted'* (Anzug: einreihig), *'single file'* (Gänsemarsch), *'single-minded'* (zielstrebig), *'single mother'* (alleinerziehende Mutter), *'singlet'* (ärmelloses Unterhemd)

Teenager – **Junge oder Mädchen zwischen 13 und 19 Jahren**
* *'teenage'* (Alter zwischen *'thirteen'* und *'nineteen'*), *to be in one's teens'* (im *Teenager*-Alter sein), *'teeny'* (winzig, klitzeklein);
* *'age'* (Lebensalter; Reife; Zeitalter), *'at the age of'* (im Alter von), *'be your age!'* (sei kein Kindskopf!), *'to come of age'* (volljährig werden), *'age before beauty!'* (Alter vor Schönheit!), *'for ages'* (seit einer Ewigkeit), *'aged'* (betagt, bejahrt), *'age group'* (Altersgruppe), *'ageless'* (ewig jung, zeitlos), *'age limit'* (Altersgrenze), *'Ice Age'* (Eiszeit), *'Middle Ages'* (Mittelalter);
* *Twen* (junger Mensch in den Zwanzigern; vgl. *'twenty'*) ist eine an *Teen* angelehnte, in England unübliche Neubildung)

Twins – **Zwillinge**
'twin brother' (Zwillingsbruder), *'twin beds'* (Hotel: zwei Einzelbetten), *'twin-bedded room'* (Zweibettzimmer), *'twin town'* (Partnerstadt), *'to be twinned with'* (die Partnerstadt sein von), *twin engined'* (zweimotorig), *'twine'* (Bindfaden, Schnur), *'to twine together'* (zusammenbinden)

Nahrung und Getränke:

Bitter Lemon – **Zitronengetränk mit Chiningehalt**
* *'bitter'* (*bitter*), *'to the bitter end'* (bis zum *bitteren* Ende), *'to weep bitterly'* (*bitterlich* weinen), *'bitter cold'* (*bitterkalt*), *'bitter'* (stark gehopftes Fassbier), *'bitterness'* (*Bitterkeit, Verbitterung*);
* *'lemon'* (Zitrone, *Limone*), *'lemon juice'* (Zitronensaft), *'lemonade'* (*Limonade*), *'lemon squeezer'* (Zitronenpresse)

Breakfast – **Frühstück** („Fastenbrechen")
* *'break'* (Bruch, Unterbrechung, Pause), *'at break of day'* (bei Tagesanbruch), *'to break'* (brechen), *'to break through'* (den Durchbruch schaffen), *'breakable'* (zerbrechlich), *'breakage'* (Bruchstelle), *'breakdown'* (Zusammenbruch);
* *'fast'* (Fasten, Fastenzeit), *'to fast'* (fasten), *'fasting day'* (Fastentag), *'to break one's fast'* (frühstücken);
* *'brunch'* (aus *'breakfast'* + *'lunch'*: spätes, reichliches Frühstück)

Cornflakes – geröstete Maisflocken
- *'corn'* (*Korn*, Getreide), *'Indian corn'* (Mais), *'corn bread'* (Maisbrot), *'cornfield'* (*Korn-*, Maisfeld), *'cornflower'* (*Kornblume*), *'to corn'* („mit *Salzkörnern* bestreuen", pökeln), *'corned beef'* (gepökeltes Rindfleisch);
- *'flake'* (*Flocke*, Haarschuppe), *'to flake off'* (abblättern, schuppen), *'flaky'* (*flockig*, schuppig), *'flaky pastry'* (Blätterteig), *'snowflake'* (Schneeflocke)

Dinner – Hauptmahlzeit (Mittag- oder Abendessen)
'to dine' (speisen, essen, dinieren), *'diner'* (Speisender, Gast), *'dinette'* (Essecke), *'dining car'* (Speisewagen), *'dining room'* (Esszimmer), *'dining table'* (Esstisch), *'at dinner'* (bei Tisch), *'dinner jacket'* (Smoking), *'dinner party'* (Abendgesellschaft), *'dinner set'* (Tafelgeschirr), *'dinner time'* (Essenszeit)

Fastfood-Restaurant – Schnellimbiss
- *'fast'* (schnell), *'fast train'* (D-Zug), *'my watch is fast'* (meine Uhr geht vor), *'fastback'* (Auto: Fließheck, eigentl.: „schneller Rücken"), *'fast breeder'* (Reaktor: schneller Brüter);
- *'food'* (Nahrung, Verpflegung, *Futter*), *'food for thought'* (Stoff zum Nachdenken), *'food poisoning'* (Lebensmittelvergiftung);
- *'restaurant'* (Gaststätte), *'restoration'* (Wiederherstellung, *Restaurierung*), *'to restore'* (*restaurieren*), *'restorer'* (*Restaurator*)

Gingerale – alkoholfreies Getränk mit Ingwergeschmack
- *'ginger'* (Ingwer; rötlich oder gelblich braun), *'ginger bread'* (Leb-, Pfefferkuchen);
- *'ale'* (helles, obergäriges Bier, *Ale*), *'ale-bench'* (Bierbank), *'alehouse'* (Schenke), *'ale-house politician'* (Stammtischpolitiker), *'alewife'* (Schankwirtin)

Ham and eggs – Schinken mit Spiegeleiern
- *'ham'* (Schinken), *'hamburger'* (= „Schinkenburger"; vgl. *'cheeseburger'*), *'hamhanded'* (tollpatschig, ungelenk);
- *'egg'* (Ei), *'eggbeater'* (Schneebesen), *'egg cosy'* (Eierwärmer), *'egg cup'* (Eierbecher), *'egghead'* (Eierkopf; Intellektueller), *'egg-shaped'* (eiförmig), *'eggshell'* (Eierschale), *'egg timer'* (Eieruhr), *'egg white'* (Eiweiß), *'egg yolk'* (Eigelb)

Jam – Marmelade
'to jam' (pressen, quetschen), *'to be in a jam'* (in der Klemme sein), *'jam-packed'* (voll gestopft), *'traffic jam'* (Verkehrsstau)

Lunch – Mittagessen (s. auch *Breakfast*)
'lunch break' (Mittagspause), *'lunchtime'* (Mittagszeit), *'to lunch out'* (auswärts oder im Restaurant zu Mittag essen)

medium – halb durchgebraten, „englisch"

'medium' (Mitte, Mittelweg), *'medium-priced'* (in mittlerer Preislage), *'medium-size(d)'* (mittelgroß), *'medium-term'* (mittelfristig), *'medium wave'* (Mittelwelle), *'mass media'* (*Massenmedien*)

Milkshake – Milchmixgetränk, *Milchshake*

• *'milk'* (*Milch*), *'land of milk and honey'* (Schlaraffenland), *'milk bar'* (*Milchbar*), *'milk powder'* (*Milchpulver*), *'milksop'* (Weichling, Muttersöhnchen), *'milk tooth'* (Milchzahn), *'to milk'* (*melken*), *'milky'* (*milchig*), *'Milky Way'* (*Milchstraße*);

• *'to shake with laughter'* (sich vor Lachen schütteln), *'to shake hands'* (die Hand schütteln), *'to shake off'* (abschütteln), *'to shake up'* (durchschütteln), *'shaker'* (Mixbecher), *'shaky'* (wackelig)

Mineral-Water – *Mineralwasser*

• *'mineral oil'* (Erdöl, *Mineralöl*), *'mineral coal'* (Steinkohle), *'mineral resources'* (Bodenschätze), *'mineralogy'* (*Mineralien-* und Gesteinskunde);

• *'water bird'* (*Wasservogel*), *'water blister'* (*Wasserblase*), *'water butt'* (Regentonne; vgl. *Bütt*), *'watercourse'* (*Wasserlauf*), *'water front'* (Hafenviertel), *'water level'* (*Wasserstand*), *'water pipe'* (*Wasserrohr*), *'water power'* (*Wasserkraft*), *'waterproof'* (*wasserdicht*), *'water supply'* (*Wasserversorgung*), *'water works'* (*Wasserwerk*), *'watering can'* (Gießkanne), *'watery'* (*wässerig*)

Potato-Chips – Kartoffelchips

• *'potatoes'* (Kartoffeln; vgl. *Bataten*), *'potato bug'* (Kartoffelkäfer), *'hot potato'* (heißes Eisen);

• *'chip'* (Splitter, Span; Spielmarke; Mikroelektronik: *Chip;* vgl. *Kipferl*), *'chips'* (Pommes frites; vgl. *'fish and chips'*), *'chip pan'* (Friteuse), *'to chip off'* (abbrechen)

Refreshment – Erfrischung

'to refresh' (sich *erfrischen*), *'refresher course'* (*Auffrischungskurs*), *'refreshing'* (*erfrischend*), *'fresh'* (*frisch*), *'to freshen up'* (sich *frisch* machen), *'freshness'* (*Frische*)

Roastbeef – Rinderbraten, *Rostbraten*

• *'to roast'* (braten, *rösten*), *'roast chicken'* (Brathühnchen), *'roast pork'* (Schweinebraten), *'roast veal'* (Kalbsbraten), *'roaster'* (Backofen, Bratröhre);

• *'beef'* (Rindfleisch), *'beefburger'* (Hamburger, Frikadelle), *'beef steak'* (Rindersteak), *'beef tea'* (Rinderbrühe), *'corned beef'* (gepökeltes Rindfleisch), *'beefy'* (bullig)

Snackbar – Imbissstube

• *'snack'* (Imbiss), *'to have a snack'* (eine Kleinigkeit essen);

● *'bar'* (Stange, Schranke, Sperre; vgl. *Barren*), *'to bar'* (verriegeln; hindern, abhalten), *'barrier'* (Grenzbaum, *Barriere*)

Softdrink – alkoholfreies Getränk

● *'soft'* (weich, gedämpft, *sanft*), *'to get soft'* (verweichlichen), *'soft-boiled'* (weich gekocht), *'to soften'* (weich machen, dämpfen), *'soft-hearted'* (weichherzig), *'softy'* (Weichling), *'software'* (Computerprogramme);

● *'drink'* (Schluck, *Getränk;* vgl. *'hard drink'* = alkoholisches Getränk), *'to drink off'* (*austrinken*), *'drinkable'* (*trinkbar*), *'drinker'* (*Trinker*), *'drinking song'* (*Trinklied*)

KLEIDUNG, MODE UND FRISUR:

Blazer – farbige, ursprüngl. rote Klubjacke mit Metallknöpfen
'blaze' (lodernde Flamme, Glanz; vgl. *Blesse* eines Pferdes), *'blaze of colours'* (Farbenpracht), *'to blaze'* (leuchten, glühen), *'blazing'* (glühend, auffällig, grell)

Body – eng anliegende, einteilige Unterkleidung („Leibchen")
'body' (Leib, Körper; vgl. *Bottich*), *'dead body'* (Leiche), *'in a body'* (geschlossen, wie ein Mann), *'body building'* (gezieltes Muskeltraining), *'bodyguard'* (Leibwächter), *'body language'* (Körpersprache), *'body odour'* (Körpergeruch), *'body search'* (Leibesvisitation), *'bodywork'* (Karosserie)

Boots – hohe Schuhe, Stiefel
'boot' (Stiefel, Fußtritt), *'to get the boot'* (rausgeschmissen werden), *'to put the boot in'* (kräftig zutreten), *'boot'* (Kofferraum; urspr.: ein Trittbrett hinter der Kutsche, auf dem die Lakaien standen und später das Reisegepäck mitgenommen wurde), *'to boot'* (einen Fußtritt geben), *'bootblack'* (Schuhputzer), *'bootjack'* (Stiefelknecht), *'boot-lace'* (Schnürsenkel), *'bootlicker'* („Stiefellecker", Kriecher), *'boots'* (Hausdiener, Lakai)

Button – Knopf (vgl. *Button-down-Kragen*)
'button' (Knopf, Ansteckplakette, Blume im Knopfloch), *'to button up'* (zuknöpfen), *'buttoned up'* (zugeknöpft, zurückhaltend), *'buttonhole'* (Knopfloch)

Cotton – Baumwolle, *Kattun* (vgl. *Kutte*)
'cotton' (baumwollen), *'cotton pad'* (Wattestäbchen), *'cotton wool'* (Watte)

Designer-Jeans – *Jeans* vom Modeschöpfer

● *'designer'* (Modeschöpfer, Konstrukteur), *'design'* (Entwurf, Konstruktionszeichnung; vgl. *Dessin* = Muster, *'sign'* = Zeichen, *Signal*), 'to design' (entwerfen, zeichnen, gestalten; vgl. *signieren* = unterzeichnen);

• *'jean'* (geköperter Baumwollstoff; benannt nach der italien. Stadt *Genua*, frz. *Gênes*), *'denim'* (*Jeansstoff*, benannt nach der französischen Textilmanufakturstadt *Nîmes;* frz. *serge de Nîmes*)

Dressman – männliches Modemodell

'dress' (Kleid, Kleidung), *'dress coat'* (Frack), *'evening dress'* (Smoking; Abendkleid), *'dressmaker'* (Damenschneider), *'dress shirt'* (Frackhemd), *'dress suit'* (Abend-, Gesellschaftsanzug), *'to dress'* (ankleiden, anziehen; an-, zurichten; vgl. *dressieren*), *'to get dressed'* (sich anziehen), *'to dress up'* (sich herausputzen; sich verkleiden), *'to dress well'* (sich geschmackvoll kleiden), *'dresser'* (Garderobiere; Geschirrschrank), *'hairdresser'* (Friseur), *'dressing'* (Zubereitung; Wundverband), *'dressing gown'* (Morgenmantel), *'dressing room'* (Ankleidezimmer; Theater: Garderobe), *'dressing table'* (Frisierkommode), *'salad dressing'* (Salatsoße, Dressing), *'dressy'* (schick, elegant; aufgetakelt)

Fashion – Mode, Art und Weise (vgl. *Fasson*, frz. *façon*)

'to come into fashion' (in Mode kommen), *'to go out of fashion'* (unmodern werden), *'fashion show'* (Modenschau), *'to fashion'* (formen, gestalten), *'fashionable'* (modisch; vgl. österr. *fesch*)

Hotpants – „Heiße Höschen" (vgl. *'to heat'* = *heizen*)

'hot' (*heiß*), *'I am hot'* (mir ist *heiß*), *'hot air'* (*heiße* Luft), *'hot bed'* (Mist-, Frühbeet), *'hot head'* (*Hitzkopf*), *'hot house'* (Treibhaus), *'hot line'* (*heißer* Draht), *'hot music'* (*heiße* Musik), *'hot plate'* (Koch-, Heizplatte), *'hot spot'* (Krisenherd), *'hot tip'* (*heißer* Tipp), *'hotwater'* (*Heißwasser*-), *'hot-water bottle'* (Wärmflasche), *'to hot up'* (*aufheizen*, aufwärmen)

Leggin(g)s – eng anliegende Hose (urspr.: „Beinkleid" der Indianer)

'leg' (Bein; Hosen-, Stuhlbein), *'legroom'* (Beinfreiheit), *'a leg of mutton'* (Hammelkeule), *'to pull someone's leg'* (jmd. auf den Arm nehmen), *'to stretch one's legs'* (sich die Beine vertreten), *'to leg it'* (zu Fuß gehen), *'leggings'* (Gamaschen), *'leggy'* (langbeinig)

Model – Mannequin, *Fotomodell*

'model' (Muster, *Modell*), *'after the model of'* (nach dem Muster von), *'model husband'* (Mustergatte), *'model builder'* (*Modellbauer*), *'to model'* (*modellieren*, formen; Kleider vorführen, *Modell* stehen), *'modelling'* (Modellieren)

Overall – einteiliger Arbeitsanzug (der „Überalles")

'over' (*über, über* hinweg), *'all over again'* (noch mal), *'over and over'* (immer wieder), *'over and above'* (obendrein), *'to overact'*

(*übertreiben*), '*overage*' (zu alt), '*overbearing*' (anmaßend), '*overboard*' (*über* Bord), '*overcast*' (bewölkt, bedeckt), '*to overcharge*' (zu viel berechnen), '*overcrowded*' (*überfüllt*), '*overdrive*' (Motor: Schongang), '*overdue*' (*überfällig*), '*to overflow*' (*überfließen*), '*overhead*' (*oberirdisch*), '*to overhear*' (zufällig hören), '*overland*' (*über* Land), '*to overlap*' (*überlappen*), '*to overload*' (*überladen*), '*overnight*' (*über* Nacht), '*overstay*' (*Übernachtung*), '*overpower*' (*überwältigen*), '*to overrate*' (*überbewerten*), '*overseas*' (*überseeisch*), '*to oversee*' (*überwachen*), '*overshadow*' (*überschatten*), '*oversight*' (Versehen), '*overstaffed*' (personell *überbesetzt*), '*to overtake*' (*überholen*, einholen), '*overtime*' (*Überstunden*), '*overview*' (*Überblick*), '*overweight*' (*Übergewicht*), '*to overwhelm*' (*überwältigen*), '*to overwork*' (sich *überarbeiten*)

Patchwork – Flickwerk

'*patch*' (Fleck, Flicken; Beet), '*patches of mist*' (Nebelschwaden), '*in patches*' (stellenweise), '*to patch up*' (zusammenflicken), '*patch pocket*' (aufgesetzte Tasche), '*patch blanket*' (Flickendecke), '*patchy*' (fleckig; lückenhaft), '*eye patch*' (Augenklappe)

Pocket – Tasche

'*pocket*' (Hosentasche, Tasche), '*pocketbook*' (Notizbuch), '*pocket calculator*' (Taschenrechner), '*pocket edition*' (Buch: Taschenausgabe), '*pocketknife*' (Taschenmesser), '*pocket money*' (Taschengeld), '*to pocket*' (einstecken, in die eigene Tasche stecken)

Ponytail – Pferdeschwanzfrisur

* '*pony*' (*Pony*, Haarfransen), '*ponytail*' (*Ponyschwanz*), '*pony trekking*' (Ponyreiten);
* '*tail*' (Schwanz, Schweif), '*tails*' (Frack; Rück-, Kehrseite), '*to tail back*' (sich stauen), '*tailback*' (Stau), '*tailboard*' (Ladeklappe), '*tail coat*' (Frack, „Schwalbenschwanz"), '*tailgate*' (Hecktür), '*tail-light*' (Rücklicht), '*tailwind*' (Rückenwind)

Pullover – („Überzieher"); Pullunder – (ärmelloser „Unterzieher")

'*pull*' (Zug, Ruck), '*to pull*' (ziehen; Rudern: *pullen*), '*to pull a big one*' (ein großes Ding drehen), '*to pull down*' (abreißen), '*to pull off*' (ausziehen), '*to pull out*' (herausziehen), '*to pull up*' (hochziehen), '*pulley*' (Flaschenzug), '*pull-in*' (Raststätte, Rasthaus), '*pull-out table*' (Ausziehtisch), '*pull-up*' (Klimmzug)

Pure Wool – reine Wolle

* '*pure*' (rein, pur), '*purification*' (Reinigung), '*to purify*' (reinigen), '*Puritan*' (*Puritaner*), '*purity*' (Reinheit, Ehrlichkeit);
* '*wool*' (*Wolle*), '*woollen*' (*wollen, Woll-*), '*woollens*' (Wollkleidung, Wollsachen), '*woolly*' (*wollig*), '*ball of wool*' (*Wollknäuel*), '*cotton wool*' (Watte), '*lamb's wool*' (*Lammwolle*)

Shorts – **kurze Hosen** (vgl. *Schurz, Schürze* und *'shirt'* = Hemd)
'short' (kurz), *'a short time ago'* (vor kurzem), *'short and sweet'* (kurz und bündig), *'shortage'* (Knappheit, Mangel), *'short circuit'* (Kurzschluss), *'short cut'* (Abkürzung), *'shortfall'* (Defizit), *'shorthand'* (Kurzschrift, Steno), *'shortie'* (Kleiner, Zwerg), *'short-lived'* (kurzlebig), *'shortly'* (bald), *'shortness'* (Kürze, Barschheit), *'short story'* (Kurzgeschichte), *'short-term'* (kurzfristig), *'short time'* (Kurzarbeit), *'short wave'* (Kurzwelle)

Silk – **Seide**
'silk' (Seide, Seiden-), *'silk stockings'* (Seidenstrümpfe), *'silkworm'* (Seidenraupe), *'silky'* (Fell, Haare: seidig; Stimme: samtig)

Slippers – **Hausschuhe, Pantoffeln**
'to slip' (rutschen, schlittern; *schlüpfen*), *'to slip on'* (überstreifen), *'to slip out'* (herausrutschen), *'slip'* (*Schlüpfer*), *'slip of paper'* (Zettel), *'slip of the tongue'* (Versprecher), *'slipped disc'* (Bandscheibenvorfall; amer. *'disk'*), *'slippery'* (glatt, glitschig, *schlüpfrig*)

Sportswear – **Sportbekleidung**
• *'sport'* (Sportart), *'to be a good sport'* (ein feiner Kerl sein), *'sports'* (Sport), *'sports car'* (Sportwagen), *'sports jacket'* (Sakko), *'sportsman'* (Sportler), *'sportsmanship'* (Sportlichkeit, Fairness), *'sportswoman'* (Sportlerin), *'sporty'* (sportlich);
• *'wear'* (Kleidung), *'children's wear'* (Kinderkleidung), *'footwear'* (Schuhwerk), *'knitwear'* (Strickwaren), *'men's wear'* (Herrenbekleidung), *'sportswear'* (Sportkleidung), *'women's wear'* (Damenbekleidung), *'to wear'* (tragen, anhaben), *'wash-and-wear'* (waschen und tragen, also ohne zu bügeln), *'to wear the trousers'* (die Hosen anhaben), *'to wear'* (sich abnutzen, abtragen), *'to wear out'* (abnutzen, erschöpfen), *'worn-out'* (abgenutzt, abgetragen)

stretch – **dehnbar, Elastik-**
'stretch' (Dehnbarkeit, Elastizität; *Strecke*), *'at a stretch'* (hintereinander, an einer *Strecke*), *'to stretch'* (dehnen, weiten), *'to stretch out'* (*ausstrecken*), *'stretcher'* (Krankentrage), *'stretchy'* (elastisch, dehnbar)

Sweatshirt – **weiter Baumwollpullover**
• *'sweat'* (*Schweiß;* Aussprache: [swet]), *'sweatband'* (Sport: *Schweißband*), *'sweat gland'* (*Schweißdrüse*), *'cold sweat'* (*Angstschweiß*), *'no sweat'* (kein Problem), *'sweater'* (Pullover), *'to sweat'* (*schwitzen*), *'to sweat blood'* (sich abrackern), *'to sweat it out'* (durchhalten), *'sweaty'* (*verschwitzt; schweißtreibend*);
• *'shirt'* (Hemd; vgl. *Schürze* und *'short'*), *'shirtsleeve'* (Hemdsärmel; hemdsärmelig), *'T-shirt'* (in T-Form geschnittenes Hemd)

Synthetics − Textilien aus Kunstfasergewebe
'synthetic' (Kunst-, *synthetisch*), *'synthesis'* (*Synthese*), *'to synthesise'* (künstlich herstellen), *'synthesiser'* (Gerät zur elektronischen Musikerzeugung)

Tracksuit − Trainingsanzug (s. auch Film: *Soundtrack*)
- *'track'* (Spur, Fährte; Pfad, Weg, Rennstrecke; Gleis; vgl. *Treck*), *'track events'* (Laufdisziplinen), *'track record'* (Bahnrekord), *'track sports'* (Leichtathletik), *'to track down'* (aufspüren), *'tracker dog'* (Suchhund), *'soundtrack'* (Tonspur, Filmmusik);
- *'suit'* (Anzug, Kostüm), *'suitcase'* (Koffer), *'jogging suit'* (Laufanzug), *'to suit'* (passen; Mode: stehen), *'that suits me fine'* (das ist mir sehr recht), *'suitable'* (passend, geeignet)

Trenchcoat − zweireihig. Mantel mit Schulterklappen u. Gürtel
- *'trench'* (Graben, Schützengraben; daher seit dem Ersten Weltkrieg: *Trenchcoat*);
- *'coat'* (Mantel, Rock, Jacke, Pelz; vgl. *Kutte*), *'coat-tails'* (Rockschöße) *'duffelcoat'* (Wollmantel), *'petticoat'* (Unterrock; vgl. *'petty'* = klein, kleinlich; frz. *petit*), *'raincoat'* (Regenmantel), *'coat-hanger'* (Kleiderbügel), *'coated'* (beschichtet, überzogen), *'coating'* (Mantelstoff)

Zippverschluss − Reißverschluss
'zip' (Reißverschluss, Schwung), *'to zip the bag open'* (den Reißverschluss der Tasche aufmachen), *'zip code'* (Postleitzahl)

THEATER, LITERATUR UND KUNST:

Actor − Schauspieler
'act' (Tat, Handlung, *Aktion*), *'to act'* (spielen), *'to act as'* (fungieren als, dienen als), *'to act on'* (einwirken auf), *'acting'* (Spiel, Schauspielerei), *'action'* (Handlung, *Aktion*), *'a man of action'* (ein Mann der Tat), *'action film'* (Aktionsfilm), *'killed in action'* (gefallen im Gefecht), *'action replay'* (Zeitlupenwiederholung), *'active'* (tätig, lebhaft, *aktiv*), *'activity'* (Betätigung, *Aktivität*), *'actor'* (Schauspieler), *'actress'* (Schauspielerin), *'actual'* (tatsächlich, wirklich, eigentlich; vgl. *aktuell*)

Artist − Künstler, *Artist*
'art' (Kunst, bes. bildende Kunst), *'work of art'* (Kunstwerk), *'arts'* (Geisteswissenschaften), *'Master of Arts'* (*MA = Magister Artium, Magister* der Geisteswissenschaften), *'art critic'* (Kunstkritiker), *'art gallery'* (Kunstgalerie), *'artful'* (schlau, listig), *'artificial'* (künstlich), *'artisan'* (Kunsthandwerker), *'artistical'* (*artistisch*, künstlerisch, kunstverständig), *'artless'* (aufrichtig, ungekünstelt), *'arty'* (künstlerisch aufgemacht)

Collection – Sammlung, Kunstsammlung

'to collect' (sammeln; vgl. *Kollekte*), *'collected works'* (gesammelte Werke), *'collection'* (Sammeln, Sammlung, *Kollektion*), *'collective'* (gesammelt, *kollektiv*), *'collective agreement'* (Tarifabkommen), *'collective noun'* (Sammelbegriff), *'collector'* (Sammler), *'collector's item'* (Sammlerstück)

Entertainer – Unterhalter, Conférencier

'to entertain' (unterhalten; bewirten), *'to entertain an idea'* (sich mit einem Gedanken tragen), *'entertainer'* (Unterhalter, Alleinunterhalter), *'entertaining'* (unterhaltsam), *'entertainment'* (Unterhaltung, Belustigung), *'much to his entertainment'* (sehr zu seiner Belustigung), *'entertainment industry'* (Unterhaltungsindustrie), *'entertainment tax'* (Vergnügungssteuer)

Exhibition – Ausstellung

'to exhibit' (ausstellen, zeigen), *'exhibit'* (*Ausstellungsstück*), *'exhibition'* (Ausstellung), *'to be on exhibition'* (ausgestellt sein, zu sehen sein), *'to make an exhibition of s.th.'* (sich lächerlich, zum Gespött machen), *'exhibitionism'* (*Exhibitionismus* = Neigung zur Entblößung und Zurschaustellung der Geschlechtsteile), *'exhibitionist'* (*Exhibitionist*), *'exhibitor'* (Aussteller)

Hardcover – gebundene Buchausgabe

'cover' (Decke, Deckel, Bucheinband; Tarnung; vgl. *Kuvert*), *'cover address'* (Deckadresse), *'cover girl'* (Titelblattmädchen), *'cover story'* (Titelgeschichte), *'from cover to cover'* (bis zur letzten Seite), *'under plain cover'* (in neutralem Umschlag), *'to take cover'* (in Deckung gehen), *'under the cover of night'* (im Schutze der Nacht), *'to cover up'* (verheimlichen, vertuschen), *'coverage'* (erschöpfende Behandlung eines Themas), *'covering letter'* (Begleitbrief), *'coverlet'* (Tagesdecke), *'to discover'* (entdecken, aufdecken), *'discoverer'* (Entdecker), *'discovery'* (Entdeckung)

Paperback – Taschenbuch

● *'paper'* (*Papier,* Tapete, Zeitung), *'paper bag'* (Tüte), *'paper-boy'* (Zeitungsjunge), *'paper chase'* (Schnitzeljagd), *'paper clip'* (Büroklammer, Heftklammer), *'paper cup'* (Pappbecher), *'paper handkerchief'* (*Papiertaschentuch*), *'paperhanger'* (Tapezierer), *'paper knife'* (Brieföffner), *'paper money'* (*Papiergeld*), *'paper plate'* (*Pappteller*), *'paper weight'* (Briefbeschwerer), *'paperwork'* (Schreibarbeit), *'to paper'* (tapezieren), *'wall-paper'* (Tapete)

Pop-Art – Kunstrichtung mit Hinwendung zum Populären

'pop' = *'popular'* (volkstümlich, beliebt, *populär*), *'popular edition'* (Volksausgabe), *'pop singer'* (Schlagersänger), *'pop song'* (Schlager),

'*pop star*' (Schlagerstar), '*popularity*' (Beliebtheit, Volkstümlichkeit), '*to populate*' (bevölkern), '*population*' (Bevölkerung), '*populous*' (dicht besiedelt, einwohnerstark)

Showmaster – Unterhaltungskünstler

- '*show*' (*Schau*, Vorstellung, TV-Sendung), '*to show*' (zeigen), '*show biz*' = '*show business*' (*Showgeschäft*), '*showcase*' (*Schaukasten*), '*showdown*' (Kraft-, Machtprobe), '*showgirl*' (Revuegirl), '*show jumping*' (Springreiten), '*showman*' (Produzent; *Schausteller*), '*show-off*' (Angeber), '*showpiece*' (Ausstellungsstück), '*show-room*' (Ausstellungsraum), '*showy*' (auffallend, auffällig);
- '*master*' (*Meister*, Lehrer), '*master tailor*' (*Schneidermeister*), '*Master of Science*' (*MSc* = *Magister* der Naturwissenschaften), '*master copy*' (Originalkopie), '*masterful*' (herrisch, gebieterisch), '*master fuse*' (Hauptsicherung), '*master key*' (Hauptschlüssel), '*mastermind*' (überragender Geist, Genie), '*masterpiece*' (*Meisterstück*), '*master plan*' (Gesamtplan), '*masterstroke*' (*Meisterleistung*), '*to find one's master*' (seinen *Meister* finden), '*to master*' (beherrschen)

Sketch – Stegreifstudie; kurze, witzige Bühnenszene

'*sketch*' (*Skizze*), '*to sketch*' (skizzieren), '*to sketch out*' (umreißen), '*sketchiness*' (Flüchtigkeit), '*sketchy*' (oberflächlich, bruchstückhaft, skizzenhaft)

Stage – Bühne

'*stage*' (Etappe, Reiseabschnitt, Bühne), '*to go on the stage*' (zum Theater gehen), '*by easy stages*' (Schritt f. Schritt), '*stage direction*' (Bühnen-, Regieanweisung), '*stage name*' (Künstlername), '*to stage*' („auf die Bühne bringen"), '*stagy*' (theatralisch)

Story – Geschichte, Handlung (vgl. *Historie*)

'*story*' (Erzählung, Märchen; vgl. '*history*'), '*his side of the story*' (seine Version), '*it's the same old story*' (es ist das alte Lied), '*storybook*' (Märchenbuch), '*storyteller*' (Erzähler), '*to cut a long story short*' (um es kurz zu machen)

Thriller – Reißer, Schauerroman, spannender Film

'*thrill*' (prickelndes Gefühl, Nervenkitzel, vgl. *Drillbohrer*), '*to be thrilled*' (hingerissen sein), '*thrilling*' (fesselnd, packend)

UNTERHALTUNGSELEKTRONIK UND MUSIK:

Amplifier – Verstärker

'*ample*' (weit, geräumig), '*amplification*' (Erweiterung; Weitschweifigkeit), '*to amplify*' (erweitern, vergrößern, verstärken), '*amplitude*' (Weite, Umfang, *Amplitude*)

Bandleader – Leiter einer Band
- *'band'* (Gruppe, Kapelle, *Bande*), *'big band'* (große Kapelle), *'bandmaster'* (Kapellmeister), *'bandage'* (*Binde, Verband*);
- *'lead'* (Führung), *'to take the lead'* (die Führung übernehmen), *'to lead'* (führen, *leiten*), *'leader'* (Führer; *Leitartikel*), *'leadership'* (Führerschaft), *'leadership qualities'* (Führungsqualitäten)

Charts – Schlager-Hitliste
'chart' (Diagramm, Kurve, Schaubild, *Karte*), *'to chart'* (einzeichnen, *kartieren*)

Conductor – Dirigent
'conduct' (Führung, Verhalten), *'to conduct'* (führen, geleiten), *'conductor'* (Schaffner, Führer, Dirigent), *'conductress'* (Dirigentin, Schaffnerin)

Countrymusic – Volksmusik in den Südstaaten der USA
- *'country'* (Landschaft, Gegend; vgl. *kontra* = gegen), *'flat country'* (Flachland), *'country road'* (Landstraße), *'country seat'* (Landsitz), *'country side'* (ländliche Gegend);
- *'to put to music'* (vertonen), *'music book'* (Notenheft), *'music hall'* (Varietétheater), *'musician'* (*Musiker*), *'music stand'* (Notenständer)

Folksong – Volkslied
- *'folks'* (Leute; in der Anrede: Herrschaften), *'my folks'* (meine Verwandten), *'folk dance'* (*Volkstanz*);
- *'song'* (Lied, *Gesang*), *'to burst into song'* (zu *singen* anfangen), *'songbird'* (*Singvogel*), *'song-book'* (Liederbuch)

Highfidelity (Hifi) – hohe Klangtreue
'fidelity' (Treue, Genauigkeit, Klangtreue; Aussprache der Abkürzung *Hifi:* ['haifi])

Hit – Schlager, Treffer
'hit' (Treffer, Hieb), *'to score a hit'* (einen Treffer erzielen), *'to be a big hit'* (ein großer Erfolg sein), *'to hit'* (schlagen, treffen), *'to hit the nail on the head'* (den Nagel auf den Kopf treffen)

Livemusik – Originalmusik (s. auch *Countrymusic*)
'live' (*lebendig,* original; Aussprache: [laiv]), *'livestock'* (Viehbestand), *'lively'* (lebhaft, dynamisch), *'life'* (*Leben;* [laif]), *'lifeboat'* (Rettungsboot), *'lifeless'* (*leblos*), *'lifelike'* (lebensecht), *'for life'* (fürs ganze Leben), *'to live'* (*leben;* Aussprache: [liv]), *'to liven up'* (beleben; in Schwung kommen)

Performance – Aufführung, Auftritt
'to perform' (durchführen, aufführen, auftreten), *'performance'* (Leistung, Auftritt), *'performer'* (Darsteller)

Record – Schallplatte (vgl. *Rekord* = aufgezeichnete Höchstleistung)
'record' (Bericht, Aufzeichnung, Schallplatte), *'to make a record'*
(eine Schallplatte aufnehmen), *'record player'* (Plattenspieler), *'long-
playing record'* (Langspielplatte), *'to record'* (aufzeichnen), *'recorder'* (Aufnahmegerät), *'recording studio'* (Aufnahmestudio), *'by
recorded delivery'* (per Einschreiben)

Single – Schallplatte mit nur einem Titel je Seite (s. auch FAMILIE)
'single' (einzeln; Alleinstehender), *'single room'* (Einzelzimmer),
'single mother' (Alleinerziehende), *'single file'* (Gänsemarsch)

Sound – Klang, Klangfülle (s. auch FILM: *Soundtrack*)
'sound' (Ton, Schall, Geräusch), *'to sound'* (klingen), *'soundless'*
(lautlos), *'sound-proof'* (schalldicht)

Speaker – Lautsprecher
'to speak' (*sprechen*, reden), *'to speak up'* (lauter *sprechen*), *'speaker'*
(Sprecher), *'we are not on speaking terms'* (wir *sprechen* z.Z. nicht
miteinander)

Tuner – Kanalwähler am Fernseh- oder Radiogerät
'tune' (Melodie), *'to tune in'* (das Radio einschalten), *'to tune up'*
(stimmen, einstellen, *tunen*), *'tuneful'* (melodiös), *'tuning'* (Ein-
stellung, Stimmen), *'tuning fork'* (Stimmgabel)

Volume – Lautstärke
'volume' (Rauminhalt, Lautstärke, *Volumen;* Band), *'volume control'*
(Lautstärkeregler), *'at full volume'* (in voller Lautstärke), *'to speak
volumes'* (Bände sprechen), *'to turn the volume up'* (die Lautstärke
voll aufdrehen), *'voluminous'* (bauschig, *voluminös*)

MEDIEN:

Comment – Kommentar, Erläuterung (vgl. *'No comment!'*)
'to comment' (bemerken), *'to comment on'* (einen Kommentar abgeben zu, *kommentieren*), *'commentator'* (*Kommentator*)

Copy – Exemplar, Kopie, Durchschlag, Nachbildung (vgl. *Kopie*)
'fair/clean copy' (Reinschrift), *'rough/foul copy'* (Rohentwurf, Kon-
zept), *'to copy'* (abschreiben, durchpausen, überspielen, *kopieren*),
'copy cat' (gedankenloser Nachahmer), *'copy editor'* (Zeitungsre-
dakteur, Lektor)

Edition – Ausgabe, Herausgabe von Büchern (vgl. *Editor*)
'to edit' (herausgeben), *'morning edition'* (Morgenausgabe einer
Zeitung), *'editor'* (Herausgeber), *'the editors'* (die Redaktion), *'letter
to the editor'* (Leserbrief), *'editorial'* (Leitartikel)

Interview – gezielte Befragung („das einander Sehen")
- *'view'* (Blick, Sicht), *'at first view'* (auf den ersten Blick), *'to come into view'* (in Sicht kommen), *'to keep in view'* (im Auge behalten), *'view on'* (Ansicht, Meinung über), *'in my view'* (meiner Ansicht nach), *'view of'* (Überblick über), *'to view'* (besichtigen, betrachten), *'viewer'* (Zuschauer, Betrachter);
- *'inter-'* (zwischen, wechselseitig), *'to interview'* (ein Einstellungsgespräch führen, interviewen), *'to give an interview'* (ein Interview geben), *'interviewee'* (Befragter), *'interviewer'* (Befrager)

Journal –(Mode)zeitschrift („Tageszeitung"; vgl. *bon jour*)
'journalese' (Zeitungsstil), *'journalism'* (Pressewesen, *Journalismus*), *'journalist'* (*Journalist*), *'journalistic'* (*journalistisch*), *'journey'* (Reise, Tagesreise)

Kolumne – Zeitungsspalte, Satzspalte („Säule"; vgl. *Kolumnist*)
'column' (Säule, Spalte; vgl. *'colonel'* = Oberst an der Spitze einer *Marschkolonne*), *'in double columns'* (zweispaltig), *'columnist'* (Journalist, der regelmäßig und an bestimmter Stelle einer Zeitung einen Meinungsbeitrag veröffentlicht)

News – sensationelle Nachrichten (*'Neuigkeiten'*)
'a piece of news' (eine *Neuigkeit*), *'what's the news?'* (was gibt es *Neues?*), *'on the news'* (in der Nachrichtensendung), *'news agency'* (Nachrichtenagentur), *'news agent'* (Zeitungshändler), *'news boy'* (Zeitungsjunge), *'news letter'* (Rundschreiben), *'newspaper'* (Zeitung), *'news publisher'* (Zeitungsverleger), *'news rack'* (Zeitungsständer), *'newsstand'* (Zeitungskiosk), *'news vendor'* (Zeitungsverkäufer)

Print – Druck, Abdruck (vgl. *Printmedien* = Druckmedien; *Printe*)
'to print' (drucken), *'printed matter'* (Drucksache), *'to print off'* (ein Foto abziehen), *'to print out'* (ausdrucken), *'printable'* (druckreif), *'printer'* (Drucker), *'printer's error'* (Druckfehler), *'printing ink'* (Druckerschwärze), *'print-out'* (Ausdruck)

Publisher – Verleger, Herausgeber (s. auch WERBUNG: *Publicity*)
'to publish' (veröffentlichen, *publizieren*), *'published weekly'* (erscheint wöchentlich), *'publishers'* (Verlagshaus), *'publication'* (Veröffentlichung, *Publikation*), *'public figure'* (Persönlichkeit des öffentlichen Lebens), *'republic'* (eigentl.: „öffentliche Sache", *Republik*)

Report – Bericht, Dokumentarbericht (vgl. *Reportage*)
'to report' (berichten), *'to report for'* (anzeigen wegen), *'to report sick'* (sich krank melden), *'reported speech'* (indirekte Rede), *'reporter'* (Berichterstatter)

Telekommunikation (Telekom) – Fernmeldewesen
- *'communication'* (Mitteilung, Verbindung), *'communications satellite'* (Nachrichtensat.), *'communication system'* (Fernmeldenetz), *'to communicate'* (sich mitteilen, in Verbindung stehen; vgl. *kommunizieren*), *'communicative'* (gesprächig), *'community'* (Gemeinschaft, Gemeinde), *'community home'* (Erziehungsheim);
- *'tele-'* (fern-), *'telegram'* (Fernschreiben), *'telephone'* (Fernsprecher, Telefon), *'teleprinter'* (Fernschreiber), *'telescope'* (Fernrohr), *'television'* (Fernsehen), *'to telecast'* (im Fernsehen übertragen)

Yellow Press – Sensationspresse, Regenbogenpresse
- *'yellow'* (*gelb*), *'yellow fever'* (*Gelbfieber*), *'yellow pages'* („*Gelbe Seiten*", Branchenverzeichnis), *'to yellow'* (*gelb* werden, *vergilben*);
- *'to press'* (drücken, *pressen*, bügeln), *'to be pressed for time'* (unter Zeitdruck stehen), *'pressing'* (dringend, eindringlich), *'press'* (*Fruchtpresse, Druckerpresse*), *'to go to press'* (in Druck gehen), *'to have a bad press'* (eine schlechte *Presse* haben), *'press agency'* (*Presseagentur*), *'press cutting'* (Zeitungsausschnitt), *'press photographer'* (*Pressefotograf*), *'high pressure'* (Hochdruck)

FILM UND FERNSEHEN:

Stage-Director – Regisseur, Spielleiter
- *'stage'* (Bühne), *'stage door'* (Bühneneingang), *'stage fright'* (Lampenfieber), *'stage name'* (Künstlername), *'to stage'* (auf die Bühne bringen, veranstalten), *'stagy'* (theatralisch);
- *'to direct'* (leiten, lenken), *'directed by'* (unter der Regie von), *'direction'* (Regie, Leitung; Richtung), *'directive'* (Anweisung, *Direktive*), *'director'* (Regisseur, Leiter, *Direktor*), *'directress'* (Leiterin, Direktorin), *'directory'* (Adress-, Telefonbuch)

Fan – Verehrer eines Stars oder Vereins (vgl. *Fanatiker*)
'fan club' (*Fanklub*), *'fan mail'* (Verehrerpost), *'fanatic'* (*fanatisch*), *'fanaticism'* (*Fanatismus*)

Filmstar – berühmter Schauspieler
- *'film'* (dünne Schicht, Folie, *Film*), *'to film'* (*filmen, verfilmen*);
- *'star'* (*Stern*), *'starlet'* (*Filmsternchen*), *'starring NN'* (mit NN in der Hauptrolle), *'star wars'* (Krieg der *Sterne*), *'Stars and Stripes'* (amerikanisches *Sternenbanner*)

Movie – Film, Kino
'to move' (bewegen, rücken), *'to move in'* (einziehen), *'to move out'* (ausziehen), *'to be moved'* (bewegt sein), *'movement'* (Bewegung), *'movie camera'* (Filmkamera), *'movie star'* (Filmstar), *'moving staircase'* (Rolltreppe)

Remake – Neuverfilmung
'make' (Erzeugnis, Produkt; vgl. *Machwerk*), *'to make'* (*machen*), *'to remake'* (neu *machen*)

Script – Drehbuch, Text (vgl. *Manuskript*)
'script' (*Schrift, Schreibschrift*), *'script girl'* (*Skriptgirl*), *'script writer'* (Drehbuchautor), *'the Scriptures'* (die Heilige *Schrift*), *'post-script'* („Nachschrift", Nachwort)

Soap-Opera – Seifenoper (v. Waschmittelfirmen gesponserter Film)
- *'soap'* (*Seife*), *'soap bubble'* (*Seifenblase*), *'soapsuds'* (*Seifenschaum*);
- *'opera'* (*Oper;* Mz. von *Opus* = Werk), *'opera glasses'* (*Opernglas*), *'opera house'* (*Opernhaus*)

Soundtrack – Tonspur auf einem Kinofilm, Filmmusik
- *'sound'* (Geräusch, Schall, Ton, Klang), *'to sound'* (erklingen, ertönen), *'to sound one's horn'* (hupen), *'sound barrier'* (Schallmauer), *'sound film'* (Tonfilm), *'soundless'* (lautlos), *'sound wave'* (Schallwelle);
- *'track'* (Spur, Fährte, Gleis), *'to be on the wrong track'* (auf dem Holzweg sein), *'to jump the tracks'* (entgleisen), *'to track'* (verfolgen), *'to track down'* (aufspüren), *'tracksuit'* (Trainingsanzug)

Television (TV) – Fernsehen (s. auch MEDIEN: *Telekom*)
- *'vision'* (Sehen, Sehkraft, *Vision*), *'visibility'* (Sichtweite), *'visible'* (sichtbar), *'visionary'* (weit blickend, *visionär*), *'visit'* (Besuch, Besichtigung);
- *'tele-'* (fern-), *'telecommunication'* (Fernmeldewesen), *'telegram'* (Fernschreiben), *'telephone'* (Fernsprecher), *'telescope'* (Fernrohr);
- *'TV play'* (Fernsehspiel), *'TV set'* (Fernsehgerät), *'TV viewer'* (Fernsehzuschauer)

SPORT, ERHOLUNG UND FREIZEIT:

Centre – *Zentrum,* Mittelpunkt
'to centre' (*konzentrieren, zentrieren*), *'city centre'* (Innenstadt, *City*), *'central'* (Haupt-, *zentral*), *'central heating'* (Zentralheizung), *'to centralise'* (*zentralisieren*)

Championship – Meisterschaft
'champion' (Verfechter, Meister), *'champ'* (kurz für *Champion*), *'to champion'* (eintreten für)

Contest – Wettkampf, Wettbewerb
'to contest' (kämpfen um, anfechten), *'to contest with'* (wetteifern mit), *'contestant'* (Mitbewerber, Wettkampfteilnehmer)

Crawl – *Kraulen* (Schwimmstil)
'to crawl' (kriechen, krabbeln, kribbeln, *kraulen*), *'to crawl with'* (wimmeln von), *'crawler'* (Kriechtier, Kriecher, im Sport: *Krauler*)

Cup – **Pokal** (vgl. *Davis Cup*)
'cup' (Tasse, Pokal), *'cup final'* (Pokalendspiel), *'cup winner'* (Pokalsieger), *'cupboard'* (Geschirr, Speise, Kleiderschrank), *'teacup'* (Teetasse)

Finish – **Endspurt, Ziel** (vgl. auch *Finale*)
'finish' (Ende, Schluss), *'to finish'* (beenden, aufhören), *'to finish with'* (Schluss machen mit), *'finished'* (beendet, fertig), *'finished goods'* (Fertigwaren), *'finishing'* (abschließend), *'finishing line'* (Ziellinie), *'final'* (End-, Schluss-; *Finale*), *'final whistle'* (Schlusspfiff, Abpfiff), *'finality'* (Endgültigkeit)

fit – **in Form, in Hochform**
'fit' (passend, geeignet, fähig), *'fit for service'* (diensttauglich), *'fit to drive'* (fahrtüchtig), *'to keep fit'* (sich *fit* halten), *'to fit'* (Kleidung: passen, sitzen), *'fitter'* (Monteur, Installateur), *'fittings'* (Einrichtung, Ausstattung), *'fitness'* (Eignung), *'fitness centre'* (*Fitnessstudio*), *'fitness test'* (Eignungsprüfung)

Goalkeeper – **Torwart, Torhüter**
- *'goal'* (Ziel, erzieltes Tor), *'goal area'* (Torraum), *'to keep goal'* (im Tor stehen), *'goalgetter'* (Torjäger), *'goal kick'* (Abstoß), *'goal line'* (Torlinie);
- *'to keep'* (halten, behalten), *'keep your seat'* (behalten Sie Platz), *'to keep a secret'* (ein Geheimnis für sich behalten), *'to keep from'* (hindern an), *'to keep off'* (sich fernhalten von), *'keeper'* (Wächter, Aufseher)

Hobby – **Steckenpferd, Freizeitbeschäftigung**
'to hobble' (*hoppeln,* humpeln; vgl. *hoppe, hoppe Reiter*), *'hobby room'* (*Hobbyraum*)

Hometrainer – **Heimtrainingsgerät**
'to train' (schulen, abrichten, *trainieren*), *'to train as'* (ausgebildet werden zum), *'trainee'* (Lehrling, Azubi), *'trainer'* (Coach, Ausbilder, *Trainer*), *'training'* (Ausbildung, Schulung, Lehre)

Jogging – **Laufen, *Joggen***
'to jog' (trotten, zuckeln, *joggen*), *'jogger'* (Läufer, *Jogger*), *'jog trot'* (gemächlicher Trab, Trott), *'jogging suit'* (Trainingsanzug)

Kicker – **Fußballspieler**
'kick' (Tritt, Stoß), *'to give a kick'* (einen Tritt versetzen), *'kickoff'* (Fußball: Anstoß), *'kickstarter'* (*Kickstarter* eines Motorrads)

Match – Spiel, Kampf

'match' (passende Sache oder Person, Gegenstück), 'to find one's match' (seinen Meister finden), 'to match with' (zusammenpassen mit), 'matching' (passend), 'matchless' (unvergleichlich)

Motorbike – Motorrad

• 'motor' (Motor), 'motorboat' (Motorboot), 'motoring' (Autofahren), 'motorist' (Autofahrer), 'motor scooter' (Motorroller), 'motion' (Bewegung), 'motivation' (Ansporn, Antrieb), 'motive' (Beweggrund, Motiv);

• 'bike' (Rad, Fahrrad), 'to bike' (radeln, Motorrad fahren), 'mountain bike' (Mountainbike), 'bicycle' („Zweirad", Fahrrad)

Penalty – Elfmeter, Strafe

'penal' (Straf-), 'penal act' (strafbare Handlung), 'penal code' (Strafgesetzbuch), 'penal law' (Strafrecht), 'to penalise' (bestrafen), 'penalty' (Strafe), 'penalty area' (Strafraum), 'penalty kick' (Strafstoß), 'to punish' (bestrafen), 'punishment' (Bestrafung)

Profi – Berufssportler, Fachmann

'profession' (Beruf, Berufsstand), 'by profession' (von Beruf), 'professional' (Berufs-, beruflich; Berufssportler), 'professionalism' (Profitum)

Race – Rennen, Wettlauf

'to race' (rennen, rasen), 'race against time' (Wettlauf mit der Zeit), 'racecourse' (Pferderennbahn), 'racehorse' (Rennpferd), 'racer' (Rennrad, Rennwagen), 'racetrack' (Rennstrecke), 'racing bike' (Rennrad), 'racing car' (Rennwagen), 'racing cyclist' (Radrennfahrer), 'racing driver' (Rennfahrer), 'race-goer' (Rennbesucher) 'horse-race' (Pferderennen)

Referee – Schiedsrichter, Ringrichter

'to refer' (konsultieren), 'to refer to' (verweisen an), 'reference' (Verweis, Hinweis, Bezugnahme, Referenz), 'reference book' (Nachschlagewerk)

relax – sich entspannen (vgl. lax = locker, schlaff)

'to relax' (sich lockern, entspannen), 'relaxation' (Entspannung), 'relaxed' (entspannt), 'laxness' (Schlaffheit)

Score – Spielstand, Ergebnis

'to score' (einen Treffer erzielen), 'to score with' (Erfolg haben mit), 'scoreboard' (Anzeigetafel), 'scorer' (Torschütze)

Surfboard – Surfbrett

'surf' (Brandung), 'to surf' (surfen), 'surfer' (Wellenreiter), 'surface' (Oberfläche), 'to surface' (auftauchen)

Swimmingpool – Schwimmbecken, privates Schwimmbad
- *'to swim'* (schwimmen), *'to go for a swim'* (schwimmen gehen), *'swimmer'* (*Schwimmer*), *'swimming'* (*Schwimmen*), *'swimming bath'* (Hallenbad), *'swimming cap'* (Badekappe), *'swimming trunks'* (Badehose), *'swimsuit'* (Badeanzug);
- *'pool'* (Teich, Tümpel, Becken, *Pfuhl*), *'car pool'* (Fahrgemeinschaft), *'to shoot pool'* (*Poolbillard* spielen), *'to win the pools'* (im Toto gewinnen)

Team – Mannschaft, Gruppe (vgl. *Teamgeist*)
'team' (Gespann; vgl. *Zaum*), *'to team up with'* (sich zusammentun mit), *'team game'* (Mannschaftsspiel), *'team-mate'* (Mannschaftskamerad), *'team spirit'* (Mannschafts-, Gemeinschaftsgeist), *'teamster'* (LKW-Fahrer), *'teamwork'* (Mannschafts-, Zusammenspiel)

Tennisracket – Tennisschläger
- *'tennis ball'* (*Tennisball*), *'tenniscourt'* (*Tennisplatz*), *'tennis elbow'* (*Tennisarm*), *'tennis player'* (*Tennisspieler*);
- *'rack'* (Ständer, Regal; Netz, Gepäcknetz), *'to be on the rack'* (Folterqualen leiden), *'racket'* (Sport: Schläger)

REISEN, URLAUB UND HOTEL:

Beach – Strand
'to beach' (Schiff: auf den Stand ziehen), *'on the beach'* (am Strand), *'beach ball'* (Wasserball), *'beach towel'* (Badehandtuch, Strandlaken), *'beachwear'* (Strandkleidung)

Cabin – Kajüte, Kabine, Flugzeugkabine
'cabin' (Häuschen, Hütte), *'cabin cruiser'* (*Kabinenkreuzer*), *'log cabin'* (Blockhütte), *'cabinet'* (Vitrine, Büroschrank), *'cab'* (Fahrerhaus, Führerstand; Taxi), *'cabdriver'* (Taxifahrer)

Camping – Zelten
'camp' (Lager), *'camp bed'* (Feldbett), *'camp chair'* (Klappstuhl), *'camp fire'* (Lagerfeuer), *'camp ground'* (Lagerplatz, Zeltplatz), *'to camp'* (sein Lager aufschlagen, *kampieren*), *'to camp out'* (zelten), *'camper'* (Zeltler; Wohnwagen), *'campaign'* (Feldzug)

cancel – stornieren, von einem Vertrag zurücktreten
'cancel' (absagen, widerrufen, kündigen), *'cancellation'* (Streichung, Kündigung, Stornierung)

Caravan – Wohnwagen
'caravan' (*Karawane,* Wohnanhänger), *'caravan site'* (Wohnwagenstellplatz), *'car-a-van'* (Kombi, aus *'car and van'* = Personen- und Lieferwagen)

Club – Verein, bes. Tennis- und Golfclub

'club' (Keule, Schlagholz, Schläger; Verein), *'club chair'* (Klubsessel), *'clubfoot'* (*Klumpfuß*), *'clubhouse'* (Vereinshaus), *'to club'* (niederknüppeln), *'night-club'* (Nachtbar)

Guesthouse – Gästehaus, Pension, Fremdenheim

• *'guest'* (*Gast*), *'guest speaker'* (*Gastredner*), *'guest room'* (*Gäste-, Fremdenzimmer*);

• *'house'* (*Haus*), *'to keep house'* (den *Haushalt* führen), *'house agent'* (*Häusermakler*), *'under house arrest'* (unter *Hausarrest*), *'houseboat'* (*Hausboot*), *'housebound'* (ans *Haus* gefesselt), *'housebreaker'* (Einbrecher), *'housebroken'* (stubenrein), *'housecleaning'* (*Hausputz*), *'household'* (*Haushalt*), *'house-hunting'* (*Haussuche*), *'housekeeper'* (*Haushälterin*), *'housekeeping'* (*Haushaltsführung*), *'housemaid'* (*Hausangestellte*), *'house rules'* (*Hausordnung*), *'house search'* (*Haussuchung*), *'housewife'* (*Hausfrau*), *'housing conditions'* (Wohnverhältnisse), *'housing estate'* (Wohnsiedlung), *'housing market'* (Wohnungsmarkt), *'housing shortage'* (Wohnungsnot), *'to house'* (unterbringen), *'houseproud'* (übertrieben ordentlich)

Guide – Reiseführer, Handbuch, Leitfaden

'guide' (Führer), *'guide to London'* (London-Führer), *'guide dog'* (Blindenhund), *'guidelines'* (Richtlinien), *'to guide'* (lenken, leiten), *'guided tour'* (Führung), *'guiding principle'* (Leitprinzip), *'guidance'* (Anleitung, Beratung)

Holidays – Ferien

'holiday' (*'heiliger Tag'*, Feiertag), *'public holiday'* (arbeitsfreier Tag), *'holiday maker'* (Urlauber), *'holy'* (heilig, geweiht), *'Holy Ghost'* (Heiliger Geist), *'Holy Scripture'* (Heilige Schrift), *'holy terror'* (Nervensäge), *'Holy Thursday'* (Gründonnerstag), *'holy water'* (Weihwasser), *'Holy Week'* (Karwoche)

Lift – Aufzug

'lift' (Hub, Heben; *Luftbrücke*), *'to give s.o. a lift'* (im Auto mitnehmen), *'to have a lift'* (sich *liften* lassen), *'liftboy'* (Liftboy), *'liftman'* (Fahrstuhlführer), *'lift-off'* (Start), *'to lift'* (heben, *lüften*)

Lounge – Foyer eines Theaters, Salon eines Hotels oder Schiffs

'lounge' (Wohnzimmer; Wartehalle), *'lounge bar'* (vornehmerer Teil eines Lokals), *'lounge chair'* (Klubsessel), *'lounge suit'* (Straßenanzug), *'to lounge away'* (die Zeit vertrödeln)

Passport – Reisepass (vgl. *Passage*)

• *'pass'* (*Passierschein*), *'free pass'* (Freikarte), *'to pass'* (vorbeigehen), *'to pass an exam'* (eine Prüfung bestehen), *'to pass away'* (sterben, dahinscheiden), *'to pass down'* (weitergeben, überliefern), *'to pass round'* (herumreichen), *'to pass the time reading'* (sich die Zeit mit Lesen vertreiben), *'to let s.o. pass'* (jmd. vorbeilassen), *'passable'* (*passierbar,* befahrbar; *passabel*), *'passage'* (Durchfahrt), *'passenger'* (Fahrgast, Fluggast, *Passagier*), *'passer-by'* (*Passant*), *'password'* (Kennwort, Parole);

- *'port'* (Hafen; vgl. *Portal* = Eingangstor), *'port'* (Backbord = die linke Schiffsseite, mit der man früher im Hafen anlegte), *'portable'* (tragbar), *'porter'* (Träger; Pförtner, Portier), *'to export'* („hinaustragen", ausführen), *'to import'* („hereintragen", einführen), *'to report'* („zurücktragen", berichten), *'to transport'* („hinübertragen", transportieren)

Pleasure-Trip – Vergnügungsreise (vgl. *Plaisir*)

- *'to please'* (gefallen; erfreuen), *'please'* (bitte), *'pleasing'* (angenehm), *'pleasure'* (Vergnügen), *'to take pleasure in'* (Vergnügen finden an), *'at pleasure'* (nach Belieben);
- *'trip'* (Ausflug, Kurzreise; vgl. *trippeln*), *'boat trip'* (Bootsausflug), *'bus trip'* (Busreise), *'tripper'* (Tagesausflügler)

Reception – Hotelhalle, Empfangshalle

'reception' (Empfang, *Rezeption*), *'to give a reception'* (einen Empfang geben), *'reception desk'* (Empfangstheke), *'receptionist'* (Empfangsdame), *'receptive'* (aufnahmefähig), *'contraception'* (Empfängnisverhütung), *'contraceptive'* (Verhütungsmittel)

Room-Service – Zimmerservice

- *'room'* (*Raum,* Zimmer), *'to make room'* (Platz machen), *'rooming house'* (Fremdenheim, Pension), *'rooming-in'* (gemeinsame Unterbringung von Mutter und Kind im Krankenhaus), *'roommate'* (Zimmergenosse), *'roomy'* (*geräumig*);
- *to serve'* (dienen), *'to serve up'* (das Essen *servieren*), *'service'* (Dienstleistung, Militärdienst), *'civil service'* (Staatsdienst), *'servant'* (Diener, Dienstbote), *'civil servant'* (Staatsbeamter, Beamter im öffentlichen Dienst), *'secret service'* (Geheimdienst), *'to be out of service'* (außer Betrieb sein), *'service charge'* (Bedienungszuschlag), *'serviceman'* (Militärangehöriger), *'service station'* (Reparaturwerkstatt), *'serviette'* (Mundtuch, *Serviette*), *'servile'* (unterwürfig), *'servility'* (Unterwürfigkeit), *'servitude'* (Knechtschaft)

Striptease – Entkleidungsnummer, Entblößung

- *'strip'* (*Streifen,* z.B. Papier o. Land; vgl. *Strippe;* sonst: *'stripe';* vgl. *'Stars and Stripes'*), *'to strip'* (sich ausziehen; vgl. die Kleider *abstreifen*), *'to strip to the waist'* (den Oberkörper frei machen), *'to do a strip'* (*strippen*), *'to strip down'* (Motor: auseinander nehmen);
- *'to tease'* (hänseln, necken, reizen), *'he is only teasing'* (er macht nur Spaß), *'teaser'* (Necker, Hänsler)

Transfer – Weitertransport, z.B. vom Flughafen zum Hotel

'transfer' (Überführung, Verlegung, Versetzung), 'transfer fee' (Ablösesumme), 'to transfer' (überweisen, transferieren), 'to transfer to' (übertragen auf), 'transferable' (übertragbar)

Travel-Agency – Reisebüro

• 'travel' (Reise, bes. Auslandsreise), 'to travel' (reisen, herumreisen), 'traveller' (Reisender, Handlungsreisender), 'traveller's cheque' (Reisescheck), 'travelogue' (Reisebericht, -film), 'travel-sick' (reisekrank), 'travel sickness' (Reisekrankheit);

• 'agency' (Agentur, Behörde; vgl. CIA = 'Central Intelligence Agency'), 'agent' (Vermittler, Makler), 'agent' (Mittel, Wirkstoff; vgl. 'Agent Orange' = Entlaubungsmittel im Vietnamkrieg)

Youth-Hostel – Jugendherberge

• 'youth' (Jugend, Jugendliche), 'youthful' (jugendlich);

• 'hostel' (Herberge, Studenten-, Arbeiterwohnheim; vgl. frz. l'hôtel), 'host' (Gastgeber), 'hostess' (Gastgeberin, Hostess)

FLUGREISEN UND FLUGPLATZ:

Airport – Flughafen, Flugplatz (s. auch Passport)

'air' (Luft), 'by air' (auf dem Luftweg), 'in the open air' (im Freien), 'to air' (lüften, zum Trocknen aufhängen), 'air bag' (Auto: Luftsack), 'air base' (Luftwaffenstützpunkt), 'air troops' (Luftlandetruppen), 'air cargo' (Luftfracht), 'aircraft' (Flugzeug), 'aircraft carrier' (Flugzeugträger), 'air crash' (Flugzeugabsturz), 'air cushion' (Luftkissen), 'airfield' (Flugplatz), 'air force' (Luftwaffe), 'air freight' (Luftfracht), 'air gun' (Luftgewehr), 'air hostess' (Stewardess), 'air letter' (Luftbrief), 'airlift' (Luftbrücke), 'airliner' (Verkehrsflugzeug), 'air-mail' (Luftpost), 'air passenger' (Fluggast), 'air pocket' (Luftloch), 'air pollution' (Luftverschmutzung), 'air pressure' (Luftdruck), 'air pump' (Luftpumpe), 'air raid' (Luftangriff), 'air shelter' (Luftschutzbunker), 'air shaft' (Luftschacht), 'air ship' (Luftschiff), 'airspace' (Luftraum), 'air strip' (Start- und Landebahn), 'air terminal' (Flughafenabfertigungsgebäude), 'air ticket' (Flugticket), 'air traffic' (Flugverkehr), 'air-cooled' (luftgekühlt), 'airsick' (luftkrank), 'airworthy' (flugtüchtig), 'airing' (Lüftung), 'airy' (luftig; lebhaft)

Arrival – Ankunft („Ankunft an der Küste"; vgl. 'river', Riviera)

'new arrival' (Neuankömmling), 'arrivals and departures' (Ankunft und Abflug), 'to arrive' (eintreffen, auftauchen)

Captain – (Flug)kapitän, Flugzeugführer; Schiffskapitän

'captain' (Anführer, Hauptmann; vgl. lat. caput = Kopf), 'captain of industry' (Industriekapitän), 'capital' (Hauptstadt, Haupt-; Kapital), *'capital error'* (Hauptfehler, *Kapitalfehler*), *'capital crime'* (*Kapitalverbrechen*), *'capital goods'* (Investitionsgüter)

Catering – Beschaffung von Lebensmitteln, Verpflegungswesen
'to cater' (Speisen und Getränke liefern; sorgen für), *'caterer'* (Lieferfirma für Speisen und Getränke; aus lat. *capere, captum* = nehmen, ergreifen)

Cockpit – Pilotenkanzel, *Cockpit* (eigentl.: „Hahnenkampfplatz")
* *'cock'* (Hahn, männl. Vogel; Gewehr-, Absperrhahn), *'cockfight'* (Hahnenkampf), *'cocksure'* (vollkommen überzeugt, ganz sicher), *'cocktail'* („Hahnenschwanz", *Cocktail*), *'cocky'* (großspurig);
* *'pit'* (*Pütt*, Grube, Zeche), *'pit of the stomach'* (Magengrube), *'pit closure'* (Zechenstillegung), *'pit disaster'* (Grubenunglück), *'pitfall'* (Falle, Fallstrick), *'pitman'* (Bergmann)

Crew – Mannschaft (aus lat. *crescere* = wachsen; vgl. *'to increase'*)
'crew' (Trupp, Arbeitsgruppe, Mannschaft; eigentl.: „Verstärkung"), *'crew cut'* (Bürstenhaarschnitt, „Mannschaftsschnitt")

Customs – Zoll (eigentlich: Gewohnheitsrechte, Bräuche)
'customs clearance' (Zollabfertigung), *'customs declaration'* (Zollerklärung), *'customs examination'* (Zollkontrolle), *'customs officer'* (Zollbeamter), *'custom'* (Gewohnheit, Sitte), *'customer'* (Stammkunde), *'customary'* (üblich, gebräuchlich)

Departure – Abfahrt, Abreise, Abflug
'to depart' (abreisen, abfahren; abweichen), *'departure lounge'* (Abflughalle), *'department'* (Abteilung; vgl. *'part'* = Teil), *'department store'* (Kauf-, Warenhaus)

Duty-free-Shop – Geschäft mit zollfreier Ware
* *'duty'* (Pflicht, Schuldigkeit; Dienst; Zollgebühr), *'a breach of duty'* (Pflichtverletzung), *'duty call'* (Höflichkeitsbesuch), *'on duty'* (im Dienst), *'off duty'* (dienstfrei), *'duty chemist'* (dienstbereite Apotheke), *'duty officer'* (Offizier im Dienst), *'duty roster'* (Dienstplan), *'to pay duty'* (Zoll bezahlen), *'dutiful'* (gehorsam), *'due'* (gebührend, passend, fällig), *'due date'* (Fälligkeitstermin), *'in due course'* (zur rechten Zeit), *'in due time'* (termingerecht), *'dues'* (Gebühren);
* *'shop'* (Laden, Geschäft; *Schuppen,* Werkstatt, Betrieb), *'shop assistant'* (Verkäufer), *'shopkeeper'* (Ladenbesitzer), *'shoplifter'* (Ladendieb), *'shop steward'* (Vertrauensmann im Betrieb), *'shop talk'* (Fachsimpelei), *'shop window'* (Schaufenster), *'shopper'* (Käufer), *'shopping'* (Einkaufen), *'shopping bag'* (Einkaufstasche), *'shopping centre'* (Einkaufszentrum), *'shopping street'* (Geschäftsstraße), *'to go shopping'* (einkaufen), *'shop-soiled'* (Ware/Ansichten: angestaubt; angestoßen)

Lifejacket – Schwimmweste, Rettungsweste
- *'life'* (*Leben*), *'lifeboat'* (Rettungsboot), *'life buoy'* (Rettungsring), *'life expectancy'* (*Lebenserwartung*), *'lifeguard'* (Rettungsschwimmer), *'life insurance'* (*Lebensversicherung*), *'lifeline'* (Rettungsleine), *'life raft'* (Rettungsfloß), *'life sentence'* (*lebenslängliche* Freiheitsstrafe), *'lifetime'* (*Lebenszeit*), *'lifework'* (*Lebenswerk*), *'for life'* (fürs ganze *Leben*), *'lifeless'* (*leblos,* schwunglos), *'lifelike'* (*lebensecht*), *'lifelong'* (*lebenslang*), *'lifesaving'* (*lebensrettend*), *'live'* (*lebend, lebendig*), *'to live'* (*leben*), *'living'* (*Lebensunterhalt*), *'to earn a living'* (den *Lebensunterhalt* verdienen);
- *'jacket'* (Jacke, *Jackett;* Hülle), *'potatoes in their jackets'* (Pellkartoffeln)

Luggage-Belt – Koffer-, Gepäckband (s. auch VERKEHR: *Safety-Belt*)
'luggage' (Reisegepäck), *'luggage allowance'* (Freigepäck), *'luggage compartment'* (Kofferraum), *'luggage insurance'* (Reisegekäckversicherung), *'luggage locker'* (Gepäckschließfach), *'luggage reclaim'* (Gepäckausgabe)

Pilot – Flugzeugführer, *Pilot*
'pilot' (Lotse), *'pilot's licence'* (Flugschein), *'pilot film'* (*Pilotfilm*), *'pilot study'* (*Pilotstudie*), *'pilot lamp'* (Kontrolllampe), *'to pilot'* (lotsen, führen, leiten), *'copilot'* (*Kopilot*)

Runway – Start- und Landebahn, Rollbahn, Piste
- *'run'* (Lauf), *'runner'* (Läufer), *'running'* (Laufen, *Rennen*), *'running shoes'* (Laufschuhe), *'running track'* (Laufbahn), *'running costs'* (laufende Kosten), *'runny'* (flüssig, laufend), *'to run away'* (weglaufen), *'to run over'* (überfahren);
- *'way'* (*Weg*), *'way back'* (*Rückweg*), *'way home'* (*Heimweg*), *'way of life'* (Lebensart), *'in my way of thinking'* (meiner Ansicht nach), *'if I had my way'* (wenn es nach mir ginge)

Seat – Sitz, Sitzgelegenheit, Sitzplatz, Hosenboden
'seat belt' (Sicherheitsgurt), *'to take a seat'* (Platz nehmen), *'please be seated'* (bitte nehmen Sie Platz), *'please remain seated'* (bitte bleiben Sie *sitzen*)

Steward – Ordner, *Steward*
'stewardess' (Betreuerin von Fluggästen), *'shop steward'* (gewerkschaftlicher Vertrauensmann; *'shop'* auch: Betrieb, Werkstatt), *'stewardship'* (Verwaltung, Verwalteramt)

Take-off – Flugzeugstart, Abflug
- *'off'* (weg), *'off with you'* (fort mit dir), *'to be off'* (einen freien Tag haben), *'to be off duty'* (nicht im Dienst sein), *'to switch off'* (ausschalten), *'to take off'* (abheben), *'to take a day off'* (sich einen

Tag frei nehmen), *'offbeat'* (ausgefallen), *'offhand'* (auf Anhieb), *'offshoot'* (Ableger), *'offshore'* (vor der Küste), *'offside'* (Sport: abseits);

• *'to take'* (nehmen), *'to take apart'* (auseinander nehmen), *'to take off'* (ausziehen; starten), *'to take over'* (übernehmen), *'take-away'* (Essen zum Mitnehmen), *'take-home pay'* (Nettogehalt), *'ready for take-off'* (fertig zum Abheben, startklar), *'takings'* (Einnahmen)

Terminal – Flughafenabfertigungsgebäude

'terminal' (im Endstadium, unheilbar), *'to terminate'* (beendigen), *'termination'* (Abbruch, Ende, Kündigung; vgl. *Termin* = festgesetzter Zeitpunkt), *'terminus'* (Eisenbahn: Endstation)

Ticket – Fahrkarte, Flugschein (vgl. *Etikett*)

'ticket' (Eintrittskarte; Strafzettel), *'parking ticket'* (Strafzettel für falsches Parken), *'ticket collector'* (Schaffner), *'ticket machine'* (Fahrkartenautomat)

Tower – Kontrollturm

'tower' (*Turm*), *'tower block'* (Hochhaus), *'to tower above'* (überragen), *'towering'* (*turmhoch*)

Banker – Bankier

'bank' (*Bank*), *'bankable'* (zuverlässig), *'bank account'* (*Bankkonto*), *'bankbook'* (Sparbuch), *'bank clerk'* (*Bankangestellter*), *'bank hold-up'* (*Banküberfall*), *'bank holiday'* (gesetzlicher Feiertag), *'banking'* (*Bankwesen*), *'bank manager'* (*Bankdirektor*), *'bank note'* (*Banknote*), *'bank rate'* (Diskontsatz), *'bank robbery'* (*Bankraub*), *'to go bankrupt'* (*Bankrott* machen; aus ital. *banca rotta* = zerbrochener Tisch, zusammengebrochene Bank)

Boss – Chef, Vorgesetzter (vgl. niederl. *baas* = Meister, Chef)

'to boss about' (herumkommandieren), *'bossy'* (herrisch), *'bossiness'* (Herrschsucht)

Factory – Fabrik (vgl. *Faktorei* und *Manufaktur*)

'factory hand' (Fabrikarbeiter), *'manufacture'* (Fertigung, Herstellung), *'year of manufacture'* (Baujahr), *'manufacturer'* (Hersteller)

Job – Gelegenheitsarbeit, Tätigkeit (vgl. *Hiob*)

'job work' (Akkordarbeit), *'job creation'* (Arbeitsbeschaffung), *'to know one's job'* (seine Sache verstehen), *'to pull a job'* (ein Ding drehen), *'jobber'* (Gelegenheitsarbeiter), *'to go job-hunting'* (auf Arbeitsuche sein), *'part-time job'* (Teilzeitarbeit), *'job sharing'* (Aufteilen eines Arbeitsplatzes)

Management – Unternehmensführung, Verwaltung

'to manage' (bewerkstelligen, fertig bringen, *managen*), *'manageable'* (fügsam, handlich), *'manager'* (Führungskraft, Leiter), *'management consultant'* (Unternehmensberater), *'managing director'* (*Generaldirektor*), *'manual work'* (Handarbeit; vgl. *Manual* der Orgel)

Messenger – Bote (vgl. *Messe;* aus lat. *missa* = Aussendung)

'message' (Mitteilung), *'to leave a message'* (eine Nachricht hinterlassen), *'to get the message'* (etwas kapieren), *'by messenger'* (durch Boten), *'messenger boy'* (Laufbursche)

Office – Büro, Geschäftsstelle, Amt, Ministerium (vgl. *offiziell*)

'Foreign Office' (Auswärtiges Amt), *'Home Office'* (Innenministerium), *'office climate'* (Betriebsklima), *'office hours'* (Dienstzeit, Öffnungszeiten), *'officer'* (Beamter, *Offizier*), *'official'* (amtlich, *offiziell*), *'officialdom'* (Beamtentum)

Staff – Personal, *Mitarbeiterstab,* Kollegium

'to be on the staff' (zur Belegschaft gehören), *'staff manager'* (Personalchef), *'staff room'* (Lehrerzimmer), *'staff officer'* (*Stabsoffizier*)

Team – Mannschaft, Gruppe, Gespann (vgl. *Zaum*)

'by a team' (mit vereinten Kräften), *'team game'* (Mannschaftsspiel), *'team-mate'* (Mannschaftskamerad), *'team spirit'* (Mannschaftsgeist), *'teamwork'* (Zusammenspiel)

Work – Arbeit, Arbeitsplatz (vgl. *Werk*)

'at work' (am Arbeitsplatz), *'workbench'* (*Werkbank*), *'work camp'* (Arbeitslager), *'workday'* (Arbeitstag, *Werktag*), *'workforce'* (Belegschaft, Arbeitskräftepotential), *'workload'* (Arbeitspensum), *'workplace'* (Arbeitsplatz), *'workshop'* (*Werkstatt*), *'work-to-rule'* (Bummelstreik), *'to work'* (arbeiten, funktionieren), *'workaholic'* (Arbeitssüchtiger), *'worker'* (Arbeiter; vgl. *Handwerker*)

WIRTSCHAFT, HANDEL UND BANKEN:

Assembly-Line – Fließband (vgl. *Ensemble*)

- *'assembly'* (Versammlung, Montage), *'assembly shop'* (Montagehalle), *'to assemble'* (montieren, zusammensetzen; sich versammeln), *'assembler'* (Monteur);
- *'line'* (Strich, Linie; Richtung; Leitung), *'line of thought'* (Gedankengang), *'to be in line with'* (übereinstimmen mit), *'the line is engaged'* (die Leitung ist besetzt), *'hold the line'* (bleiben Sie am Apparat), *'to line up'* (sich in einer Reihe aufstellen), *'lineage'* (geradlinige Abstammung), *'lineal'* (geradlinig, direkt), *'liner'* (Verkehrsflugzeug), *'linesman'* (*Linienrichter*)

Bond – Schuldverschreibung, Obligation (vgl. *Bund*)
'bond' (Verpflichtung), *'bonds of love'* (*Bande* der Liebe), *'marriage bonds'* (Fesseln der Ehe), *'bondage'* (Knechtschaft, *Bindung*), *'bonded'* (unter Zollverschluss), *'bondholder'* (Obligationsinhaber)

Boom – Hochkonjunktur, plötzlicher Aufschwung
'to boom' (einen *Boom* erleben; mit vollen Segeln fahren), *'to boom in one's ears'* (in den Ohren dröhnen, brausen)

Branch – Sparte, Filiale, *Branche*
'branch' (Ast, Zweig; Arm eines Gewässers), *'to branch off'* (sich verzweigen, sich gabeln), *'branch line'* (Zug: Nebenlinie), *'branch manager'* (Filialleiter), *'branch office'* (Filiale)

Capital – *Kapital*
'capital' (Haupt-, *Kapital-;* Hauptstadt), *'capital assets'* (Anlagevermögen), *'capital flight'* (*Kapitalflucht*), *'capital goods'* (Investitionsgüter), *'capital investment'* (*Kapitalanlage*), *'capital market'* (*Kapitalmarkt*), *'to capitalise on'* (*Kapital* schlagen aus)

Cash – Bargeld, Barzahlung, Kasse
'cash cheque' (Barscheck), *'cash desk'* (Warenhaus: Kasse), *'cash discount'* (Barzahlungsrabatt), *'cash dispenser'* (Geldautomat), *'cash voucher'* (Kassenbeleg), *'for cash'* (gegen bar), *'cash in advance'* (gegen Vorauszahlung), *'cash with order'* (zahlbar bei Bestellung), *'cash on delivery'* (per Nachnahme), *'cashier'* (*Kassierer*), *'cashless'* (bargeldlos)

Certificate – Bescheinigung, Gutachten, *Zertifikat*
'certain' (sicher, bestimmt; zuverlässig), *'for certain'* (mit Sicherheit), *'to make certain'* (dafür sorgen), *'to certify'* (bescheinigen, beglaubigen), *'this is to certify that'* (hiermit wird bescheinigt, dass), *'certitude'* (Sicherheit, Bestimmtheit)

Cheque – *Scheck*
'cheque account' (Girokonto), *'chequebook'* (*Scheckbuch*), *'cheque card'* (*Scheckkarte*), *'Exchequer'* (Finanzministerium), *'Chancellor of the 'Exchequer'* (Finanzminister)

clever – geschickt, gewandt, geistreich
'clever clever' (übergescheit, gerissen), *'clever Dick'* (Schlaumeier), *'cleverness'* (Gescheitheit)

Contract – Vertrag
'contract of employment' (Arbeitsvertrag), *'contract of sale'* (Kaufvertrag), *'by contract'* (vertraglich), *'to contract'* (einen Vertrag abschließen; zusammenziehen), *'contracting'* (Zusammenziehung, Kontraktion), *'contractor'* (Vertragslieferant; Bauunternehmer)

Corporation – juristische Person, *Körperschaft*
'corporal' (leiblich, *körperlich*), *'corporate'* (*körperschaftlich*), *'corporate planning'* (Unternehmensplanung), *'corporation tax'* (*Körperschaftssteuer*), *'corpse'* (Leichnam; vgl. *Korpus*), *'corpulence'* (Beleibtheit, *Korpulenz*)

Credit-Card – *Kreditkarte*

• *'credit'* (Glaube; Ansehen, *Kredit*), *'to give credit to'* (Glauben schenken), *'credit where credit is due'* (Ehre, wem Ehre gebührt), *'to give credit for'* (etw. hoch anrechnen), *'on credit'* (auf *Kredit*), *'to credit'* (Glauben schenken), *'creditor'* (Gläubiger), *'credit-worthy'* (*kreditwürdig*), *'credibility'* (Glaubwürdigkeit), *'credible'* (glaubwürdig), *'creed'* (Glaubensbekenntnis; vgl. *Credo*);

• *'card'* (*Spielkarte*), *'house of cards'* (*Kartenhaus*), *'cardboard'* (*Karton*), *'card box'* (Pappschachtel), *'card game'* (*Kartenspiel*), *'card trick'* (*Kartenkunststück*), *'identity card'* (Personalausweis), *'postcard'* (*Postkarte*)

Economy – Wirtschaft, Wirtschaftlichkeit, *Ökonomie*
'economic' (volkswirtschaftlich), *'economic aid'* (Wirtschaftshilfe), *'economical'* (sparsam, wirtschaftlich, *ökonomisch*), *'to economise'* (sparsam wirtschaften), *'economist'* (Volkswirt, *Ökonom*), *'economy price'* (günstiger, niedriger Preis)

Enterprise – Betrieb, Unternehmen (vgl. Raumschiff *Enterprise*)
'private enterprise' (freie Wirtschaft), *'to have no enterprise'* (keine Unternehmungslust haben), *'enterprising'* (unternehmungslustig)

Farm – Bauernhof (vgl. *Firma*)
'to farm' (bebauen, bewirtschaften, züchten; Landwirtschaft betreiben), *'farmer'* (Bauer), *'farmhouse'* (Bauernhaus), *'farming'* (Landwirtschaft)

Foreign Currency – Devisen

• *'foreign'* (fremd, ausländisch), *'foreign affairs'* (Außenpolitik), *'foreign body'* (Fremdkörper), *'foreign language'* (Fremdsprache), *'Foreign Office'* (Außenministerium), *'foreign policy'* (Außenpolitik), *'Foreign Secretary'* (Außenminister), *'foreign trade'* (Außenhandel), *'foreign word'* (Fremdwort), *'foreign worker'* (Gastarbeiter), *'foreigner'* (Ausländer);

• *'currency'* (Umlauf; Währung, Zahlungsmittel), *'currency reform'* (Währungsreform), *'current'* (Strömung, Strom; laufend; vgl. *Konkurrent*), *'current account'* (Girokonto, laufendes Konto), *'current events'* (Tagesereignisse), *'against the current'* (gegen den Strom), *'electric current'* (elektrischer Strom), *'curriculum'* (Lehr-, Studienplan), *'curriculum vitae'* (Lebenslauf)

Investment – Kapitalanlage, *Investition*
'*to invest*' (sein Geld anlegen, *investieren*), '*investment advisor*' (Anlageberater), '*investor*' (Kapitalanleger, *Investor*)

Joint Venture – Gemeinschaftsunternehmen
- '*to join*' (verbinden, zusammenfügen; sich anschließen), '*joiner*' (Tischler, Schreiner), '*joint*' (Verbindungsstelle, Naht; Gelenk), '*joint*' (gemeinsam), '*to take joint action*' (gemeinsam vorgehen), '*joint-stock company*' (Kapital-, Aktiengesellschaft)
- '*venture*' (Unternehmen; vgl. '*adventure*' = Abenteuer), '*to venture*' (etwas zu tun wagen)

Know-how – auf Forschung und Erfahrung beruhendes Wissen
'*to know*' (wissen, können), '*to know apart*' (auseinander halten), '*you never know*' (man kann nie wissen), '*know-all*' (Besserwisser), '*industrial know-how*' (praktische Betriebserfahrung), '*knowing*' (gescheit), '*knowledge*' (Kenntnis), '*to my knowledge*' (meines Wissens)

Label – Etikett, Schildchen (vgl. *Lappen* und '*lapel*' = Revers)
'*to label*' (beschriften, etikettieren; vgl. Whisky: *Black/Red Label*), '*to be labelled a criminal*' (zum Verbrecher gestempelt werden)

Lean Production – „schlanke" *Produktion*
- '*lean*' (dürr, schlank), '*lean years*' (magere Jahre), '*leanness*' (Magerkeit, Dürre);
- '*to produce*' (erzeugen, herstellen, *produzieren*), '*producer*' (*Produzent*), '*product*' (Erzeugnis, *Produkt*), '*to go into production*' (die *Produktion* aufnehmen), '*productive*' (ergiebig, *produktiv*), '*productivity*' (Ergiebigkeit, Rentabilität, *Produktivität*)

Limited Company (Ltd) – Aktiengesellschaft (vgl. *Limes*)
'*limit*' (Grenze, Beschränkung), '*within limits*' (in gewissen Grenzen), '*off limits*' (Zutritt verboten), '*that's the limit!*' (das ist die Höhe!), '*to limit*' (beschränken, begrenzen, *limitieren*), '*limited in time*' (befristet), '*limitation*' (Begrenzung, Beschränkung)

Money-Change – Geldwechsel
- '*money*' (Geld; vgl. *Moneten*), '*to be out of money*' (kein Geld mehr haben), '*to be short of money*' (knapp bei Kasse sein), '*to have money to burn*' (Geld wie Heu haben), '*for money reasons*' (aus finanziellen Gründen), '*money box*' (Sparbüchse), '*money-grubbing*' (Raffgier, Geldgier) '*moneylender*' (Geldverleiher), '*money-maker*' (guter Geschäftsmann), '*money order*' (Postanweisung), '*monetary*' (*monetär*, Währungs-);
- '*change*' (Wechsel, Änderung), '*small change*' (Wechselgeld), '*to change*' (wechseln; vgl. *changieren*), '*to exchange*' (umtauschen, ein-

tauschen), *'exchange office'* (Wechselstube), *'exchangeable'* (austauschbar)

Option – Vorkaufsrecht

'to opt' (sich entscheiden), *'optional'* (freiwillig, fakultativ), *'optional subject'* (Wahlfach)

Order – Ordnung, Anordnung, Bestellung

'order of the day' (*Tagesordnung*), *'by order of'* (auf Befehl von), *'to make to order'* (auf Bestellung, auf Maß anfertigen), *'last orders, please!'* (Polizeistunde!), *'to order'* (befehlen, bestellen, *ordern*), *'are you ready to order?'* (haben Sie schon gewählt?), *'orderly'* (*ordentlich*, gesittet; Offiziersbursche, *Ordonnanz*), *'ordinal number'* (*Ordnungszahl*), *'ordinary'* (gewöhnlich, *ordinär*)

Payment – Zahlung, Bezahlung

'pay' (Bezahlung, Lohn), *'pay bed'* (Klinik: Privatbett), *'payday'* (Zahltag), *'payoff'* (Pointe), *'pay packet'* (Lohntüte), *'pay phone'* (Münzfernsprecher), *'pay rise'* (Lohnerhöhung), *'pay slip'* (Gehaltsstreifen), *'to pay dearly for s.th.'* (teuer für etw. bezahlen), *to pay off'* (auszahlen), *'to repay'* (zurückzahlen), *'payable'* (zahlbar)

Plastic-Money – Kreditkarte, *Plastikgeld* (s. auch *Money-Change*)

'plastic' (*plastisch, Plastik-*), *'plastic bag'* (*Plastikbeutel*), *'plastics'* (Kunststoffe), *'plastics film'* (Kunststofffolie), *'plastics industry'* (Kunststoffindustrie)

Profit – Gewinn

'profit margin' (Gewinnspanne), *'profit motive'* (Gewinnstreben), *'profit sharing'* (Gewinnbeteiligung), *'to profit'* (Nutzen ziehen, *profitieren*), *'profitable'* (Gewinn bringend, einträglich), *'profiteer'* (Gewinnler, *Profitmacher*), *'profiteering'* (Wuchergeschäfte), *'profitless'* (unrentabel)

Recession – Geschäftsrückgang, *Rezession*

'to recede' (schwinden), *'receding'* (zurückweichend; Stirn: fliehend), *'recess'* (Pause, Unterbrechung; vgl. Gegent. *'process'* = Fortgang, *Prozess*)

smart – schick, schlau, clever

'smart ass' (Klugscheißer), *'to smarten'* (verschönern), *'to smarten up'* (sich schick machen), *'smartness'* (Schick; Schlauheit)

Specimen – Probestück, Muster

'special' (besonderer, *speziell*), *'specialist'* (Fachmann), *'specialty'* (Spezialität), *'specialisation'* (*Spezialisierung*), *'to specialise in'* (sich spezialisieren auf), *'to specify'* (genau beschreiben, *spezifizieren*), *'especially'* (hauptsächlich, besonders)

Trademark – Warenzeichen
- *'trade'* (Handel; Gewerbe), *'to do good trade'* (gute Geschäfte machen), *'by trade'* (von Beruf), *'to trade with s.o.'* (mit jmd. Geschäfte machen), *'trade agreement'* (Handelsabkommen), *'trade name'* (Markenname), *'trade price'* (Großhandelspreis), *'trader'* (Händler), *'tradesman'* (Einzelhändler), *'tradesman's entrance'* (Lieferanteneingang), *'trade union'* (Gewerkschaft), *'trading partner'* (Handelspartner);
- *'mark'* (*Markierung*; Zensur), *'mark of respect'* (Zeichen der Hochachtung), *'to get full marks'* (die beste Note bekommen), *'to mark down'* (im Preis herabsetzen), *'marked'* (deutlich, ausgeprägt, markiert), *'marker'* (Lesezeichen; *Markierstift*)

Transaction – Abschluss, *Transaktion*
'trans-' (hinüber, durch), *'to transact'* (ein Geschäft abwickeln, einen Handel abschließen), *'to transfer'* (überweisen, übertragen), *'to transfix'* (durchbohren), *'to transform'* (umwandeln; vgl. *Transformator*), *'transit'* (Durchfahrt), *'to translate'* (übersetzen), *'to transmit'* (Rundfunk: übertragen, senden), *'transparent'* (durchsichtig), *'to transplant'* (verpflanzen), *'to transport'* (befördern)

Trust – Großkonzern
'trust' (Vertrauen), *'position of trust'* (Vertrauensstellung), *'to trust'* (sich verlassen auf, vertrauen), *'to hold s.th. in trust'* (treuhänderisch verwalten), *'trustee'* (Treuhänder), *'trustful'* (vertrauensvoll), *'trustworthy'* (vertrauenswürdig)

WERBUNG:

Commercial – Werbespot im Radio oder Fernsehen
'commerce' (Handel; vgl. *Kommerz*), *'commercial correspondence'* (Handelskorrespondenz), *'commercial television'* (Werbefernsehen), *'commercial traveller'* (Handlungsreisender), *'commercial letter'* (Geschäftsbrief), *'to commercialise'* (vermarkten), *'merchandise'* (Ware), *'merchant'* (Kaufmann, Händler)

Promotion – Verkaufsförderung (Beförderung, Aufstieg)
'to promote' (befördern, versetzen; vgl. *Promotion*), *'promoter'* (z.B. Veranstalter eines Boxkampfes), *'sales promoter'* (Verkaufsförderer), *'chances of promotion'* (Aufstiegschancen)

Public Relations (PR) – Öffentlichkeitsarbeit (vgl. *Publikum*)
- *'public'* (öffentlich; vgl. *Republik*), *'public bar'* (= *Pub*, Kneipe), *'publication'* (Veröffentlichung), *'to publicise'* (bekannt machen, publik machen), *'publicity'* (Bekanntheit, Reklame, *Publizität*), *'publicity campaign'* (Werbefeldzug), *'publicity stunt'* (Werbegag),

'publicist' (Werbeagent), *'to publish'* (veröffentlichen), *'publisher'* (Verleger);

- *'relation'* (Verwandter), *'in relation to'* (in Bezug auf), *'relations'* (Beziehungen, *Relationen*), *'relationship'* (Verwandtschaft), *'relative'* (verhältnismäßig, bezüglich), *'relativity'* (*Relativität*)

Sponsor – Geldgeber, Bürge (Spender)

'to sponsor' (*sponsern,* bürgen für, die Patenschaft übernehmen für), *'sponsorship'* (Unterstützung, Schirmherrschaft)

Spot – kurzer Werbetext oder Werbefilm (Punkt, Stelle, Fleck)

'on the spot' (auf der Stelle), *'weak spot'* (Schwachpunkt), *'spot check'* (Stichprobe), *'spotless'* (tadellos sauber, fleckenlos), *'spotlight'* (Punktscheinwerfer), *'spotted'* (fleckig), *'spotty'* (pickelig)

VERKEHR UND TRANSPORT:

Barrel – Ölfass, *Barrel* (Rohölmaß: 159 l)

'barrel' (Fass; Gewehrlauf, Geschützrohr), *'barrels'* (ein Haufen, z.B. Geld), *'barrel organ'* (Drehorgel, Leierkasten), *'to barrel'* (in Fässer füllen), *'barrelled beer'* (Fassbier)

Car-Park – Parkplatz

- *'car'* (Auto, Wagen; vgl. *Karre*), *'dining car'* (Speisewagen), *'car cemetery'* (Autofriedhof), *'car ferry'* (Autofähre), *'carload'* (Wagenladung), *'car owner'* (Autobesitzer), *'car passenger'* (Autoinsasse), *'car pool'* (Fahrgemeinschaft), *'carport'* (Autoeinstellplatz im Freien), *'car sickness'* (Übelkeit beim Autofahren), *'car sticker'* (Autoaufkleber), *'car wash'* (Autowäsche), *'carriage'* (Wagen, Kutsche), *'carriageway'* (Fahrbahn), *'carrier'* (Spediteur; Dachgepäckträger; Flugzeugträger), *'to carry'* (tragen, befördern), *'to carry on'* (fortsetzen, fortfahren), *'carryall'* (Reisetasche), *'carrycot'* (Babytragetasche);
- *'to park'* (abstellen, parken), *'parking'* (*Parken*), *'parking disc'* (*Parkscheibe*), *'parking fee'* (*Parkgebühr*), *'parking lot'* (*Parkplatz*), *'parking ticket'* (Strafzettel wegen *Falschparkens*), *'park-keeper'* (*Parkwächter*)

Container – Behälter, standardisierter Großbehälter

'to contain' (enthalten, aufnehmen, fassen), *'to contain oneself'* (sich beherrschen, sich zusammennehmen), *'container'* (Behälter, Kanister), *'container ship'* (*Containerschiff*), *'to containerise'* (in *Containern* befördern)

Crash – Zusammenstoß, Autounfall

'crash' (*Krach;* Börsenkrach; Unfall, Absturz), *'crash course'* (Schnellkurs, Intensivkurs), *'crash helmet'* (Sturzhelm), *'to crash'*

(*krachen*, zusammenkrachen), '*to crash in*' (hereinplatzen), '*crashing*' (fürchterlich)

Hardtop – **abnehmbares Verdeck von Sportwagen**
'*top*' (oberer Teil, Spitze; vgl. *Zopf*), '*top dog*' (Überlegener), '*top manager*' (*Spitzenmanager*), '*topknot*' (*Haarknoten*), '*to top up*' (nachschenken, auffüllen), '*topee*' (Tropenhelm), '*topper*' (Zylinder), '*top-heavy*' (kopflastig), '*topless*' (oben ohne), '*top-secret*' (streng geheim), '*at the top of the page*' (oben auf der Seite), '*on top*' (obendrauf)

Horsepower (hp) – **Pferdestärke** (Leistungseinheit)
- '*horse*' (Pferd, *Ross*), '*horsehair*' (*Rosshaar*), '*horselaugh*' (wieherndes Gelächter), '*horse opera*' (Film: Western), '*horse race*' (Pferderennen), '*horse sense*' (gesunder Menschenverstand), '*horseshoe*' (Hufeisen), '*horse trading*' (Kuhhandel), '*to back the wrong horse*' (auf das falsche Pferd setzen), '*to eat like a horse*' (wie ein Scheunendrescher essen), '*on horseback*' (zu Pferde);
- '*power*' (Kraft, Macht, Gewalt), '*powerboat*' (Rennboot), '*power brake*' (Servobremse), '*power drill*' (Bohrmaschine), '*power pack*' (Netzteil), '*power plant*' (Kraftwerk), '*power steering*' (Servolenkung), '*powerful*' (mächtig), '*powerless*' (machtlos), '*to come into power*' (an die Macht kommen), '*to give full powers*' (Vollmacht geben)

Hovercraft – **Luftkissenboot** (Aussprache: [ˈhovəkrɑːft])
- '*to hover*' (schweben), '*to hover between life and death*' (zwischen Leben und Tod schweben);
- '*craft*' (Boot, Schiff, Flugzeug; vgl. *Kraft*), '*craft*' (Fertigkeit, Geschicklichkeit), '*craftsman*' (Handwerker), '*craftsmanship*' (handwerkliches Können, Kunstfertigkeit)

Motor-Scooter – **Motorroller**
- '*motor*' (Motor, bewegende Kraft), '*motorbike*' (*Motorrad*), '*motorboat*' (*Motorboot*), '*motorcade*' (Autokolonne), '*motorcar*' (Kraftfahrzeug), '*motor caravan*' (Wohnmobil), '*motorcyclist*' (*Motorradfahrer*), '*motorist*' (Autofahrer), '*motorway*' (Autobahn);
- '*to scoot*' (abhauen, rennen), '*motor scooter*' (Motorroller)

Miles per hour (mph) – **Meilen pro Stunde** (vgl. unser km/h)
- '*mile*' (*Meile*), '*mileage*' (zurückgelegte *Meilenzahl*), '*milometer*' (*Meilenzähler*), '*milestone*' (*Meilenstein*), '*miles apart*' (*Meilen* voneinander entfernt), '*miles better*' (wesentlich besser);
- '*hour*' (Stunde; vgl. lat. *hora* in km/h), '*by the hour*' (stundenweise), '*on the hour*' (zur vollen Stunde), '*at all hours*' (jederzeit), '*the man of the hour*' (der Mann des Tages), '*hour hand*' (Uhr: Stundenzeiger), '*to work long hours*' (einen langen Arbeitstag haben)

Navy – Flotte, Kriegsflotte, Marine (vgl. *Navigation*)
'naval' (Flotten-, Marine-), *'naval base'* (Flottenstützpunkt), *'naval battle'* (Seeschlacht), *'naval officer'* (Marineoffizier), *'naval power'* (Seemacht), *'nave'* (Kirchenschiff), *'navigable'* (schiffbar), *'to navigate'* (steuern, lenken), *'navigation'* (Schifffahrt, *Navigation*), *'navigator'* (für den Kurs verantwortlicher Offizier, *Navigator*), *'navy blue'* (marineblau)

Oldtimer – altehrwürdiges Modell eines Fahrzeugs; alter Hase
* *'to be an old hat'* (ein *alter Hut* sein), *'old people's home'* (*Altenheim*), *'old wives' tale'* (Ammenmärchen), *'the old'* (die *Alten*), *'old age'* (hohes *Alter*), *'old-established'* (*alteingesessen*), *'old-fashioned'* (*altmodisch*), *'oldster'* (*ältere* Person);
* *'time'* (Zeit), *'timecard'* (Stechkarte), *'time lag'* (Zeitdifferenz, Zeitverschiebung), *'time limit'* (Frist), *'time switch'* (Zeitschalter), *'time table'* (Fahrplan, Stundenplan), *'at times'* (manchmal), *'in time'* (rechtzeitig), *'on time'* (pünktlich), *'time and again'* (immer wieder), *'three times'* (dreimal), *'to time well'* (einen günstigen Zeitpunkt wählen, gut *timen*), *'timeless'* (zeitlos), *'timely'* (rechtzeitig; vgl. ziemlich), *'timeworn'* (abgenutzt), *'timer'* (Schaltuhr), *'timing'* (Wahl des günstigsten Zeitpunkts, *Timing*)

Rent-a-Car – Autoverleih, Autovermietung (s. auch *Car-Park*)
'rent(al)' (Miete, Pacht; Leihgebühr; vgl. *sich rentieren*), *'for rent'* (zu vermieten), *'to rent'* (mieten, pachten), *'rented car'* (Leihwagen, Mietwagen), *'rent-free'* (mietfrei), *'renter'* (Mieter, Pächter)

Roadster – offener, zweisitziger Sportwagen
'road' (Landstraße; *'street'* = Stadtstraße), *'to hit the road'* (sich auf den Weg machen, aufbrechen), *'road accident'* (Verkehrsunfall), *'road hog'* (Verkehrsrowdy; *'hog'* = Schwein), *'roadhouse'* (Rasthaus), *'roadman'* (Straßenarbeiter), *'road safety'* (Verkehrssicherheit), *'road test'* (Probefahrt), *'road user'* (Verkehrsteilnehmer), *'roadway'* (Fahrbahn), *'road works'* (Straßenbauarbeiten), *'roadworthy'* (verkehrssicher)

Rushhour – Hauptverkehrszeit, Stoßzeit (s. auch *mph*)
'rush' (Ansturm, Hast, Hetze), *'to rush'* (hasten, rasen; antreiben), *'to be rushed'* (auf Trab sein), *'don't rush it'* (lass dir Zeit)

Safety-Belt – Sicherheitsgurt (s. auch COMPUTERSPRACHE: *save*)
* *'safety'* (Sicherheit), *'safety glass'* (Sicherheitsglas), *'safety island'* (Verkehrsinsel), *'safety lock'* (Sicherheitsschloss), *'safety measure'* (Sicherheitsmaßnahme), *'safety net'* (Auffangnetz), *'safety pin'* (Sicherheitsnadel), *'safe'* (sicher; vgl. *Safer Sex*), *'safe'* (Tresor, *Safe*), *'safe-deposit box'* (Bankschließfach), *'safeguard against'* (Schutz gegen), *'to safeguard'* (schützen);

- *'belt'* (Gürtel, Gurt; vgl. *'seat belt';* Zone, Gebiet; vgl. *'corn belt'* in den USA), *'to tighten the belt'* (den Gürtel enger schnallen), *'to belt up'* (sich anschnallen)

Speed – **Geschwindigkeit** (vgl. *sich sputen*)
'speed' (Tempo; Auto: Gang; auch schnellwirkendes Rauschmittel), *'speed limit'* (Geschwindigkeitsbegrenzung), *'at full speed'* (mit Höchstgeschwindigkeit), *'five-speed gearbox'* (Fünfganggetriebe), *'to speed'* (rasen), *'to speed up'* (beschleunigen), *'speeding'* (Geschwindigkeitsüberschreitung), *'speedometer'* (Tachometer), *'speedy'* (eilig, schnell, prompt; vgl. *Speedy Gonzales*)

Steamer – **Dampfschiff, Dampfer**
'steam' (Dampf), *'steamboat'* (Dampfboot), *'steam iron'* (Dampfbügeleisen), *'steamroller'* (Dampfwalze), *'steamship'* = *'steamer'* (Dampfer), *'to steam'* (dampfen), *'to steam up'* (Fenster: beschlagen), *'steaming hot'* (dampfend heiß)

Stop-and-go-Traffic – **zähflüssiger Verkehr** (vgl. *Stopp*)
- *'stop'* (Haltestelle), *'stopcock'* (Absperrhahn), *'stop press'* (Zeitung: letzte Meldungen), *'stop watch'* (Stoppuhr), *'to stop'* (stehen bleiben, aufhören; vgl. *stopfen*), *'to stop s.o.'s mouth'* (jmd. das Maul *stopfen*), *'to stop by'* (vorbeischauen), *'stopover'* (Zwischenlandung), *'stoppage'* (Arbeitseinstellung), *'stopper'* (Stöpsel)
- *'traffic'* (Verkehr), *'traffic chaos'* (Verkehrschaos), *'traffic circle'* (Kreisverkehr), *'traffic island'* (Verkehrsinsel), *'traffic light'* (Verkehrsampel), *'traffic offender'* (Verkehrssünder), *'traffic offense'* (Verkehrsverstoß), *'traffic warden'* (Parküberwacher, Politesse), *'to traffic'* (illegal handeln), *'trafficker'* (illegaler Händler)

Submarine – **Unterseeboot, U-Boot** (vgl. *'The Yellow Submarine'*)
- *'sub-'* (unter, Unter-), *'subcontinent'* (Subkontinent), *'subculture'* (Subkultur), *'to subdivide'* (unterteilen), *'subjective'* (subjektiv, „der eigenen Person unterworfen"), *'to submerge'* (eintauchen, untertauchen), *'submissive'* (unterwürfig), *'to submit'* (unterbreiten), *'subnormal'* (unterdurchschnittlich), *'to subscribe'* (abonnieren, „unterschreiben"), *'subway'* (Unterführung, U-Bahn);
- *'marine'* (Marine-, See-), *'marine chart'* (Seekarte), *'marine animal'* (Meerestier), *'marines'* (Marine-Infanteristen), *'tell that to the marines'* (das kannst du deiner Großmutter erzählen), *'merchant marine'* (Handelsmarine)

Train – **Zug, Eisenbahn; Kolonne, Folge** (von lat. *trahere* = ziehen)
'train ferry' (Eisenbahnfähre), *'train set'* (Spielzeugeisenbahn), *'on the train'* (im Zug), *'train of thought'* (Gedankengang), *'to train'* (abrichten, dressieren, *trainieren*), *'trainer'* („Erzieher", Ausbilder, Dompteur, *Trainer*), *'training'* (Schulung, *Training*)

Tram – **Straßenbahn** (vgl. *Trambahn*)
'by tram' (mit der Straßenbahn), *'on the tram'* (in der Straßenbahn), *'tramcar'* (Straßenbahnwagen), *'tramway'* (Straßenbahnlinie)

Truck – **Lastwagen, Fernlaster** (engl. meist: *'lorry'*)
'truck' (offener Güterwagen), *'truck driver'*, *'trucker'* (LKW-Fahrer), *'truck stop'* (Fernfahrerlokal)

Tubeless Tire – **schlauchloser Reifen** (vgl. *Tube*)
- *'tube'* (Röhre, Schlauch; U-Bahn), *'tube station'* (U-Bahn-Station), *'tubeless'* (schlauchlos), *'tubular'* (schlauchförmig), *'tubular furniture'* (Stahlrohrmöbel);
- *'tire'* (Reifen; auch: *'tyre'*), *'tires'* (Bereifung; vgl. *'attire'* = Bekleidung, Gewand), *'to tire'* (bereifen), *'tireless'* (ohne Reifen)

4-Wheel-Drive – **4-Rad-***Antrieb*
- *'wheel'* (Rad; Steuerrad), *'wheel barrow'* (Schubkarre), *'wheel base'* (Radstand), *'wheel chair'* (Rollstuhl), *'to wheel about'* (herumfahren, -wirbeln), *'wheeled vehicle'* (Räderfahrzeug), *'spare wheel'* (Reserverad);
- *'drive'* (Fahrt; Fahrweg; Schwung; *Antrieb*), *'to drive'* (fahren, antreiben), *'drive-in cinema'* (Autokino), *'drive-in window'* (Autoschalter), *'driver'* (Fahrer), *'driver's cab'* (Führerhaus), *'driveway'* (Zufahrt, Auffahrt), *'driving'* (*treibend*), *'driving force'* (*treibende* Kraft), *'driving instructor'* (Fahrlehrer), *'driving lesson'* (Fahrstunde), *'driving license'* (Führerschein), *'driving mirror'* (Rückspiegel), *'driving school'* (Fahrschule), *'driving test'* (Fahrprüfung)

COMPUTERSPRACHE:

delete – **löschen, entfernen**
'to delete' (streichen, ausstreichen), *'deletion'* (Streichung)

Display – **Sichtbild, Anzeige**
'display' (Ausstellung), *'display unit'* (Anzeigegerät), *'display case'* (Schaukasten), *'display window'* (Schaufenster), *'to be on display'* (ausgestellt sein), *'to display'* (zeigen, zur Schau stellen)

Floppy Disk – **Computer-Diskette** (vgl. *Diskus*)
- *'floppy'* (schlaff, weich), *'flop'* (Pleite, Reinfall, *Flop*);
- *'disk'* (Scheibe, Platte, Schallplatte; vgl. CD = Compact *Disk*), *'disk brake'* (Scheibenbremse), *'disk jockey'* (*Diskjockey;* vgl. *Disko*), *'hard disk'* (Festplatte des Computers)

Hardware / Software – **Computergeräte / -programme**
- *'ware'* (*Waren*), *'warehouse'* (Lagerhaus), *'hardware'* (*Eisenwaren*, in Amerika: Schusswaffen), *'software'* (Computerprogramme);

- *'hard'* (*hart,* fest), *'hard core'* (*harter* Kern), *'hard cover'* (fest gebundene Ausgabe eines Buches), *'to harden'* (*härten*), *'hardhearted'* (*hartherzig*), *'hardship'* (*Härte, Härtefall*);
- *'soft'* (weich, *sanft*), *'soft drink'* (alkoholfreies Getränk), *'to soften'* (weich machen, weich werden)

Inkjet – **Tintenstrahl** (vgl. *Inkjet*-Drucker)
- *'ink'* (Tinte, Druckerschwärze), *'inkpad'* (Stempelkissen), *'ink stain'* (Tintenklecks), *'inky'* (tintenschwarz, pechschwarz);
- *'jet'* (Strahl, Düse), *'jet fighter'* (Düsenjäger), *'jet liner'* (Düsenverkehrsflugzeug), *'jet-setter'* (Angehöriger des *Jetset*)

Italics – **Kursivbuchstaben, Kursivschrift**
'in italics' (schräg gedruckt, kursiv), *'Italian'* (*italienisch, Italiener*), *'Italy'* (*Italien*)

Keyboard – **Tastatur** (auch Tasteninstrument)
- *'key'* (Schlüssel, Klavier-, Schreibmaschinentaste), *'to key in'* (Daten eintippen, eingeben), *'keyhole'* (Schlüsselloch), *'keyphone'* (Tastentelefon);
- *'board'* (*Brett*), *'board game'* (*Brettspiel*), *'on board'* (an *Bord*), *'blackboard'* (Wandtafel), *'mother board'* (Hauptplatine eines Computers), *'surf board'* (*Surfbrett*)

Printer – **Drucker, Druckgerät** (s. auch MEDIEN: *Print*)
'to print' (drucken), *'printable'* (druckfähig), *'printed characters'* (Druckbuchstaben), *'print-out'* (Computerausdruck)

save – **sichern, speichern** (vgl. *Safe* = Geldschrank, Schließfach)
'to save' (sparen, einsparen), *'saver'* (Retter; vgl. *SOS = Save Our Souls*), *'savings'* (Ersparnisse), *'savings bank'* (Sparkasse), *'saviour'* (Retter, Heiland)

Screen – **Bildschirm des Monitors** (vgl. *Schranke*)
'screen' (Wand-, Bildschirm; Leinwand), *'to screen off'* (abschirmen), *'screen play'* (Drehbuch), *'screen test'* (Probeaufnahmen)

Shortcut – **Tastenkürzel, Abkürzung, abgekürztes Verfahren**
- *'short'* (kurz; vgl. *Schurz* und *Schürze*), *'short and sweet'* (kurz und bündig), *'in short'* (kurzum), *'a pair of shorts'* (*Shorts*), *'shortage'* (Mangel, Knappheit);
- *'cut'* (Schnitt), *'cutback'* (Kürzung, Zusammenstreichung), *'cutlery'* (Essbesteck, „Schneidewerkzeuge"), *'cutlet'* (Schnitzel), *'cut-throat'* (Mörder, „Halsabschneider"), *'cutting'* (Zeitungsausschnitt), *'cold cuts'* (Aufschnitt), *'haircut'* (Haarschnitt), *'short cut'* (Abkürzung), *'to take a short cut'* (eine Abkürzung nehmen, abkürzen), *'to cut'* (schneiden), *'cut flowers'* (Schnittblumen)

Store – **Datenspeicher; speichern**
'store' (Vorrat, Speicher, Kaufhaus), 'store house' (Lagerhaus), 'storekeeper' (Ladenbesitzer), 'in store' (auf Lager, vorrätig), 'to store' (speichern), 'to store up' (sich einen Vorrat anlegen), 'storage' (Lagerung)

WISSENSCHAFT UND TECHNIK:

Count-down – **letzte Startvorbereitungen** („Herunterzählen")
- 'count' (Zählung), 'to count' (zählen, abzählen), 'countable' (zählbar), 'counter' (Ladentisch, Theke, eigentl.: „Geldzählbrett"), 'countless' (zahllos), 'to recount' (erzählen);
- 'down' (abwärts), 'downstairs' (unten, nach unten, die Treppe hinunter), 'downtown' (im / ins Geschäftsviertel)

Discovery – **Entdeckung** (Name eines Weltraumprojekts)
- 'cover' (Decke, Deckel, Abdeckung, Hülle; vgl. Kuvert = Briefumschlag), 'to cover' (bedecken, abdecken), 'coverage' (Versicherungsschutz, Schadensdeckung; Berichterstattung), 'to uncover' (aufdecken, entblößen);
- 'dis-' (ent-, weg), 'to discover' (entdecken), 'discoverer' (Entdecker)

Engineering – *Ingenieurwesen*, **Technik**
'engine' (Maschine, Motor), 'engine driver' (Lokomotivführer), 'engineer' (*Ingenieur*, Techniker), 'engineering works' (Maschinenfabrik), 'mechanical engineering' (Maschinenbau- und Gerätebau), 'genius' (Genie, Schöpferkraft)

Explorer – **Erforscher** (Name von Raumsonden)
'exploration' (Erforschung, Untersuchung), 'exploratory talks' (Sondierungsgespräche), 'to explore' (erforschen, sondieren)

High Tech – *Hochtechnologie*
'technological' (*technologisch, technisch*), 'technologist' (*Technologe*), 'technology' (*Technologie, Technik*)

Orbit – **Kreisbahn, Umlaufbahn um die Erde, Einflusssphäre**
'to orbit' (einen Satelliten in eine Umlaufbahn bringen), 'orbit' (Erdkreis; vgl. Urbi et orbi = „der Stadt und dem Erdkreis" gespendeter päpstlicher Segen), 'orbiter' (Satellit in einer Umlaufbahn)

Science-Fiction – **utopische Literatur** („Wissenschaftsdichtung")
- 'science' (Wissenschaft), 'natural science' (Naturwissenschaft), 'scientific' (wissenschaftlich), 'scientist' (Wissenschaftler), 'conscience' (Gewissen), 'conscious' (bei Bewusstsein);
- 'fiction' (Dichtung), 'fictional' (erdichtet), 'fictitious' (frei erfunden, fiktiv)

Spaceshuttle – wiederverwendbar. **Raumgleiter** („Raumpendler")
- *'space'* (Weltraum, Raum, Zwischenraum), *'space bar'* (Leertaste auf d. Schreibmaschine), *'spacecraft'* (Raumfahrzeug), *'space flight'* (Raumflug), *'spacelab'* (Raumlabor), *'spaceship'* (Raumschiff), *'space station'* (Raumstation), *'space suit'* (Raumanzug), *'spacious'* (geräumig, weitläufig), *'to space'* (schreiten, *spazieren*);
- *'shuttle'* (Fähre, Transporter; eigentl.: das Weberschiffchen, das zwischen den Kettenfäden „hin- und hergeschossen" wird), *'to shuttle'* (hin- und herbefördern; vgl. *schütteln* = heftig hin- und herbewegen), *'shuttle bus'* (im Pendelverkehr eingesetzter Bus), *'shuttle-cock'* (Federball), *'shuttle service'* (Pendelverkehr)

Switch – Ein- und Ausschalter, Schalthebel
'switch' (Schalter), *'to switch off'* (ausschalten), *'to switch on'* (einschalten), *'to switch over'* (umschalten), *'switchboard'* (Schalttafel, Telefonzentrale), *'switchboard operator'* (Telefonistin)

Test – Versuch, Probe, Leistungsprüfung (vgl. *testen*)
'to test' (prüfen), *'driving test'* (Fahrprüfung), *'test case'* (Musterprozess), *'test-drive'* (Probefahrt), *'tester'* (Prüfer, Prüfgerät)

POLITIK:

Administration – Verwaltung, Regierung (vgl. *Minister*)
'to administer' (verwalten), *'to administer justice'* (Recht sprechen), *'administrative'* (Verwaltungs-), *'administrator'* (Verwalter, Verwaltungsbeamter), *'minister'* (Geistlicher), *'Minister of Defence'* (*Verteidigungsminister*), *'ministry'* (geistliches Amt)

Agreement – Übereinkunft, Vereinbarung, Einigung
'to agree' (vereinbaren), *'agreeable'* (angenehm, einverstanden), *'to be agreed'* (sich einig sein), *'to come to an agreement'* (sich einigen), *'disagreement'* (Unstimmigkeit, Verschiedenheit)

Alliance – Verbindung, Bund, Bündnis (vgl. *Allianz*)
'allied' (verbündet), *'allied forces'* (*alliierte Truppen*), *'allies'* (die Alliierten), *'to form an alliance'* (ein Bündnis schließen)

Congress – Tagung, *Kongress*
'congressman' (Mitglied des Repräsentantenhauses), *'to congregate'* (sich versammeln), *'congregation'* (Versammlung, Kirchengemeinde), *'congregational'* (Gemeinde-)

Conservative Party – *Konservative Partei* (vgl. *Konserve*)
- *'conservation'* (Erhaltung, Bewahrung), *'conservation area'* (Naturschutzgebiet), *'to conserve'* (haltbar machen, *konservieren*), *'conservatism'* (Konservatismus);

- *'part'* (Teil), *'partial'* (teilweise), *'partiality'* (*Parteilichkeit*), *'participant'* (Teilnehmer), *'to participate'* (teilnehmen), *'particle'* (Teilchen, *Partikel*), *'particular'* (besonders), *'partisan'* (*Parteigänger, Partisan*), *'partition'* (Teilung), *'partner'* (Teilhaber), *'partnership'* (*Partnerschaft*), *'part-time worker'* (Halbtagskraft), *'party'* (*Partei; gesellige Feier*), *'department'* (Abteilung), *'departure'* (Abfahrt, Abflug)

Government – Regierung (vgl. *Gouvernement*)

'to govern' (regieren, beherrschen), *'governmental'* (staatlich), *'governor'* (*Gouverneur,* Leiter)

Labour Party – Arbeiterpartei (vgl. *Labor*)

'labour' (Arbeit, Mühe, Plage), *'laboratory'* / *'lab'* (*Labor*), *'labourer'* (Arbeiter, Hilfsarbeiter), *'labour-intensive'* (arbeitsintensiv), *'labour-saving'* (arbeitssparend)

Liberal Party – Liberale Partei

'liberal' (frei, aufgeschlossen), *'liberal arts'* (Geisteswissenschaft), *'to liberate'* (befreien), *'liberation'* (Befreiung), *'liberty'* (Freiheit)

Member of Parliament (MP) – Unterhausabgeordneter

- *'member'* (Mitglied; vgl. *Membrane*), *'member country'* (Mitgliedsland), *'membership fee'* (Mitgliedsbeitrag);
- *'parliament'* (*Parlament*), *'parliamentarian'* (erfahrener *Parlamentarier*), *'parlour'* (Salon; vgl. *parlieren* = reden, sich unterhalten), *'parlance'* (Sprachgebrauch)

Prime Minister (PM) – Ministerpräsident, Premierminister

'prime' (wichtigst, Haupt-; vgl. *prima*), *'prime time'* (Haupteinschaltzeit), *'primacy'* (Vorrangstellung, *Primat*), *'primarily'* (in erster Linie), *'priority'* (Vorrang, *Priorität*)

Secret Service – Geheimdienst

'secret' (geheim; vgl. auch *diskret*), *'secret agent'* (Geheimdienstler), *'secrecy'* (Geheimhaltung), *'secretary'* (*Sekretär, Sekretärin,* Minister), *'to secrete'* (absondern, ausscheiden), *'secretion'* (Absonderung, *Sekret*), *'secretive'* (verschwiegen, verstohlen)

Statement – Erklärung, Angabe, Aussage

'to state' (nennen, aussagen, erklären), *'on the stated date'* (zum festgesetzten Termin), *'to make a statement'* (eine Erklärung abgeben), *'understatement'* (Untertreibung), *'state'* (*Staat;* Zustand)

Treaty – Abkommen, Vertrag

'to treat' (behandeln, umgehen mit), *'treatise'* (wissenschaftliche Abhandlung; vgl. *Traktat*), *'treatment'* (Behandlung), *'by treaty'* (vertraglich), *'NATO'* (= *North Atlantic Treaty Organisation*)

Ecology – Beziehungen zw. Lebewesen und Umwelt, *Ökologie*
'ecological' (Umwelt-, *ökologisch*), *'ecological balance'* (*ökologisches* Gleichgewicht), *'ecologically harmful'* (umweltschädlich), *'ecologist'* (*Ökologe*)

Environment – Umwelt, Umgebung
'environmental' (Milieu-, Umwelt-), *'environmentalist'* (Umweltschützer), *'environs'* (Umgebung eines Ortes)

Pollution – Umweltverschmutzung, Verunreinigung (vgl. *Pollen*)
'pollutant' (Schadstoff), *'to pollute'* (verschmutzen, verderben), *'polluter'* (Verschmutzer), *'air pollution'* (Luftverschmutzung), *'soil pollution'* (Bodenverschmutzung), *'water pollution'* (Wasserverschmutzung)

Protection – Schutz, *Protektion*
'to protect' (schützen, bewahren), *'protection money'* (Schutzgeld), *'protective clothing'* (Schutzkleidung), *'protective duty'* (Schutzzoll), *'protector'* (Beschützer)

Solar Energy – Sonnenenergie
• *'solar'* (die Sonne betreffend), *'solar panel'* (Sonnenkollektor), *'solar power plant'* (Sonnenkraftwerk), *'solar system'* (Sonnensystem), *'solar cell'* (*Solarzelle*), *'solarium'* (Sonnenbank);
• *'energetic'* (*energisch*), *'alternative energy'* (*alternative Energie*), *'energy-saving'* (*energiesparend*)

Lover – Geliebte(r), Liebhaber(in)
'love' (Liebe), *'to love'* (lieben; vgl. *loben*), *'love-affair'* (Liebesverhältnis, *Affäre*), *'love bite'* (Knutschfleck), *'loveless'* (lieblos), *'love letter'* (Liebesbrief), *'lovely'* (reizend, lieblich), *'love match'* (Liebesheirat), *'lovesick'* (liebeskrank), *'loving'* (zärtlich, liebevoll), *'lovesong'* (Liebeslied)

Darling – Liebling
'darling' (reizend, goldig, Lieblings-), *'dear'* (lieb, *teuer*), *'dearly'* (innig, herzlich), *'Dear Sir'* (Sehr geehrter Herr), *'dearness'* (hoher Preis), *'dear me!'* (du liebe Zeit!, ach je!)

Sweetheart – Liebste(r), Schatz
• *'sweet'* (*süß; Süßigkeit*), *'to sweeten'* (*süßen*; besänftigen; vgl. *'to persuade'* = überreden, eigentl.: „*süß machen*"), *'sweetener'* (*Süß-*

stoff; Schmiergeld), *'sweetie'* (Bonbon), *'sweet-and-sour'* (*süßsauer*), *'sweet talk'* (Schmeichelei, -en);
- *'heart'* (*Herz*), *'heartache'* (Kummer, Gram), *'heartbreaking'* (*herzzerreißend*), *'heartburn'* (Sodbrennen), *'to hearten'* (ermutigen), *'hearty'* (*herzhaft*, kräftig), *'heartily'* (herzlich, von Herzen), *'heartless'* (*herzlos*), *'to cry one's heart out'* (sich die Augen ausweinen)

Sexappeal – sexuelle Anziehungskraft
- *'sex'* (Geschlecht, *Sexualität*), *'sexism'* (Benachteiligung eines Menschen aufgrund seines Geschlechts), *'sexual'* (geschlechtlich, *sexuell*), *'sex bomb'* (Frau – vor allem Filmschauspielerin – mit starkem sexuellen Reiz; dieser makabre Ausdruck entstand zur Zeit der amerikanischen Atomversuche auf dem *Bikini*-Atoll in der Südsee, daher auch der Name des knappen, zweiteiligen Badeanzugs!), *'sexual intercourse'* (Geschlechtsverkehr), *'sexuality'* (*Sexualität*), *'sexy'* (aufreizend), *'sex and crime'* (Kennzeichnung von Filmen mit ausgeprägter *sexueller* und *krimineller* Komponente), *'of both sexes'* (beiderlei Geschlechts), *'weaker / stronger sex'* (schwaches / starkes Geschlecht);
- *'appeal'* (dringende Bitte, *Appell*), *'to appeal to'* (sich wenden an, sich berufen auf), *'appealing'* (reizvoll, ansprechend)

*

Neben den vorstehenden Beispielen, die Ihnen ganze Wortfamilien verfügbar machen, sind Ihnen wahrscheinlich eine Reihe weiterer Anglizismen vertraut, die Sie buchstäblich mit sich herumtragen, ohne dass Ihnen deren Bedeutung je klar geworden ist, wie etwa die so dekorativen – und oft teuer bezahlten – Aufdrucke auf Kleidungsstücken (z.B. *'Fruit of the Loom'* = „Frucht des Webstuhls" oder *'Fade Out'* auf „verwaschenen" Jeans). Sollten diese Beispiele Ihre Neugier geweckt haben, schauen Sie doch mal im Wörterbuch nach, was der schicke Slogan oder Schriftzug auf Ihrem Lieblingspullover oder T-Shirt in Wirklichkeit besagt!

* * *

2

Benutzen Sie die richtigen Präpositionen!

Die Wahl der passenden Präposition, dieses unscheinbaren Wörtchens zwischen Prädikat und Objekt, bleibt für viele Englischlernende zeitlebens eine reine Gefühls- oder Glücksache. Dabei haben diese *Verhältniswörter* – ähnlich wie die Präfixe, die allerdings eine feste Verbindung mit dem nachfolgenden Wort eingegangen sind – eine klar fassbare Grundbedeutung. Meist werden Präpositionen in den Vokabelverzeichnissen der Lehrbücher als Anhängsel von Verben angeboten und entsprechend seit unzähligen Schülergenerationen gebüffelt (z.B. *'to point at', 'to think of', 'to go to', 'to talk about', 'to be different from', 'to hope for', 'to report on', 'to be interested in', 'to be informed by'* etc.), und jedes Mal müssen neue Kombinationen mit lediglich wechselnden Präpositionen mühsam als vermeintliche Einheit gelernt werden (z.B. *'to look about', 'to look after', 'to look at', 'to look for', 'to look forward to', 'to look into', 'to look on', 'to look out of', 'to look over', 'to look round', 'to look through', 'to look to'* etc.). Zugegeben, Präpositionen *folgen* in der Regel einem Verb, wichtiger aber ist, dass sie *vor* einem Hauptwort (oder Pronomen) stehen – schließlich bedeutet die Bezeichnung *Prä-Position* „Voranstellung"! – und das Verhältnis dieses Hauptworts (d.h. einer Person oder Sache) zur jeweiligen Tätigkeit angeben. Präpositionen bestimmen vor allem den *Ort,* an dem sich etwas befindet (= Lage, Position) oder bewegt (= Richtung), sowie die *Zeit,* zu der ein Zustand herrscht oder eine Handlung abläuft (= Situation). Auf den folgenden Seiten soll die stets gleich bleibende Grundbedeutung der wichtigsten Präpositionen erklärt werden; Verhältniswörter wie *'beside', 'out of', 'up'* oder *'with'* bleiben wegen ihrer leichten Durchschaubarkeit unberücksichtigt.

321

Tipp   *Machen Sie sich die* **Funktion** *und die* **Grund-**
bedeutung *der englischen Präpositionen klar!*

➲   *'among'*   ⇨   *Teil einer Menge* **(F)**

                 ⇨   *unter vielen, inmitten* **(G)**
                        (vgl. Menge, Gemenge)

Anmerkungen:

- Präpositionen verlangen im Deutschen für das nachfolgende Hauptwort einen bestimmten Fall (also den Genitiv, Dativ oder Akkusativ; vgl. *wegen des Wetters, auf dem Dach, über den Graben*); im Englischen dagegen gibt es – wie wir gesehen haben – nur den stereotypen Artikel *'the'* und außerdem keine Substantiv-Endungen mehr, sodass Sie bei den meisten englischen Präpositionen nicht zwischen Genitiv, Dativ und Akkusativ (also zwischen Herkunft, Ruhe und Richtung) unterscheiden können – oder müssen!

- Das Gleiche gilt für Adverbien, die im Übrigen leicht mit Präpositionen zu verwechseln sind, z.B. *'he lives* **upstairs***'* = *er lebt* **oben** (wo?) und *'he has gone* **upstairs***'* = *er ist* **nach oben** gegangen (wohin?).

- In Fragesätzen werden *Präpositionen* häufig gewissermaßen zu *Post-positionen* d.h. sie stehen dann nicht *vor* dem Objekt, sondern *hinter* dem Prädikat (anstatt *'about what are you talking?'* sollte die Frage also *'what are you talking about?'* lauten).

*

Die größte Schwierigkeit im Umgang mit englischen Präpositionen ist wohl, dass man sie nicht automatisch übersetzen kann. Es ist schon ein wenig verwirrend, dass der Engländer *'at the moment'* sagt, wo es bei uns doch *im Augenblick* heißt, oder *'in the street'* für *auf der Straße,* wohingegen *'on Sunday'* dem deutschen *am Sonntag* entspricht. Die gleichen Probleme entstehen bei der Umsetzung unserer Verhältnis-wörter *unter, über, von* und *durch,* die – so verlockend es sein mag – nicht ohne weiteres mit *'under', 'over', 'from'* und *'through'* gleichzusetzen sind. Statt auf ihren ähnlichen Klang hereinzufallen, sollten wir lieber Funktion und Grundbedeutung einiger englischer Präpositionen aufdecken.

a) *Differenzierung der Präpositionen 'at', 'in', 'on', 'to'*

(dt. Bedeutungen u.a.: an, in, auf, zu)

Wie würden Sie spontan die folgenden Ausdrücke übersetzen? (*Vorsicht:* Die Präposition, die Ihnen auf der Zunge liegt, ist jeweils nur in einem Fall korrekt. *Tipp:* Der Engländer ist bei der Wahl der Präposition logischer als wir!)

am Bahnhof	auf der Weide	in der Schule	zu Ostern
am Abend	auf der Party	in das Dorf	zu beiden Seiten
am Mittag	auf der Wand	im Herbst	zur Kirche
am Hl. Abend	auf die Sekunde	in Heidelberg	zu Beginn
an Weihnachten	auf dem Baum	im Alter von	zu Lande
an N. schreiben	aufs Zimmer	im vierten Stock	zu meinen Füßen

Bevor Sie umblättern und die Lösungen anschauen, machen Sie sich bitte mit Funktion (F) und Grundbedeutung (G) der infrage kommenden englischen Präpositionen vertraut:

at	→●←	F	punktuelle Orts- oder Zeitangabe
		G	***direkt an, exakt auf, genau um***
			(Lage, Zustand, Richtung; vgl. lat. *ad* = hin, bei)

in	[···●···]	F	Lage innerhalb von Grenzen
			(Ort und Zeit)
		G	***in, innerhalb***
			(nur Lage; Richtung: *'into'*)

on,		F	Kontakt mit einer Oberfläche;
upon	●—		Angabe eines einzelnen Tages
			(also Datum und Wochentag);
			Beruhen auf einer Basis
		G	***auf, darauf***
			(Lage und Richtung; Richtung auch: *'onto'*)

to	----→ ●	F	Richtung, Ziel (Ort und Zeit);
			Ausmaß, Ausdehnung (Ort und Zeit);
			Zweck, Absicht
		G	***zu, bis hin, nach***
			(nur Richtung; vgl. dt. *zu*)

323

Lösungen:

at the station	*in* the meadow	*at* school	*at* Easter
in the evening	*at* the party	*to* the village	*on* both sides
at noon	*on* the wall	*in* autumn	*to* (the) church
on Christmas Eve	*to* the second	*at* Heidelberg	*at* the beginning
at Christmas	*in* the tree	*at* the age of	*on* land
to write *to* N.	*to* the room	*on* the 4th floor	*at* my feet

*

Beispiele zu 'at' (= punktgenaue Fixierung)

ORTSANGABE (Punkt auf der Landkarte oder auf dem Stadtplan):
'at home' (zu Hause), 'at school' (in/an der Schule), 'at the baker's' (beim Bäcker), 'at the corner' (an der Ecke), 'at Bonn' (in Bonn), 'at sea' (auf See; an irgendeinem Punkt auf dem Meer)

ZEITPUNKT (exakte Zeitangabe):
'at sunrise' (bei Sonnenaufgang), 'at 7 o'clock' (Punkt 7 Uhr), 'at noon'[1] (mittags), 'at nightfall' (bei Einbruch der Dunkelheit), 'at the weekend' (am Wochenende), 'at Easter' (zu Ostern; an den Osterfeiertagen), 'at first' (zuerst), 'at first sight' (auf den ersten Blick), 'at present' (gegenwärtig, jetzt), 'at last' (zuletzt, schließlich), 'at the last moment' (im letzten Augenblick), 'at 21' (mit 21 Jahren), 'at his death' (im Augenblick seines Todes), 'at his funeral' (bei seiner Beerdigung)

ZUSTAND, LAGE (zu einer bestimmten Zeit / an einem festen Ort):
'at war' (im Krieg; im Kriegszustand), 'at peace' (im Frieden), 'at anchor' (vor Anker), 'at rest' (im Ruhezustand), 'at school' (an/in der Schule), 'at work' (bei der Arbeit), 'at dinner' (beim Essen), 'at night' (nachts)

RICHTUNG (Anvisieren eines Zieles, aber auch dessen Reaktion):
'to aim at' (zielen auf), 'to shoot at the rabbit' (auf das Kaninchen schießen), 'to look at the picture' (sich das Bild anschauen), 'to stare at' (starren auf), 'to laugh at someone'

---

[1] Im Englischen ist 'noon' keine Tageszeit, sondern *Punkt* 12 Uhr mittags!

(jmd. auslachen), *'to weep at'* (weinen über), *'to be angry at'* (wütend sein über etwas), *'to be surprised at'* (überrascht sein über etwas)

Beispiele zu *'in'* (= *innerhalb bestimmter Grenzen*)

ORTSANGABE (irgendwo in einem deutlich begrenzten Raum):
'in the house' (innerhalb des Hauses), *'in the field'* (auf dem Feld), *'in the sky'* (am Himmel), *'in the street'*[1] (auf der Straße), *'in the country'* (auf dem Land), *'in the picture'* (auf dem Bild)

ZEITANGABE (innerhalb eines begrenzten Zeitraums):
'in a minute' (innerhalb einer Minute), *'in no time'* (im Nu), *'in the morning'* (am Morgen), *'in the night'* (innerhalb der Nacht, bei Nacht; s. auch *'at night'* = nachts), *'in March'* (im März), *'in spring'* (im Frühjahr), *'in 1945'* (im Jahr 1945), *'in the beginning'* (in der Anfangsphase)

RICHTUNG (*'into'* = in einen Raum/Zustand hinein; aber: *'to put in'*):
'into the house' (ins Haus hinein), *'into the street'* (auf die Straße hinaus), *'into the country'* (aufs Land), *'far into the night'* (bis spät in die Nacht hinein), *'to get into difficulties'* (in Schwierigkeiten geraten), *'to translate into English'* (ins Englische übersetzen), *'to burst into tears'* (in Tränen ausbrechen), *'to turn the garage into a party room'* (die Garage in einen Partyraum verwandeln)

Beispiele zu *'on'* (= *auf einer/eine Oberfläche*)

ORTSANGABE (Lage, Richtung; förmlich: *'upon'*; Richtung auch: *'onto'*):
'on the table' (auf dem/den Tisch), *'on the wall'* (auf der/die Wand), *'on the floor'* (auf dem/den Boden), *'onto the roof'* (auf das Dach), *'on the river'* (auf dem Fluss), *'on the Continent'* (auf dem Kontinent), *'on board'* (an Bord), *'on the right'* (auf der rechten Seite), *'on foot'* (zu Fuß), *'to do*

---

[1]   *'In'* gilt nur für Stadtstraßen, die wegen der Hausfronten wie Schluchten wirken (daher: *'in'*); bei Landstraßen heißt es *'on the road'*.

s.th. on the spot' (etwas auf der Stelle tun), *'to have money on oneself '* (Geld bei sich haben)

ZEITANGABE (nur bei einzelnen Tagen; sozusagen *auf* dem Kalender): *'on Monday'* (am Montag), *'on Saturday evening'*[1] (am Samstagabend), *'on a sunny day'* (an einem Sonnentag), *'on 1ˢᵗ May'* (am 1. Mai), *'on our arrival'* (bei unserer Ankunft, also am Ankunftstag), *'on a journey'* (auf einer Reise, Tagesreise), *'cash on delivery'* (per Nachnahme, Bezahlung also am Liefertag)

BERUHEN AUF EINER SOLIDEN BASIS (Geld, Charakter, fundiertes Wissen): *'on a good pension'* (mit einer guten Rente), *'to live on one's savings'* (von seinen Ersparnissen leben), *'to rely on a person'* (sich auf jmd. verlassen), *'on my honour'* (auf mein Ehrenwort), *'on good authority'* (aus guter Quelle), *'to have an opinion on a matter'* (eine Meinung zu einer Sache haben), *'a book on English grammar'* (ein Buch über die englische Grammatik), *'to report on an event'* (über ein Ereignis genau berichten), *'to speak on air pollution'* (einen Vortrag über Luftverschmutzung halten)

Beispiele zu 'to ' (= Bewegungsrichtung, Ziel; Zweck)

BESTIMMUNGSORT (Reise-, Fahrtziel, Bewegung, Richtung): *'to the north'* (nach Norden), *'an excursion to Eton'* (ein Ausflug nach Eton), *'a ticket to London'* (eine Fahrkarte nach London), *'to go to work by car'* (mit dem Auto zur Arbeit fahren), *'to count to ten'* (bis zehn zählen), *'only to page 100'* (nur bis zur Seite 100), *'down to three'* (bis auf drei), *'bring him to me'* (bring ihn zu mir)

ZEITGRENZE (Endpunkt; auch: *'till'* oder *'until'*): *'ten minutes to nine'* (zehn Minuten vor neun Uhr), *'from 6 a.m. to 2 p.m.'* (von 6 bis 14 Uhr), *'from sunrise to sunset'* (von Sonnenaufgang bis Sonnenuntergang), *'from Monday*

---

[1] *'Evening'* müsste als Tageszeit eigentlich mit *'in'* verbunden werden; da der Wochentag aber die wichtigere Information ist, bestimmt dieser die Präposition (also: *'on'*).

to Friday' (Montag bis Freitag), *'to the age of 65'* (bis zu
65 Jahren), *'from beginning to end'* (von Anfang bis Ende),
'to date' (bis heute)

ABSICHT, ZWECK (aber auch Erreichen des Zwecks, Resultat):
'to this end' (zu diesem Zweck), *'to drink to absent friends'*
(auf das Wohl abwesender Freunde trinken), *'to be kind to
animals'* (gut zu Tieren sein), *'to tear to pieces'* (in Stücke
reißen), *'to burn to the ground'* (bis auf die Grundmauern
abbrennen), *'to beat to death'* (totschlagen), *'to be moved
to tears'* (zu Tränen gerührt sein)

b) Gewollte Ungenauigkeit mit Hilfe von 'about'
(dt. Bedeutungen: etwa, zirka, drum herum, über)

Während die Präpositionen *'at'*, *'in'*, *'on'* und *'to'* bezüglich
Zeit und Ort klare Verhältnisse schaffen, bewirkt *'about'* das
genaue Gegenteil; es entspricht in etwa unserem umgangssprachlichen *so lala* oder „nichts Genaues weiß man nicht".
Wollen Sie sich bewusst nicht festlegen, wo und wann etwas
geschieht, in welcher Richtung sich etwas bewegt oder worum
es dabei exakt geht, sind Sie also gut beraten, statt *'at'*, *'in'*,
'on' oder *'to'* das Verhältniswort *'about'* einzusetzen. Übrigens sollte die Gefahr einer Verwechslung der scheinbar
gleichbedeutenden Präpositionen *'about'* und *'over'* (im Sinne
von *über*) ein für alle Male gebannt sein, nachdem Sie sich die
unterschiedlichen Funktionen dieser beiden Verhältniswörter
klargemacht haben:

over	☺	F	höhere Lage; Bedeckung;
	———		Überlegenheit; höhere Zahl
		G	**über, oberhalb, darüber hinweg**
			(Lage und Richtung; Lage auch: *'above'*)
about	?	F	Ungenauigkeit, Unbestimmtheit
	? ~ ?		(Ort und Zeit; Thema und Eigenart)
	?	G	**über, drum herum, etwa, zirka**

Wie würden Sie demnach die folgenden Ausdrücke ins Englische übertragen? (Lösungen s. unten)

über das Wetter reden	über die Straße
über das Wochenende	über dem Dach
über 70 Jahre alt	über einen Scherz lachen
über den Urlaub erzählen	über Weihnachten
über eine Treppe	über etwas froh sein
über 30 Arbeiter	über das Geld nachdenken
über ein Thema schreiben	über einem Glas Wein

*

Beispiele zu 'about' (= Unklarheit, Undeutlichkeit)

LAGE UND BEWEGUNG (Ungefähre Position):

'to stand about' (herumstehen), *'to walk about the park'* (im Park herumwandern), *'to travel about the world'* (in der Welt herumreisen), *'the fields about the house'* (die Felder ums Haus herum), *'scattered about the room'* (über das ganze Zimmer verstreut), *'to look about oneself'* (sich umschauen)

THEMA (unvorbereitete, inexakte Aussage):

'to talk about business' (über Geschäfte reden), *'to tell about the excursion'* (vom Ausflug erzählen), *'to write about one's plans'* (etwas über seine Pläne schreiben), *'to laugh about a story'* (über eine Geschichte lachen), *'to cry about s.th.'* (wegen etwas weinen), *'to ask about s.th.'* (eine Frage zu etwas haben), *'to know about a matter'* (von einer Sache wissen), *'to do s.th. about it'* (etwas in der Sache unternehmen)

Lösungen:

to talk *about* the weather	*over* the street
over the weekend	*over* the roof
over 70 years old	to laugh *about* a joke
to tell *about* the holidays	*over* Christmas
over a staircase	to be glad *about* s.th.
over 30 workers	to think *about* the money
to write *about* a subject	*over* a glass of wine

Übrigens drückt *'about'* auch als Adverb nur Näherungswerte aus, also eine geschätzte Zeitangabe, eine ungefähre Menge, eine angenommene Größe etc., z.B. *'about 8 o'clock'* (etwa acht Uhr), *'about noon'* (gegen Mittag), *'about Christmas'* (um Weihnachten herum), *'about 40 years old'* (zirka 40 Jahre alt), *'it's about time'* (es wird bald Zeit), *'about finished'* (nahezu fertig), *'about 50 pupils'* (etwa 50 Schüler).

c) Die Unterscheidung von 'between' und 'among'
(dt. Bedeutungen: zwischen, inmitten, unter)

Nicht nur *'over'* und *'about'* verleiten immer wieder zu Verwechslungen. Vielleicht fühlen Sie sich bisweilen auch durch die scheinbare Bedeutungsgleichheit der Präpositionen *'between'* und *'among'* (= unter, zwischen) verunsichert. Diese Fehlerquelle können Sie allerdings schnell beseitigen, wenn Sie einmal die grundverschiedenen Funktionen der beiden Verhältniswörter verstanden haben. Noch leichter sollte Ihnen die Abgrenzung zu den vermeintlichen Synonymen *'under'*/ *'below'* (= unter, unterhalb) fallen.

between ⊗	F	Lage zwischen zwei Begrenzungen, Umklammerung, Einengung
	G	*zwischen zweien, unter* *(by-tween = bei zweien;* vgl. *'twin'* = Zwilling)

among	F	Lage innerhalb einer größeren Menge
	G	*unter, zwischen vielen, mitten darin* (vgl. *Menge, Gemenge*)

under ⊗	F	tiefere Lage; Abstieg Unterlegenheit
	G	*unter, unterhalb, darunter hinweg* (Lage und Richtung; auch: *'below'*)

Versuchen Sie, die nachstehenden Ausdrücke zu übersetzen:

unter anderem
unter dem Schirm

unter uns beiden
unter seinem Kommando

Lösungen:

among other things
under the umbrella

between you and me
under his command

*

Beispiele zu 'between' (= Position zwischen zwei Polen)

ORT UND ZEIT (Zwischenraum und Zwischenzeit):
'the distance between London and Manchester' (die Entfernung zwischen London und Manchester), *'to sit between Father and Mother'* (zwischen Vater und Mutter sitzen), *'to fall between two stools'* (sich zwischen zwei Stühle setzen), *'between then and now'* (zwischen damals und heute), *'between now and next week'* (bis nächste Woche), *'the time between noon and 6 p.m.'* (die Zeit zwischen 12 und 18 Uhr), *'in between the showers'* (zwischen den Schauern)

BEZIEHUNG, AUFTEILUNG (zwischen zwei Personen oder Dingen):
'there is nothing between them' (zwischen ihnen gibt es keinerlei Beziehung), *'to divide between two children'* (unter zwei Kindern aufteilen), *'we shared an apple between us'* (wir teilten uns einen Apfel), *'between housework and study'* (zwischen Hausarbeit und Studium), *'that's between ourselves'* (das bleibt unter uns)

Beispiele zu 'among' (= Position zwischen vielen)

VORHANDENSEIN UND RICHTUNG (in einer/eine Menge):
'among the crowd' (unter die/der Menge), *'among the trees'* (zwischen den Bäumen), *'among them'* (gemeinsam), *'among others'* (unter anderen), *'to be among the largest cities'* (zu den größten Städten gehören), *'to count among one's friends'* (zu seinen Freunden zählen), *'children often quarrel among themselves'* (Kinder streiten oft untereinander), *'widespread among the French'* (bei den Franzosen weit verbreitet), *'to hide among the bushes'* (sich zwischen den Büschen verstecken)

d) Vorsicht im Umgang mit 'of', 'by' und 'from'!

Es gibt wohl kaum so häufige Wortvertauschungen wie bei den im Deutschen mit *von* wiederzugebenden Präpositionen *'of', 'by'* und *'from'*. Auch hier wird ein Blick auf die Gegenüberstellung vermutlich alle Unklarheiten beseitigen:

| of ☐☐☐☐ | F | Herkunft, Beziehung, Besitz (Genitiv) |
| | G | *von, Teil von, zugehörig* |

| by (♀)←●※ | F | Verursacher; verursachende Kraft |
| | G | *von, durch, mit Hilfe von* |

| from ↳ | F | Trennung; Ausgangspunkt, Start (Ort und Zeit) |
| | G | *von, weg von* |

Testen Sie Ihr Sprachgefühl! Vielleicht gelingt es Ihnen schon vor der Betrachtung der später folgenden Wortbeispiele, diese präpositionalen Ausdrücke treffend zu übersetzen (direkt anschließend in der Fußzeile können Sie nachlesen, ob Sie richtig geraten haben):

von der Seite
ein Stück von dem Kuchen
von ihr verursacht
ein Gemälde von Picasso
eine Aufnahme von der Königin
ein Geschenk von ihr erhalten
der Prinz von Wales

ein Schauspiel von Ibsen
von morgen an
nichts von ihm hören
von Montag bis Samstag
die Frau vom Arzt
von einer Kugel getötet
von England kommen

Lösungen:
  from the side
  a piece *of* the cake
  caused *by* her
  a painting *by* Picasso
  a picture *of* the Queen
  to get a present *from* her
  the Prince *of* Wales

  a play *by* Ibsen
  from tomorrow
  to hear nothing *of* him
  from Monday to Saturday
  the wife *of* the doctor
  to be killed *by* a bullet
  to come *from* England

Beispiele zu 'of' (Abstammung, Anteil, Beziehung)

HERKUNFT (Ursache, Quelle; Besitz, Teil von, Genitiv): *'to die of hunger'* (verhungern, Hungers sterben), *'to taste of garlic'* (nach Knoblauch schmecken), *'made of wool'* (aus Wolle hergestellt), *'to be proud of s.th.'* (auf etwas stolz sein), *'to be ashamed of s.th.'* (sich für etwas schämen), *'a piece of meat'* (ein Stück Fleisch), *'the tail of the dog'* (der Schwanz des Hundes), *'the city of Paris'* (die Stadt Paris), *'a friend of ours'* (ein Freund von uns), *'the first of June'* (der erste Juni), *'the dogs of the royal family'* (die Hunde der Königsfamilie), *'a writer of legal articles'* (ein Verfasser von juristische Artikeln), *'half of the house'* (das halbe Haus), *'Mr X of Glasgow'* (Mr X aus Glasgow), *'many of them'* (viele von ihnen), *'one of us'* (einer von uns), *'the bravest of the brave'* (der Mutigste der Mutigen)

BEZIEHUNG (Abstand; Lage zueinander, Bezug auf): *'south of London'* (südlich von London), *'within a month of his death'* (einen Monat nach seinem Tod), *'trees bare of leaves'* (Bäume ohne Blätter), *'free of charge'* (ohne Kosten), *'to warn of the danger'* (vor der Gefahr warnen), *'what do you think of him?'* (was denkst du von ihm?), *'to rob s.o. of his money'* (jmd. sein Geld rauben), *'loss of appetite'* (Appetitlosigkeit), *'to speak of s.th.'* (von etwas sprechen), *'his love of his father/of God'* (die Liebe zu seinem Vater/zu Gott)

Beispiele zu 'by' (Urheber, Medium)

VERURSACHER („Täter", Autor, Maler, Regisseur etc.; treibende Kraft): *'a drama by Shaw'* (ein Theaterstück von Shaw), *'a poem by Rilke'* (ein Gedicht von Rilke), *'a watercolour by Feininger'* (ein Aquarell von Feininger), *'a film by Hitchcock'* (ein Film von Hitchcock), *'to be supported by one's parents'* (von seinen Eltern unterstützt werden), *'built by'* (gebaut von), *'destroyed by fire'* (durch Feuer zerstört), *'to*

work by electricity' (durch Elektrizität angetrieben werden), *'driven by steam'* (dampfgetrieben), *'by force'* (mit
Gewalt), *'heated by oil '* (mit Öl geheizt)
METHODE (Reiseroute, Verkehrsmittel, Hilfsmittel):
'to go to England by the Calais-Dover route' (über die
Calais-Dover Route nach England fahren), *'to reach the
Mediterranean by the Suez Canal'* (das Mittelmeer über
den Suez-Kanal erreichen), *'by air'* (auf dem Luftweg), *'by
plane'* (mit dem Flugzeug), *'by land'* (auf dem Landweg),
'by rail' (auf dem Schienenweg), *'by train'* (mit dem Zug),
'by road' (auf dem Straßenweg), *'by car/bus/lorry'* (mit
dem Auto/Bus/Lastkraftwagen), *'by bike'* (mit dem Fahrrad), *'by sea'* (auf dem Wasserweg), *'by boat'* (mit dem
Schiff), *'by ferry'* (mit der Fähre), *'made by hand'*
(handgearbeitet), *'to lead by the hand'* (an der Hand
führen), *'by means of'* (mittels), *'by letter'* (per Brief), *'by
air mail'* (per Luftpost), *'by saving hard'* (durch eisernes
Sparen), *'to pay by cheque'* (mit Scheck bezahlen), *'to
divide by'* (dividieren durch), *'indicated by an asterisk'*
(mit einem Sternchen gekennzeichnet)

*

Es soll nicht verschwiegen werden, dass gerade das Verhältniswort *'by'* noch weitere Funktionen und Nebenbedeutungen
haben kann, die aber entweder sehr eingängig sind (z.B. *'by
the river'* = beim Fluss, *'near by the sea'* = nahe an der See,
'by day' = bei Tage, *'by candlelight'* = bei Kerzenlicht) oder
nur selten vorkommen (z.B. *'by Monday'* = spätestens bis
Montag, *'by the hour'* = stundenweise, *'by my watch'* = nach
meiner Uhr). Auch bei den anderen hier behandelten Präpositionen erschien eine klare Abgrenzung der Hauptfunktio-
nen wichtiger als die umfassende Auflistung aller möglichen
Bedeutungsnuancen.

* * *

3

Überspielen Sie Ihre Formulierungsschwächen!

Sie kennen die Situation: Ein englisches Wort liegt Ihnen auf der Zunge, aber so sehr Sie auch (oder gerade *weil* Sie) Ihr Gedächtnis anstrengen – die Vokabel ist im entscheidenden Moment einfach nicht verfügbar! Damit Sie nicht ins Stottern geraten oder gar „sprachlos" bleiben, sollten Sie sich mit einer Handvoll simpler Tricks befassen, die Ihnen bei einem Gespräch oder beim Abfassen eines englischen Textes fast immer aus der Verlegenheit helfen werden.

a) Der Synonym-Trick

Fast jedes Wort in unserer Sprache ist durch eine Vokabel gleichen oder ähnlichen Sinngehalts ersetzbar. Hier bieten sich wieder einmal ganz besonders Fremdwörter an, da sie eine mit dem entsprechenden deutschen Ausdruck identische Bedeutung haben. Aber meist gibt es auch mehrere „normale" synonyme Wendungen, die Ihnen weiterhelfen können. Beißen Sie sich also nicht an einer bestimmten Formulierung fest, sondern seien Sie flexibel.

Die absolute Verlässlichkeit dieses simplen Kniffs werden Sie prompt erkennen, wenn Sie sich die folgenden Exempel anschauen, die Sie lediglich auf die richtige Spur führen und zu eigenen Experimenten animieren sollen (selbst dieser letzte Satz enthält z.B. einige Kostproben des Fremdworttricks, mit dem wir uns bereits in früheren Kapiteln hinlänglich beschäftigt haben: einfach ⇨ *simpel* = *'simple'*; völlig ⇨ *absolut* = *'absolute'*; unverzüglich ⇨ *prompt* = *'promptly'*; Beispiel ⇨ *Exempel* = *'example'*; Versuch ⇨ *Experiment* = *'experiment'*; anregen ⇨ *animieren* = *'to animate'*).

Tipp   *Will Ihnen im Eifer des Gefechts eine englische*
Vokabel nicht einfallen, suchen Sie zunächst
nach einem alternativen deutschen Ausdruck,
und schon geht Ihnen in aller Regel ein Licht
auf!

⮕   *gefällig (?)* ⇨ *hilfsbereit (!)* = *'helpful'*

Beispiele sinnverwandter Verben

abhalten von,	*hindern an*	=	*'to hinder from'*
anlegen,	*landen*	=	*'to land'*
anziehen,	*kleiden*	=	*'to clothe'*
bändigen,	*zähmen*	=	*'to tame'*
bedürfen,	*nötig haben*	=	*'to need'*
führen,	*leiten*	=	*'to lead'*
gestatten,	*erlauben*	=	*'to allow'*
knüpfen,	*knoten*	=	*'to knot'*
lenken,	*steuern*	=	*'to steer'*
loben,	*preisen*	=	*'to praise'*
mästen,	*fett machen*	=	*'to fatten'*
mitwirken,	*teilnehmen*	=	*'to take part'*
müssen,	*zu tun haben*	=	*'to have to do'*
platzen,	*bersten*	=	*'to burst'*
rauchen,	*paffen*	=	*'to puff'*
sich kümmern um,	*schauen nach*	=	*'to look after'*
sich leihen,	*borgen*	=	*'to borrow'*
sich lohnen,	*wert sein*	=	*'to be worth'*
sich umhören,	*herumfragen*	=	*'to ask about'*
untergehen,	*sinken*	=	*'to sink'*
unterweisen,	*lehren*	=	*'to teach'*
verzeihen,	*vergeben*	=	*'to forgive'*
zertrümmern,	*zerbrechen*	=	*'to break'*

Eine kleine Auswahl synonymer Substantive

Angelegenheit,	*Materie*	=	*'matter'*
Angst,	*Furcht*	=	*'fear'*
Argwohn,	*Misstrauen*	=	*'mistrust'*
Aufzug,	*Lift*	=	*'lift'*
Befangenheit,	*Scheu*	=	*'shyness'*
Belastung,	*Bürde*	=	*'burden'*
Enttäuschung,	*Frust*	=	*'frustration'*
Fachmann,	*Spezialist*	=	*'specialist'*
Fehler,	*Missgriff*	=	*'mistake'*
Misserfolg,	*Fehlschlag*	=	*'failure'*
Möhre,	*Karotte*	=	*'carrot'*
Mut,	*Courage*	=	*'courage'*
Säugling,	*Baby*	=	*'baby'*
Schwere,	*Gewicht*	=	*'weight'*
Verwechslung,	*Irrtum*	=	*'error'*

Eine Kostprobe bedeutungsgleicher Adjektive

aufreibend,	*stressig*	=	*'stressful'*
beleibt,	*korpulent*	=	*'corpulent'*
durchdringend,	*schrill*	=	*'shrill'*
flach,	*platt*	=	*'flat'*
flüchtig,	*hastig*	=	*'hasty'*
großzügig,	*nobel*	=	*'noble'*
herrlich,	*wunderbar*	=	*'wonderful'*
ländlich,	*rustikal*	=	*'rustic'*
leidenschaftlich,	*heißblütig*	=	*'hot-blooded'*
locker,	*lose*	=	*'loose'*
massiv,	*solide*	=	*'solid'*
munter,	*lebhaft*	=	*'lively'*
nachgiebig,	*mild*	=	*'mild'*
ruhelos,	*rastlos*	=	*'restless'*
schön,	*gut aussehend*	=	*'good-looking'*
vorteilhaft,	*profitabel*	=	*'profitable'*

weich,	*sanft*	= *'soft'*
weit weg,	*fern*	= *'far'*
widerspenstig,	*rebellisch*	= *'rebellious'*

*

Nun sind Sie wieder an der Reihe! Reaktivieren Sie zunächst einige englische Vokabeln mit Hilfe der angebotenen Ersatzausdrücke, dann versuchen Sie bei der zweiten Gruppe selbst, über ein alternatives deutsches Wort eine angemessene englische Entsprechung aufzufinden:

(1)

abschälen ⇨ *pellen*	= ?		meinen ⇨ *denken*	= ?
beherzigen ⇨ *befolgen*	= ?		merken ⇨ *fühlen*	= ?
herstellen ⇨ *machen*	= ?		schwenken ⇨ *schwingen*	= ?
klettern ⇨ *klimmen*	= ?		überqueren ⇨ *kreuzen*	= ?

Anfang ⇨ *Beginn*	= ?		Pech ⇨ *Unglück*	= ?
Aufruf ⇨ *Appell*	= ?		Schluss ⇨ *Ende*	= ?
Boden ⇨ *Grund*	= ?		Unruhe ⇨ *Trubel*	= ?
Pauke ⇨ *Trommel*	= ?		Wald ⇨ *Forst*	= ?

abweisend ⇨ *kühl*	= ?		müde ⇨ *schläfrig*	= ?
echt ⇨ *natürlich*	= ?		schüchtern ⇨ *scheu*	= ?
matt, schwach ⇨ *lahm*	= ?		erstklassig ⇨ *ideal*	= ?

(2)

drücken ⇨	= ?		phantasieren ⇨	= ?
erledigen ⇨	= ?		untersagen ⇨	= ?
laufen ⇨	= ?		verschmitzt lächeln ⇨ ...	= ?
leuchten ⇨	= ?		vorhaben ⇨	= ?
Abneigung ⇨	= ?		Schar ⇨	= ?
Gleichgültigkeit ⇨	= ?		Versuch ⇨	= ?
Prüfung ⇨	= ?		Vorrecht ⇨	= ?
bequem ⇨	= ?		ungebraucht ⇨	= ?
lärmend ⇨	= ?		künftig ⇨	= ?
künftig ⇨	= ?		volksnah ⇨	= ?

Lösungen:

(1)

abschälen, *pellen*	= *'to peel'*		meinen, *denken*	= *'to think'*
beherz., *befolgen*	= *'to follow'*		merken, *fühlen*	= *'to feel'*
herstell., *machen*	= *'to make'*		schwenk., *schwing.*	= *'to swing'*
klettern, *klimmen*	= *'to climb'*		überqueren, *kreuzen*	= *'to cross'*

Anfang, *Beginn*	= *'beginning'*		Pech, *Unglück*	= *'bad luck'*
Aufruf, *Appell*	= *'appeal'*		Schluss, *Ende*	= *'end'*
Boden, *Grund*	= *'ground'*		Unruhe, *Trubel*	= *'trouble'*
Pauke, *Trommel*	= *'drum'*		Wald, *Forst*	= *'forest'*

abweisend, *kühl*	= *'cool'*		müde, *schläfrig*	= *'sleepy'*
echt, *natürlich*	= *'natural'*		schüchtern, *scheu*	= *'shy'*
matt, *lahm*	= *'lame'*		erstklassig, *ideal*	= *'ideal'*

(2)

drücken, *pressen*	= *'to press'*		phantasier., *träumen*	= *'to dream'*
erledigen, *tun*	= *'to do'*		untersag., *verbieten*	= *'to forbid'*
laufen, *rennen*	= *'to run'*		v. lächeln, *grinsen*	= *'to grin'*
leuchten, *scheinen*	= *'to shine'*		vorhaben, *planen*	= *'to plan'*

Abneig., *Aversion*	= *'aversion'*		Schar, *Gruppe*	= *'group'*
Glei., *Indifferenz*	= *'indifference'*		Versuch, *Test*	= *'test'*
Prüfung, *Examen*	= *'examination'*		Vorrecht, *Privileg*	= *'privilege'*

beq., *komfortabel*	= *'comfortable'*		ratlos, *hilflos*	= *'helpless'*
lärmend, *laut*	= *'loud'*		ungebraucht, *neu*	= *'new'*
künftig, *kommend*	= *'coming'*		volksnah, *populär*	= *'popular'*

Im Übrigen muss das deutsche Synonym nicht unbedingt mit dem englischen Ausdruck verwandt sein; in vielen Fällen genügt bereits das Auffinden eines sinnähnlichen Wortes für die Erinnerung an eine bekannte englische Vokabel (z.B. lauschen ⇨ zuhören = *'to listen'*, vernichten ⇨ zerstören = *'to destroy'*; Anlass ⇨ Grund = *'reason'*, Ausrede ⇨ Entschuldigung = *'excuse'*; mittellos ⇨ arm = *'poor'*, wohlbehalten ⇨ sicher = *'safe'*).

*

338

b) Der Understatement-Trick

Hierbei handelt es sich um einen der einfachsten, aber erfolgreichsten sprachlichen Kunstgriffe, vor allem, wenn es um *Small Talk* geht, dieses lockere Geplauder, bei dem Spontaneität gefragt ist und man nicht jedes Wort auf die Goldwaage legt. Gemeint ist die Verneinung eines Antonyms, also eines Wortes mit der entgegengesetzten Bedeutung, die einerseits die Verlegenheit um das treffende Wort überspielt, andrerseits *nicht* einmal *schlecht* (!) klingt und als Understatement – da typisch englisch – vielleicht gar vorzuziehen wäre.

Tipp   *Ringen Sie nicht krampfhaft um die passende Vokabel, wo Ihnen vielleicht ein gegenteiliger Begriff auf der Zunge liegt.*
Dessen Verneinung führt fast immer zu einer identischen Aussage!

➲   *(schwierig)* ⇨ *nicht leicht* = *'not easy'*

Anmerkung:

- Die Negation der Vorsilben *'un-'* und *'in-'* mag zwar den Eindruck der Untertreibung verstärken – z.B. alltäglich ⇨ *nicht ungewöhnlich* = *'not unusual'* –, ist aber für unsere Zwecke wenig geeignet, da man in diesem Fall ja gleich das Wort *pur*, d.h. ohne Vorsilbe *'un-'*, benutzen könnte (also: *'usual'*).

*

Zur Verneinung von Wörtern, insbesondere von Adjektiven und Adverbien, aber auch von vielen Substantiven, stehen uns natürlich wesentlich weniger plumpe Möglichkeiten als das stereotype *'not'* zu Gebote, die Sie zusammen mit den folgenden Beispielen einüben sollten.

Einige elegante Verneinungsmethoden:

'not exactly ....'	(nicht gerade ...)
'not very ....'	(wenig ..., nicht sehr ...)
'not always ....'	(nicht immer ...)
'seldom ....'	(selten ...)
'by no means ....'	(auf keinen Fall ...)
'not even ....'	(nicht einmal ...)
'not .... *at all.'*	(überhaupt nicht ...)
'less .... *than ...'*	(weniger ... als)

*

Beispiele der Gegensatzverneinung
- Adjektive -

unbekanntes ⇔ bekanntes deutsches Wort	Verneinung (s.o.)	englisches Antonym (gegensätzl. Ausdruck)
(aufbrausend ⇔ *ruhig*)	'.............. *quiet ...'*	
(bedächtig ⇔ *hastig*)	'.............. *hasty ...'*	
(beleibt ⇔ *schlank*)	'.............. *slim ...'*	
(eigensinnig ⇔ *tolerant*)	'.............. *tolerant ...'*	
(eng ⇔ *weit*)	'.............. *wide ...'*	
(fehlerhaft ⇔ *perfekt*)	'.............. *perfect ...'*	
(fleißig ⇔ *faul*)	'.............. *lazy ...'*	
(fürchterlich ⇔ *schön*)	'.............. *lovely ...'*	
(gängig ⇔ *rar*)	'.............. *rare ...'*	
(gebirgig ⇔ *flach*)	'.............. *flat ...'*	
(griesgrämig ⇔ *lustig*)	'.............. *cheerful ...'*	
(gutmütig ⇔ *aggressiv*)	'.............. *aggressive ...'*	
(hässlich ⇔ *hübsch*)	'.............. *good-looking ...'*	
(hell ⇔ *dunkel*)	'.............. *dark ...'*	
(hoffnungsfroh ⇔ *hoffn.los*)	'.............. *hopeless ...'*	
(langsam ⇔ *schnell*)	'.............. *quick ...'*	
(langweilig ⇔ *interessant*)	'.............. *interesting ...'*	

(nachgiebig ⇔ *hart*)	'.............. *hard* ...'
(riesig ⇔ *klein*)	'.............. *small* ...'
(schäbig ⇔ *neu*)	'.............. *new* ...'
(schroff ⇔ *freundlich*)	'.............. *friendly* ...'
(schwächlich ⇔ *stark*)	'.............. *strong* ...'
(schwierig ⇔ *einfach*)	'.............. *simple* ...'
(selten ⇔ *oft*)	'.............. *often* ...'
(stark ⇔ *schwach*)	'.............. *weak* ...'
(stumpf ⇔ *glänzend*)	'.............. *shiny* ...'
(teuer ⇔ *billig*)	'.............. *cheap* ...'
(unansehnlich ⇔ *nett*)	'.............. *nice* ...'
(vorlaut ⇔ *reserviert*)	'.............. *reserved* ...'
(wenige ⇔ *viele*)	'.............. *many* ...'
(zahm ⇔ *wild*)	'.............. *wild* ...'

Beispiele der Gegensatzverneinung
- Substantive -

unbekanntes ⇔ bekanntes deutsches Wort	englisches Antonym (gegensätzl. Ausdruck)

[Verneinung mit: '*by no means a/an* ...', '*not exactly a/an* ...', '*no* ...']

(Angsthase ⇔ *Draufgänger*)	'............ *daredevil*'
(Habenichts ⇔ *Millionär*)	'............ *millionaire*'
(Kinderspiel ⇔ *Mühe*)	'............ *trouble*'
(Kleinigkeit ⇔ *Problem*)	'............ *problem*'
(Laie ⇔ *Spezialist*)	'............ *specialist*'
(Nachahmung ⇔ *Original*)	'............ *original*'
(Rabauke ⇔ *Engel*)	'............ *angel*'
(Rinnsal ⇔ *Flut*)	'............ *flood*'
(Schlaumeier ⇔ *Idiot*)	'............ *idiot*'
(Schwachkopf ⇔ *Intellektueller*)	'............ *intellectual*'
(Tagträumer ⇔ *Realist*)	'............ *realist*'
(Urschrift ⇔ *Kopie*)	'............ *copy*'
(Zufall ⇔ *Absicht*)	'............ *intention*'
(Zwerg ⇔ *Riese*)	'............ *giant*'

Der hier dargestellte Trick funktioniert natürlich nicht nur bei Adjektiven, Adverbien und Substantiven, sondern auch bei Verben, wenngleich in diesem Fall die Verneinung nicht so problemlos ist und möglicherweise eine Umschreibung mit *'to do'* verlangt, – aber darüber später mehr.

*

c) Die Allerweltswörter 'get' und 'put'

Wie unsere umgangssprachlichen Verben *kriegen* und *tun* *(hintun)* haben die entsprechenden englischen Tätigkeitswörter *'to get'* und *'to put'* einen überraschend großen Bedeutungsumfang (wenn auch auf höherer Sprachebene als im Deutschen), sodass sie sich häufig als Lückenbüßer anbieten, wenn Ihnen kein anderes, treffenderes Verb einfällt.

Tipp *Greifen Sie im Notfall zu Allerweltsverben:*

- *'to get'* ⇨ *Empfang einer Sache, Entwicklung, Bewegung;*
- *'to put'* ⇨ *Transport einer Sache, Ablage oder Platzierung*

➲ *Geld / ein Kind bekommen* = *'to get money / a child'*
   fertig / alt werden = *'to get ready / old'*

➲ *in Umlauf / an Land setzen* = *'to put about / ashore'*
   niederlegen / hinauflegen = *'to put down / up'*

Anmerkungen:

- Es versteht sich eigentlich von selbst, dass die beiden Allerweltsverben einer näheren Erläuterung durch Objekte *(wem? wen?)* und durch alle möglichen Präpositionen bedürfen;
- So universell *'to get'* und *'to put'* auch einsetzbar sein mögen – eines können sie nicht ausdrücken: einen Ruhezustand oder eine Situation!

Kostprobe der breiten Bedeutungspalette von **'to get'**
(dt. = „kriegen", bekommen, „hinkriegen", werden, geraten etc.)

'to get a chance'	- eine Chance bekommen
'to get angry'	- wütend werden
'to get bored'	- Langeweile bekommen
'to get cold'	- kalt werden
'to get drunk'	- betrunken werden
'to get involved in s.th.'	- in etwas hineingeraten
'to get into trouble'	- in Schwierigkeiten geraten
'to get pregnant'	- schwanger werden
'to get s.b. pregnant'	- jmd. schwängern
'to get s.b. to do s.th.'	- jmd. zu etwas bewegen
'to get somewhere'	- irgendwo hinkommen
'to get s.b. somewhere'	- jmd. an einen Ort bekommen
'to get s.th.'	- etwas holen
'to get asked'	- gefragt werden
'to get lost'	- verloren gehen
'to get about / around'	- herumkommen
'to get s.th. across'	- etwas verständlich machen
'to get after s.b.'	- hinter jmd. hersein
'to get ahead'	- vorwärts kommen
'to get along with s.o.'	- auskommen mit jmd.
'to get around a problem'	- ein Problem bewältigen
'to get at s.th.'	- hinter etwas kommen
'to get away'	- davonkommen
'to get back to'	- zurückkehren zu
'to get by without'	- auskommen ohne
'to get down'	- sich niederlassen
'to get s.th. down'	- etwas herunterbekommen
'to get down to'	- etwas anfangen
'to get into'	- hineingeraten
'to get off / out'	- absteigen, aussteigen
'to get s.th. off'	- etwas wegbekommen
'to get on'	- weitermachen

'to get on with'	- gut auskommen mit
'to get over s.th.'	- sich von etwas erholen
'to get round'	- die Runde machen
'to get through s.th.'	- fertig bekommen
'to get through to s.b.'	- durchkommen, erreichen
'to get together'	- zusammenkommen, -treffen
'to get money together'	- Geld zusammenbekommen
'to get up'	- aufstehen, hochkommen

Für den Fall, dass die hier vorgestellten Tricks dennoch nicht zum gewünschten Erfolg führen, bleibt Ihnen immer noch die Möglichkeit der Umschreibung mit einfachen Wörtern. Zu dieser Paraphrasierung (also einer Erklärung sozusagen „von hinten durch die Brust ins Auge") sollten Sie aber nur im äußersten Notfall greifen, da sie unbeholfen wirkt und unfreiwillig komisch klingt: Stellen Sie sich vor, Ihnen fiele das englische Wort für *Fahrrad ('bicycle')* nicht ein und Sie müssten zu einer umständlichen Definition dieses Fortbewegungsmittels ausholen (etwa: *'I mean a metal frame with two wheels and a saddle on which I sit moving foreward by turning two pedals ...etc.')*! Dieser Peinlichkeit könnten Sie vorbeugen, indem Sie sich – etwa mit Hilfe eines Bildwörterbuches[1] – einige Wortfelder zu bestimmten Sachgebieten (z.B. *Transportmittel und Kommunikation, Maschinen und Werkzeuge, Beruf und Freizeit, Architektur und Gebäude, Pflanzen und Tiere)* selbst zusammenstellen und „büffeln".

* * *

---

[1] z.B. *Bildwörterbuch Deutsch-Englisch-Französisch,* Meyers Enzyklopädisches Lexikon, Band 29 (Ergänzungsband), Meyers Lexikonverlag, Mannheim, Wien, Zürich;
PONS Bildwörterbuch deutsch-englisch-französisch-spanisch, Ernst Klett Verlag, Stuttgart 1994;
Oxford English Picture Dictionary, E. C. Parnwell, Cornelsen & Oxford University Press, Berlin

4

Ersparen Sie sich „dumme" Rechtschreibfehler!

Wenn Sie die folgenden Ratschläge beherzigen, können Sie etliche Ihrer typischen Fehlerquellen überraschend einfach und nachhaltig beseitigen. In früheren Kapiteln haben Sie bereits gelernt, dass der Engländer nur selten deutsche Vor- und End-silben übernommen hat. Ein anderes Charakteristikum unserer Sprache ist ihm dagegen *völlig* unbekannt: die Dehnung von Vokalen durch ein nachgestelltes *h* (vgl. *fühlen* = 'to feel', *gewohnt* = 'wont', *Kuh* = 'cow', *Mahl* = 'meal', *Mähne* = 'mane', *lahm* = 'lame', *lehnen* = 'lean', *Schuh* = 'shoe', *Sohle* = 'sole', *stehlen* = 'to steal', *verfehlen* = 'to fail', *zahm* = 'tame' etc.).[1] Im Vergleich zu dieser eindeutigen Regel sind eine Reihe von weiteren Rechtschreibproblemen nicht ganz so kategorisch zu klären.

a) Konsonantenverdopplung oder nicht?

Eigentlich können Sie bei der Frage, ob ein Mitlaut verdoppelt werden muss oder nicht, getrost Ihrem Sprachgefühl ver-trauen: Auch im Englischen ist ein Konsonant fast immer zu verdoppeln, wenn ihm ein kurz gesprochener Vokal voraus-geht (z.B. *'buffalo'*, *'butter'*, *'dinner'*, *'kidnapper'*, *'killer'*, *'ladder'*, *'message'*, *'rubber'*), und ein *'k'* wird – wie im Deutschen – zum *'ck'*. Ganz anders sieht es dagegen bei einem *Endkonsonanten* aus!

---

[1] Andrerseits ist ihm unser „langes" *i* (also *ie*) nicht völlig fremd (vgl. *Dieb* = 'thief', *Priester* = 'priest' oder *Sieb* = 'sieve'), obgleich dieses im Englischen meist entweder durch ein einfaches *'i'* (vgl. *piepen* = 'to pipe') oder ein *'e'* – allenfalls ein *'ee'* – wiedergegeben wird (vgl. *Fieber* = 'fever', *Kiel* = 'keel', *Knie* = 'knee', *riechen* = 'to reek', *Ried* = 'reed', *sie* = 'she' etc.).

Tipp   *Verdoppeln Sie keine Endkonsonanten!*

(Es sei denn ... / s. nächster Tipp!)

➲   *dünn* = *'thin'*

Anmerkungen:

- Wenn Sie das entsprechende Wort um ein Suffix mit Vokalbeginn (z.B. *'-ing'*, *'-ed'*, *'-er'*, *'-est'*) oder um ein *'-y'* erweitern, darf der *ehemalige* Endkonsonant selbstverständlich verdoppelt werden (z.B. *'sit'* - *'sitting'*, *'nod'* - *'nodded'*, *'cut'* - *'cutter'*, *'big'* - *'biggest'*)!
- Wenn Sie dagegen lediglich ein *'-s'* oder aber ein mit einem Konsonanten beginnendes Suffix oder gar ein ganzes Wort anhängen, bleibt es bei einem Einzelmitlaut (z.B. *'he runs'* - *'the runway'*, *'he sets'* - *'the set-up'* etc.).
- Es gibt einige wenige Wörter, die – wegen der Verwechslungsgefahr mit ansonsten identischen Wörtern – eine Verdopplung des Endkonsonanten geradezu notwendig machen (z.B. *'ad'* = *Anzeige* und *'to add'* = *hinzufügen*, *'but'* = *aber* und *'butt'* = *Kolben*, *'to put'* = *legen* und *'to putt'* = *einlochen beim Golfspiel*).
- Vorsicht bei Verben mit stummem End-*'e'*! Trotz Anfügung des Suffixes *'-ing'* wird der letzte Konsonant nicht verdoppelt – auch wenn das End-*'e'* in diesem Fall gestrichen wird –, da die Grundform des Verbs ja mit einem *Vokal* schließt (z.B. *'to come'* - *'coming'*).

Versuchen Sie sich bitte an folgenden Beispielen, indem Sie jeweils einen Konsonanten verdoppeln oder die vorgegebene Form akzeptieren:

chin_	cut_er	lad_	hot_est
spit_ing	cut_let	lad_er	hot_
spit_	bug_s	swim_	hot_plate
spit_s	bug_er	swim_ing	shop_s
regret_	hat_	wet_	shop_ing
regret_ful	hat_s	wet_ed	shop_-keeper
bed_	fun_y	mob_ing	fod_er

Lösungen:

chin|	cut|ter	lad|	hot|test
spit|ting	cut|let	lad|der	hot|
spit|	bug|s	swim|	hot|plate
spit|s	bug|ger	swim|ming	shop|s
regret|	hat|	wet|	shop|ping
regret|ful	hat|s	wet|ted	shop|-keeper
bed|	fun|ny	mob|bing	fod|der

Wortbeispiele für nicht verdoppelte Endkonsonanten
- Verdopplung erst bei Anfügung einer Vokalendung! -

---

ban (-s)	-ned	(verbot, -en)	hum (-s)	-ming	(summend)
bed (-s)	-ding	(Bettzeug)	kid (-s)	-ding	(scherzend)
begin (-s)	-ner	(Anfänger)	knit (-s)	-ting	(Stricken)
beg (-s)	-gar	(Bettler)	lap (-s)	-ped	(überlappt, -e)
cap (-s)	-ped	(bedeckt, -e)	let (-s)	-ting	(lassend)
chin (-s)		(Kinn, -e)	lip (-s)		(Lippe, -n)
chip (-s)	-ped	(splitterte, gesplittert)	lot (-s)	-tery	(Lotterie)
clap (-s)	-ped	(klatschte, geklatscht)	man	-ned	(bemannt, -e)
clip (-s)	-ping	(Schnipsel)	mat (-s)	-ting	(Mattenbelag)
crop (-s)	-ped	(schnitt, geschnitten)	net (-s)	-ting	(Maschendraht)
cut (-s)	-ter	(Zuschneider)	pan (-s)	-ning	(Schwenk-)
dam (-s)	-med	(eingedämmt)	pen (-s)	-ned	(eingepfercht)
dim (-s)	-mer	(Lichtdämpfer)	pet (-s)	-ting	(Streicheln)
dip (-s)	-ping	(Eintauchen)	pin (-s)	-ned	(heftete, geheftet)
dot (-s)	-ted	(gepunktet)	pit (-s)	-ted	(vertieft)
fat	-test	(fetteste)	pot (-s)	-tery	(Töpferei, -ware)
fit (-s)	-ter	(Monteur)	put (-s)	-ting	(stellend, legend)
flat (-s)	-test	(flachste)	rat (-s)		(Ratte, -n)
fun	-ny	(lustig)	rob (-s)	-ber	(Räuber)
get (-s)	-ting	(bekommend)	rot (-s)	-ted	(verrottet, -e)
hip (-s)	-pie	(Hippie)	rub (-s)	-ber	(Gummi)
hit (-s)	-ting	(treffend)	run (-s)	-ner	(Läufer)
hop (-s)	-per	(Hüpfer)	ship (-s)	-ping	(Schifffahrt)
hot	-test	(heißeste)	shop (-s)	-ping	(Einkaufen)

shot (-s)		(Schuss, Schüsse)	sun (-s)	-ny	(sonnig)
shut (-s)	-ter	(Fensterladen)	swim (-s)	-mer	(Schwimmer)
sin (-s)	-ner	(Sünder)	tap (-s)	-ped	(zapfte, gezapft)
sip (-s)	-ped	(schlürfte)	then		(dann, damals)
sit (-s)	-ting	(sitzend)	tip (-s)	-ped	(kippte, gekippt)
slip (-s)	-pery	(schlüpfrig)	top (-s)	-ping	(Belag)
spit (-s)	-ting	(speiend)	wet	-test	(nasseste)
spot (-s)	-ted	(entdeckt, -e)	when		(wann)
sum (-s)	-mary	(Zusammenfassung)	wit (-s)	-ty	(gewitzt)

*

Im Gegensatz zu allen anderen Mitlauten sind *'f'*, *'l'* und *'s'* am Wortende meist zu verdoppeln, insbesondere nach kurzem, betonten Selbstlaut (wie im Deutschen! – Vgl. *Gestell*). Somit enden einsilbige Vokabeln – da betont! – in der Regel logischerweise auf *'-ff'*, *'-ll'* und *'-ss'* (vgl. *'sniff'*, *'well'*, *'kiss'*). Das gilt selbst dann, wenn diese mit anderen Wörtern zusammengesetzt sind (vgl. *'farewell'*, *'overall'* etc.). Ist der Schlussvokal jedoch gedehnt zu sprechen (vgl. *'leaf'*, *'conceal'*) oder liegt die Betonung auf dem Wortanfang (vgl. *'rebel'*, *'devil'*), wird der Endkonsonant nicht verdoppelt, ebenfalls nicht nach einem anderen Mitlaut (vgl. *'shelf'*).

Tipp *Vorsicht bei einem End-'f', -'l' oder -'s'! Nach kurzem, betonten Vokal muss in der Regel verdoppelt werden!*

Endung: *'-ff'*, *'-ll'*, *'-ss'*

➲ *'stuff'* - *'will'* - *'miss'*

Anmerkung:

* Nach langem *'a'* folgt dennoch ein Doppelkonsonant (vgl. *'staff'*, *'ball'*, *'call'*, *'fall'*, *'hall'*, *'tall'*, *'wall'*, *'class'*, *'grass'* und *'pass'*)!

Sonderfall '-ff', '-ll' oder '-ss' ('-zz')
nach kurzem, betonten Vokal

---

(1)

'*bluff*'	- Bluff	'*ruff*'	- Halskrause	'*staff*'	- Stab
'*cliff*'	- Klippe	'*scuff*'	- Schramme	'*stiff*'	- steif
'*cuff*'	- Manschette	'*sniff*'	- schnuppern	'*stuff*'	- Zeug, Stoff
'*puff*'	- Windstoß	'*snuff*'	- Schnupftabak	'*whiff*'	- Duftwolke

(2)

'*bell*'	- Glocke	'*drill*'	- Bohrer	'*kill*'	- töten
'*bill*'	- Rechnung	'*dull*'	- langweilig	'*pull*'	- ziehen
'*cell*'	- Zelle	'*full*'	- voll	'*sill*'	- Fensterbrett
'*doll*'	- Puppe	'*hell*'	- Hölle	'*swell*'	- schwellen

(3)

'*bless*'	- Segen	'*gloss*'	- Glanz	'*press*'	- drücken
'*boss*'	- Chef	'*hiss*'	- zischen	'*toss*'	- werfen
'*cross*'	- Kreuz	'*less*'	- weniger	'*buzz*'	- summen
'*dress*'	- Kleid	'*mass*'	- Masse	'*jazz*'	- Jazz

*

Interessanterweise verlieren einige Kurzwörter auf '*-ll*' einen ihrer Endkonsonanten, sobald sie nur noch Bestandteil eines neuen Wortes sind, – als hätten sie die „kosmetische" Verlängerung durch einen Doppelbuchstaben nun nicht mehr nötig!

Tipp   *Merken Sie sich die Wörtchen '**all**' und '**full**'! In Zusammensetzungen entfällt (meist) ein '**l**'.*

➲
'*all*'	-	'*always*'
'*full*'	-	'*hopeful*'

Anmerkung:

- Ähnliches gilt für '*fill*' und '*well*' (vgl. '*fulfil*', '*welcome*', '*welfare*').

Einzel-'l' bei Zusammensetzungen mit 'all' und 'full'

'almighty'	- allmächtig	*'beautiful'*	- schön
'almost'	- beinahe	*'careful'*	- sorgfältig
'already'	- schon	*'dutiful'*	- pflichteifrig
'alright'[1]	- in Ordnung	*'faithful'*	- treu, ergeben
'also'	- auch	*'grateful'*	- dankbar
'although'	- obwohl	*'painful'*	- schmerzhaft
'altogether'	- insgesamt	*'successful'*	- erfolgreich
'always'	- immer	*'wonderful'*	- wunderbar

*

Die Umwandlung von Adjektiven in Adverbien ist eigentlich kinderleicht: Sie hängen das Suffix *'-ly'* an ein Eigenschaftswort, und schon erhalten Sie das entsprechende Umstandswort (z.B. *'quick'* = schnelle, -r, -s / *'quickly'* = schnell). Wie aber müssen Sie sich bei Adjektiven mit der Endung *'-l'* (z.B. *'real'*) verhalten? Entsteht automatisch der Doppelkonsonant *'ll'* oder ist ein *'l'* zu streichen?

Tipp   *Bilden Sie ein Adverb, indem Sie das Adjektiv – unabhängig von seiner Schreibung – um die volle Endung '-ly' erweitern!*

➲   *'real + ly' = 'really'*

Anmerkungen:

- Das stumme End-*'e'* bleibt generell erhalten (vgl. *'lone'-'lonely'*). Einzige Ausnahmen sind: *'true'-'truly'*, *'due'-'duly'*, *'whole'-'wholly'*.
- Abweichungen von der Faustregel: Die Suffixe *'-ble'* / *'-ple'* werden zur Adverbendung *'-bly'* zusammengezogen! End-*'-y'* wird zu *'-i + ly'*!

---

[1]   Bestätigt wird die Regel durch die ebenfalls erlaubte Getrenntschreibung – also: *'all right'*.

Eine kleine Auswahl von Adverbien (Endung '-ly') aus Adjektiven auf '-l'

'actual\ly'	- eigentlich	'legal\ly'	- gesetzlich
'annual\ly'	- jährlich	'liberal\ly'	- großzügig
'brutal\ly'	- schonungslos	'local\ly'	- örtlich
'central\ly'	- zentral	'loyal\ly'	- treu ergeben
'cool\ly'	- kühl, ruhig	'medical\ly'	- medizinisch
'cordial\ly'	- herzlich	'mortal\ly'	- tödlich
'cruel\ly'	- grausam	'musical\ly'	- musikalisch
'cynical\ly'	- bissig	'normal\ly'	- normal
'dul\ly' (!)	- langweilig	'official\ly'	- amtlich
'emotional\ly'	- gefühlsmäßig	'personal\ly'	- persönlich
'especial\ly'	- besonders	'political\ly'	- politisch
'essential\ly'	- wesentlich	'principal\ly'	- grundsätzlich
'final\ly'	- endlich	'radical\ly'	- durchgreifend
'ful\ly' (!)	- völlig	'real\ly'	- wirklich
'general\ly'	- allgemein	'social\ly'	- gesellschaftlich
'gradual\ly'	- schrittweise	'total\ly'	- gänzlich
'ironical\ly'	- ironisch	'usual\ly'	- gewöhnlich

*

b) Die Qual der Wahl bei 'c' und 'k'

Meist entscheidet man sich eher gefühlsmäßig, wie der *k*-Laut in englischen Wörtern zu schreiben ist – und liegt wohl häufig daneben! Relativ leicht fällt die Entscheidung für ein '*ck*' nach einem kurzen, betonten Einzelvokal[1], da es sich ja – wie im Deutschen – praktisch um eine Konsonantenverdopplung handelt (vgl. '*locker*' = Schließfach).

---

[1] Obschon englische Wörter wie '*book*', '*cook*', '*look*', '*shook*' und '*took*' ebenfalls einen kurz gesprochenen Vokal enthalten, werden sie trotzdem nicht mit '*ck*' geschrieben, da ein Doppel-'*o*' vorausgeht, das ja eigentlich wie ein langes '*u*' zu sprechen wäre (und früher auch so gesprochen wurde)!

Vielleicht gelingt es Ihnen, den Trick, wann ein *'c'* oder ein *'k'* zu schreiben ist, selbst herauszufinden. Schauen Sie sich bitte die folgenden Wortbeispiele genau an!

can	kite	market	skin	bacon
keep	course	duke	sketch	casket
kind	came	record	basket	skeleton
come	keen	discuss	vacation	secure
kitchen	culture	vicar	circulation	local

Alles klar? Wenn nicht, versuchen Sie es ein zweites Mal, indem Sie ganz besonders die *Vokale* nach einem *'c'* oder einem *'k'* beachten!

*

Möchten Sie Ihre Findigkeit noch einmal testen? Dann studieren Sie eine weitere Auswahl von englischen Wörtern, die ebenfalls einen *k*-Laut enthalten (die Auflösung beider Denksportaufgaben finden Sie wie immer auf der nächsten Seite):

talk	pork	claim	crown	know
ark	elk	walk	bark	tanker
work	milk	polka	cross	knife
folk	clerk	close	punk	knot
turkey	clock	silk	sink	junk

Wie Sie sicher bemerkt haben, hat diesmal die Entscheidung für ein *'c'* oder ein *'k'* nicht mit einem Vokal, sondern mit drei bestimmten *Konsonanten* in der Umgebung des *k*-Lauts zu tun, bei denen es nur in einem Fall gleichgültig ist, ob der Mitlaut *vor* oder *nach* dem *k*-Laut steht. Zugegeben, dieser Trick ist nicht so leicht zu durchschauen wie der Kniff mit den Vokalen. Doch haben Sie ihn erst einmal verstanden und gelingt es Ihnen, sich bei Bedarf an ihn zu erinnern (was der schwierigere Teil sein dürfte), werden Sie in Zukunft eine ganze Reihe von Rechtschreibfehlern vermeiden können – vor allem, wenn Sie den nächsten Tipp beherzigen.

Lösungen:

Der *k*-Laut wird vor hellen Vokalen (also vor *'e'* und *'i'*) stets *'k'*, vor dunklen Vokalen (also *'a'*, *'o'* und *'u'*) dagegen immer *'c'* geschrieben, wie eine kleine Auswahl geläufiger Vokabeln bestätigt:

ba**k**er	**k**ilo	be**c**ause	**c**oat	**c**uddle
bra**k**e	**k**id	**c**abin	**c**ollapse	**c**ure
keel	**k**ing	**c**all	**c**omputer	**c**ushion
li**k**e	**k**iss	**c**arve	**c**ost	**c**ustody
na**k**ed	**k**itten	**c**ause	**c**ounter	**c**utter
to**k**en	nap**k**in	holo**c**aust	**c**ourt	fo**c**us

*

Der Buchstabe *'n'* kann nur mit einem *'k'* verbunden werden – also entweder zu *'nk'* oder *'kn'* (Aussprache: [n]!) –, während bei einer Zusammensetzung mit den Konsonanten *'l'* und *'r'* Vorsicht geboten ist:

- *vor* dem *k*-Laut ergibt sich die Kombination *'lk'* bzw. *'rk'*,
- *nach* dem *k*-Laut aber die Kombination *'cl'* bzw. *'cr'*, z.B.:

bla**nk**	**kn**ee	bu**lk**	**cl**imate	cor**k**	**cr**eam
li**nk**	**kn**ew	cha**lk**	**cl**ipper	dar**k**	**cr**isp
mo**nk**	**kn**ight	fo**lk**	**cl**ock	lar**k**	**cr**icket
tru**nk**	**kn**it	mi**lk**	**cl**oud	shar**k**	**cr**ook
wi**nk**	**kn**ock	su**lk**	**cl**ump	spar**k**	**cr**ude

Tipp   *Merken Sie sich für die korrekte Schreibung des k-Lauts ('c' oder 'k'?) ein Referenzwort!*

➲

z.B. für:	*'ke' / 'ki'*	⇨	*'keep' / 'king'*
	'ca' / 'co' / 'cu'	⇨	*'cabin' / 'cost' / 'custom'*
z.B. für:	*'nk' / 'kn'*	⇨	*'bank' / 'know'*
	'lk' / 'cl'	⇨	*'milk' / 'clown'*
	'rk' / 'cr'	⇨	*'work' / 'crown'*

---

c) Der feine Unterschied zwischen '-f' und '-ve'

Neben der *Vertauschung* von '-f' und '-ve' bedeutet sogar die *Schreibweise* der Endung '-ve' eine tückische Rechtschreibfalle! Zunächst einmal: Am Wortende bilden 'v + e' immer eine unzertrennliche Einheit.[1] Lassen Sie sich also nicht von entsprechenden deutschen Adjektiven dazu verleiten, das End-'e' fallen zu lassen (relativ / 'relative'). Im Übrigen unterscheiden sich Wörter auf '-f' und '-ve' nicht nur in der Aussprache ('-f' = stimmlos; '-ve' = stimmhaft, d.h. wie ein deutsches *w*), sondern auch in ihrer Funktion: Im Zweifelsfall favorisieren Sie ein End-'f' ('ff', '-fe', '-ft') für ein Substantiv in der Einzahl und das Suffix '-ves' für die Mehrzahlform. Außerdem tendieren Hauptwörter eher zu einer Endung mit *f*-Laut, während bei den abgeleiteten Verben '-ve' vorherrscht. Darüber hinaus findet sich bei einer großen Anzahl von Adjektiven die Schlusssilbe '-ve'.

Tipp Wählen Sie, falls beide Endungen denkbar sind,

- *für Hauptwörter (im Singular)* '-f',
- *für Hauptwörter (im Plural)* '-ves',
- *für Verben und Adjektive* '-ve'!

➲ 'leaf' – 'leaves' = *Blatt – Blätter*
   'to leave' = *verlassen*
   'relative' = *verhältnismäßig*

Anmerkung:
- Abweichend hiervon gibt es auch Substantive im Singular auf '-ve' (vgl. 'love') bzw. im Plural auf '-fs' (vgl. 'proofs') sowie Verben auf '-f' (vgl. 'to wolf').

---

[1] Die englische Sprache kennt – neben den drei Abkürzungen 'rev' = Umdrehung, 'to revv' = den Motor aufheulen lassen (beides von 'revolution' = Umdrehung) und 'Rev.' = Pfarrer (von 'Reverend' = Hochwürden) – nur ein einziges, auf ein reines '-v' endendes Wort, nämlich '(Yugo-) Slav'.

354

Hauptwortbeispiele
mit unterschiedlicher Einzahl- und Mehrzahlform

Singular: '-f-' - Plural: '-ves' (oder '-fs')[1] *deutsche Bedeutung*

'calf'	- *'calves'*	Kalb	- Kälber
'dwarf'	- *'dwarves'* (*'-fs'*)	Zwerg	- Zwerge
'half'	- *'halves'*	Hälfte	- Hälften
'hoof'	- *'hooves'* (*'-fs'*)	Huf	- Hufe
'leaf'	- *'leaves'*	Blatt	- Blätter
'loaf'	- *'loaves'*	Brotlaib	- Brotlaibe
'scarf'	- *'scarves'* (*'-fs'*)	Halstuch	- Halstücher
'sheaf'	- *'sheaves'*	Korngarbe	- Korngarben
'shelf'	- *'shelves'*	Regal	- Regale
'thief'	- *'thieves'*	Dieb	- Diebe
'wharf'	- *'wharves'* (*'-fs'*)	Kai	- Kais
'wolf'	- *'wolves'*	Wolf	- Wölfe

*

Typische Substantiv- und Verbversionen
des gleichen Stammes

Substantiv ('-f-') - Verb ('-ve')   *deutsche Bedeutungen*

'belief'	- *'to believe'*	Glaube	- glauben
'cleft'	- *'to cleave'*	Spalt	- spalten
'craft'	- *'to crave'*	Handwerk	- erstreben
'drift'	- *'to drive'*	Treiben	- (an)treiben
'gift'	- *'to give'*	Gabe	- geben
'grief'	- *'to grieve'*	Kummer	- betrüben
'half'	- *'to halve'*	Hälfte	- halbieren
'life'	- *'to live'*	Leben	- leben
'proof'	- *'to prove'*	Beweis	- beweisen

---

[1] Auch Reflexivpronomina auf '*-self*' enden im Plural auf '*-selves*': '*myself*' – '*ourselves*' / '*yourself*' – '*yourselves*' / '*herself*', '*himself*', '*itself*' – '*themselves*')

'relief'	- *'to relieve'*	Erleichterung	- erleichtern
'safe'	- *'to save'*	Geldschrank	- sparen
'serf'	- *'to serve'*	Leibeigener	- dienen
'strife'	- *'to strive'*	Streit, Hader	- kämpfen um
'thief'	- *'to thieve'*	Dieb	- stehlen
'thrift'	- *'to thrive'*	Sparsamkeit	- gedeihen
'waif'	- *'to waive'*	verlass. Kind	- verzichten
'weft'	- *'to weave'*	Schussfaden	- weben

*

Nachdem die Rechtschreibung des Suffixes *'-ve'* ein für alle Mal geklärt ist, könnte eigentlich auf eine Zusammenstellung von entsprechend endenden Adjektiven verzichtet werden, zumal sie fast alle auch im Deutschen gebräuchlich sind. Da es sich in unserer Sprache jedoch um *Fremdwörter* (ohne End-*e*) handelt, deren Bekanntschaft Sie vielleicht auffrischen sollten, mag die folgende Liste mit englischen Adjektiven und deutschen Bedeutungserklärungen dennoch von Nutzen sein. Die Betonung der englischen Eigenschaftswörter liegt – abweichend vom Deutschen – in der Regel auf der Silbe unmittelbar vor der *'-ive'*-Endung (Aussprache: [-iv]); bei den wenigen Ausnahmen ist der betonte Vokal fett gedruckt.

Einige Adjektive mit der Standard-Endung '-ive'

'active'	- tätig, rührig	*'exclusive'*	- ausschließlich
'attractive'	- anziehend	*'expansive'*	- sich ausdehnend
'collective'	- gesammelt	*'expensive'*	- teuer
'creative'	- schöpferisch	*'expressive'*	- ausdrucksvoll
'defensive'	- abwehrend	*'illustrative'*	- erläuternd
'definitive'	- endgültig	*'impressive'*	- eindrucksvoll
'descriptive'	- beschreibend	*'impulsive'*	- rasch handelnd
'destructive'	- zerstörerisch	*'instructive'*	- lehrreich
'effective'	- wirksam	*'inventive'*	- erfinderisch
'excessive'	- übermäßig	*'lucrative'*	- einträglich

'narrative'	- erzählerisch	*'provocative'*	- herausfordernd
'negative'	- verneinend	*'receptive'*	- empfänglich
'objective'	- sachlich	*'regressive'*	- rückschreitend
'offensive'	- angriffslustig	*'relative'*	- verhältnismäßig
'passive'	- teilnahmslos	*'selective'*	- wählerisch
'positive'	- bejahend	*'sensitive'*	- empfindsam
'preventive'	- vorbeugend	*'subversive'*	- umstürzlerisch
'productive'	- schöpferisch	*'successive'*	- nachfolgend
'progressive'	- fortschreitend	*'suggestive'*	- beeinflussend

*

d) Unnötige Konfusion um 'i' und 'y'

Man würde es sich zu einfach machen, wollte man konsequent nach der Faustregel verfahren, dass ein *'-i'* innerhalb eines Wortes zu stehen habe, während ein *'-y'* nur am Wortende vorkommen könne, welches wiederum zu *'-ie'* wird, wenn der letzte Buchstabe ein *'s'* ist (vgl. *'cry'* – *'cries'*). Mehr oder minder ist diese Annahme zwar richtig, es gibt jedoch einige wichtige Sonderregelungen, die Sie beachten sollten. Zum einen enden englische Vornamen – besonders deren Koseformen – nicht unbedingt auf *'-y'*, sondern auf *'-ie'* (vgl. *'Charlie'*, *'Leslie'* oder *'Maggie'*), zum anderen schließen einige wenige Verben und Hauptwörter – sozusagen aus kosmetischen Gründen – mit einem *'-ie'* statt dem zu erwartenden *'-y'*, damit sie nicht aus nur zwei Buchstaben bestehen (vgl. *'die'*, *'lie'*, *'pie'* und *'tie'*). Aber es gibt auch ein *'-y-'* in der Wortmitte: erstens, um ein Doppel-*'i'* zu vermeiden, wenn das Suffix *'-ing'* angehängt wird (vgl. *'copying'*, *'dying'*, *'hurrying'*, *'lying'*, *'marrying'* oder *'tying'*), und zweitens, wenn *'y'* einem Vokal folgt (vgl. *'boys'*). – Ein wenig verwirrend, meinen Sie? Dann sollten Sie die Sonderfälle (die eigentlich gar keine sind) mit Hilfe der nachfolgenden Beispiele ein wenig einüben! Studieren Sie jedoch zunächst noch einmal den Tipp samt einer Zusammenschau der wichtigsten Rechtschreibregelungen für Wörter auf *'-y'*.

Tipp Beenden Sie niemals ein Wort mit einem '*-i*'!
Die normale Endung ist ein '*-y*'!

➲   '~~eri~~'   ⇨   '*cry*'
         '~~happili~~'   ⇨   '*happily*'

Besonderheiten:
(1) '*-ie*' vor '*-s*':   '~~eris~~'   ⇨   '*cries*'
(2) '*-ie*' am Ende von Kurzwörtern: '~~dy~~'   ⇨   '*die*'
(3) '*-y-*' vor '*-ing*' (niemals '*-ii-*'!): '~~diing~~' ⇨   '*dying*'
(4) '*-y-*' in Vokalkombinationen: '~~bois~~'   ⇨   '*boys*'

Anmerkung:

• Beim ersten Element eines Kompositums kann das End-'*y*' erhalten sein,
  wenn dessen Teile noch als *zwei* Einzelwörter empfunden werden (vgl.
  '*Hollywood*' = Stechpalmen-Wald). Wird dagegen die Wortzusammensetzung inzwischen als *ein* Wort aufgefasst, ist das '*y*' zu '*i*' geworden
  (vgl. '*holiday*' = Urlaub).

*

Sind Sie bereit für einen weiteren kleinen Test? Dann setzen
Sie bitte in den folgenden Wörtern '*y*', '*i*' oder '*ie*' ein. Wenn
Sie sich nicht sicher sind, schauen Sie ruhig im obigen Tipp-
Kasten nach. Die Bestätigung, ob Sie sich richtig entschieden
haben, bekommen Sie wiederum auf der nächsten Seite.

fr__s	(brät)	fl__ing	(fliegend)
fr__	(braten)	emplo__er	(Arbeitgeber)
fr__ing	(bratend)	t__ (!)	(binden, Binder)
heart__ly	(herzhaft)	lous__	(miserabel, mies)
ro__al	(königlich)	hone__moon	(Flitterwochen)
sta__s	(bleibt)	mov__s	(Filme)
sunn__	(sonnig)	hol__day	(Feiertag, Urlaub)
p__ (!)	(Pastete)	l__s	(liegt; lügt, Lügen)

Lösungen:

fries	(brät)	flying	(fliegend)
fry	(braten)	employer	(Arbeitgeber)
frying	(bratend)	tie (!)	(binden, Binder)
heartily	(herzhaft)	lousy	(miserabel, mies)
royal	(königlich)	honeymoon	(Flitterwochen)
stays	(bleibt)	movies	(Filme)
sunny	(sonnig)	holiday	(Feiertag, Urlaub)
pie (!)	(Pastete)	lies	(liegt; lügt, Lügen)

*

Beispiele für die Verwandlung von '-y' zu '-ies'
(Plural-'s' des Substantivs / 3. Pers. Singular-'s' des Verbs im Präsens)

'agency'	-	'agencies'
'apply'	-	'applies'
'army'	-	'armies'
'baby'	-	'babies'
'battery'	-	'batteries'
'body'	-	'bodies'
'carry'	-	'carries'
'city'	-	'cities'
'country'	-	'countries'
'cry'	-	'cries'
'factory'	-	'factories'

'hobby'	-	'hobbies'
'hurry'	-	'hurries'
'lady'	-	'ladies'
'lily'	-	'lilies'
'melody'	-	'melodies'
'navy'	-	'navies'
'party'	-	'parties'
'penny'	-	'pennies'
'reply'	-	'replies'
'sky'	-	'skies'
'try'	-	'tries'

Umwandlung von End-'y' zu einfachem '-i-'
im Wortinneren

'airy'	-	'airily'	(luftige/-r/-s	- leichthin)
'angry'	-	'angrier'	(wütende/-r/-s	- wütender)
'body'	-	'bodily'	(Körper	- körperlich)
'busy'	-	'business'	(geschäftige/-r/-s	- Geschäft)
'day'	-	'daily'	(Tag	- täglich)

'easy'	- *'easily'*	(leichte/-r/-s	- leicht)
'empty'	- *'emptiness'*	(leere/-r/-s	- Leere)
'gay'	- *'gaily'*	(lustige/-r/-s	- lustig)
'happy'	- *'happiness'*	(glückliche/-r/-s	- Glückseligkeit)
'heavy'	- *'heaviness'*	(schwere/-r/-s	- Schwere)
'holy'	- *'holiness'*	(heilige/-r/-s	- Heiligkeit)
'lazy'	- *'laziest'*	(faule/-r/-s	- faulste/-r/-s)
'likely'	- *'likelihood'*	(wahrscheinl./-r/-s	- Wahrsch.keit)
'lively'	- *'livelihood'*	(lebendige/-r/-s	- Lebensunterhalt)
'lonely'	- *'loneliness'*	(einsame/-r/-s	- Einsamkeit)
'lucky'	- *'luckily'*	(begünstigte/-r/-s	- glückl.weise)
'mercy'	- *'merciless'*	(Gnade	- gnadenlos)
'pity'	- *'pitiless'*	(Mitleid	- ohne Mitleid)
'ready'	- *'readiness'*	(bereitwillige/-r/-s	- Bereitschaft)
'silly'	- *'silliness'*	(alberne/-r/-s	- Albernheit)
'weary'	- *'wearisome'*	(müde/-r/-s	- ermüdend)

*

Unregelmäßiges '-y-' innerhalb von Doppelwörtern

(der auf '-y' endende erste Teil wird noch als Einzelwort empfunden)

'body|guard'	- Leibwache, Leibwächter
'body|work'	- Karosserie des Autos
'busy|body'	- aufdringlicher Mensch
'carry|cot'	- Babytragetasche
'country|man'	- Landsmann; Landbewohner
'country|side'	- ländliche Gegend
'easy|going'	- gelassen, unbeschwert
'fly|weight'	- Fliegengewicht(ler)
'fly|wheel'	- Schwungrad
'heavy|handed'	- ungeschickt
'heavy|weight'	- Schwergewicht(ler)
'pussy|cat'	- Miezekatze
'spy|glass'	- Fernglas
'spy|hole'	- Guckloch

Beibehaltung von *'ay'*, *'ey'*, *'oy'* und *'uy'* im Wortinneren

'betray(s)'	- *'betrayal'*	(verraten / verrät - Verrat)
'day(s)'	- *'daylight'*	(Tag / Tage - Tageslicht)
'delay(s)'	- *'delayed'*	(Verspätung / -ungen - verspätet)
'essay(s)'	- *'essayist'*	(Aufsatz / Aufsätze - Essayist)
'lay (s)'	- *'layer'*	(legen / legt - Schicht)
'pay (s)'	- *'payment'*	(bezahlen / zahlt - Bezahlung)
'play (s)'	- *'player'*	(spielen / spielt - Spieler)
'slay (s)'	- *'slayer'*	(erschlagen / erschlägt - Mörder)
'spray(s)'	- *'sprayer'*	(sprühen / sprüht - Zerstäuber)
'stay(s)'	- *'stayed'*	(bleiben / bleibt - blieb)
'way(s)'	- *'wayside'*	(Weg / Wege - Wegrand)
'abbey'	- *'abbeys'*	(Abtei, Kloster - Klöster)
'chimney'	- *'chimneys'*	(Kamin - Schornsteine)
'donkey'	- *'donkeywork'*	(Esel - Drecksarbeit)
'key'	- *'keyhole'*	(Schlüssel - Schlüsselloch)
'kidney'	- *'kidneys'*	(Niere - Nieren)
'money'	- *'moneychanger'*	(Geld - Geldwechsler)
'obey'	- *'obeyed'*	(gehorchen - gehorchte)
'storey'	- *'two-storeyed'*	(Etage - zweigeschossig)
'valley'	- *'valleys'*	(Tal - Täler)
'boy'	- *'boyhood'*	(Junge - Knabenzeit)
'buoy'	- *'buoyancy'*	(Boje - Tragkraft, Auftrieb)
'convoy'	- *'convoys'*	(Geleitzug - Geleitzüge)
'destroy'	- *'destroyer'*	(zerstören - Zerstörer)
'employ'	- *'employee'*	(anstellen - Arbeitnehmer)
'enjoy'	- *'enjoyable'*	(genießen - erfreulich)
'joy'	- *'joyful'*	(Freude - freudig)
'toy'	- *'toys'*	(Spielzeug - Spielwaren)
'buy'	- *'buyer'*	(kaufen - Käufer)
'guy'	- *'guys'*	(Kerl, Typ - Typen)

*

e) Aufgepasst bei einer 's'-Endung nach Zischlauten!

Zugegeben, die Mehrzahl eines Substantivs zu bilden, ist im Englischen denkbar einfach, wird doch – ganz anders als bei der verwirrenden Fülle unserer Pluralformen – dem Hauptwort einfach ein '-s' hinzugefügt (das Gleiche gilt für die atypische Kennzeichnung der dritten Person eines Verbs in der Gegenwart). Aber auch diese Regel ist aus sehr praktischen Gründen nicht starr anzuwenden, denn ein auf '-s' endendes Substantiv (bzw. Verb) würde im Plural (bzw. in der 3. Person Einzahl) lediglich ein *Doppel-'s'*, möglicherweise sogar *drei 's'*, aufweisen (z.B. *'two bus|s'* bzw. *'she dress|s'*) – von der schieren Unmöglichkeit, mehrere aufeinander folgende *s*-Laute *getrennt* zu sprechen einmal ganz abgesehen! Dieses Doppel-Dilemma kann der Engländer nur durch die Anwendung eines simplen Notbehelfs vermeiden.

Tipp   *Geben Sie ganz besonders Obacht auf Wörter, die mit einem Zischlaut enden!*
Ein End-'s' ist durch ein zwischengeschaltetes '-e-' vom Stamm-'s' ('-ss', '-sh', '-ch', '-x') eines Wortes zu isolieren.
Die Endung muss also lauten: '-es' [ˈ-iz].

'atlas'	⇨	*'atlas|e|s'*
'kiss'	⇨	*'kiss|e|s'*
'wash'	⇨	*'wash|e|s'*
'teach'	⇨	*'teach|e|s'*
'sex'	⇨	*'sex|e|s'*

Anmerkung:

- Ähnliches gilt – zumindest als Ausspracheregel – für Wörter, die mit einem '-d' oder '-t' schließen; die Vergangenheits-Endung '-ed' kann nur durch ein eingeschobenes '-e-' hörbar gemacht werden! Die Aussprache ist also [ˈ-did] bzw. [ˈ-tid]: z.B. *'ended'*, *'founded'*, *'handed'*, *'mended'*, *'landed'* bzw. *'granted'*, *'dusted'*, *'painted'*, *'tested'*, *'visited'*, *'wanted'*)

f) Der Haken mit dem Häkchen – der Apostroph

Das Wort *Apostroph* (es heißt wirklich *der* Apostroph!) bedeutet „Wegfall", und tatsächlich ist dieses Häkchen nichts anderes als ein *Auslassungszeichen*, sozusagen die Quittung für den Ausfall eines Buchstabens oder gar einer ganzen Silbe, mit der Folge, dass zwei ehemalige Wörter optisch zu einem verschmelzen (und auch so ausgesprochen werden). Ein durch Apostroph verkürzter Ausdruck ist nicht immer eindeutig zu interpretieren, z.B. können sich hinter dem Häkchen in *'he's'* unterschiedliche oder gleich mehrere Buchstaben verbergen (*'he i's'*, *'he ha's'* oder *'he wa's'*). Darüber hinaus dürfte Ihnen – zumindest theoretisch – bekannt sein, dass der Apostroph eine besondere Rolle bei der Bildung des Genitivs von Personen spielt (also *'Father's house'* anstatt des nur bei *Dingen* benutzten *'of'*-Genitivs). In diesem Besitzfall steht der Apostroph ebenfalls für eine Auslassung, nämlich der ersten beiden Buchstaben des besitzanzeigenden Fürwortes *'his'* (*'Father's house'* = *'Father hi's house'*; vgl. unser fehlerhaftes *Vater sein Haus*); erstaunlicherweise ist der „männliche" '-Genitiv auf beide Geschlechter anzuwenden (*'Mother's car'* = *'Mother hi's car'*, also eigentlich *Mutter sein Auto!*), ja sogar auf manchen Zeitbegriff (z.B. *'in a year's time'*, *'this week's meeting'*, *'today's newspaper'* etc.).

Im Schriftenglisch besteht leicht die Gefahr einer Verwechslung des Genitiv-*s* mit dem Mehrzahl-*s* (ein Unterschied, der in einem Gespräch nicht zu hören ist). A am besten halten Sie sich an die Überlegung, dass das Mehrzahl-*s* ja *Bestandteil* des jeweiligen Hauptwortes ist (vgl. *'our fathers'* = unsere *Väter*), während das Genitiv-*s* die Verkürzung eines nachfolgenden Wortes darstellt und somit durch einen Apostroph *abgekoppelt* werden muss (vgl. *'our father's office'* = *'our father hi's office'*, also *das Büro unseres Vaters*). Die Verwirrung ist häufig perfekt, wenn ein Mehrzahlwort (also mit End-*s*) zusätzlich in die *'s*-Genitivform gesetzt werden soll. Für welche dieser drei Versionen würden Sie sich entscheiden:

(a) *'the lady's room,* *(b)* *'the ladies's room'* oder *(c)* *'the ladies' room'?* – Die Lösung ist (relativ) einfach und hoffentlich überzeugend, wenn Sie Folgendes bedenken: Das Wort soll in der Mehrzahl stehen (daher scheidet Version *(a)* von vornherein aus!), obendrein soll der Genitiv eines auf *'-s'* endendes Mehrzahlwortes gebildet werden; da – wie in Version *(b)* – ein zusätzliches Genitiv-*s* ohnehin nicht getrennt auszusprechen wäre, ist Version *(c)* die einzig richtige! Sie sehen, dass ein Plural-*s* absoluten Vorrang vor dem Genitiv-*s* hat und in diesem Fall nur der nackte Apostroph übrig bleibt (*'the ladies' room'*). Bestätigt wird das Prinzip durch die Anfügung des *kompletten* *'s* an ein unregelmäßig, d.h. ohne Plural-*s* gebildetes Mehrzahlwort (vgl. *'gentlemen's room'*).

Tipp *Bitte beachten Sie, dass bei der Bildung des Besitzfalles der Apostroph wichtiger ist als das Genitiv-s danach!*

__Also__: Endet ein Wort bereits mit einem Mehrzahl-s, wird nur noch ein Apostroph angehängt – ein Wort ohne End-s bekommt dagegen die volle 's-Endung. (Übrigens: -' und -'s haben keinerlei Einfluss auf die Rechtschreibung des vorausgehenden Wortes!)

➲　*the baby|'s doll*　　*the child|'s bike*
　　the babies|' dolls　　*the children|'s bike*

Anmerkungen:

- Bei Eigennamen auf End-*s* darf – abweichend von der Regel – das Genitiv-*s* angehängt werden, z.B. *'St. James's Park'*, *'Mr Jones's wife'* etc.; die Aussprache der Gesamtendung ist in diesen Fällen [-ziz].
- Bei Gemeinschaftsbesitz an einer Sache bekommt nur der Name des letztgenannten Eigentümers das Apostroph-*'s* (vgl. *'Tom and Peter's car'*), die Namen von Einzelbesitzern stehen dagegen beide im Genitiv (vgl. *'Tom's and Peter's cars'*)!
- Besitzanzeigende Fürwörter haben *keinen* Apostroph: *'his'*, *'hers'*, *'its'*, *'ours'*, *'yours'*, *'theirs'* (*'it's'* kann also nur *'it is'* bedeuten!).

Fügen Sie bei den nun folgenden Genitivkonstruktionen entweder ein Apostroph-*s* (-'*s*) oder nur einen Apostroph (-') an. Die Lösungen finden Sie unten in der Fußzeile.

Mary_ sister	all my brother_ toys	his daughters_ room
a ten days_ wait	a whole week_ holiday	people_ shouts
Mr Smith_ car	the men_ suitcases	a boys_ school
the girls_ dolls	our babies_ names	St John_ church

*

Gängige Verkürzungen durch den Apostroph
(Das betonte Wort darf nicht verkürzt werden!)

Kurzform		Voll-Version	(Beispielsätze mit Kurzformen)
-'*d*	=	'*had*'	(vgl. *'I'd no time to visit him.'*) oder
		'*would*'	(vgl. *'I'd certainly do it if I only could.'*)
-'*ll*	=	'*will*'	(vgl. *'You'll hardly believe me.'*) oder
		'*shall*'	(vgl. *'We'll never forget this party.'*)
-'*m*	=	'*am*'	(vgl. *'I'm 25 years old.'*)
-'*re*	=	'*are*'	(vgl. *'They're older than my parents.'*)
-'*s*	=	'*is*'	(vgl. *'He's one of my best friends.'*) oder
		'*has*'	(vgl. *'It's been a long time since we met.'*)
-'*ve*	=	'*have*'	(vgl. *'I've seldom heard such a lie.'*)
- *n*'*t*	=	'*not*'	(vgl. *'I haven't read the book yet.'* – *'She doesn't like him very much.'* – *'We don't know his name.'* – *'They aren't at home.'* – *'They shouldn't be so noisy.'*)
can't	=	'*cannot*'	(vgl. *'They can't understand English.'*)
shan't	=	'*shall not*'	(vgl. *'We shan't see them till next week.'*)
won't	=	'*will not*'	(vgl. *'She won't be home before noon.'*)

*

Lösungen:

Mary'*s* sister	all my brother'*s* toys	his daughters' room
a ten days' wait	a whole week'*s* holiday	people'*s* shouts
Mr Smith'*s* car	the men'*s* suitcases	a boys' school
the girls' dolls	our babies' names	St John'*s* church

g) „Beliebte" Wortvertauschungen

Wer das Englische nicht nur als reines Kommunikationsmittel betrachtet, sondern es auch schriftlich anwendet, kennt das Problem: Während des Schreibens ist man plötzlich verunsichert, welches von zwei ähnlich geschriebenen und möglicherweise sogar gleich klingenden Wörtern in diesem Fall zu wählen ist, und vergewissert sich – nicht zum ersten Mal! – der Rechtschreibung in einem *Dictionary*. Vielleicht gelingt es Ihnen in Zukunft, einige dieser Orthographiefallen zu umgehen, wenn Sie bestimmte Eselsbrücken nutzen lernen.

Äußerst nützlich ist die Erkenntnis, dass alle *Fragewörter* und *-pronomen* mit der Kombination *'wh-'* (in einem Fall *nur* mit *'h-'*) beginnen; damit besitzen Sie nicht nur eine verlässliche Rechtschreibhilfe an sich, sondern Sie können auch der Gefahr einer Verwechslung mit gleich lautenden, aber ohne *'h'* geschriebenen Wörtern vorbeugen:

Fragewörter / -pronomen		*Verwechslungsgefahr*	
who?	(wer?)	-	
whose?	(wessen?)	-	
whom?	(wem, wen?)	-	
what?	(was?)	**watt**	(Watt; elektr. Leistung)
which?	(welche, -r, -s?)	**witch**	(Hexe)
where?	(wo?)	**wear**	(tragen, abnutzen)
		ware	(Ware)
		were [ə:]	(waren)
when?	(wann?)	**wen**	(Geschwulst)
why?	(warum?)	**y**	(Buchstabe)
- how?	(wie?)	-	
whether[1]	(ob)	**weather**	(Wetter)

---

[1] *'Whether'* ist zwar kein Fragewort, kann aber als Konjunktion die indirekte Frage nach einer Alternative einleiten (vgl. *entweder – oder*).

Andere *'mistakes'* – also *Missgriffe* im wahrsten Sinn des Wortes – können Sie ausschließen, indem Sie sich die unterschiedliche Herkunft von Wortpaaren merken, z.B.:

'there' im Unterschied zu *'their'*

Ortsbestimmung		besitzanzeigendes Fürwort	
w|here	(wo?)	they	(sie / Plural)
-|here	(hier!)	they [+ r]	
⇩		⇩	
t|here	(dort!)	**their**	(ihr/-e,-es; deren)

*

'then' im Unterschied zu *'than'*

Zeitbestimmung		Vergleich (Ungleichheit)	
w|hen	(wann?)	> <	(größer / kleiner ...)
⇩		⇩	
t|hen	(da, dann)	**than**	(... als)

*

'where' im Unterschied zu *'who'*

Fragewort (Frage n. d. Ort)		Pronomen (Frage n. d. Person)
wo?		wer?
where?	X	**who?**
(*Antwort*: here / there)		(*Antwort*: he / she, ...)

Die scheinbare Kreuzung der englischen bzw. deutschen Bedeutung dieser beiden Wörter mag als Eselsbrücke dienen – etymologisch gesehen haben *'where'* und *wer* bzw. *'who'* und *wo* natürlich nichts miteinander zu tun, obschon in manchen Gegenden Deutschlands *wo* im Sinn von *welcher* verwendet wird; vgl. *'the man who'* = der Mann, wo ...!

'while' im Unterschied zu 'because'

Bindewort (Gleichzeitigkeit, Dauer)	Bindewort (Begründung)
while (während)	**because** (weil, da)
⇧	⇧
Weile, Dauer	*Kausal*-Zusammenhang

*

'this' im Unterschied zu 'these'

Hinweisendes Fürwort	Hinweisendes Fürwort
this (Einzahl)	**these** (Mehrzahl)
⇧	⇧
dies (hier)	*diese (hier)*

*

Die typische Kürze – wenn nicht gar Einsilbigkeit –, die englische Wörter im Vergleich zu anderen Sprachen auszeichnet, hat fast zwangsläufig zu einer verwirrenden Vielzahl von Homophonen geführt, d.h. gleich klingenden, in Bedeutung und Schreibung aber voneinander zu unterscheidenden Vokabeln (von Verwechslungsmöglichkeiten aufgrund von Ausspracheähnlichkeiten einmal ganz abgesehen; vgl. *'leaf'* = Blatt / *'leave'* = verlassen oder *'great'* = groß / *'greet'* = begrüßen / *'greed'* = Gier). Damit sind – neben manchem Missverständnis im gesprochenen Englisch – Orthographiefehler praktisch vorprogrammiert (vgl. das Ortsadverb *'here'* und das Verb *'hear'*). Vielleicht gelingt es Ihnen in Zukunft, die Gefahr einer unbedachten Vertauschung wesentlich zu reduzieren, nachdem Sie sich mit den folgenden Homophonen und ihren unterschiedlichen Bedeutungen sowie den etymologischen Hinweisen beschäftigt haben, denn: Eine erkannte Gefahr ist schon halb gebannt!

Verwechslungsrisiko bei gleich klingenden Wörtern

Homophone		*(Bedeutungen und Anmerkungen)*
'here'	- hier	(*'w|here?'* Antwort: *'-|here'* - *'t|here'*)
'hear'	- hören	(zuhören = *'to listen'*)
'bare'	- bloß, kahl	(vgl. *barfuß, bare* Münze, *Bargeld*)
'bear'	- tragen; Bär	(*gebären,* austragen; vgl. *'born'*)
'be'	- sein	(vgl. unsere 2. Pers. Singular: du *bist*)
'bee'	- Biene	(wie im Dt. mit gedehntem Vokal)
'blue'	- blau	(vgl. *'Blues'* und frz. *bleu* = blau)
'blew'	- blies	(Verggh. von *'blow'* = *blähen,* blasen)
'by'	- von, durch	(ursprüngl.: *bei,* in der Nähe von)
'bye'	- auf Wiedersehen	(*'good bye'* = *'God be with ye'*)
'buy'	- kaufen	(*'to buy'-'bought'-'bought'*)
'caught'	- fing, gefangen	(*'to catch'-'caught'-* ~; vgl. *Catcher*)
'court'	- (Gerichts-)Hof	(*Kurtisane* = Geliebte am Fürstenhof)
'cell'	- Zelle	(s. *'cellar'* = Keller, Vorratskammer)
'sell'	- verkaufen	(*'to sell'-'sold'-'sold'*; ahd. *sellen*)
'cellar'	- Keller	(vgl. *Kellner, Kellermeister*)
'seller'	- Verkäufer	(vgl. *'to sell'*; s. *'sale'* = Verkauf)
'cent'	- Cent, 1/100 $	(vgl. *Zentner, Zentimeter, Zenturio*)
'sent'	- sandte, gesandt	(Verggh. von *'to send'* = *senden*)
'cereal'	- Getreidepflanze	(*Ceres* = röm. Göttin der Feldfrüchte)
'serial'	- serienmäßig	(vgl. *'series'* = *Serie*)
'dear'	- lieb, teuer	(dt. mundartl.: *düer;* vgl. *'darling'*)
'deer'	- Rotwild	(vgl. *Tier; 'deer-park'* = Wildpark)
'eyes'	- Augen	(häufig: *'y'* = dt. *g;* vgl. auch *'day'*)
'ice'	- Eis	(vgl. *'Iceland'* = Island, also *Eisland*)
'fair'	- Jahrmarkt	(lat. *feria* = Feiertag; vgl. *Ferien*)
'fare'	- Fahrgeld	(vgl. *fahren, Fähre*)
'flew'	- er/sie/es flog	(Verggh. von *'to fly'*; vgl. *flügge*)
'flu'	- Grippe	(Kurzf. von *Influenza;* vgl. *'influence'*)

'flour'	- Mehl	(frz. *fleur de farine* = Weizenmehl)
'flower'	- Blume, Blüte	(lat. *flos, floris;* vgl. *florieren, Flor*)
'groan'	- stöhnen	(vgl. *greinen* = weinen)
'grown'	- gewachsen	(*'grow'-'grew'-'grown';* vgl. *grün*)
'heard'	- hörte, gehört	(*'to hear'-'heard'-'heard'*)
'herd'	- Herde	(vgl. *'shepherd'* = Schafhirt)
'higher'	- höher	(vgl. *'high'* = hoch)
'hire'	- mieten	(*heuern* = chartern, *Heuer* = Lohn)
'hole'	- Loch	(vgl. *hohl, Höhle*)
'whole'	- ganz	(eigentl.: *heil,* unversehrt)
'knows'	- er/sie weiß	(*'to know';* lat. *cognoscere* = erkenn.)
'nose'	- Nase	(vgl. *'nosy'* = neugierig)
'knight'	- Ritter	(eigentl.: *Knecht, Landsknecht*)
'night'	- Nacht	(vgl. *'nightingale'* = Nachtigall)
'knot'	- Knoten	(vgl. auch *knutschen* und *knautschen*)
'not'	- nicht	(Verkürzung v. *'nought'* = Null, *Nichts*)
'made'	- machte, gem.	(vgl. *'made in Germany'*)
'maid'	- Hausmädchen	(eigentl.: *'maiden'* = Dienstmädchen)
'mail'	- Postsendung	(vgl. *'air mail', 'The Daily Mail'*)
'male'	- männlich	(frz. *mâle,* früher *masle* = *maskulin*)
'often'	- oft	(das *'-t-'* wird nicht ausgesprochen!)
'orphan'	- Waise	(vgl. *'orphanage'* = Waisenhaus)
'pair'	- Paar	(vgl. lat. *primus inter pares*)
'pear'	- Birne	(lat. *pirum* = Birne)
'praise'	- Lob, loben	(vgl. *preisen, Lobpreis*)
'prays'	- er/sie betet	(vgl. ital. *prego* = bitte; *'y'* häufig *g!*)
'peace'	- Friede	(lat. *pax, pacis* = Friede; vgl. *Pazifist*)
'piece'	- Stück	(frz. *pièce;* vgl. span. *Peso, Peseta*)
'rain'	- Regen	(vgl. *'raincoat', '~drop', '~forest'*)
'reign'	- Regierung	(lat. *regnum; vgl. regina* = Königin)
'right'	- richtig	(vgl. *recht, Recht*)
'write'	- schreiben	(eigentl.: *(w)ritzen, einritzen*)

'road'	- Landstraße	(vgl. *Reede, Ritt;* verw. mit *'to ride'*)
'rode'	- er/sie ritt	(*'to ride'*-*'rode'*-*'ridden';* vgl. *reiten*)
'root'	- Wurzel	(*'beetroot'* = *rote Bete,* Wurzelgemüse)
'route'	- Reiseweg	(vgl. *Reiseroute* und *Routine*)
'sail'	- Segel, segeln	(vgl. *'sailing boat', 'sailor'*)
'sale'	- Verkauf	(vgl. *'salesman'* = Verkäufer, *'to sell'*)
'sauce'	- Soße	(*'saucer'* = Untertasse, *Soße*nschale)
'source'	- Quelle	(vgl. *Ressourcen* = Hilfsquellen)
'sea'	- Meer, Ozean	(*die See* = das Meer; *der See* = *'lake'*)
'see'	- sehen	(ohne dt. Dehnungs-*h*)
'side'	- Seite	(vgl. *'beside'* = neben, an der Seite)
'sighed'	- er/sie seufzte	(*'to sigh'*, aus *'sick'* = krank, *siech*)
'sight'	- Ansicht, Blick	(vgl. *Sicht, sichten, Gesicht*)
'site'	- Lage, Bauplatz	(vgl. *Situation* = Lage)
'some'	- einige	(vgl. *gesamt, gesammelt*)
'sum'	- Summe	(lat. *summa;* vgl. *summieren*)
'son'	- Sohn	(vgl. *Johnson* = Johns Sohn)
'sun'	- Sonne	(vgl. *'Sunday'* = Sonntag)
'tail'	- Schwanz	(vgl. *'cocktail'* = „Hahnenschwanz")
'tale'	- Erzählung	(*'to tell'* - *'tale';* vgl. *'to sell'* - *'sale'*)
'threw'	- er/sie warf	(*'to throw'*-*'threw'*-*'thrown'*)
'through'	- durch	(aus ahd. *duruh*)
'tide'	- Gezeitenstrom	(vgl. *Tidenhub* und *Zeit*)
'tied'	- band, gebunden	(*'to tie'* = ziehen, binden)
'too'	- allzu; auch	(Aussprache: [tu:]; *'to'* dagegen: [tə])
'two'	- zwei	(vgl. eins, *zwo*, drei ...)
'wait'	- warten	(*'waiter'* = Kellner, *Wärter*)
'weight'	- Gewicht	(*'to weigh'* = wiegen, eigtl. *bewegen*)
'weather'	- Wetter	(verw. mit *Wehen* = Wind)
'whether'	- ob	(vgl. *entweder* - oder)
'wood'	- Holz	(vgl. germ. VN *Widukind* = Waldkind)
'would'	- er/sie würde	(eigtl. *wollte;* vgl. *'could', 'should'*)

h) *Bindestrich und Silbentrennung*

Leider gibt es weder für den Bindestrich *(Hyphen)* noch den Silbentrennstrich eindeutige Vorschriften – oder die Einzelregeln sind so verwirrend, dass wir sie hier gar nicht erst behandeln sollten.[1] Hinzu kommt, dass es in England und Amerika unterschiedliche Richtlinien gibt, die obendrein recht eigenwillig ausgelegt werden. Daher wollen wir uns auf einige grundlegende Hinweise beschränken.

Der Bindestrich ermöglicht es dem Engländer, eine enge inhaltliche Verknüpfung zwischen zwei Wörtern zu dokumentieren, und entspricht somit seiner angeborenen Scheu vor vielsilbigen und unübersichtlichen Wortungeheuern, die eher unserer Sprache eigen sind (z.B. *Untersuchungsausschussvorsitzender*). In jüngster Zeit neigt der Engländer zum völligen Verzicht auf einen Bindestrich, und zwar zu Gunsten der Getrenntschreibung (z.B. *'language laboratory'*); nur wenige, alltäglich benutzte Zusammensetzungen sind im Laufe der Zeit zu *einem* Wort verschmolzen (*'all-right'* zu *'alright'*, *'bedroom'* zu *'bedroom'*, *'to-day'* zu *'today'* oder *'where-as'* zu *'whereas'*). Ungern dagegen verzichtet der Engländer auf den Bindestrich, wenn es darum geht, möglichen Leseproblemen oder gar Missverständnissen vorzubeugen, wie sie bei der Zusammenschreibung folgender Wörter leicht entstehen könnten: *'ant-eater'* statt *'anteater'* (Ameisenfresser), *'arrowhead'* statt *'arrowhead'* (Pfeilspitze), *'by-election'* statt *'byelection'* (Nachwahl), *'to co-operate'* statt *'to cooperate'* (zusammenarbeiten), *'fire-eater'* statt *'fireeater'* (Feuerschlucker), *'flat-chested'* statt *'flatchested'* (flachbrüstig), *'to re-enter'* statt *'to reenter'* (wieder eintreten) bzw. *'the singingteacher'* (der Gesanglehrer) und *'the singing teacher'* (der

---

[1] Wer ganz sichergehen möchte, dem wird ein preiswertes Wörterbuch empfohlen, das neben Bindestrichen auch die Silbentrennung anzeigt (z.B. *'nec·es·sar·i·ly'*), etwa *Langenscheidts Taschenwörterbuch Englisch,* Englisch-Deutsch, Deutsch-Englisch, Berlin/München 1990.

singende Lehrer), *'the rocking-horse'* (das Schaukelpferd) und *'the rocking horse'* (das schwankende Pferd) oder *'the spinning-wheel'* (das Spinnrad) und *'the spinning wheel'* (das sich schnell drehende Rad).

Tipp   *Verwenden Sie den Bindestrich möglichst nur,*

- *um längere Wortzusammensetzungen oder*
- *um zwei einzelne, aufeinander folgende Vokale zu trennen!*

➲

'crossexamination'	⇨	*'cross-examination'*
'teamaker'	⇨	*'tea-maker'*
'makeup'	⇨	*'make-up'*

Die englische Silbentrennung ist wahrlich ein Kapitel für sich, da sie sowohl der Wortbildung als auch der Unterteilung nach Sprechsilben folgen kann. Die einzige verlässliche Regel ist wohl, dass Sie nie ein Wort, das als *eine* Silbe gesprochen wird, trennen dürfen (z.B. *'gone'*, *'horse'*, *'laughed'* etc.). Vorsilben und Endungen werden – anders als im Deutschen – meist vom Wortstamm getrennt (z.B. *'dis·appear'*, *'ex·treme'* oder *'re·member'* bzw. *'beauti·ful'*, *'child·ish'*, *'church·es'*, *'smil·ing'*, *'spot·less'* etc.). Geht der Endung dagegen ein Doppelkonsonant voraus, muss dieser getrennt werden (z.B. *'big·gest'*, *'but·ter'*, *'get·ting'*, *'nod·ded'*, *'ves·sel'* etc.). Im Übrigen dürfen Sie im Englischen die Kombination *'st'* schon immer trennen (z.B. in *'mis·ter'*, *'nas·ty'*, *'pas·tor'*, *'tes·ter'* etc.). – Schon nach dieser kleinen Auswahl von Vorschriften werden Sie den gut gemeinten Ratschlag verstehen, die Trennung von englischen Wörtern möglichst ganz zu vermeiden – Gott sei Dank sind die meisten ja kurz genug! – oder im Notfall auf ein entsprechendes *Dictionary* zurückzugreifen.

* * *

5

Nutzen Sie einfache Aussprachetricks!

Auch Sie werden sich schon darüber gewundert oder gar geärgert haben, dass im Englischen Schreibung und Aussprache so stark voneinander abweichen und obendrein die Artikulation bestimmter Vokale und Vokalgruppen anscheinend willkürlich erfolgt, sodass Sie zusätzlich zur richtigen Schreibweise und Bedeutung jeder einzelnen Vokabel auch die ihr eigene Aussprache lernen müssen. Genau das aber ist nicht nötig, wenn Sie einige Elementarregeln durchschauen!

Zugegeben, für eine Reihe von Vokalen, Diphthongen und Doppelselbstlauten existiert kein festes Aussprachemuster – übrigens ebenso wenig wie im Deutschen (vgl. die vier verschiedenen *e*-Laute in *Ledersessel* oder den Diphthong *ei* in *heilig,* der ja eigentlich *ai* geschrieben werden müsste). Bei der Aussprache von Konsonanten ist der Engländer sogar konsequenter als wir (vgl. z.B. die Wörter *Weg* und *weg,* die im Deutschen in der Regel klingen, als ob sie auf -*ch* bzw. -*ck* auslauteten, oder *Mord* und *Raub,* bei denen deutlich ein End-*t* bzw. End-*p* zu hören ist). Im Englischen sind *b* und *p, d* und *t, g* und *k* sowie *v* und *w* exakt so auszusprechen, wie sie geschrieben werden. Weitaus schwieriger ist es da schon, die korrekte Schreibung von betonten Selbstlauten und Diphthongen zu treffen oder – umgekehrt – deren Aussprache zu „erraten", wie die folgenden Wortbeispiele veranschaulichen:

Die unterschiedliche Aussprache von Diphthongen

Schreibung: *ea*		Schreibung: *ou*		Schreibg.: *ei*
break [ei] - wear [ɛə]		flour [auə] - double [ʌ]		heir [ɛə]
lead [i:] - hear [iə]		course [ɔ:] - through [u:]		receive [i:]
bread [e] - sergeant [-ə]		house [au] - would [u]		weight [ei]
heart [ɑ:] - learn [ə:]		tour [uə] - labour [-ə]		height [ai]

Die unterschiedlichen Schreibweisen gedehnter Laute

[ɑː]	[əː]	[iː]	[ɔː]	[uː]	[juː]
aunt	bird	ceiling	door	blue	argue
bazaar	herd	feel	horse	fruit	neutral
class	journal	key	pause	lose	new
clerk	learn	meat	pour	rude	queue
heart	myrrh	people	roar	pool	union
laugh	turn	quay	saw	shoe	view
sergeant	word	she	tall	wound	you

Mögliche Schreibweisen von Diphthongen

[ai]	[ei]	[ou]	[oi]	[au]
by	ale	blow	boy	crowd
buy	gaol [ʤeil]	bone	buoy	house
bye	grey	coat	oyster	kraut
die	mail	sew	toilet	plough
either	way	though		
fine	weigh	toe		

*

Leider werden Sie die richtige Schreibung der betonten Silben in der Regel auch weiterhin büffeln müssen – wenngleich Sie nach dem Studium der vorgenannten Beispiele eine gewisse Erwartungshaltung entwickeln können und zudem noch einige diesbezügliche Kniffe erfahren werden. Die Aussprache aller anderen Silben eines Wortes jedoch dürfte Ihnen in Zukunft mühelos gelingen, wenn Sie sich mit den folgenden Seiten beschäftigt haben.

a) Eine handliche Zauberformel

Ganz gleich, mit welchem Vokal oder Diphthong eine Silbe im Englischen zu schreiben ist, gesprochen wird sie (fast) immer mit einem ə-Laut – vorausgesetzt, sie ist *unbetont!* Dabei handelt es sich um jenes Verlegenheitsgeräusch, mit

dem mancher ungeschulte Redner kurze Sprech- und Denk-
pausen füllt oder sogar Ratlosigkeit signalisiert. Im Deutschen
kennen wir diesen flachen *e*-Laut ebenfalls in unbetonten
Silben, z.B. beim Verbsuffix *-en* (vgl. *geben*). Sie können also
mit ziemlicher Sicherheit davon ausgehen, dass mehrsilbige
englische Wörter in etwa nach einem der folgenden Muster
ausgesprochen werden:

$$\overset{\diagup}{\underline{\quad}}\,\partial\,\partial \qquad \partial\,\overset{\diagup}{\underline{\quad}}\,\partial \qquad \partial\,\partial\,\overset{\diagup}{\underline{\quad}}$$

('amateur')   *('opponent')*   *('entertain')*

Lediglich das unbetonte *'i'* (oder *'y'*) ist ein wenig höher zu
intonieren, außerdem ist bei einem stummen End-*'e'* Vorsicht
geboten; aber davon später mehr. Es soll auch nicht verheim-
licht werden, dass längere Wörter und Wortzusammensetzungen eine zweite Betonung (oder Nebenbetonung) haben
können, sodass die Vokale in den entsprechenden Silben stark
auszusprechen sind.

Tipp   *Merken Sie sich die Betonung eines Wortes,*
denn sie entscheidet über seine Aussprache!

Geben Sie kurze, unbetonte Vokale durch den
flachen ə-Laut wieder! *(Ausnahme: i)*

'maintenance'	⇨	[ˈmeintənəns] - *Wartung*
'irrevocable'	⇨	[iˈrevəkəbl] - *unwiderruflich*
'moustache'	⇨	[məˈstaːʃ] - *Schnurrbart*

Anmerkungen:

- Als Anfangs- oder Endlaut eines Wortes kann ein unbetonter Vokal auch
  stark auszusprechen sein (z.B. bei *'abolition'* [æbəˈliʃən], *'excuse'*
  [iksˈkjuːz], *'ideal'* [aiˈdiəl], *'ovation'* [ouˈveiʃən] oder *'unless'* [ʌnˈles]
  bzw. *'bungalow'* [ˈbʌŋgəlou] oder *'tomato'* [təˈmaːtou] etc.
- Bei der konsequenten Anwendung des oben erwähnten Tricks ergibt sich
  eine etwas „versnobte" Aussprache – insbesondere, wenn auch das *'i'* und
  das *'y'* durch den ə-Laut ersetzt werden.

Artikulieren Sie die folgenden Wörter (betonte Vokale sind jeweils fett gedruckt) und vergleichen Sie Ihre Aussprache-version mit den in Lautschrift angegebenen Lösungen auf der nächsten Seite.

admiral	effort	policeman	demonstration	product
admire	afford	policy	demonstrative	producible
admirable	offerer	politician	demonstrable	production

*

Ausspracheübung (1)
- Wörter mit Anfangsbetonung -
(Vorsicht: vom Deutschen abweichende Betonung!)

accent	[ˈæksənt]	- Betonung, Akzent
blamable	[ˈbleiməbl]	- blamabel
calendar	[ˈkæləndə]	- Kalender
character	[ˈkærəktə]	- Charakter
desert	[ˈdezət]	- Wüste, Öde (vgl. *desertieren*)
galaxy	[ˈgæləksi]	- Milchstraße, Galaxie
gallop	[ˈgæləp]	- Galopp; galoppieren
infamous	[ˈinfəməs]	- schändlich, infam
interval	[ˈintəvəl]	- Zwischenraum, Intervall
massacre	[ˈmæsəkə]	- Blutbad, Massaker
necessary	[ˈnesəseri]	- notwendig (vgl. *Necessaire*)
orchestra	[ˈɔːkəstrə]	- Orchester
permanent	[ˈpəːmənənt]	- beständig, permanent
preferable	[ˈprefərəbl]	- vorzuziehen (vgl. *Präferenz*)
protestant	[ˈprɔtəstənt]	- protestantisch, Protestant
rational	[ˈræʃənl]	- vernunftbegabt, rational
rigorous	[ˈrigərəs]	- streng, hart, rigoros
secretary	[ˈsekrətri]	- Sekretärin
temporary	[ˈtempərəri]	- vorübergehend, temporär
vehement	[ˈviːəmənt]	- heftig, vehement
violet	[ˈvaiəlit]	- Veilchen, violett
voluntary	[ˈvɔləntəri]	- freiwillig (vgl. *Volontär*)

*

Lösungen:

[ˈædmərəl]   [ˈefət]   [pəˈliːsmən] [demənsˈtreiʃən] [ˈprɔdəkt]
[ədˈmaiə]   [əˈfɔːd]   [ˈpɔləsi]   [diˈmɔnstrətiv] [prəˈdjuːsəbl]
[ˈædmərəbl] [ˈɔfərə]   [pɔləˈtiʃən] [ˈdemənstrəbl]   [prəˈdʌkʃən]

*

Ausspracheübung (2)
- Wörter mit Binnenbetonung -
(Vorsicht: vom Deutschen abweichende Betonung!)

abandon	[əˈbændən]	- aufgeben, verlassen
abundance	[əˈbʌndəns]	- Überfluss, -maß, Fülle
academy	[əˈkædəmi]	- Akademie
adventure	[ədˈventʃə]	- Abenteuer (vgl. *Advent*)
affirmative	[əˈfəːmətiv]	- bejahend
catastrophe	[kəˈtæstrəfi]	- Unglück, Katastrophe
certificate	[səˈtifikət]	- Zeugnis, Bescheinigung
companion	[kəmˈpænjən]	- Begleiter, Kamerad
corruption	[kəˈrʌpʃən]	- Verdorbenheit, Korruption
dimension	[diˈmenʃən]	- Abmessung, Dimension
economy	[iˈkɔnəmi]	- Wirtschaft, Ökonomie
environment	[inˈvaiərənmənt]	- Umwelt, Umgebung
fraternal	[frəˈtəːnl]	- brüderlich (vgl. *fraternisieren*)
horizon	[həˈraizn]	- Horizont
ideal	[aiˈdiəl]	- vollendet, ideal
indignant	[inˈdignənt]	- entrüstet
laboratory	[ləˈbɔrətəri]	- Laboratorium, Labor
luxurious	[lʌgˈzjuəriəs]	- luxuriös
malicious	[məˈliʃəs]	- boshaft, maliziös
observance	[əbˈzəːvəns]	- Beachtung, Einhaltung
offensive	[əˈfensiv]	- offensiv, ungehörig
opponent	[əˈpounənt]	- Gegner
pavilion	[pəˈviljən]	- Pavillon, Klubhaus
pedestrian	[piˈdestriən]	- Fußgänger
perception	[pəˈsepʃən]	- Wahrnehmung

permission	[pəˈmiʃən]	- Erlaubnis
photography	[fəˈtɔgrəfi]	- Fotografie, Lichtbild
pollution	[pəˈluːʃən]	- Verschmutzung
recognition	[rəkəgˈniʃən]	- Wiedererkennen
society	[səˈsaiəti]	- Gesellschaft
spontaneous	[spənˈteinjəs]	- spontan
submission	[səbˈmiʃən]	- Unterwerfung
sufficiency	[səˈfiʃənsi]	- Zulänglichkeit
supplier	[səˈplaiə]	- Lieferer, Lieferant
suspicion	[səsˈpiʃən]	- Verdacht, Vermutung
telephonist	[tiˈlefənist]	- Telefonist, Telefonistin
variety	[vəˈraiəti]	- Vielfalt, Abwechslung

*

Ausspracheübung (3)
- Wörter mit Endbetonung -

accord	[əˈkɔːd]	- Übereinstimmung
account	[əˈkaunt]	- Bericht, Rechnung
address	[əˈdres]	- Anschrift, Adresse
advice	[ədˈvais]	- Ratschlag, Rat
assent	[əˈsent]	- Zustimmung
canoe	[kəˈnuː]	- Kanu, Paddelboot
career	[kəˈriə]	- Karriere, Laufbahn
employee	[emplɔiˈiː]	- Arbeitnehmer
engineer	[endʒiˈniə]	- Ingenieur
fatigue	[fəˈtiːg]	- Müdigkeit, Ermüdung
moustache	[məˈstaːʃ]	- Schnurrbart
neglect	[niˈglekt]	- vernachlässigen
obscure	[əbˈskjuə]	- dunkel, verhüllt
police	[pəˈliːs]	- Polizei
sincere	[sinˈsiə]	- aufrichtig
success	[səkˈses]	- Erfolg; vgl. *sukzessive*
support	[səˈpɔːt]	- Unterstützung, Hilfe
technique	[tekˈniːk]	- Technik, Methode

b) Das End-'e' als verlässlicher Lautumwandler

Das stumme End-'e' ist beileibe nicht so harmlos, wie die Bezeichnung vermuten lässt. Zwar ist es selbst nicht hörbar, kann aber einen starken Einfluss auf die Aussprache der Endsilbe haben – häufig sogar, wenn diese unbetont ist. Das gilt insbesondere für die vielen Haupt- und Tätigkeitswörter auf '-ise' (Aussprache: [-aiz]), aber auch die hiervon abgeleiteten Substantive auf '-isation' (Aussprache: [-aiˊzeiʃən]). Im Übrigen wird ein unbetontes 'i' am Wortanfang ebenfalls häufig als Diphthong – also [ai] – gesprochen (z.B. 'identity').

Tipp   *Nutzen Sie das End-'e' als Aussprachehilfe!*

Es verändert den vorausgehenden betonten Laut, wenn es von diesem durch einen Einzelkonsonanten getrennt ist:

➲

'a'	⇨	[ei]	(*'hat'*	⇨	*'hate'*)
'e'	⇨	[iː]	(*'pet'*	⇨	*'Pete'*)
'i'	⇨	[ai]	(*'sit'*	⇨	*'site'*)
'o'	⇨	[ou]	(*'not'*	⇨	*'note'*)
'u'	⇨	[juː]	(*'us'*	⇨	*'use'*)

Änderung des betonten a-Lauts vor stummem End-'e'

[æ / ɔː / ɑː]	[ei]	*deutsche Bedeutungen*	
all	ale	*(alle, alles*	*- Bier)*
bath	bathe	*(Wannenbad*	*- baden gehen)*
can	cane	*(können*	*- Rohr, Rohrstock)*
cap	cape	*(Kappe, Mütze*	*- Kap; Umhang)*
car	care	*(Auto*	*- Sorge, Fürsorge)*
far	fare	*(weit, entfernt*	*- Fahrpreis, Fahrgeld)*

fat	-	fate	*(fett, dick*	*- Schicksal)*
gap	-	gape	*(Lücke, Kluft*	*- den Mund aufsperren)*
glad	-	glade	*(froh*	*- Lichtung)*
hat	-	hate	*(Hut*	*- hassen)*
lack	-	lake	*(Mangel*	*- Binnensee)*
lamb	-	lame	*(Lamm*	*- lahm; lähmen)*
mad	-	made	*(wahnsinnig*	*- machte, gemacht)*
man	-	mane	*(Mann*	*- Mähne)*
mat	-	mate	*(Matte*	*- Kumpel, Kamerad)*
nap	-	nape	*(Nickerchen*	*- Nacken, Genick)*
pal	-	pale	*(Kumpel*	*- blass, fahl, bleich)*
pan	-	pane	*(Pfanne*	*- Fensterscheibe)*
rat	-	rate	*(Ratte*	*- Rate)*
sack	-	sake	*(Sack*	*- Sache)*
snack	-	snake	*(Imbiss*	*- Schlange)*
spar	-	spare	*(Rundholz*	*- übrig, Ersatz-)*
tap	-	tape	*(Zapfhahn*	*- Band, Tonband)*
tar	-	tare	*(Teer*	*- Tara, Verpack.-Gewicht)*
van	-	vane	*(Lieferwagen*	*- Wetterfahne)*
war	-	ware	*(Krieg*	*- Ware)*

*Änderung des betonten **i**-Lauts vor stummem End-'**e**'*

[i]		[ai]	*deutsche Bedeutungen*	

bid	-	bide	*(bieten*	*- abwarten)*
bit	-	bite	*(bisschen*	*- beißen)*
dick	-	dike	*(Schnüffler*	*- Deich, Damm)*
din	-	dine	*(Lärm*	*- essen, speisen)*
fin	-	fine	*(Flosse*	*- schön, vollendet)*
hid	-	hide	*(verbarg*	*- verbergen)*
kit	-	kite	*(Bausatz, Set*	*- Windvogel, Drachen)*
lick	-	like	*(lecken*	*- mögen; ähnlich)*
pick	-	pike	*(pflücken*	*- Hecht; Pike)*
pin	-	pine	*(Nadel*	*- Kiefer, Föhre)*
rid	-	ride	*(loswerden*	*- reiten, fahren)*
shin	-	shine	*(Schienbein*	*- leuchten, scheinen)*

sit	-	site	*(sitzen*	*- Lage, Platz)*
slid	-	slide	*(glitt*	*- gleiten)*
spin	-	spine	*(sich drehen*	*- Rückgrat)*
spit	-	spite	*(spucken*	*- Boshaftigkeit)*
twin	-	twine	*(Zwilling*	*- Bindfaden, Kordel)*
unit	-	unite	*(Element*	*- vereinigen)*
win	-	wine	*(gewinnen*	*- Wein)*
writ	-	write	*(Verfügung*	*- schreiben)*

Änderung des betonten o-Lauts vor stummem End-'e'

[ɔ]   [ou]   *deutsche Bedeutungen*   /

block	-	bloke	*(Klotz, Block*	*- Typ, Kerl)*
cock	-	coke	*(Hahn*	*- Kokain)*
cod	-	code	*(Kabeljau*	*- Kodex, Kode)*
cop	-	cope	*(Polizist*	*- zurechtkommen)*
dot	-	dote	*(Pünktchen*	*- abgöttisch lieben)*
hop	-	hope	*(hüpfen*	*- Hoffnung)*
mop	-	mope	*(Mopp; wisch.*	*- Trübsal blasen)*
not	-	note	*(nicht*	*- Banknote, Notiz)*
pock	-	poke	*(Pocke*	*- stochern)*
rob	-	robe	*(rauben*	*- Robe, Gewand)*
rot	-	wrote	*(verrotten*	*- schrieb)*
ton	-	tone	*(Tonne*	*- Klang, Ton)*

Änderung des betonten u-Lauts vor stummem End-'e'

[ʌ]   [ju:]   *deutsche Bedeutungen*

cub	-	cube	*(Welpe, Junges*	*- Würfel, Kubus)*
cut	-	cute	*(schneiden*	*- entzückend, süß)*
duck	-	duke	*(Ente*	*- Herzog)*
tub	-	tube	*(Kübel, Bad*	*- Röhre, Tube)*
us	-	use	*(uns*	*- gebrauchen)*

*

Bei den o.a. Beispielen handelt es sich lediglich um eine kleine Auswahl leicht zu verwechselnder Wortpaare, an denen die Lautveränderung der Vokale besonders eindrucksvoll gezeigt werden kann. Selbstverständlich gilt diese Regel auch für (fast) alle anderen Wörter mit stummem End-'e', besonders wenn der Vokal davor die Betonung trägt (z.B. *'chase'*, *'cave'*, *'gale'*, *'state'*, *'insane'*; *'complete'*, *'extreme'*, *'intervene'*, *'precede'*, *'these'*; *'beside'*, *'crime'*, *'decide'*, *'polite'*, *'tribe'*; *'alone'*, *'compose'*, *'dome'*, *'parole'*, *'promote'*; *'confuse'*, *'nude'*, *'molecule'*, *'rebuke'*, *'produce'*). Ist der Endvokal jedoch unbetont, wird er – der Grundregel folgend – schwach gesprochen (also [ə]):

Unwirksames End-'e' nach unbetonten Vokalen[1]

(der betonte Vokal ist fett gedruckt)

adventure	[əd´ventʃə]	- Abenteuer; vgl. *Advent*
aggressive	[ə´gresiv]	- angriffslustig, aggressiv
apprentice	[ə´prentis]	- Lehrling, Auszubildender
automobile	[´ɔːtəməbiːl]	- Auto, Kraftwagen
avarice	[´ævəris]	- Habsucht, Geldgier
college	[´kɔlidʒ]	- Fach(hoch)schule, College
comparative	[kəm´pærətiv]	- vergleichend
configure	[kən´figə]	- konfigurieren
conservative	[kən´səːvətive]	- vorsichtig, konservativ
creature	[´kriːtʃə]	- Geschöpf, Kreatur
decorative	[´dekərətive]	- schmückend, dekorativ
definite	[´definit]	- bestimmt, eindeutig
delicate	[´delikət]	- empfindlich, heikel, delikat
departure	[di´pɑːtʃə]	- Abreise, Abflug
desperate	[´despərət]	- verzweifelt, dringend
discipline	[´disiplin]	- Disziplin
edifice	[´edifis]	- Gebäude, Bauwerk

---

[1] Die Endung *'-ise'* wird in der Regel [-aiz] gesprochen – auch wenn sie unbetont ist (vgl. *'exercise'*)!

engine	[ˈenʤin]	- Maschine, Motor
exclusive	[iksˈkluːsiv]	- ausschließlich, exklusiv
expressive	[iksˈpresiv]	- ausdrucksvoll, vielsagend
exténsive	[iksˈtensiv]	- ausgedehnt, weit reichend
failure	[ˈfeiljə]	- Scheitern; vgl. *Fehler*
feature	[ˈfiːtʃə]	- Gesichtszug, Merkmal
fortune	[ˈfɔːtʃən]	- Vermögen; vgl. *Fortuna*
fracture	[ˈfræktʃə]	- Bruch, Fraktur; vgl. *Fraktion*
future	[ˈfjuːtʃə]	- zukünftig; Zukunft, Futur
genuine	[ˈʤenjuin]	- echt, authentisch
handsome	[ˈhænsəm]	- gut aussehend, stattlich
imagine	[iˈmæʤin]	- sich vorstellen, s. einbilden
impressive	[imˈpresiv]	- eindrucksvoll
impulsive	[imˈpʌlsiv]	- impulsiv
infinite	[ˈinfinit]	- unendlich, ungeheuer groß
injure	[ˈinʤə]	- verletzen, schädigen
instinctive	[inˈstinktiv]	- instinktiv
intimate	[ˈintimət]	- eng, vertraulich
justice	[ˈʤʌstis]	- Gerechtigkeit; vgl. *Justiz*
leisure	[ˈleʒə]	- Freizeit, Muße
literature	[ˈlitərətʃə]	- Literatur; Fachliteratur
locomotive	[ˈloukə͵moutiv]	- Lokomotive
lonesome	[ˈlounsəm]	- einsam, allein
medicine	[ˈmedsən]	- Arznei, Medizin
minute	[ˈminit]	- Minute, Augenblick
mixture	[ˈmikstʃə]	- Mischung, Gemisch
motive	[ˈmoutiv]	- Beweggrund, Motiv
narrative	[ˈnærətiv]	- erzählend
nature	[ˈneitʃə]	- Natur; Beschaffenheit
negative	[ˈnegətiv]	- negativ
obstinate	[ˈɔbstiət]	- starrsinnig, hartnäckig
office	[ˈɔfis]	- Büro, Amt; Gottesdienst
opposite	[ˈɔpezit]	- entgegengesetzt; Gegenteil
pasture	[ˈpɑːstʃə]	- Weideland; *Pastor* = Hirte
picture	[ˈpiktʃə]	- Bild, Porträt; vgl. *Pigment*
pleasure	[ˈpleʒə]	- Vergnügen; vgl. *Pläsier*

practice	['præktis]	- Übung; vgl. *Praxis*
preface	['prefəs]	- Vorwort; vgl. *Präfation*
prejudice	['predʒədis]	- Vorurteil; vgl. *präjudizieren*
premise	['premis]	- Grundstück; vgl. *Prämisse*
pressure	['preʃə]	- Druck; vgl. *Presse*
privilege	['priviliʤ]	- Sonderrecht, Privileg
procedure	[prə'si:ʤə]	- Verfahren, Prozedur
promise	['prɔmis]	- Versprechen; vgl. *Kompromiss*
sensitive	['sensitiv]	- empfindlich; vgl. *Sensor*
service	['sə:vis]	- Dienst, Dienstleistung
structure	['strʌktʃə]	- Aufbau, Struktur
surface	['sə:fis]	- Oberfläche; auftauchen
torture	['tɔ:tʃə]	- Folter, Folterung, Tortur
urine	['juərin]	- Harn, Urin
volume	['vɔljəm]	- Band; Lautstärke
welcome	['welkəm]	- Empfang; willkommen heiß.

*

c) Wortarten und ihre typischen Betonungen

Bei der Übernahme fremder Wörter – vor allem aus dem Lateinischen und Französischen – haben die Engländer weit gehend auf die ursprünglichen Deklinations- und Konjugationsendungen verzichtet (s. Teil I: Die Bildung der englischen Sprache). Daher können unterschiedliche Wortarten absolut gleich aussehen, und oft ist nur an der Stellung innerhalb des Satzes erkennbar, ob es sich um ein Adjektiv, Substantiv oder Verb handelt. Im gesprochenen Englisch dagegen unterscheiden sich diese scheinbar identischen Wörter nicht selten in ihrer Betonung und Aussprache! Während der Akzent vieler um die Endsilbe verkürzter Hauptwörter sich im Allgemeinen nach vorne verlagert hat – was durchaus einleuchtet (vgl. lat. *historia* zu engl. *'history'* oder frz. *personne* zu engl. *'person'*) – ist die Verbversion gleich geschriebener Wörter vielfach endbetont.

> **Tipp**
>
> *Betonen Sie gleich geschriebene mehrsilbige Wörter entsprechend der Wortart!*
>
> *Verlegen Sie im Zweifelsfall den Akzent der Substantiv-Version nach vorn, den der Verb-Version nach hinten – damit liegen Sie in der Regel richtig!*
>
> ➲   *'protest'* [´proutest] - Protest
>   *'to protest'* [prə´test] - protestieren

Anmerkungen:

- Eigentlich wendet der Engländer damit lediglich eines unserer germanischen Betonungsschemata (vgl. *Missbrauch – missbrauchen* oder *Umfang – umfangen*) auch auf die romanischen Lehnwörter an.
- Im Übrigen gilt die obige Faustregel ebenfalls für nicht völlig identische Wortpaare (z.B. *'conference'-'to confer'; 'creature'-'to create'; 'envelope'-'to envelop'; 'ignorance'-'to ignore'; 'maintenance'-'to maintain'; 'reference'-'to refer'*).

Unterschiedliche Wortarten gleicher Schreibung

Hauptwort	Tätigkeitswort	deutsche Bedeutungen
accent	to accent	- *Betonung / betonen*
attribute	to attribute	- *Eigenschaft / zuschreiben*
conduct	to conduct	- *Leitung / leiten*
conflict	to conflict	- *Kampf / sich widersprechen*
contact	to contact	- *Berührung / berühren*
contest	to contest	- *Streit / streiten*
contrast	to contrast	- *Gegensatz / sich abheben*
convict	to convict	- *Häftling / überführen*
decrease	to decrease	- *Abnahme / abnehmen*
desert	to desert	- *Öde, Wüste / verlassen*
dispute	to dispute	- *Wortstreit / streiten*

escort	to escort	- *Geleit / geleiten*
exploit	to exploit	- *Heldentat / ausbeuten*
export	to export	- *Ausfuhr / ausführen*
extract	to extract	- *Auszug / herausziehen*
import	to import	- *Einfuhr / einführen*
increase	to increase	- *Anstieg / zunehmen*
insult	to insult	- *Beleidigung / beleidigen*
misprint	to misprint	- *Druckfehler / verdrucken*
object	to object	- *Gegenstand / dagegen sein*
overflow	to overflow	- *Überlauf / überlaufen*
overlap	to overlap	- *Überschneidung / überlappen*
perfume	to perfume	- *Parfüm / parfümieren*
permit	to permit	- *Erlaubnis / erlauben*
present	to present	- *Geschenk / schenken*
process	to process	- *Vorgang / verarbeiten*
produce	to produce	- *Erzeugnis / erzeugen*
progress	to progress	- *Fortschritt / fortschreiten*
project	to project	- *Plan / planen, entwerfen*
prospect	to prospect	- *Ausschau / Ausschau halten*
protest	to protest	- *Einwand / protestieren*
rebel	to rebel	- *Rebell / rebellieren*
record	to record	- *Bericht / berichten*
subject	to subject	- *Untertan / unterwerfen*
survey	to survey	- *Überblick / überblicken*
suspect	to suspect	- *Verdächtiger / verdächtigen*
transfer	to transfer	- *Übertragung / übertragen*
transport	to transport	- *Transport / transportieren*

*

Akzentverschiebung innerhalb einer Wortfamilie
(bei Adjektiven liegt die Betonung meist in der Wortmitte)

advertising	[ˈædvətaiziŋ]	- Werbung
to advertise	[ˈædvətaiz]	- anzeigen, inserieren
advertisement	[ədˈvəːtismənt]	- Anzeige, Inserat

aristocrat	[æ´ristəkræt]	- Adliger, Aristokrat
aristocracy	[æris´tɔkrəsi]	- Adel, Aristokratie
aristocratic	[æristə´krætik]	- adlig, aristokratisch
benefit	[´benifit]	- Vorteil; Beihilfe
beneficent	[bi´nefisənt]	- wohltätig
beneficial	[beni´fiʃəl]	- vorteilhaft, nützlich
ceremony	[´seriməni]	- Feierlichkeit
ceremonial	[seri´mounjəl]	- feierlich
climate	[´klaimit]	- Klima
climatic	[klai´mætik]	- klimatisch
commerce	[´kɔmə:s]	- Handel
commercial	[kə´mə.ʃəl]	- kaufmännisch
competence	[´kɔmpitəns]	- Tüchtigkeit
to compete	[kəm´pi:t]	- konkurrieren
competitive	[kəm´petitiv]	- wettbewerbsfähig
competition	[kɔmpi´tiʃən]	- Wettbewerb
courage	[´kʌridʒ]	- Mut
courageous	[kə´reidʒəs]	- mutig
democrat	[´deməkræt]	- Demokrat
democracy	[di´mɔkrəsi]	- Demokratie
democratic	[demə´krætik]	- demokratisch
to demonstrate	[´demənstreit]	- vorführen, zeigen
demonstrative	[di´mɔnstrətiv]	- demonstrativ
demonstration	[deməns´treiʃən]	- Vorführung
destiny	[´destini]	- Schicksal, Los
to destine	[´destin]	- bestimmen
destination	[desti´neiʃən]	- Reiseziel
to execute	[´eksikju:t]	- ausführen
executive	[ig´zekjutiv]	- leitender Angestellter
execution	[eksi´kju:ʃə n]	- Ausführung, Exekution
generator	[´dʒenəreitə]	- Generator, Erzeuger
generic	[dʒi´nerik]	- die Gattung betreffend
generation	[dʒenə´reiʃən]	- Generation

history	['histəri]	- Geschichte
historian	[his'tɔːriən]	- Historiker
historical	[his'tɔrikəl]	- geschichtlich
industry	['indəstri]	- Industrie; Fleiß
industrial	[in'dʌstriəl]	- industriell
industrialisation	[indʌstriəlai'zeiʃən]	- Industrialisierung
intellect	['intəlekt]	- Verstand, Intellekt
intelligence	[in'telidʒəns]	- Intelligenz
intellectual	[inti'lektjuəl]	- geistig, intellektuell
necessary	['nesəsəri]	- notwendig
necessity	[ni'sesiti]	- Notwendigkeit
origin	['oridʒin]	- Ursprung, Herkunft
original	[ə'ridʒənl]	- ursprünglich
originality	[əridʒi'næliti]	- Ursprünglichkeit
particle	['pɑːtikl]	- Teilchen, Partikel
participant	[pɑː'tisipənt]	- Teilnehmer
participation	[pɑːtisi'peiʃən]	- Teilnahme
period	['piəriəd]	- Periode, Zeit
periodic	[piəri'ɔdik]	- regelmäßig, periodisch
person	['pəːsn]	- Person, Mensch
to personify	[pə'sɔnifai]	- personifizieren
personality	[pəːsə'næliti]	- Persönlichkeit
personnel	[pəːsə'nel]	- Belegschaft, Personal
personification	[pəːsɔnifi'keiʃən]	- Personifizierung
photograph	['foutəgrɑːf]	- Fotografie
photographer	[fə'tɔgrəfə]	- Fotograf
photographic	[foutə'græfik]	- fotografisch
politics	['pɔlitiks]	- Politik
political	[pə'litikəl]	- politisch
politician	[pɔli'tiʃən]	- Politiker
preference	['prefərəns]	- Vorliebe
preferable	['prefərəbl]	- vorzuziehen
to prefer	[pri'fəː]	- vorziehen
preferential	[prefə'rənʃl]	- bevorzugt

refuge	['refju:ʤ]	- Zuflucht, Schutz
refugee	[refju:'ʤi:]	- Flüchtling
union	['ju:njən]	- Gewerkschaft, Union
to unite	[ju:'nait]	- vereinigen
unification	[ju:nifi'keiʃən]	- Vereinigung

*

Zum Schluss sei noch eine Eigentümlichkeit der Betonung von Hauptwörtern genannt: Trotz der Erweiterung um das Suffix *'-ism'* behalten die so gebildeten englischen Substantive – im Gegensatz zu den gleichbedeutenden *-ismus*-Wörtern unserer Sprache – den Akzent des jeweiligen Ursprungswortes (meist eines Adjektivs oder Substantivs). Ein stummes End-*'e'* entfällt natürlich vor *'-ism'*.

Atypische Betonung von Substantiven auf '-ism'

Basiswort	'ism'-Substantiv	deutsche Entsprechung
alcohol	alcoholism	*(Alkohol / Alkoholismus)*
capital	capitalism	*(Kapital / Kapitalismus)*
collective	collectivism	*(gesamt / Kollektivismus)*
colonial	colonialism	*(kolonial / Kolonialismus)*
commune	communism	*(Gemeinde / Kommunismus)*
critic	criticism	*(Kritiker / Kritizismus)*
despot	despotism	*(Tyrann / Despotismus)*
ego	egoism	*(das Ich / Egoismus)*
erotic	eroticism	*(erotisch / Erotizismus)*
extreme	extremism	*(krass, extrem / Extremismus)*
hero	heroism	*(Held / Heldentum, Heroismus)*
ideal	idealism	*(vollendet / Idealismus)*
imperial	imperialism	*(kaiserlich / Imperialismus)*
industrial	industrialism	*(industriell / Industrialismus)*
journal	journalism	*(Zeitschrift / Journalismus)*
liberal	liberalism	*(großzügig / Liberalismus)*

optimist	optimism	*(Optimist / Optimismus)*
organ	organism	*(Körperteil / Organismus)*
pessimist	pessimism	*(Pessimist / Pessimismus)*
protection	protectionism	*(Schutz / Protektionismus)*
real	realism	*(wirklich / Realismus)*
rheum	rheumatism	*(Schnupfen / Rheumatismus)*
romantic	romanticism	*(malerisch / Romantizismus)*
social	socialism	*(gesellschaftlich / Sozialismus)*
symbol	symbolism	*(Symbol / Symbolismus)*
terror	terrorism	*(Schrecken / Terrorismus)*
vandal	vandalism	*(Rowdy / Zerstörungswut)*

*

d) Stumme Konsonanten

Mitlaute sind im Englischen grundsätzlich so zu sprechen, wie sie geschrieben werden (insbesondere „weiche" Endlaute wie *b* und *d*) – wenn sie denn überhaupt hörbar sind.[1] Es gibt nämlich einige Konsonantenverbindungen, die entweder ganz stumm bleiben oder von denen nur einer der Mitlaute gesprochen wird. Ein gutes Beispiel ist die nicht gerade seltene Kombination *'gh'*, die zwar eindeutig die deutsche Herkunft und damit die Bedeutung eines geschriebenen Wortes erkennen lässt, in der Aussprache jedoch völlig unterschlagen wird (vgl. *'bright'*, *'brought'*, *'fight'*, *'fought'*, *'knight'*, *'light'*, *'might'*, *'night'*, *'plough'*, *'sight'*, *'sought'*, *'taught'*, *'though'*, *'thought'*, *'through'*, *'tight'*, *'weigh'* und *'weight'*); lediglich in *'laugh'* und *'laughter'* ist das *'gh'* hörbar (Aussprache: [-f] bzw. [-ft-]). Dass in der Verbindung *'wh'* das *'h'* nicht herauszuhören ist, versteht sich von selbst. Bisweilen bleibt jedoch ein *'h'* auch am Wortbeginn stumm, besonders bei Entlehnungen aus dem Französischen (z.B. *'hour'*, *'heir'*, *'honest'*, *'honour'*).

---

[1] Ausnahmen sind die Konsonantenverbindungen *'th'*, *'ch'* und *'tch'*. Die Aussprache des englischen *'w'* ist praktisch durch seine Bezeichnung – *'double-u'* – festgelegt und entspricht in etwa unserem *u*.

Tipp   *Vorsicht bei bestimmten Konsonanten-*
kombinationen am Wortanfang oder -ende!
Sprechen Sie bei den folgenden Zweifach-
konsonanten nur den fettgedruckten Mitlaut:

- *(g)n – (k)n – (p)s – (w)r*   ⇨ *im Anlaut*
- *(g)n*   ⇨ *im Auslaut*
- *(l)f – (l)k – (l)m*   ⇨ *nach einem **a***

'gnat'	[næt]	-	Mücke
'know'	[nou]	-	wissen
'pseudo'	[´sju:dou]	-	unecht
'write'	[rait]	-	schreiben
'calf'	[kɑ:f]	-	Kalb; Wade
'walk'	[wɔ:k]	-	gehen
'balm'	[bɑ:m]	-	Balsam

Anmerkungen:

- Die Unterdrückung eines Konsonanten birgt natürlich die Gefahr von Missverständnissen bei Wortpaaren wie *'gnomic'-'nomic'; 'knight'-'night'; 'knot'-'not'; 'right'-'write'; 'knew'-'new'; 'wreak'-'reek'* etc.
- In einigen Fällen wird ein *'w'* auch im Wortinneren nicht gesprochen (z.B. in *'answer'* und *'sword'*), das Gleiche gilt für manches Binnen-*'s'* (z.B. *'aisle', 'island'* und *'isle'*).
- In den Verbindungen *'-mb-'* (dt. Entsprechung: *-mm-*) und *'-bt'* am Wortende bleibt das *'b'* stumm (vgl. *'lamb', 'thumb'* bzw. *'debt', 'doubt'*).

*

Ausspracheübung (1)

stummes 'g' in anlautend. 'gn-'   *stummes 'g' in auslautendem '-gn'*

gnarled	[nɑ:ld]	- *knorrig*		benign	[bi´nain]	- *gütig*
gnash	[næʃ]	- *knirschen*		campaign	[kæm´pein]	- *Feldzug*
gnat	[næt]	- *Mücke*		design	[di´zain]	- *Entwurf*
gnaw	[nɔ:]	- *nagen*		foreign	[´fɔrin]	- *ausländisch*
gnu	[nu:]	- *Gnu*		reign	[rein]	- *Herrschaft*

Ausspracheübung (2)
stummes 'k' bei Wörtern mit dem Anlaut 'kn-'

*k*nack	[næk]	- *Talent*	*k*nife	[naif]	- *Messer*
*k*napsack	['næpsæk]	- *Rucksack*	*k*night	[nait]	- *Ritter*
*k*nave	[neiv]	- *Knappe*	*k*nit	[nit]	- *stricken*
*k*nead	[ni:d]	- *kneten*	*k*nob	[nɔb]	- *Knauf*
*k*nee	[ni:]	- *Knie*	*k*nock	[nɔk]	- *klopfen*
*k*neel	[ni:l]	- *knien*	*k*noll	[noul]	- *Anhöhe*
*k*nell	[nel]	- *Geläut*	*k*not	[nɔt]	- *Knoten*
*k*nelt	[nelt]	- *kniete*	*k*now	[nou]	- *wissen*
*k*new	[nju:]	- *wusste*	*k*nuckle	[nʌkl]	- *Knöchel*
*k*nickers	['nikəz]	- *Schlüpfer*	*k*nur	[nə:]	- *Knorren*

Ausspracheübung (3)
stummes 'p' bei Wörtern mit dem Anlaut 'ps-'
(die Begriffe decken sich weit gehend mit deutschen Fremdwörtern)

*p*salm	[sɑ:m]	*p*sychological	[saikə'lɔʤikl]
*p*salter	['sɔltə]	*p*sychologist	[sai'kɔləʤist]
*p*seudonym	['sju:dənim]	*p*sychology	[sai'kɔləʤi]
*p*syche	['saiki]	*p*sychopath	['saikəpæθ]
*p*sychiatry	[sai'kaiətri]	*p*sychosis	[sai'kousis]
*p*sychic	['saikik]	*p*sychosomatic	[saikousə'mætik]

Ausspracheübung (4)
stummes 'w' bei Wörtern mit dem Anlaut 'wr-'

*w*rangle	['ræŋgl]	- *Streit*	*w*riggle	['rigl]	- *sich winden*
*w*rap	[ræp]	- *einwickeln*	*w*ring	[riŋ]	- *wringen*
*w*rath	[rɔθ]	- *Zorn*	*w*rinkle	['riŋkl]	- *Falte*
*w*reak	[ri:k]	- *auslassen an*	*w*rist	[rist]	- *Handgelenk*
*w*reath	[ri:θ]	- *Kranz*	*w*rite	[rait]	- *schreiben*

wreck	[rek]	- *Wrack*	writhe	[raið]	- *verlegen sein*
wren	[ren]	- *Zaunkönig*	wrong	[rɔŋ]	- *falsch*
wrest	[rest]	- *entwinden*	wrote	[rout]	- *schrieb*
wrestle	[ˈresl]	- *ringen*	wry	[rai]	- *ironisch*

Ausspracheübung (5)
stummes 'l' im Auslaut '-alf', '-alk' und '-alm'

calf	[kɑːf]	- *Kalb; Wade*	walk	[wɔːk]	- *gehen*
half	[hɑːf]	- *Hälfte; halb*	balm	[bɑːm]	- *Balsam*
balk	[bɔːk]	- *Balken*	calm	[kɑːm]	- *Ruhe; still*
chalk	[tʃɔːk]	- *Kreide*	palm	[pɑːm]	- *Palme*
stalk	[stɔːk]	- *Stängel*	psalm	[sɑːm]	- *Psalm*
talk	[tɔːk]	- *reden*	qualm	[kwɑːm]	- *Bedenken*

*

Zusammenfassend können wir feststellen, dass das gesproche-ne Englisch sowohl angelsächsischen als auch französischen Aussprachemustern folgt. Daher überrascht es nicht, dass etwa die Mitlautverbindungen *sp* und *st* stets als Einzelkonsonanten gesprochen werden – also *s·p* und *s·t* –, so wie es ja noch heute bei den niedersächsischen Nachfahren der Eroberer von der norddeutschen „Waterkant" klingt, wenn sie an den sprich-wörtlichen *s·pitzen S·tein s·toßen* (vgl. engl. *'to spit', 'to spring', 'to stand', 'stone'* etc.), und wer schon einmal seinen Urlaub in der schleswig-holsteinischen Landschaft *Angeln* (mit dem Zentrum Schleswig) verbracht und den Einhei-mischen genau „aufs Maul geschaut" hat, dem wird sicherlich eine gewisse Ähnlichkeit mit englischer Intonation und Satz-melodie aufgefallen sein! Typisch französisch dagegen ist die Eigenart der Engländer, die Wörter eines Satzes möglichst fließend miteinander zu verbinden und dadurch Explosivlaute (Vokale!) am Wortanfang zu vermeiden, wie sie im Stakkato unserer deutschen Sprache zu finden sind (z.B. ... *und ich alter*

Esel antworte ihm immer offen und ehrlich auf alle einzelnen Anfragen!). Hier kommt den englischen Artikeln – *'a'* / *'an'* und *'the'* – eine besondere Rolle zu: Um den Redefluss nicht zu unterbrechen und einzelne Wörter nicht abgehackt klingen zu lassen, wird der unbestimmte Artikel *'a'* zu einem *'an'* vor jedem mit Vokal *anlautenden* – nicht geschriebenen! – Wort (z.B. *'an empty basket'*, *'an ill boy'*, *'an old man'* etc., aber auch vor Wörtern, die mit einem *'h'* beginnen, das bei französischer Abstammung jedoch nicht gesprochen wird, z.B. *'an heir'*, *'an honour'*, *'an hour'* etc.; demgegenüber heißt der unbestimmte Artikel schlicht *'a'* vor Wörtern, die am Anfang zwar mit dem Vokal *'u'* geschrieben werden, aber gesprochen mit einem [ju:] – also einem Konsonanten – beginnen, etwa bei *'a union leader'*). Entsprechend den oben genannten Fällen, in denen statt einem *'a'* ein *'an'* zu verwenden ist, wandelt sich auch die Aussprache des bestimmten Artikels *'the'* von [ðə] zu [ði:] (z.B. *'the ideal woman'*, *'the angry father'*, *'the old story'*, *'the unpaid bill'* etc.).

* * *

6

Vergessen Sie das stupide Vokabelpauken!

Wie die meisten Menschen, die ihren Wortschatz in einer fremden Sprache erweitern wollen (oder müssen), betrachten wahrscheinlich auch Sie die aufgewandte Lernzeit als entscheidenden Maßstab. Stundenlanges verbissenes Pauken mag zwar Ihr Gewissen beruhigen, führt jedoch nur selten zum gewünschten Erfolg, da unser Gehirn dem pausenlosen Bombardement mit Informationen nicht gewachsen ist. Eine zuverlässige Speicherung im Langzeitgedächtnis erfordert immer wieder Ruhephasen oder eine zwischenzeitliche Beschäftigung mit anderen Dingen. Daher ist das auf wenige Minuten beschränkte Lernen kleiner Vokabelgruppen an aufeinander folgenden Tagen sinnvoller als eine einzige mehrstündige Sitzung! Große Bedeutung kommt auch den Assoziationen – oder Eselsbrücken – zu, die Sie mit dem Lernstoff verknüpfen; dazu können wechselnde *Lernorte* ebenso zählen wie bewusste *Gedankenspielereien* oder die Einsicht in etymologische, also *wortgeschichtliche Zusammenhänge*. Dass Sie bei Anwendung der folgenden Lernempfehlungen nicht nur die Gedächtniskapazität Ihres Gehirns erweitern, sondern auch viel Zeit einsparen können, dürfte ein willkommener Nebeneffekt sein.

a) Die Kunst des ökonomischen Vokabellernens

Voraussetzung für ein erfolgreiches Einprägen neuer Wörter ist die richtige Organisation des Vokabellernens. Die *scheinbare* Konzentration auf eine unverändert vorliegende Wortliste ist reine Zeitverschwendung und birgt obendrein die Gefahr des Selbstbetrugs: Mechanisch betrachten Sie alle Vokabeln gleich lange – also auch die schon bekannten! –, sodass Ihnen

Ihre Erinnerungslücken gar nicht recht bewusst werden. Außerdem vernachlässigen Sie beim bloßen Anschauen von Vokabelgleichungen unweigerlich die korrekte Schreibweise der englischen Wörter.

Tipp *Üben Sie Ihre Vokabeln schriftlich!*

Beweisen Sie sich Ihre Lernfortschritte in regelrechten 'Ausscheidungswettkämpfen'!

- *Vergeuden Sie keine Zeit mit bereits gelernten Vokabeln!*
- *Konzentrieren Sie sich auf die echten Problemfälle, indem Sie sie in immer kürzeren Listen zusammenstellen!*

In einem ersten Lernschritt ist das herkömmliche „Herunterlesen" der exakt untereinander angeordneten Vokabeln durchaus angebracht. Nach wenigen Minuten sollten Sie aber bereits einen ersten schriftliche Test durchführen, indem Sie mit einem unbeschriebenen Blatt die Spalte mit den englischen Wörtern abdecken und den deutschen Bedeutungen die vermuteten englischen Entsprechungen zuordnen. Verschieben Sie nun die beiden Blätter so gegeneinander, dass Sie Ihre Version mit dem Original vergleichen können, und stellen Sie die nicht „erratenen" und/oder falsch geschriebenen Vokabeln in einer neuen, wahrscheinlich viel kürzeren Liste zusammen. Danach verdecken Sie die Spalte mit den deutschen Bedeutungen und gehen in gleicher Weise vor. Möglicherweise müssen Sie dieses Ausleseverfahren mit immer stärker gelichteten Listen wiederholt durchführen – wie viel Zeit sie dazu benötigen, wird letztlich davon abhängen, in welchem Maße Sie die folgenden Tipps beherzigen.

*

b) *Langzeiterfolg durch die Assoziationsmethode*

Die widerwillige Beschäftigung mit umfangreichen Vokabellisten ist in der Regel wenig Erfolg versprechend und hat als reine Pflichtübung allenfalls beruhigenden Charakter. Besser – da unter dem Strich schneller, ergiebiger und weniger frustrierend – ist es, wenn Sie sich neues Wortmaterial portionsweise zu Gemüte führen, in unterschiedlichen Situationen lernen und jede Vokabel zudem durch alle möglichen Assoziationen absichern. Solche gedanklichen Querverbindungen erleichtern es Ihnen, einmal Gelesenes oder Gehörtes – unbewusst oder gezielt – im Gedächtnis wiederzufinden.

Tipp   *Versuchen Sie nicht, alles auf einmal zu lernen!*

Verteilen Sie Ihren Lernstoff

- *auf mehrere Tage,*
- *auf wechselnde Lernorte und*
- *auf unterschiedliche Lernsituationen!*

Viele Orte, an denen wir uns im Laufe unseres Lebens einmal aufgehalten haben, sind untrennbar mit ganz bestimmten Erlebnissen verbunden. Aber auch Gerüche, Geräusche oder scheinbar belanglose Situationen lösen bisweilen – zu unserer eigenen Überraschung – eine ganze Erinnerungslawine in uns aus. Diese Erkenntnis lässt sich leicht für ein effektives Lernen und Behalten nutzen. Machen Sie doch einmal die Probe aufs Exempel: Unterteilen Sie Ihr Vokabelpensum in Gruppen zu jeweils zehn Wörtern, und lernen Sie die erste Einheit z.B. in Ihrem Arbeitszimmer, die zweite während eines besinnlichen Waldspaziergangs, eine weitere im Café, die nächste auf einer Parkbank, die fünfte im Linienbus oder der Straßenbahn, wieder andere auf der Terrasse, im Garten, auf der Toilette usw.; wahrscheinlich werden Sie überrascht sein, wie mühelos Sie Vokabeln aus dem Gedächtnis abrufen können, sobald Sie sie mit dem jeweiligen *Lernort* oder der entsprechenden *Lernsituation* verbinden! Vielleicht finden Sie bei dieser Gelegenheit heraus, dass Sie sich nur ungenau an diejenigen Vokabeln erinnern, die Sie in Ihrer normalen Arbeitsumgebung gebüffelt haben – was beweisen würde, dass auch eine möglichst angenehme, zumindest ungewohnte *Lernatmosphäre* hilfreich sein kann (versuchen Sie es z.B. einmal mit einem Softdrink und Knabbereien bei leiser Hintergrundmusik).

Besonders nachhaltig wirken Assoziationen, die Sie vorsätzlich mit jeder einzelnen Vokabel koppeln – sei es, um die Bedeutung, die Rechtschreibung oder die Aussprache eines Wortes im Gedächtnis zu verankern. Es ist unerheblich für den Lernerfolg, ob es sich dabei um sprachwissenschaftlich fundierte Gedankenverbindungen oder um ersonnene, ja sogar zufällige Erinnerungshilfen handelt.

> *Tipp*   *Sichern Sie neue Vokabeln bewusst durch sinnvolle (oder unsinnige) Gedankenverbindungen ab – möglichst doppelt und dreifach!*
>
> *Auf diese Weise können Sie*
>
> - *Ihre Gedächtnisleistung steigern und*
> - *den späteren Zugriff auf entfallene Wörter erleichtern!*

Eine ganze Reihe sinnvoller Assoziationen haben Sie in früheren Kapiteln schon kennen gelernt. Dazu gehören vor allem etymologische Zusammenhänge (z.B. *'body'* und *Bottich*, *'to linger'* und *lungern*, *'picture'* und *Pigment*, *'satisfied'* und *satt*, *'share'* und *Schar* etc.), das Erfassen bestimmter Wortstämme (z.B. *'-port-'* = *tragen*, etwa in *'airport'*, *'export'*, *'portable'*, *'porter'*, *'report'*, *'transport'* etc.), die Einbettung in teils bekannte Wortfamilien (z.B. *Ausstrahlung/strahlen/ strahlend:* *'radio'*, *'radiation'*, *'radiance'*, *'radioactivity'*, *'to radiate'*, *'radiant'* etc.) oder die Anlehnung an geläufige Fremdwörter (z.B. *'delicious'* - *delikat*, *'to inspire'* - *inspirieren*, *'manual'* - *manuell*, *'ordinary'* - *ordinär* etc.).

Gelingt es Ihnen nicht, die Herkunft eines Wortes oder dessen Verwandtschaft mit ähnlichen Begriffen zu erkennen, verbinden Sie diese Vokabel getrost mit einer willkürlichen Assoziation! Nehmen wir einmal an, Sie können sich das englische Substantiv

roar (= Dröhnen, Getöse)

nicht merken; wenn Sie es z.B. mit unserem Wort *Rohr* assoziieren, werden Sie feststellen, dass Sie sich dank dieser simplen Merkhilfe problemlos an die englische Vokabel erinnern, zumal die Vorstellung der Klangverstärkung durch ein *Rohr* eine recht anschauliche Eselsbrücke zur deutschen Bedeutung *Dröhnen* schlägt (die korrekte etymologische Assoziation wäre übrigens unser umgangssprachliches *Röhren* = Brüllen). Eine andere nützliche Gedächtnishilfe ist die Koppelung mit Reimwörtern, etwa

treasure (= Schatz, Kostbarkeit)

mit *'measure'* oder *'pleasure'*, obschon auch die *Sure* des Korans zum Erfolg führen könnte (die etymologische Gedankenverbindung ist natürlich unser *Tresor*). Solche auf den ersten Blick unsinnig anmutenden Gedächtnisstützen finden sich leicht sowohl für das Einprägen der Bedeutung als auch der Rechtschreibung und Aussprache eines neuen englischen Wortes; mit ihnen besitzen Sie einen Zauberschlüssel, der Ihnen im Notfall – quasi durch die Hintertür – Zutritt zu verloren geglaubtem Lernstoff verschaffen kann.

Lassen Sie sich zu folgenden Vokabeln einmal spontan geeignete Merkwörter einfallen (englische Reimwörter, ähnlich klingende oder teilweise identisch geschriebene deutsche Wörter – möglichst mit einem gedanklichen Bezug zur englischen Wortbedeutung –, Nonsenswörter etc.):

blunder	(= schwerer Fehler)	choke	(= erdrosseln)
decline	(= sinken, abnehmen)	enterprise	(= Unternehmen)
flawless	(= makellos)	hesitant	(= zögernd)
idiom	(= Redewendung)	loiter	(= trödeln)
mention	(= erwähnen)	occasion	(= Gelegenheit)
parents	(= Eltern)	roam	(= herumstreichen)
salmon	(= Lachs)	torrent	(= reißender Bach)

Sollten sich bei Ihnen keine passenden Assoziationen eingestellt haben, helfen vielleicht die folgenden Angebote weiter: *'blunder'* (Plunder/*'under'*), *'choke'* (Schock/Schoko/*'Coke'*/ *'joke'*), *'decline'* (die Kleine/die Klinik/*'clean'*), *'enterprise'* („Entenpreis"/*'enter'*/Prise), *'flawless'* („flohlos"/flau/*'floor'*/ *'lawless'*), *'hesitant'* (Häschen/Tante/„He, Sie Tante!"/*'tent'*), *'idiom'* (Idiot/*'medium'*), *'loiter'* (Leiter/läutern/meutern), *'mention'* (Menschen/*'men'*/*'attention'*), *'occasion'* (o.k./Kasus), *'parents'* (Paar/*'pair'*/*'Clarence'*), *'roam'* (räumen/ Raum/Rom/*'Rome'*), *'salmon'* (Salmonellen/Salomon/Samen/ zähmen/*'Sam'*), *'torrent'* (Torero/Toronto/*'current'*).

Es wäre empfehlenswert, sich die deutschen Bedeutungen der oben aufgeführten Vokabeln zu notieren und in den nächsten Tagen zu testen, ob Sie mit Hilfe Ihrer individuellen Gedankenverbindungen in der Lage sind, die englischen Wörter im Gedächtnis wiederzufinden.

c) Die bewusste Kodierung von Vokabeln

Bei besonders problematischen Vokabelgleichungen lohnt sich die Anwendung eines Verschlüsselungstricks, mit dem sich im Bedarfsfall ein gesuchtes englisches Wort leicht wieder „enttarnen" lässt. Dazu benötigen Sie allerdings eine gewisse sprachliche Pfiffigkeit (die an sich schon die Lernsicherung unterstützt) und Ihre Bereitschaft, die fraglichen Vokabeln nach Ihren Bedürfnissen neu zu arrangieren.

Tipp *Suchen Sie nach einem deutschen Synonym,*
das mit dem gleichen Laut beginnt wie die
englische Vokabel!

So haben Sie einen festen Anhaltspunkt für
die Stimulation Ihres Gedächtnisses!

➲ *'vault'* = *Wölbung (Gewölbe)*

Das Ersatzwort muss natürlich äußerst sorgfältig gewählt werden, da es – praktisch als Schlüsselbedeutung – Priorität genießt und allen übrigen Worterklärungen voranzustellen ist. Die folgenden Beispiele mögen der Verdeutlichung dieses Kodierungskniffs dienen und Sie zur Nachahmung anregen:

abandon	= **a**blassen	(im Stich lassen, preisgeben)
bold	= **b**eherzt	(kühn, mutig)
fervent	= **f**ieberhaft	(leidenschaftlich, glühend)
hew	= **h**auen	(fällen, schlagen)
hoarse	= **h**eiser	(krächzend)
hustle	= **h**asten	(drängen, drängeln)
mercy	= **M**itleid	(Erbarmen, Barmherzigkeit)
merry	= **m**unter	(fröhlich)
obvious	= **o**ffensichtlich	(augenfällig, sichtlich)
purse	= **P**ortemonnaie	(Geldbeutel, *Börse*)
serrated	= **s**ägeförmig	(gezackt; vgl. *Sierra Nevada*)
spread	= **s**preizen	(ausbreiten, verteilen)
towel	= **T**uch	(Handtuch)
trust	= **t**rauen	(vertrauen)
warden	= **W**ärter	(Aufseher)

d) Das Ausschalten orthographischer Fehlerquellen

Sie können den Lernprozess – sogar beim herkömmlichen Vokabelpauken – wesentlich verkürzen und vor allem die Rechtschreibung neuer englischer Wörter sicher in den Griff bekommen, indem Sie sich bereits beim ersten Anschauen der Vokabeln bewusst machen, an welcher Stelle Ihre ganz persönliche orthographische Schwachstelle liegt. Schließlich ist ein erkannter Feind nur noch ein halber Feind!

Tipp *Fragen Sie sich ganz bewusst bei jedem*
neuen Wort, an welcher Stelle Sie es
im Ernstfall falsch schreiben würden –
Sie erhalten umgehend eine Antwort!

Die Vorteile liegen auf der Hand:

- *Sie sind vor späteren bösen Über-*
raschungen ziemlich gefeit und
- *Sie sichern die Vokabelspeicherung*
durch eine zusätzliche Assoziation ab!

Selbst bei vermeintlich leicht zu lernenden Vokabeln macht sich dieser kleine Trick bezahlt, da man bei scheinbar identischen Wörtern geringfügige Abweichungen nicht selten übersieht (z.B. 'address' - Adresse, 'glass' - Glas, 'machine' - Maschine, 'wonderful' - wundervoll etc.). Damit Ihnen die kritischen Stellen beim Lernen ins Auge springen, sollten Sie diese – etwa mit einem farbigen Marker – kennzeichnen! Fragen Sie sich bei den folgenden englischen Wörtern einmal ganz gezielt, wo Ihre potentiellen Fehlerquellen liegen:

message	(= Botschaft)	messenger	(= Bote)
receiver	(= Empfänger)	receipt	(= Quittung)
doubt	(= Zweifel)	dubious	(= zweifelhaft)

Möchten Sie die Fehlerprophylaxe ein wenig intensiver einüben? – Dann analysieren Sie bitte die nachstehenden Risiko-
wörter (in Klammern ist jeweils eine Auswahl von möglichen
Fehlerquellen „angeboten", die schlimmstenfalls alle gleichzeitig in einer Vokabel enthalten sein können):

behalf	(behalf - behalf - behalf)
behaviour	(behaviour - behaviour - behaviour)
business	(business - business - business)
button	(button - button - button)
citizen	(citizen - citizen - citizen)
committee	(committee - committee - committee)
courageous	(courageous - courageous - courageous)
descendant	(descendant - descendant - descendant)
dismissal	(dismissal - dismissal - dismissal)
doubtless	(doubtless - doubtless - doubtless)
engineer	(engineer - engineer - engineer)
foreigner	(foreigner - foreigner - foreigner)
furnace	(furnace - furnace - furnace)
goalkeeper	(goalkeeper - goalkeeper)
government	(government - government)
guidance	(guidance - guidance - guidance)
insurance	(insurance - insurance - insurance)
jewellery	(jewellery - jewellery - jewellery)
journey	(journey - journey - journey)
juice	(juice - juice)
lawyer	(lawyer - lawyer - lawyer)
mustard	(mustard - mustard - mustard)
necessary	(necessary - necessary - necessary)
negligence	(negligence - negligence - negligence)
parrot	(parrot - parrot - parrot)
personnel	(personnel - personnel - personnel)
pleasantry	(pleasantry - pleasantry - pleasantry)
pursuit	(pursuit - pursuit - pursuit)
roast beef	(roast beef - roast beef - roast beef)
roughness	(roughness - roughness - roughness)
scissors	(scissors - scissors - scissors)

squeeze	(**squeeze** - squ**eeze** - sque**eze**)
stomach	(**sto**mach - stom**ach** - stoma**ch**)
successful	(**successful** - succe**ssful** - successf**ul**)
surgeon	(**sur**geon - surg**eon** - surge**on**)
surveyor	(**sur**veyor - surv**eyor** - surve**yor**)
tambourine	(tam**bourine** - tamb**ourine** - tambourine)
tongue	(**tongue** - to**ngue**)
traffic	(**traffic** - tra**ffic** - traffi**c**)
turpentine	(**tur**pentine - turpentine - turpentine)
volcano	(**vol**cano - volcano - volcan**o**)
wisdom	(**wisdom** - wisd**om**)
woollen	(**woollen** - woo**llen**)
world	(**world** - world - worl**d**)
wrongdoer	(**wr**ongdoer - wrongd**oer**)

Sie werden gemerkt haben, dass diese Methode schnell und zuverlässig Ihre speziellen Rechtschreibschwierigkeiten aufdeckt – Sie müssen sich halt nur selbst fragen! Andernfalls übersehen Sie allzu leicht die orthographischen Gefahrenstellen, auch wenn Sie überzeugt sind, Ihre Vokabeln gründlich gelernt zu haben (schließlich betrügt man niemanden so leicht wie sich selbst).

*

Bisher hat sich alles in diesem Buch um den englischen *Wortschatz* gedreht – um seine Herkunft und wortgeschichtliche Entwicklung, um die Verwertung etymologischer Erkenntnisse für die Erweiterung Ihres fremdsprachlichen Vokabulars, aber auch um allgemeine Lernstrategien. Das letzte Kapitel jedoch soll Sie in die elementaren Geheimnisse der englischen *Grammatik* einweihen.

* * *

7

„Überleben" Sie mit drei Grammatikregeln!

Grammatikbücher haben gewöhnlich einen entscheidenden Nachteil: Sie sind viel zu umfangreich und mit ihrer Fülle von isolierten Vorschriften und Haarspaltereien eher dazu angetan, Verwirrung zu stiften als die erhoffte Sprachsicherheit zu vermitteln. Folglich sind Grammatikübungen den meisten Englischlernenden ein Gräuel, und die Forderung, möglichst gegen keine der „gelernten" Regeln zu verstoßen, schließt eine spontane Kommunikation in der Fremdsprache geradezu aus. Dabei reichen zum Verständnis der englischen Grammatik drei Grunderkenntnisse, mit denen Sie sprachlich „überleben" können und die selbst viele der sogenannten Ausnahmen von der Regel mit einschließen.

a) Alte Stammformen – neu arrangiert

Sowohl die englische Zeitenbildung als auch die korrekte Anwendung von Hilfsverben bleiben vielen zeitlebens ein Geheimnis mit sieben Siegeln, hat man ihnen doch *acht (!)* verschiedene Zeiten eingebläut, von denen allein die Hälfte in verzwickten Kombinationen mit *'will'* oder *'would'* zu konstruieren ist.

Richtig ist, dass es im Grunde nur *zwei* Zeitstufen gibt, nämlich die **Gegenwart** *('Present Tense')* und allenfalls die **Vergangenheit** *('Past Tense')*, also die ehemalige Gegenwart, – die einzigen Realitäten, die wir kennen und die mit einer einzigen Stammform auszudrücken sind (z.B. *'go'/'went'*). Alle anderen „Zeiten" sind Variationen desselben Themas, d.h. auch die Zukunft ist in Wirklichkeit *Gegenwart* (denn unsere Wünsche und Hoffnungen, unsere Erwartungen und Befürchtungen werden uns *jetzt* bewusst!), so wie das *'Conditional'*[1] formal der *Vergangenheit* entspricht: Denn was *eigentlich* geschehen *könnte, würde, sollte* usw. – aber möglicherweise nie eintreten wird – kann sozusagen schon heute „vergessen" werden: Es ist praktisch von vornherein *passé*!

Unabhängig von der Zeit *(Gegenwart – Vergangenheit)* müssen wir allerdings zwischen **zwei Betrachtungsweisen** einer Handlung oder Situation unterscheiden: Es kann *(1)* ihr *gesamter Ablauf* (also von Anfang bis Ende) oder *(2)* nur ihr *Endpunkt* gemeint sein!

(1)

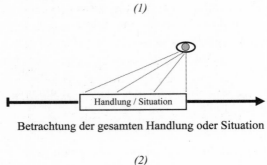

Betrachtung der gesamten Handlung oder Situation

(2)

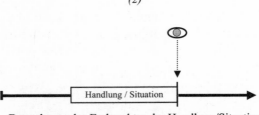

Betrachtung des Endpunktes der Handlung/Situation

Nun sollten Sie erfahren, dass es im Englischen *zwei Infinitive* gibt, die genau diesen beiden unterschiedlichen Aspekten entsprechen. Da die Briten schon vor Jahrhunderten auf (fast) alle

---

[1] = Bedingungsfall (*würde, könnte, möchte, hätte, dürfte* etc. sind auch im Deutschen Konjunktivformen der Vergangenheit!)

Verb-Endungen verzichtet haben (s. frühere Kapitel), sprechen sie – zumindest in der Gegenwart – im *Infinitiv*! Die einzige Ausnahme ist die dritte Person Einzahl, in der ein *'-s'* an das Vollverb angehängt wird (z.B. *'she speaks'* bzw. *'she has spoken'*).

1. Infinitiv: *'(to)* **go** *'*   (ganze Handlung)
2. Infinitiv: *'(to)* **have gone** *'* (Endpunkt derselben Handlung)

Sie sollten einige Minuten darauf verwenden, möglichst viele Infinitivpaare (mündlich oder schriftlich) zusammenzustellen und sich den oben erwähnten Zusammenhang bewusst machen. Denken Sie daran, dass Sie beim zweiten Infinitiv immer die gleichen „Zutaten" benötigen, nämlich *'have'* und die *dritte Stammform* des Verbs!

Im Folgenden werden die beiden Infinitive eingerahmt, um anzudeuten, dass sie – bis auf die oben erwähnte Ausnahme – unveränderlich sind und jeweils eine feste Einheit bilden (*'have'* und *'gone'* sollten Sie also nicht als *zwei* Wörter betrachten, sondern als *einen* Infinitiv):

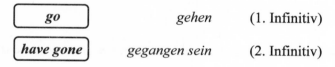

    go   *gehen*   (1. Infinitiv)

have gone   *gegangen sein*   (2. Infinitiv)

So lustig es sich auch anhört, wenn wir es wörtlich übersetzen – der Engländer sagt wirklich *ich gehen, du gehen, ihr gehen* bzw. (für die Vollendung der Handlung) *ich gegangen sein, du gegangen sein, ihr gegangen sein* etc.

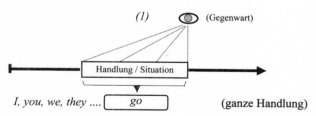

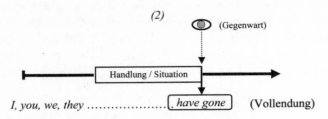

Wenn Sie diese beiden Infinitive verwenden, bilden Sie übrigens automatisch zwei der „traditionellen" Zeiten, und zwar das *'Present Tense'* und das *'Present Perfect'*!

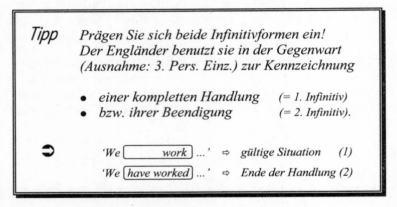

Jetzt aber kommt die Überraschung: Sie können nämlich vor beide Infinitive *jedes beliebige* Hilfsverb stellen – und Sie erhalten immer eine formal *absolut richtige* Satzaussage!

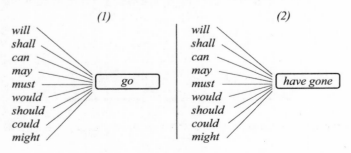

Übrigens nennt man diese Wörter *Hilfsverben*, weil sie auf keinen Fall allein im Satz stehen können, sondern immer mit dem ersten oder zweiten Infinitiv eines Vollverbs gekoppelt werden müssen – sie leisten einem „richtigen" Verb also nur „Hilfestellung". Ihre Eigenständigkeit ist so begrenzt, dass sie ihre Form auf keinen Fall verändern dürfen. Folglich weisen sie weder das sonst übliche End-*'s'* in der 3. Person Einzahl der Gegenwart auf, noch können sie irgendwelche Stammformen bilden – sie sind einfach *Konstanten!* Notwendigerweise gibt es Hilfsverben, die in der **Gegenwart**, und solche, die in der **Vergangenheit** zu benutzen sind, und vielleicht ist es ratsam, deren Bedeutung einmal grundsätzlich zu klären.

Bedeutungen der englischen Hilfsverben
(hinter denen einer der beiden Infinitive stehen muss)

Benutzung i. d. Gegenwart		*Entsprechung i. d. Vergangenheit*	
'will'	- wollen, werden	*'would'*	- würden
'shall'	- sollen	*'should'*	- sollten
'can'	- können	*'could'*	- könnten, konnten
'may'	- mögen, dürfen	*'might'*	- möchten, dürften
'must'	- müssen	-	(entfällt)

Tipp — *Verwenden Sie Hilfsverben niemals isoliert – ihnen muss immer einer der beiden Infinitive (ohne 'to') folgen!*

Gehen Sie in zwei getrennten Schritten vor:

- *Wählen Sie zuerst ein treffendes Hilfsverb,*
- *entscheiden Sie sich dann für den Infinitiv.*

➔ *Er muss | **gehen**.* ⇨ *'He must ⎡ leave ⎤.'*

*Er muss | **gegangen** sein.* ⇨ *'He must ⎡ have left ⎤.'*

Ein wenig aufpassen müssen Sie allerdings bei *hätte(n, -st, -t)* und *wäre(n, -st, -t)*, da der Umlaut *ä* in deutschen Konjunktivformen immer einem *'would'* entspricht! So wird aus

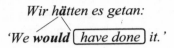

Wir hätten es getan:

*'We **would** ⌐ have done ⌐ it.'*

Übersetzen Sie nun bitte die folgenden Teilsätze, indem Sie die Hilfsverben mit einem Infinitiv (ganze Handlung? Abschluss der Handlung?) kombinieren:

(1)

er mag	denken ...	er mag	**ge**dacht haben ...
ihr solltet	kommen ...	ihr solltet	**ge**kommen sein ...
es wird	kosten ...	es wird	**ge**kostet haben ...
wir würden	rennen ...	wir würden	**ge**rannt sein ...
es mag	sein ...	es mag	**ge**wesen sein ...
sie könnte	haben ...	sie könnte	**ge**habt haben ...
sie würde	geben ...	sie würde	**ge**geben haben ...

(2)

sie wird	**ge**träumt haben ...	du sollst	fragen ...
er muss	wissen ...	sie sollten	**ge**lernt haben ...
er möchte	**ge**fallen sein ...	sie müssen	**ge**hört haben ...
sie könnten	kommen ...	sie sollte	haben ...
du solltest	**ge**tan haben ...	ich darf	beginnen ...
wir werden	sehen ...	sie werden	**ge**wachsen sein ...
ich muss	**ge**schlafen haben ...	sie mag	**ge**fühlt haben ...

(3)

du hättest	**ge**fragt ...	(= du **würdest** gefragt haben)
wir wären	**ge**rannt ...	(= wir **würden** gerannt sein)
ihr wäret	**ge**wesen ...	(= ihr **würdet** gewesen sein)
ich hätte	**ge**dacht ...	(= ich **würde** gedacht haben)
sie wären	**ge**kommen ...	(= sie **würden** gekommen sein)
es hätte	**ge**brannt ...	(= es **würde** gebrannt haben)
er wäre	**ge**flohen ...	(= er **würde** geflohen sein)
wir hätten	**ge**trunken ...	(= wir **würden** getrunken haben)
du wärest	**ge**fallen ...	(= du **würdest** gefallen sein)
ihr hättet	**ge**baut	(= ihr **würdet** gebaut haben)

Lösungen:

(1)

'he may	think ...'		'he may	have thought ...'
'you should	come ...'		'you should	have come ...'
'it will	cost ...'		'it will	have cost ...'
'we would	run ...'		'we would	have run ...'
'it may	be ...'		'it may	have been ...'
'she could	have ...'		'she could	have had ...'
'she would	give ...'		'she would	have given ...'

(2)

'she will	have dreamt ...'		'you shall	ask ...'
'he must	know ...'		'they should	have learnt ...'
'he might	have fallen ...'		'they must	have heard ...'
'they could	come ...'		'she should	have ...'
'you should	have done ...'		'I may	begin ...'
'we will	see ...'		'they will	have grown ...'
'I must	have slept ...'		'she may	have felt ...'

(3)

'you would	have asked ...'		'it would	have burnt ...'
'we would	have run ...'		'he would	have fled ...'
'you would	have been ...'		'we would	have drunk ...'
'I would	have thought ...'		'you would	have fallen ...'
'they would	have come ...'		'you would	have built ...'

Sind Ihnen bei dieser (hoffentlich) leichten Übung nicht einige alte Bekannte begegnet? Wenn Sie richtig „geraten" haben, ist Ihnen – bis auf das *'Past'* und das *'Past Perfect'* – automatisch die Bildung aller traditionellen Zeiten gelungen, die in der folgenden Tabelle aufgelistet sind:

1. Infinitiv (Handlung)		*2. Infinitiv (Abschluss der Handlung)*	
'I ... [go].' (Present)		*'I ... [have gone].'* (Present Perfect)	
'I will [go].' (Future)		*'I will [have gone].'* (Future Perfect)	
'I would [go].' (Conditional / Future in the Past)		*'I would [have gone].'* (Condit. Perfect / Future Perfect in the Past)	

Ihr Grammatikbuch wird Sie wahrscheinlich gelehrt haben, dass im Englischen die Zukunft *(= 'Future')* mit dem Hilfsverb *'will'* zu bilden ist, wohingegen Sie für den Bedingungsfall *(= 'Conditional')* – der ja eigentlich das *'Past'* der Zukunft (!) ist – das Hilfsverb *'would'* verwenden müssen.

Unser oben beschriebener Trick ist viel umfassender: Sobald Sie ein beliebiges Hilfsverb der **Gegenwartsgruppe** – neben *'will'* also auch *'shall'*, *'can'*, *'may'* und *'must'* – mit dem ersten Infinitiv kombinieren, erhalten Sie immer eine korrekte *Zukunftsform* (sobald Sie diese dem zweiten Infinitiv voranstellen, drücken sie den vermuteten Abschluss einer Handlung aus)[1], während jedes Hilfsverb der **Vergangenheitsgruppe** – d.h. außer *'would'* auch *'should'*, *'could'* und *'might'* – in Verbindung mit einem der beiden Infinitive verlässlich zu einer richtigen *Bedingungsform* führt.

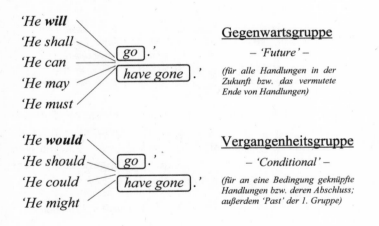

'He **will**
'He shall
'He can — [go] . '
'He may   [have gone] . '
'He must

Gegenwartsgruppe

– *'Future'* –

(für alle Handlungen in der Zukunft bzw. das vermutete Ende von Handlungen)

'He **would**
'He should — [go] . '
'He could — [have gone] . '
'He might

Vergangenheitsgruppe

– *'Conditional'* –

(für an eine Bedingung geknüpfte Handlungen bzw. deren Abschluss; außerdem 'Past' der 1. Gruppe)

*

---

[1]   also das *'Future Perfect'* – d.h. das schon jetzt kalkulierbare Ende einer zukünftigen Handlung (z.B. *'This time tomorrow, George and Tom **will** have arrived.'* – *Morgen um diese Zeit werden George und Tom schon angekommen sein.*)

Nun fehlen uns nur noch zwei Aspekte der **Vergangenheit des Vollverbs**. Es sind die beiden einzigen Zeiten im Englischen, die *ohne* die Hilfe eines Infinitivs gebildet werden. Dabei handelt es sich wiederum um die zwei verschiedenen Betrachtungsweisen derselben Begebenheit, die diesmal jedoch einen Tag, eine Woche, einen Monat etc. zurückliegt. Die vergangene Handlung an sich *(ganze Handlung)* wird durch die zweite Stammform ausgedrückt *(= 'Past')*, die in der Vergangenheit bereits abgeschlossene Handlung durch *'had'* und die dritte Stammform *('Past Perfect')*.

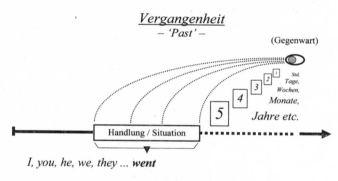

ganze vergangene Handlung(-en)

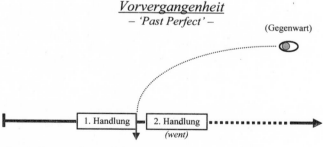

Abschluss einer Handlung (bevor eine zweite Handlung begann)

Übrigens ist das Zeitenschema – wie man es gewöhnlich in der Schule lernt – komplett, wenn Sie die beiden Vergangenheitszeiten *'went'* *('Past')* und *'had gone'* *('Past Perfect')* der Übersicht auf Seite 411 hinzufügen, die Ihnen möglicherweise gar nicht so „übersichtlich" erscheint. Daher zurück zu unserer Erkenntnis, dass es im Prinzip nur die **Gegenwart** und die **Vergangenheit** gibt – zwei Zeiten, die der Engländer nicht vermischen darf, d.h. innerhalb eines Satzes oder Textes muss er bei *einer* Zeit bleiben! Im Folgenden erfahren Sie einen Trick, mit dem Sie automatisch und zuverlässig alle erlaubten Kombinationen zur Verfügung haben.

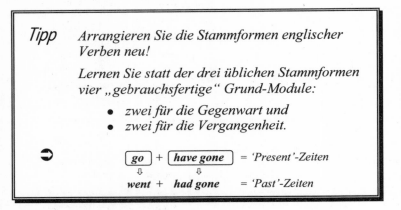

Tipp   *Arrangieren Sie die Stammformen englischer Verben neu!*

Lernen Sie statt der drei üblichen Stammformen vier „gebrauchsfertige" Grund-Module:

- *zwei für die Gegenwart und*
- *zwei für die Vergangenheit.*

$$\boxed{go} + \boxed{have\ gone} = \text{'Present'-Zeiten}$$
$$went + had\ gone = \text{'Past'-Zeiten}$$

Anmerkungen:

- Die erste Zeitform bezeichnet jeweils die Handlung an sich, die zweite den Abschluss einer Handlung (s. vorherige Seiten).
- Dass auch die Hilfsverben (+ Infinitiv!) in dieses Zwei-Zeiten-Schema passen, soll später nochmals verdeutlicht werden.

Sicherlich werden Sie in einem Englischlehrbuch eine Tabelle mit unregelmäßigen Verben finden, sodass Sie ausprobieren können, wie leicht die gebrauchsfertige Anordnung der herkömmlichen Stammformen ist, von denen vor allem die dritte – die als Einzelwort (z.B. *'gone'*) äußerst selten vorkommt! – immer wieder zu unnötigen Fehlern verleitet. Machen Sie sich bitte bei jedem Verb klar, dass die ersten beiden Formen eine Handlung in der **Gegenwart** beschreiben, während die beiden anderen *denselben* Sachverhalt in der **Vergangenheit** ausdrücken. Im Übrigen können Sie natürlich auch mit einigen regelmäßigen Verben üben, deren zweite und dritte Stammformen grundsätzlich auf *'-ed'* enden. Am besten üben Sie schriftlich entsprechend den folgenden Beispielen:

traditionelle Anordnung	*neue Anordnung (ohne 'to')*		
(to fly, flew, flown)	*fly*	-	*have flown,*
	flew	-	*had flown*
(to give, gave, given)	*give*	-	*have given,*
	gave	-	*had given*
(to see, saw, seen)	*see*	-	*have seen,*
	saw	-	*had seen*
(to write, wrote, written)	*write*	-	*have written,*
	wrote	-	*had written*
etc.			

(to move, moved, moved)	*move*	-	*have moved,*
	moved	-	*had moved*
(to stop, stopped, stopped)	*stop*	-	*have stopped,*
	stopped	-	*had stopped*
(to turn, turned, turned)	*turn*	-	*have turned,*
	turned	-	*had turned*
etc.			

*

Zur Abrundung dieser ersten Regel, mit der die Bildung der englischen Zeiten automatisiert werden kann, soll noch einmal verdeutlicht werden, wie die Hilfsverben – die ja immer mit einem der beiden Infinitive verbunden sein müssen – sich in das neue Arrangement der Stammformen einfügen. Sie erinnern sich: Hilfsverben können ebenfalls der **Gegenwart** bzw.

der **Vergangenheit** zugeordnet werden, wobei auch die *Zu-kunft* eigentlich eine Gegenwartsform (vgl. *'he will'* = *er wird* bzw. *er will*) und der *Bedingungsfall* eine Vergangenheitsform ist (vgl. *'he could'* = *er könnte* bzw. *er konnte*).

Das vollständige „Zwei-Zeiten-Schema"

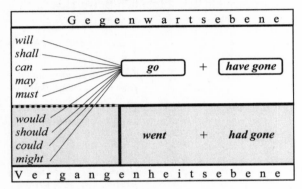

Vielleicht sollten Sie sich diese Gesamtschau aller denkbaren Zeiten im *Aktiv* (= Tatform) kopieren, sodass Sie sie zurate ziehen können (außer natürlich bei Klausuren!), wann immer Sie einen englischen Text zu entwerfen haben. Außerdem wird das saubere Abzeichnen des Schemas Ihre Einsicht in die Zeitenbildung vertiefen, – und wenn Sie es dann noch jemand anderem erklären, werden Sie selbst es nie wieder vergessen!

Der Vollständigkeit halber wollen wir uns noch kurz mit der Leideform, d.h. dem *Passiv*[1] des englischen Verbs befassen, das ebenso mechanisch zu konstruieren ist wie die Tatform. Die Ingredienzien sind in diesem Fall eine passende Form von *'to be'* sowie die dritte Stammform eines Vollverbs, z.B.

*'he **was** ⎡beaten⎤'* *(= er **wurde** geschlagen)*.

Die Zeit (in unserem Beispiel die Vergangenheit) wird also le-

---

[1] Über das Passiv werden Sie später noch mehr erfahren.

diglich durch *'to be'* ausgedrückt, während die dritte Stammform wiederum eine Konstante ist! Da das Verb *'to be'* ein
echtes Kuriosum ist – kein anderes englisches Tätigkeitswort
besitzt einen solchen Formenreichtum! –, sollten Sie sich unbedingt mit dieser einzigen Variablen einer Passivkonstruktion
vertraut machen. Es sieht auf den ersten Blick schwieriger aus,
als es in Wirklichkeit ist, denn bis auf das *'Present'* und das
'Past' sind alle Formen „normal" entstanden.

Mögliche Formen von 'to be' im Passiv

Formenvielfalt in Gegenwart und Vergangenheit		
Present: *Singular*	*I*	*am*
	he, she, it	*is*
Plural	*we*	
	you	*are* → **beaten**
	they	
Past: *Singular*	*I*	
	he, she, it	*was*
Plural	*we*	
	you	*were* → **beaten**
	they	

Regelmäßig gebildete Zeiten		
Future:	*will*	**be**
Conditional:	*would*	**be**
Present Perfect[1]:		**have been** → **beaten**
Past Perfect:		**had been**
Future Perfect:	*will*	**have been**
Conditional Perfect:	*would*	**have been**

---

[1]   In der 3. Person Einzahl heißt es ausnahmsweise *'he / she **has** been'*.

Vielleicht ist Ihnen aufgefallen, dass die *'Perfect'*-Zeiten und das *Passiv* eine große Verwechslungsgefahr bergen, schließlich benutzen wir im Deutschen zur Bezeichnung einer abgeschlossenen Handlung bisweilen das Tätigkeitswort „**haben**", manchmal aber auch das Verb „**sein**" (z.B. *ich habe gelacht, wir hatten beschlossen, sie hätten gefeiert* bzw. *ich bin gewesen, ihr seid gefahren, du bist geflogen, er war gegangen, wir wären begegnet* etc.). Da im Englischen *'to be'* in Verbindung mit der dritten Stammform für die Bildung der *Leideform* reserviert ist (z.B. *'he was caught'*), steht es zur Konstruktion der *'Perfect'*-Zeiten natürlich nicht zur Verfügung!

Tipp   Lassen Sie sich nicht durch deutsche Zeitformen zu Fehlern verleiten!

Verwenden Sie im Englischen grundsätzlich

- *'to have'* für alle *'Perfect'*-Zeiten,
- *'to be'* dagegen für das Passiv!

➜ *'Perfect'-Zeiten:*

Er ist (= **hat**!) gelaufen.   ⇨ *'He **has** run.'*
Sie waren (= **hatten**!) gefallen.   ⇨ *'They **had** fallen.'*

Passiv:

Es wird (= **ist**!) ... genannt.   ⇨ *'It **is** called ...'*
Wir wurden (= **waren**!) gefragt.   ⇨ *'We **were** asked.'*

Anmerkung:

- Sobald Sie eine abgeschlossene Handlung im Passiv ausdrücken wollen, kommen *'to have'* und *'to be'* selbstverständlich gemeinsam vor, da die *'Perfect'*-Zeiten von *'to be'* zwangsläufig eine Form von *'to have'* enthalten (z.B. *'... have been | beaten'*, *'... had been | asked'*, *'... will have been | finished'*, *'... would have been | found'* etc.)

*

Bevor Sie die nun folgenden Sätze ins Englische übertragen, entscheiden Sie zunächst, ob es sich um den *Abschluss einer Handlung* in der Tatform oder um die *Leideform* handelt, und wählen Sie dann die entsprechende Zeitform von *'to have'* bzw. *'to be'*. Bei Übung *(3)* müssen Sie ein wenig Acht geben, da es bei diesen Beispielen sowohl um eine *abgeschlossene Handlung* als auch um die *Leideform* geht – 'to have' und 'to be' also gemeinsam vorkommen. Denken Sie daran: Die dritte Stammform des Vollverbs benötigen Sie auf jeden Fall!

(1)

Sie ist gefahren.
Wir haben gefunden.
Ich habe geschlafen.
Ihr hattet getrunken.

Sie wird gefahren.
Wir wurden gefunden.
Es wird gegessen.
Du wurdest gerufen.

(2)

Wir sind gegangen.
Sie waren genannt worden.
Ihr seid gefallen.
Du bist gewachsen.

Er ist geflogen.
Du hast gelacht.
Ich wurde verletzt.
Sie werden verkauft.

(3)

Wir sind gefragt worden.
Du bist gesehen worden.
Es ist verstanden worden.
Sie würden gesandt worden sein.

Es war gekauft worden.
Du warst vergessen worden.
Sie waren verlassen worden.
Er wäre (!) gebissen worden.

Lösungen:

(1)

She has driven.
We have found.
I have slept.
You had drunk.

She is driven.
We were found.
It is eaten.
You were called.

(2)

We have gone.
They had been called.
You have fallen.
You have grown.

He has flown.
You have laughed.
I was hurt.
They are sold.

(3)

We have been asked.	*It had been bought.*
You have been seen.	*You had been forgotten.*
It has been understood.	*They had been left.*
They would have been sent.	*He would have been bitten.*

*

b) Der Unterschied zwischen Infinitiv und '-ing'-Form

Der englische Infinitiv mit *'to'* und die *'-ing'*-Form werden meist für identisch und daher für austauschbar gehalten; oder können Sie einen Bedeutungsunterschied zwischen

'I have stopped smoking my pipe.'

und

'I have stopped to smoke my pipe.'

erkennen? Haben Sie nicht in *beiden* Fällen das Pfeiferauchen aufgegeben? Beileibe nicht, denn der zweite Satz meint geradezu das Gegenteil! Das Infinitiv-*'to'* drückt – ebenso wie die Präposition *'to'* – eine Richtung, eine Vorwärtsbewegung aus und bedeutet wörtlich übersetzt „zu" oder „um zu". In der zweiten Aussage teilen Sie also den Grund mit, warum Sie angehalten haben: Sie möchten nämlich jetzt Ihre Pfeife rauchen! Die nachstehende Zeichnung mag den Sachverhalt klären helfen:

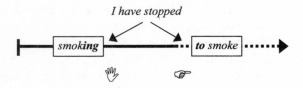

Aufgabe einer Angewohnheit	Absichtserklärung
(= abgeschlossene Handlung!)	(= zukünftige Handlung!)

Tipp *Vorsicht im Umgang mit der '-ing'-Form und dem Infinitiv mit 'to'!*

Wählen Sie

- *die '-ing'-Form für eine andauernde Situation oder Handlung in der Gegenwart oder Vergangenheit (= Realität),*
- *den Infinitiv mit 'to' jedoch für eine Situation oder Handlung in der Zukunft (= Absicht, Plan etc.)!*

➲   *'I like singing.'*   *(= Tatsache)*
       'I'd like to sing.'   *(= Wunsch)*

Jetzt wird auch klar, warum Sie viele Verben mit einem nachfolgenden *'to'* zu lernen hatten, handelt es sich doch jedes Mal um Tätigkeiten, deren Verwirklichung noch ungewiss ist (z.B. *'to want to', 'to wish to', 'to intend to', 'to plan to', 'to have to', 'to hope to', 'to fear to'* usw.).

Weitaus größere Schwierigkeiten wird Ihnen die Unterscheidung der *'-ing'*-Formen bereitet haben, auf die man in der Schule für gewöhnlich viel Zeit ver(sch)wendet. So haben Sie (vielleicht) begriffen, dass man aus jedem Verb ein *'Gerund'* (d.h. ein Hauptwort) bilden kann, indem man ihm ein *'-ing'* anhängt, dass in der *'Progressive Form'* (d.h. in der Verlaufsform) *'to be'* und *'-ing'* zu verwenden sind und dass es darüber hinaus noch ein *'Present Participle'* gibt (d.h. ein Mittelwort der Gegenwart), das ebenfalls eine *'-ing'*-Endung erhält. Anstatt die feinen Unterschiede zwischen den *'-ing'*-Varianten herauszustellen, sollten wir versuchen, ihre Gemeinsamkeiten, also das Wesen *der '-ing'*-Form (!) zu erkennen. Wenn Sie sich einmal die folgenden Sätze – die entweder ein *'Gerund'*, eine *'Continuous Form'* oder aber ein *'Present Participle'* enthalten, genau anschauen, werden Sie schnell herausfinden, dass das *'-ing'*-Wort jedes Mal die gleiche Bedeutung hat:

(1) 'She enjoys .... playing tennis.' (= Gerund)
(2) 'She is/was .... playing tennis.' (= Continuous Form)
(3) 'She spends a lot of time .... playing tennis.' (= Present Participle)

Die Einheit *'playing tennis'* ist ganz offensichtlich in allen drei Sätzen identisch – und die Aussage ebenfalls! In jedem einzelnen Fall verdeutlicht die *'-ing'*-Endung, dass es sich bei dem *Tennisspielen* um eine kontinuierliche Aktivität in der Gegenwart *oder* Vergangenheit (= Realität), ja im ersten und dritten Satz sogar um eine Gewohnheit (also in der Vergangenheit *und* Gegenwart) handelt.[1] Die deutsche Übersetzung der drei Aussagen oben auf der Seite wird die immer gleich bleibende Funktion der *'-ing'*-Form unmissverständlich bestätigen, die zu erfassen wichtiger erscheint als die Kenntnis der grammatischen Fachbegriffe:

(1) „Sie liebt das Tennisspielen."   (... also grundsätzlich, schon seit Jahren).

(2) „Sie spielt(e) gerade Tennis."   (... und das kann noch dauern! – bzw. dauerte seine Zeit!)

(3) „Sie verbringt viel Zeit beim Tennisspielen."   (... das ist nun mal eine bekannte Tatsache!)

Die *'-ing'*-Endung kann Ihnen übrigens aus mancher Verlegenheit helfen, wenn Ihnen kein treffendes Hauptwort einfallen will: Erweitern Sie ein bekanntes Verb um dieses Suffix, und Sie erhalten ein passables Substantiv, sodass Sie sich zumindest verständlich machen können. Sie müssen allerdings bedenken, dass Sie auf diese Weise kein fertig vorliegendes Ergebnis, sondern stets eine *momentane Beschäftigung* oder eine *gerade aktuelle Situation* bezeichnen.

---

[1] Eines wird klar: *'-ing'* kann *nicht* die Zukunft ausdrücken! – Es sei denn, eine zukünftige Handlung hat schon so gut wie begonnen; in diesem Fall wird die *'-ing'*-Form benutzt (oft zusätzlich gefolgt von einem *'to'*-Infinitiv!), z.B. *'They are going on a journey.'* (*'They are going to make a trip to England.'*), d.h. sie stehen sozusagen „in den Startlöchern" oder sitzen bereits auf den gepackten Koffern.

c) Eine verlässliche Schablone für den Satzbau

Wer Englisch lernt, wird irgendwann zwangsläufig mit der wichtigsten Satzbauvorschrift – der sogenannten SPO-Regel – konfrontiert, welche die Reihenfolge der Satzteile festlegt. Man weiß sogar, wofür die drei Buchstaben stehen, nämlich für *Subjekt - Prädikat - Objekt*. Den Grund für die unveränderliche Wortanordnung kennt dagegen kaum jemand, und die Konsequenzen der so flott dahergesagten Syntaxregel offenbaren sich nur wenigen.

In der deutschen Sprache bleibt eine Aussage auch dann eindeutig, wenn wir einzelne Satzteile umstellen; lediglich ihre Betonung und somit ihre Gewichtung werden sich dadurch verändern. Betrachten Sie etwa die folgenden Sätze:

> „*Der Löwe jagt den Mann.*"   (... *nicht der Tiger*)
> „*Den Mann jagt der Löwe.*"   (... *nicht den Jungen*)

In beiden Fällen ist klar, wer hinter wem herjagt. Das Gleiche gilt für die umgekehrte Situation:

> „*Der Mann jagt den Löwen.*"   (... *nicht der Junge*)
> „*Den Löwen jagt der Mann.*"   (... *nicht den Tiger*)

Die englische Sprache kann sich einen solch flexiblen Satzbau einfach nicht leisten, was Sie schnell einsehen werden, wenn Sie bei der Übersetzung der obigen Beispiele in gleicher Weise vorgehen: Vertauschen Sie Subjekt und Objekt im Satz

> '*The lion chases the man*',

so machen Sie aus dem Jäger automatisch einen Gejagten:

> '*The man chases the lion.*'

Allein die Aufeinanderfolge der Satzteile verrät uns also den wahren Sachverhalt, denn weder der Artikel '*the*' noch die Hauptwörter selbst können ihre Form verändern – gleichgültig, ob sie Subjekt *(wer?)* oder Objekt *(wessen/wem/wen?)* sind. Vielfach gibt es ja nicht einmal einen Unterschied zwischen einer Hauptwort- und einer Verbform. Hier rächt sich die traditionelle Vorliebe der Briten, fast völlig auf Endungen zu verzichten!

Wie Sie noch sehen werden, sind Sie gut beraten, die alte SPO-Regel in eine „*SVO*"-Formel umzubenennen, wobei das „*V*" nicht mehr für die *ganze* Satzaussage *(= Prädikat)* steht, sondern nur noch für das **Vollverb** *innerhalb* des Prädikats.

Schauen wir uns diese „*SVO*"-Faustregel einmal etwas genauer an. Um die Verständlichkeit eines englischen Satzes nicht zu gefährden, müssen die mit den drei Anfangsbuchstaben gemeinten Satzbestandteile exakt in *dieser* Ordnung und *unmittelbar* aufeinander folgen; allenfalls dürfen zwischen *Subjekt* und *Vollverb* einzelne Kurzwörter – z.B. ein Adverb oder ein Hilfsverb – eingeschoben werden. *Vollverb* und *Objekt* dürfen jedoch *niemals (!)* getrennt werden, sodass Sie gut daran täten, sich die alte Regel in einem neuen Gewand einzuprägen:

$$\boxed{S} \dots \boxed{V \quad O}$$
$$\uparrow$$
(Kurzwort)

Überprüfen Sie, wie genau sich die folgenden Beispiele an dieses Schema halten:

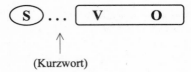

S	...	V	O
He	*never*	*speaks*	*English.*
We	*seldom*	*meet*	*him.*
I	*always*	*ask*	*them.*
You	*must*	*help*	*me.*
She	*will*	*find*	*a job.*
They	*have*	*written*	*a letter.*
Tom	*had*	*found*	*the key.*

Tipp Halten Sie sich bei der Kernaussage eines englischen Satzes unbedingt an die

$(S)..[VO]$- Faustregel!

- *Vor allem trennen Sie niemals die Einheit Vollverb-Objekt durch Worteinschübe!*
  (Ein kurzes Wort nach dem Subjekt ist erlaubt, da es die Übersichtlichkeit des Kernsatzes nicht stört.)

- *Längere Satzerweiterungen stehen v o r oder h i n t e r der Kernaussage!*
  (Zeitbestimmungen gehören immer ganz nach außen.)

➡ 'On weekdays, I seldom **eat meat**.'
   'I seldom **eat meat** on weekdays.'

Versuchen Sie nun einmal die Satzbeispiele von der vorhergehenden Seite zu erweitern, und probieren Sie verschiedene Kombinationen aus. – Beachten Sie, dass die Bestimmung der *Art und Weise* in der Regel vor einer *Ortsangabe* steht, während *Zeitausdrücke* den Satz beginnen oder abschließen. Stellen Sie ein einzelnes *Kurz-Adverb* ruhig vor das Vollverb, auch wenn sich dort bereits ein *Hilfsverb* befindet!

(S) ...		[V	O]	Art	Ort	Zeit
... **He**	...	**speaks**	**English**	readily	at the bank	at last
... **We**	...	**meet**	**him**	obviously	over there	every day
... **I**	...	**ask**	**them**	urgently	in class	never
... **You**	must ..	**help**	**me**	quickly	upstairs	now & then
... **She**	will ...	**find**	**a job**	surely	on the beach	very seldom
... **They**	have ..	**written**	**a letter**	hopefully	in the shop	sometimes
... **Tom**	had ...	**found**	**the key**	hardly	at school	quite often
				luckily	in town	always
				easily	at the hotel	very soon.

Zur Erinnerung:

'easily'	= mit Leichtigkeit	'obviously'	= offensichtlich	'at last'	= schließlich
'hardly'	= (wohl) kaum	'readily'	= bereitwillig	'quite often'	= ziemlich oft
'hopefully'	= hoffentlich	'surely'	= sicherlich	'very seldom'	= sehr selten
'luckily'	= glücklicherweise	'urgently'	= dringend	'very soon'	= schon bald

Ein Beispiel möglicher Kombinationen:

'Every day	we	.....	......	**meet him**	at school	..........'
'Obviously	we	must	......	**meet him**	at the bank	very soon.'
'..........	we	will	surely	**meet him**	in town	quite often.'
'Now and then	we	should	......	**meet him**	....	..........'
'..........	we	.....	always	**meet him**	on the beach	..........'
'..........	we	can	hardly	**meet him**	....	every day.'

Blättern Sie nun eine Seite zurück, und bilden Sie ähnliche Kombinationen mit den übrigen Sätzen. Variieren Sie bitte die Kernaussage auch mit passenden *Hilfsverben!*

*

Wenn Sie „unsere" Satzbauformel zu Grunde legen, wird Ihnen augenblicklich klar werden, warum der Engländer *Hilfsverben* (nicht unbedingt *'to do'!*) benötigt, um eine Aussage zu verneinen oder in eine Frage zu verwandeln.

Überlegen Sie einmal, was Sie „anrichten" würden, wenn Sie – etwa nach deutschem Muster – ein *'not'* (= *nicht*) in einen Kernsatz einfügten:

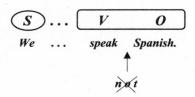

Richtig! – Sie würden das *Vollverb* vom *Objekt* trennen und damit gegen unsere Regel verstoßen. Das Problem ist nur zu lösen, indem Sie ein mit *'not'* verneintes *Hilfsverb* zwischen dem Subjekt und der Verb-Objekteinheit einbauen. Manche Sätze enthalten bereits ein Hilfsverb, sodass die Verneinung mühelos zu bewerkstelligen ist. Anders sieht es aus, wenn in einer Aussage *kein* Hilfsverb vorhanden ist. In diesem Fall muss ein völlig „nichtssagendes", d.h. den Satzinhalt nicht veränderndes Hilfsverb als Notbehelf herhalten: das berüchtigte *'to do'* – mit den Formen *'do'* bzw. *'does'* in der Gegenwart und *'did'* in der Vergangenheit. (In allen anderen Zeiten enthalten die Verbformen ja bereits ein Hilfsverb!)[1]

Möglichkeiten der Verneinung eines Vollverbs:

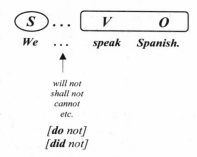

Sie werden sicher nachvollziehen können, dass sich unsere *'SVO'*-Regel auch in einem *Fragesatz* nur aufrechterhalten lässt, wenn wir ihn mit einem Hilfsverb beginnen. Rückten wir das Vollverb an den Anfang der Frage (wie wir es ja im Deutschen gewöhnt sind), würden wir auch in diesem Fall die feste Verb-Objektverknüpfung aufheben. Wiederum eignen sich alle Hilfsverben zur Einleitung einer Frage (= Erweiterung des Kernsatzes nach *vorn!*), einschließlich des *'to do'*, das purer „Platzhalter" für das Vollverb ist und keine eigene Bedeutung hat. In einer *verneinten* Frage steht das *'not'* unmittelbar vor dem Vollverb, es sei denn, es verschmilzt mit dem Hilfsverb zu einer Kurzform (*'won't he ...?'*, *'shan't we ...?'*, *'can't I ...?'*, *'wouldn't you ...?'* usw.).

---

[1] Die Verneinung folgender Sätze ist also einfach zu bewerkstelligen: *'We **have** (not) spoken Spanish.'* und *'We **had** (not) spoken Spanish.'* – Übrigens ist *'to have'* nur in den *'Perfect'*-Zeiten ein Hilfsverb, hinter dem ja noch eine Vollverbform folgt (in unserem Beispiel *'spoken'*); steht *'to have'* dagegen allein im Satz, muss es natürlich als Vollverb betrachtet werden und logischerweise mit einem Hilfsverb verneint werden (z.B. *'I have a car.'* - *'I **do** not have ... '*).

Die „Umschreibung" eines Vollverbs im Fragesatz:

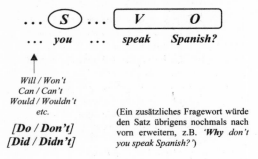

... $\bigcirc{S}$ ... | V O
... *you* ... *speak* *Spanish?*

Will / Won't
Can / Can't
Would / Wouldn't
    etc.

[Do / Don't]
[Did / Didn't]

(Ein zusätzliches Fragewort würde den Satz übrigens nochmals nach vorn erweitern, z.B. *'Why don't you speak Spanish?'*)

*

Tipp   *Benutzen Sie bei der Bildung einer Frage oder Verneinung zunächst das Hilfsverb 'will' oder 'can' (gleicher Satzbau wie im Deutschen)!*

Ersetzen Sie das Hilfsverb anschließend durch 'do' oder 'does'!

➲

Frage:	*Verneinung:*
Do	**do not**
'~~Can~~ you speak Russian?'	'I ~~cannot~~ speak Russian.'

Anmerkungen:

- Bekanntlich bekommt das Vollverb in der Gegenwart ein 3.-Person-Einzahl-*'s'* (z.B. *'He speaks Russian.'*); in Frage und Verneinung geht dieses *'-s'* auf das Hilfsverb *'do'* über und verändert es zu *'does'* (z.B. *'Does he speak- Russian?'* – *'No, he does not speak- Russian.'*). Alle anderen, „echten" Hilfsverben wie *'will', 'can', 'may'* etc. sind Konstanten und erhalten in der 3. Person kein *'-s'!*
- Ähnliches gilt für einen Satz in der Vergangenheit (z.B. *'He spoke Russian'*): Die Aufgabe, das *'Past'* auszudrücken, wechselt vom Vollverb auf das Hilfsverb (= *'did'*) über, sodass das Vollverb im Infinitiv steht (also: *'Did he speak Russian?'* – *'No, he did not speak Russian.'*).

Bitte bilden Sie die Frage- und Verneinungsform der folgenden Sätze; benutzen Sie auf jeden Fall ein Hilfsverb (HV)!

_(HV)_	_(HV)_	
'... they	...	_ask him for money very often._'
'... you	...	_understand me._'
'... he	...	_makes a trip to England every year._'
'... she	...	_has a German car._'
'... Tom	...	_goes to school regularly._'
'... you	...	**_bought_** _a road map of Bavaria._'
'... they	...	**_started_** _their journey on Monday._'
'... she	...	**_met_** _him yesterday._'
'... you	**_have_**	_met him lately._'
'... we	**_should_**	_invite him to the party._'
'... they	**_can_**	_translate that letter._'
'... he	...	_knows Peter very well._'
'... you	...	_do the job properly._'
'... she	...	**_liked_** _Jack at first sight._'
'... we	**_shall_**	_travel to England alone._'
'... John	**_has_**	_joined the evening class._'
'... they	...	**_told_** _her everything about Tim._'

Lösungen:

'**_Do_** _they ask him for money very often?_' – 'They **_don't_** ask him for ...'
'**_Do_** _you understand me?_' – 'You **_don't_** understand me.'
'**_Does_** _he make a trip to England every year?_' – 'He **_doesn't_** make ...'
'**_Does_** _she have a German car?_' – 'She **_doesn't_** have a German car.'
'**_Does_** _Tom go to school regularly?_' – 'Tom **_doesn't_** go to school ...'
'**_Did_** _you buy a road map of Bavaria?_' – 'You **_didn't_** buy a road ...'
'**_Did_** _they start their journey on Monday?_' – 'They **_didn't_** start their ...'
'**_Did_** _she meet him yesterday?_' – 'She **_didn't_** meet him yesterday.'
'**_Have_** _you met him lately?_' – 'You **_haven't_** met him lately.'
'**_Should_** _we invite him to the party?_' – 'We **_shouldn't_** invite him to ...'
'**_Can_** _they translate that letter?_' – 'They **_cannot_** translate that letter.'
'**_Does_** _he know Peter very well?_' – 'He **_doesn't_** know Peter very well.'
'**_Do_** _you do (!) the job properly?_' – 'You **_don't_** do the job properly.'
'**_Did_** _she like Jack at first sight?_' – 'She **_didn't_** like Jack at first ...'
'**_Shall_** _we travel to England alone?_' – 'We **_shall_** not travel to ...'
'**_Has_** _John joined the evening class?_' – 'Tom **_hasn't_** joined the ...'
'**_Did_** _they tell her everything about Tim?_' – 'They **_didn't_** tell her ...'

*

Nachdem wir die Konstruktion eines englischen Verbs in der Leideform schon behandelt haben (*'to be'* + dritte Stammform, vgl. S. 416 ff.), schauen wir uns nun die *Wortstellung* in einem Passivsatz an, die natürlich der *„SVO"*-Regel folgen muss (allerdings mit der Einschränkung, dass ein Satz auch *ohne* Objekt vollständig ist, z.B. *'She swims.'*). Auf der anderen Seite kann er aber auch *zwei* Objekte haben, die sich formal nicht unterscheiden und deshalb wiederum nur an ihrer Reihenfolge zu erkennen sind, z.B. *'They offered | **him** | a secretary.'* (*'him'* = ihm oder *ihn*). In diesem Fall rangiert das Dativ-Objekt *(wem?)* grundsätzlich *vor* dem Akkusativ-Objekt *(wen?/was?),* es sei denn, Sie markieren das Dativ-Objekt mit einem vorangestellten *'to'* (z.B. *'They sent a letter **to** her.'*)

Im Englischen sind Passivkonstruktionen wesentlich häufiger anzutreffen als im Deutschen, besonders wenn das Subjekt eines Aktivsatzes völlig unbestimmt oder offenkundig ist (z.B. *'**Everybody** can trust Peter.'* bzw. *'**The police** arrested the thief.'*). Da die stärkste Betonung in der Regel auf dem Satzanfang liegt, würde damit ausgerechnet das „nichts sagende" Subjekt besonders herausgehoben! In diesem Fall bietet sich eine Passivkonstruktion an, in der das wichtigere *Objekt* zum Subjekt wird (z.B. *'**Peter** can be trusted.'* bzw. *'**The thief** was arrested.'*). Das ehemalige Subjekt entfällt entweder völlig oder wird – entsprechend seiner untergeordneten Bedeutung – mit der Präposition *'**by**'* an das Satzende verbannt (z.B. *'Peter can be trusted **by** everybody.'*).

Passivform eines Satzes mit nur einem Objekt:

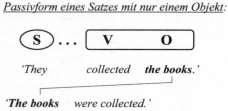

'They   collected   **the books**.'

'**The books**   were collected.'

Passivform eines Satzes mit zwei Objekten

a) *Das Dativ-Objekt (O₃) wird zum Subjekt des Passivsatzes:*

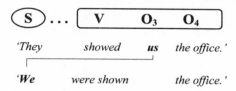

'They   showed   **us**   the office.'

'**We**   were shown   the office.'

b) *Das Akkusativ-Objekt (O₄) wird zum Subjekt des Passivsatzes:*

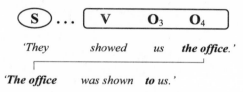

'They   showed   us   **the office.**'

'**The office**   was shown   **to us.**'

Tipp

Enthält ein Satz zwei Objekte (feste Reihenfolge: O₃, O₄), können Sie sowohl das Dativ- als auch das Akkusativ-Objekt zum Subjekt eines Passivsatzes machen!

- *Achten Sie darauf, dass das ehemalige Objekt – wenn es als Subjekt an den Satzanfang rückt – im Nominativ („Wer"-Fall) steht.*

- *Bedenken Sie, dass sich das Prädikat nach dem neuen Subjekt richtet. (Einzahl-Mehrzahl!)*

➲ *Folgende Personalpronomen ändern ihre Form:*

(O₃ / O₄)	Subjekt	(O₃ / O₄)	Subjekt
'me' ⇨	'I'	'us' ⇨	'we'
'him' ⇨	'he'	'them' ⇨	'they'
'her' ⇨	'she'	*('it' und 'you' bleiben unverändert)*	

Üben Sie bitte schriftlich an einigen Sätzchen die Verwandlung des *Objekt*-Personalpronomens zum *Subjekt*-Personalpronomen in der Leideform und vergleichen Sie Ihre Version mit den Lösungen. – Beachten Sie:

- Bei zwei Objekten im Aktivsatz können Sie zwei Passivsätze bilden!
- Halten Sie die vorgegebene Zeit strikt ein!
- Das Personalpronomen kann als Subjekt nur im Nominativ stehen!
- Eine Präposition vor dem Objekt wandert nicht mit, wenn dieses zum Subjekt wird!
- Ein Dativ-Objekt am Satzende muss mit *'to'* markiert werden!

'Somebody will tell you | the truth.'
'They asked her to be quick.'
'Everybody can rely on her.'   (Präposition!)
'They offered me | a reward.' (= Belohnung)
'They didn't give him | a chance.'
'Somebody will help her with the job.'
'The firm promises us | a pay rise.'
'They must think of it.'   (Präposition!)
'Wait here until they send for you.'   (Präposition!)
'People carried them into the house.'
'They have made him a captain.'
'People often laughed at her.'   (Präposition!)
'Someone taught them | French.'
'Somebody has introduced me to Jim.'
'People didn't listen to him.'   (Präposition!)
'Nobody took notice of us.'   (Präposition!)
'Everybody must admit it.' (= zugeben)
'Someone brought me | a drink.'
'People look upon him as an expert.'   (Präposition!)
'Later other guests will join us.'   (... *'by'* ...)

*

Lösungen:

'*You* will be told | the truth.' — '*The truth* will be told | *to you.*'
'*She* was asked to be quick.'
'*She* can be relied *on.*'
'*I* was offered | a reward.' — '*A reward* was offered | *to me.*'
'*He* wasn't given | a chance.' — '*A chance* wasn't given | *to him.*'
'*She* will be helped with the job.'
'*We* are promised | a pay rise.' — '*A pay rise* is promised | *to us.*'
'*It* must be thought *of.*'
'*Wait* here until *you* are sent *for.*'
'*They* were carried into the house.'
'*He* has been made a captain.'
'*She* was often laughed *at.*'
'*They* were taught | French.' — '*French* was taught | *to them.*'
'*I* have been introduced to Jim.'
'*He* wasn't listened *to.*'
'*We* were not taken notice *of.*'
'*It* must be admitted.'
'*I* was brought | a drink.' — '*A drink* was brought | *to me.*'
'*He* is looked *upon* as an expert.'
'*Later we* will be joined by other guests.'

*

Sollte Ihnen die Umwandlung dieser Sätze in die Passivform nicht so recht gelungen sein, ist damit wieder einmal bewiesen, dass *Verstehen* und *Behalten* zwei völlig verschiedene Dinge sind und nur wiederholtes *Üben* den sprichwörtlichen „Meister macht".

Vielleicht ist Ihnen im zweiten Teil des Buches bewusst geworden, wie sehr selbst die Grammatik der englischen Sprache mit der Etymologie, also der Entstehungsgeschichte ihres Wortschatzes, verknüpft ist, – zwingt doch gerade die im Englischen typische „Vereinfachung" durch weit gehenden Verzicht auf Vorsilben und Endungen zur Beachtung ungewöhnlich starrer Grammatikvorschriften. Die drei wichtigsten Faustregeln, die Ihnen helfen, die meisten Zeitform- und Syntaxfehler zu vermeiden, sollen abschließend noch einmal in einer knappen Übersicht dargestellt werden.

d) Die „Überlebensgrammatik" auf einen Blick

I.   Infinitive und Hilfsverben (HV)

   1. Benutzen Sie in der Gegenwart einen der beiden Infinitive –
      pur oder *mit Hilfsverb!*

$$(HV +) \nearrow \boxed{\textbf{\textit{go}}} \quad = \text{Handlung an sich}$$
$$\searrow \boxed{\textbf{\textit{have gone}}} \quad = \text{Abschluss der Handlung}$$

Ausnahme: *kein* Infinitiv in der 3. Pers. Einz. *('he goes'* bzw. *'she has gone')!*

   2. In der Vergangenheit lauten die Entsprechungen der beiden
      Infinitive *'went'* und *'had gone'*. (Immer *ohne* Hilfsverb!)

II.   Die *'-ing'*-Form im Gegensatz zum *'to'*-Infinitiv

   1. Jede *'-ing'*-Form bezeichnet eine wirklich ablaufende/abge-
      laufene Handlung oder eine andauernde Situation:

'(He is/was)	*singing.'*	
'(I hear/heard him)	*singing.'*	= Reälität *('Present'/'Past')*
'(She likes/liked)	*singing.'*	

   2. Ein Infinitiv-*'to'* deutet eine nur möglicherweise eintretende
      Handlung an:

'(He wants)	***to*** *(go ...).'*	
'(We plan)	***to*** *(travel ...).'*	= Wunsch, Plan *('Future')*
'(She hopes)	***to*** *(meet ...).'*	

III.   Die starre „S–VO"-Satzbauregel *(bei 2 Objekten gilt: $O_3 + O_4$)*

   1. Aussage: ... $\boxed{S}$ ... $\boxed{V \quad O}$

   2. Verneinung: ... $\boxed{S}$ *HV* + *not* $\boxed{V \quad O}$

   3. Fragesatz: *HV* + $\boxed{S}$ ... $\boxed{V \quad O}$

Es bleibt zu hoffen, dass Sie – über das Aha-Erlebnis beim Erkennen etymologischer Zusammenhänge hinaus – den einen oder anderen Trick zur Dekodierung eines englischen Wortes im Gedächtnis behalten und Assoziationen Ihnen in Zukunft helfen, sich Vokabeln und Ausdrücke in ihrer Bedeutung, Rechtschreibung und Aussprache dauerhaft einzuprägen.

Es soll nicht verschwiegen werden, dass die vorgestellte Kurz-grammatik gewöhnungsbedürftig ist, da sie immer wieder mit dem Wust an detaillierten Einzelregeln und Fachbegriffen kollidieren wird, die Sie in der Schule üblicherweise pauken mussten (oder noch müssen), und sicherlich lässt sie etliche grammatische Sonderaspekte unberücksichtigt. Sie ist eben eine „Überlebensgrammatik“, mit der Sie die meisten Grund-probleme der englischen Formenbildung und Syntax sicher in den Griff bekommen können. Denn je weniger Sie über die Konstruktion eines Satzes nachdenken müssen, umso leichter kann sich die Sprache zu dem entwickeln, was sie eigentlich sein sollte: Kommunikationsmittel und Chance zum besseren gegenseitigen „Verstehen“!

* * *

Anhang

Erklärung der phonetischen Zeichen

Die in diesem Buch verwendete Lautschrift (in eckigen Klammern []) entspricht der *International Phonetic Transcription* nach Daniel Jones.

Die meisten Konsonanten (b, d, f, g, j, k, l, m, n, p, q, t, x) bedürfen keiner näheren Erläuterung, da sie im Englischen genauso gesprochen werden wie im Deutschen. Ein deutlicher Unterschied besteht hingegen beim englischen *'r'* und *'w'* (s. unten). Der Lautwert eines phonetischen Zeichens wird in der folgenden Tabelle jeweils durch ein englisches und deutsches Beispielwort veranschaulicht.

Vokale

Lautzeichen	engl. Beispielwort	Erklärung	(deutsches Beispielwort)
[ʌ]	*'fun'*	kurzes *a*	*(Lamm)*
[ɑ:]	*'car'*	langes *a*	*(Kahn)*
[æ]	*'fan'*	zwischen *a* und *ä*	*(sagen/sägen)*
[e]	*'set'*	zwischen *e* und *ä*	*(hätte)*
[ə]	*'an'*	wie dt. End-*e*	*(bitte)*
[ə:]	*'bird'*	offenes *ö*	*(flirten)*
[i]	*'sit'*	kurzes *i*	*(Bitte)*
[i:]	*'me'*	langes *i*	*(Miete)*
[ɔ]	*'job'*	kurzes, offenes *o*	*(Gott)*
[ɔ:]	*'saw'*	langes, offenes *o*	*(Mord)*
[u]	*'put'*	kurzes *u*	*(ducken)*
[u:]	*'root'*	langes *u*	*(Hut)*

Diphtonge

Lautzeichen	engl. Beispielwort	Erklärung	(deutsches Beispielwort)
[ai]	*'my'*	deutsches *ei*	*(mein)*
[au]	*'how'*	deutsches *au*	*(Haus)*
[ou]	*'low'*	helles *o-u*	*(-)*
[ɛə]	*'square'*	deutsches *ä(r)*	*(Bär)*
[ei]	*'lay'*	wie *ä-i*	*(-)*
[iə]	*'hear'*	vom *i* zum *e*	*(hier)*
[ɔi]	*'coin'*	deutsches *eu*	*(Heu)*
[uə]	*'tour'*	deutsches *u(r)*	*(nur)*

Konsonanten

Lautzeichen	engl. Beispielwort	Erklärung	(deutsches Beispielwort)
[ŋ]	*'long'*	deutsches *ng*	*(lang)*
[r]	*'road'*	Gaumen-*r*	*(-)*
[s]	*'sea'*	stimmloses *s*	*(Hass)*
[z]	*'zero'*	stimmhaftes *s*	*(Säge)*
[ʃ]	*'show'*	deutsches *sch*	*(Schule)*
[tʃ]	*'much'*	deutsches *tsch*	*(futsch)*
[ʒ]	*'vision'*	stimmhaftes *sch*	*(Genie)*
[dʒ]	*'Jim'*	stimmhaftes *dsch*	*(Gin)*
[θ]	*'three'*	gelispeltes *ß*	*(-)*
[ð]	*'this'*	gelisp. weiches *s*	*(-)*
[v]	*'van'*	deutsches *w*	*(wann)*
[w]	*'wonder'*	ähnlich unserem *u*, keinesfalls wie *w!*	*(-)*

Ein Doppelpunkt hinter einem Vokal bedeutet, dass dieser lang auszusprechen ist (z.B. [ɑ:]), während ein Apostroph anzeigt, dass die nachfolgende Silbe betont werden muss (z.B. [′mædəm]); bei längeren Wörtern ist meist nur der betonte Vokal angegeben (z.B. *'performance'* [-ɔ:-]).

*

Abkürzungen

afrik.	afrikanisch	Mandar.	Mandarin (chinesisch)
ahd.	althochdeutsch	mar.	maritim
altengl.	altenglisch	Mehrz.	Mehrzahl
altfrz.	altfranzösisch	mexik.	mexikanisch (aztekisch)
angebl.	angeblich	milit.	militärisch
angels.	angelsächsisch	mögl.	möglicherweise
chin.	chinesisch	mundartl.	mundartlich
ebenf.	ebenfalls	niederl.	niederländisch
eigentl.	eigentlich	ON	Ortsname(n)
engl.	englisch	orient.	orientalisch
entgg.	entgegen	österr.	österreichisch
etc.	et cetera, usw.	peruan.	peruanisch
früh.	früher	pp.	past participle
frz.	französisch	rel.	religiös
FW.	Fremdwort	röm.	römisch
Gegent.	Gegenteil	s.	sich / siehe
ggteil.	gegenteilig	schott.	schottisch
griech.	griechisch	schweiz.	schweizerisch
hebr.	hebräisch	Slg.	Slang
holl.	holländisch	tamil.	tamilisch
hottent.	hottentottisch	ursprüngl.	ursprünglich
ind.	indisch	veralt.	veraltet
indian.	indianisch	Verggh.	Vergangenheit
ital.	italienisch	vgl.	vergleiche
jmd.	jemand(em, -en)	VN	Vorname(n)
karib.	karibisch, westindisch	westafrik.	westafrikanisch
kongol.	kongolesisch	wörtl.	wörtlich
Kurzf.	Kurzform	z.B.	zum Beispiel
lat.	lateinisch	zus.	zusammen
malai.	malaiisch	↑	siehe auch unter ...

Anmerkung:

Im Text sind **englische** Wörter *kursiv* gedruckt und *in halbe Anführungs-zeichen* gesetzt, um sie besonders hervorzuheben.

*

442

Bibliographie

Baugh, Albert C., A History of the English Language. Routledge & Kegan Paul Ltd, London 1968

Berlitz, Charles, Die wunderbare Welt der Sprachen. Droemersche Verlagsanstalt Th. Knaur, München 1982

Bodmer, Frederick, Die Sprachen der Welt. 5. Auflage, Verlag Kiepenheuer & Witsch, Köln und Berlin (ohne Jahresangabe)

Breitsprecher, Roland u.a., Pons, Globalwörterbuch Englisch-Deutsch, Band 1. Klett Verlag und Collins & Sons, Stuttgart und London 1983

Brockhaus Enzyklopädie, 20 Bände. 17. Auflage, F.A. Brockhaus, Wiesbaden 1966-1974

Döbler, Hannsferdinand, Die Germanen. Heyne Verlag, München 1979

Dorminger, Georg, Wörterbuch Latein-Deutsch. Steffen Verlag, Limburg/Lahn 1992

Duden, Band 1, Die deutsche Rechtschreibung. Bibliographisches Institut & F.A. Brockhaus AG, Mannheim 2000

Duden, Band 4, Die Grammatik. Bibliographisches Institut & F.A. Brockhaus AG, Mannheim 1998

Duden, Band 5, Das Fremdwörterbuch. Bibliographisches Institut, Mannheim, Wien, Zürich 1990

Duden, Band 6, Das Aussprachewörterbuch. Bibliographisches Institut, Mannheim, Wien, Zürich 1972

Duden, Band 7, Das Herkunftswörterbuch (Die Etymologie der deutschen Sprache). Bibliographisches Institut, Mannheim, Wien, Zürich 1963

Duden, Band 9, Richtiges und gutes Deutsch. Bibliographisches Institut & F.A. Brockhaus AG, Mannheim 2001

Duden, Band 10, Das Bedeutungswörterbuch. Bibliographisches Institut, Mannheim, Wien, Zürich 1985

Duden, Band 12, Zitate und Aussprüche. Bibliographisches Institut, Mannheim, Leipzig, Wien, Zürich 1993

Duden Oxford, Standard-Wörterbuch Englisch, Englisch-Deutsch, Deutsch-Englisch. Bibliographisches Institut und Oxford University Press, Mannheim, Leipzig, Wien, Zürich und Oxford 1991

Fowler, H.W., A Dictionary of Modern English Usage. Oxford University Press, London 1964

Hanowell, Manford, Sprachhistorischer Examenskurs Englisch. Max Hueber Verlag, München 1980

Heidrich, Hans, Englischer Allgemeinwortschatz Naturwissenschaften. Max Hueber Verlag, München 1976

Hermann, Ursula, Knaurs Etymologisches Lexikon. Droemersche Verlagsanstalt Th. Knaur Nachf., München 1982

Jones, Daniel, English Pronouncing Dictionary. J.M. Dent, London 1964
Jung, Kurt M., Weltgeschichte in einem Griff. Safari Verlag, Berlin 1979
Knauer, Karl und Elisabeth, Wörterbuch Französisch-Deutsch, Deutsch-Französisch. Bertelsmann Lexikon-Verlag, Gütersloh 1978
Langenscheidt, Sprachführer Chinesisch. Verlag Langenscheidt, Berlin, München, Wien, Zürich, New York 1983
Langenscheidt, Wörterbuch Englisch. Verlag Langenscheidt, Berlin, München, Wien, Zürich, New York 1990
Langenscheidt, Wörterbuch Griechisch. Verlag Langenscheidt, Berlin, München, Wien, Zürich, New York 1980
Langenscheidt, Wörterbuch Italienisch. Verlag Langenscheidt, Berlin, München, Wien, Zürich, New York 1972
Langenscheidt, Wörterbuch Lateinisch. Verlag Langenscheidt, Berlin, München, Wien, Zürich, New York 1972
Langenscheidt, Wörterbuch Spanisch. Verlag Langenscheidt, Berlin, München, Wien, Zürich, New York 1972
Mader, Michael, Lateinische Wortkunde für Alt- und Neusprachler. Verlag W. Kohlhammer, Stuttgart 1979
Onions, C.T. (Edit.), The Oxford Dictionary of English Etymology. Clarendon Press, Oxford 1979
Page, G. Terry, Harrap's English Spelling Rules. Harrap Books Ltd., Bromley 1991
Putzger, F.W., Historischer Weltatlas. Verlag Cornelsen-Velhagen & Klasing, Bielefeld 1974
Scheler, Manfred, Grundlagen der Anglistik und Amerikanistik / Der englische Wortschatz. E. Schmidt Verlag, Berlin 1977
Steenmans, Heinz / Metzler, Rudolf, Abenteuer Amerika. Bertelsmann Verlag, Gütersloh (ohne Jahresangabe)
Stöver, Hans-Dieter, Die Römer - Taktiker der Macht. Rowohlt Taschenbuch Verlag GmbH, Reinbek bei Hamburg 1978
Studiosus Reisen, Urlaub Erleben, 2 / Sommer 93. Rat & Tat Verlags GmbH, Bamberg 1993
Wasserzieher, Ernst, Woher? (Ableitendes Wörterbuch der deutschen Sprache). Ferd. Dümmlers Verlag, Bonn 1974
Webster's New Encyclopedic Dictionary. Könemann Verlags GmbH, Köln 1994
Weekley, Ernest, Words and Names. University College, Nottingham 1932
Wildhagen, Karl, English-German / German-English Dictionary, 2 Bände. Brandstetter Verlag und G. Allen & Unwin Ltd, Wiesbaden und London 1962

* * *

Wortregister

A

a 85
abandon 117, 377, 401
abbey 360
abbreviation 138
abduction 152
ability 176
able 15
abolish 138
abolition 375
about 326
absence 138
absent 114, 164
absentee 178
absolute 333
absorb 24, 138, 254
abstract 266
abundance 138, 164
abundant 164
abuse 138
academy 377
accede 138
accelerate 138
accelerator 138
accent 376, 385
accentuate 264
accept 21, 138, 171
acceptable 171
access 138
accident 108, 132, 138
acclimatise 254
accompany 117, 138
accomplish 138
accord 378
account 378
accusation 15
accuse 130
ache 225
acid 114
acidity 270
acquire 138, 159
acquisition 159
acre 96
act 21, 252, 266, 286
acting 286
action 15, 108, 286
action film 286
action replay 286
active 286, 355
activity 176, 270, 286

actor 15, 127, 175, 286
actress 175, 286
actual 286
ad 345
adapt 138, 254
add 24, 138, 254, 345
addicted 152
addiction 152
address 138, 254, 378
addressee 178
addresser 178
adjective 138, 154
adjust 130, 138, 171
adjustable 171
administer 316
administrative 316
administrator 316
admirable 15, 114, 171
admiral 236, 376
admire 117, 138, 171
admission 155
admit 24
admittance 155
admonish 138
adolescent 138
adopt 24, 254
adore 24, 117, 138
adult 15, 139
advance 117
advantageous 167
adventure 162, 167
adventurer 175
adventuress 175
adventurous 162, 167
adversary 163
adversity 163
advertise 163, 386
advertisement 163, 386
advertising 163, 386
advice 378
advise 130, 139, 254
affect 266
affinity 270
affirmative 377
affluence 165
affluent 165
afford 376
age 127, 279
age group 279
age limit 279
aged 279

ageless 279
agency 299, 358
agent 164, 299
Agent Orange 299
agglomerate 139
aggravate 139
aggregate 139
aggression 139, 153
aggressive 153, 339
aggressor 153
agile 15
agility 270
agitate 21, 264
agree 171, 316
agreeable 114, 171, 316
agreed 316
agreement 316
agriculture 15
aid 108, 117
air 15, 221
air base 299
air cargo 299
air crash 299
air cushion 299
air force 299
air freight 299
air gun 299
air hostess 299
air letter 299
air mail 369
air passenger 299
air pocket 299
air pollution 299
air pressure 299
air pump 299
air raid 299
air shaft 299
air shelter 299
air ship 299
air strip 299
air terminal 299
air ticket 299
air traffic 299
air troops 299
aircraft 299
aircraft carrier 299
airfield 299
airing 299
airlift 299
airliner 299
air-mail 299

airsick 299
airspace 299
airworthy 299
airy 299, 358
alabaster 124
alarm 254, 276
alarmist 276
alcohol 234, 389
alcoholism 274, 389
alcove 237
ale 280, 374, 379
ale-house 280
ale-wife 280
algebra 234
alien 15
all 379
allegorical 198
allergic 198
alliance 316
allied 316
allied forces 316
allies 316
allow 120, 334
almighty 349
almost 349
alone 382
already 349
alright 349, 371
also 349
although 349
altogether 349
always 349
amalgam 234
ambassador 127, 175
ambassadress 175
amber 235
ambiguity 270
ambiguous 114, 167
ambitious 168
Americanism 274
amiable 114
amity 108
among 92, 328
amorous 134, 168
ample 288
amplification 170, 288
amplify 170, 288
amplitude 288
amputate 21
amuse 254
amusement 127

amusing 114
analogy 217
analyse 254
anarchy 213
ancestor 175
ancestors 124
ancestress 175
ancient 114
angel 340
anger 112
angry 104, 358
animal 15, 108
animate 21, 264, 333
animosity 270
annect 254
announce 131
annual 114
annuity 270
anode 216
anonymity 199
answer 120
answerable 116
antagonism 274
ant-eater 371
antibiotic 214
antipathy 218
antipodes 211
antique 15, 166
anxiety 15, 176
anxious 168
apart 277
apartheid 277
apartment 108
apartment house 277
apathetic 218
apathy 218
apologise 200
apology 217
apostle 124
apparent 164
appeal 117, 157, 254
appealing 319
appear 24, 118
appearance 164
appellant 157
applaud 24, 254
apple 62
apply 130, 358
apposition 157
apprentice 382
approach 118
approve 254
apt 15
aquatic 135
archæology 213
archaic 213
archangel 213

archbishop 213
archetype 213
architect 213
archives 213
arctic zone 222
ardent 133, 164
argue 24, 374
aristocracy 214, 387
aristocrat 214, 387
aristocratic 214, 387
ark 351
arm 102, 108, 131, 276
armed forces 277
armlet 173
armour 277
armoured car 277
armoury 277
arms 14
arms race 276
army 277, 358
arrange 254
arrest 125, 254
arrival 108, 299
arrive 118, 254, 299
arrogant 164
arrow-head 371
arsenal 235
art 15, 286
art critic 286
art gallery 286
artful 286
article 108
articulate 264
artificial 286
artisan 286
artistical 286
artless 286
arts 286
arty 286
ash 74
ashen 116
ask 71
ask for 118
askari 236
asparagus 227
aspect 109
assassin 237, 238
assemble 303
assembler 303
assembly 303
assembly shop 303
assent 378
assist 254
assistance 160, 165
assistant 160, 165
associate 21
assurance 127

assure 131
astrology 217
at 322
atheism 207, 221, 274
athlete 212, 226
athletic 212
athletics 212
attack 254
attend 24, 131
attendance 161
attendant 161
attention 15, 161
attentive 161
attest 254
attire 313
attract 21
attractive 355
attribute 385
audacity 176
audible 173
aunt 182, 374
aural 134
aurum 109
authentic 200
author 200
authorise 254
authority 270
autocracy 214
autocrat 214
automat 200
automation 200
automobile 200, 382
autumn 14
avail 172
availability 176
available 172
avarice 382
average 238
aversion 337
avoid 118
away 66, 114, 200
awe 133
awful 117, 133

B

baby 335, 358
back 100
backboard 100
backbone 113
bacon 100, 351
bad luck 337
baggage 127
baker 352
balance 254
balk 393
ball 174, 347

ball of wool 284
ballet 174
balm 235, 393
ban 346
banana 245
band 289
bandage 254, 289
band-master 289
bank 302
bank account 302
bank clerk 302
bank hold-up 302
bank holiday 302
bank manager 302
bank note 302
bank rate 302
bank robbery 302
bankable 302
bankbook 302
banking 302
bankrupt 302
baptism 125
bar 282
bare 368
bark 109, 351
baron 175
baroness 175
barrel 309
barrel organ 309
barrelled beer 309
barrier 282
base 254, 277
baseness 277
basic 277
basin 109
basis 277
basket 351
bastard 124
bath 43, 45, 277, 379
bath towel 277
bathe 277, 379
bathing 277
bathing accident 277
bathing suit 277
bathrobe 277
bathtub 277
battery 358
battle 109
bazaar 374
be 368
beach 296
beach ball 296
beach towel 296
beachwear 296
beak 127
beaker 71
beaker 71

beam 112
bear 172, 368
bearable 172
beard 111
beard 54
beast 15, 124, 125
beat 102
beautiful 349
beauty 109, 176
beaver 59
because 352, 367
beck 71
bed 54
bee 368
beef 127, 136, 281
beef steak 281
beef tea 281
beefburger 281
beefy 281
beer 186
beetroot 370
beg 346
begin 118, 346
beginning 111, 337
behalf 403
behave 59
behaviour 403
behind 54
belief 354
believe 354
bell 249, 348
bellows 103
belly 66
belongings 112
belt 312
bend 110
benediction 152
beneficent 387
beneficial 387
benefit 387
benign 391
bereave 59
beriberi 242
beseech 117
beside 370, 382
bestrew 69
betray 360
betrayal 360
better 49
between 328
between 49
beverage 186
bibliography 216
bibliophile 219
biceps 139
bicycle 139, 211, 295
bid 54, 380

bidding 111
bide 380
biennial 139
big band 289
bigamy 139
biggest 345
bike 295
bill 101, 348
bind 249
binocular 139, 210
biochemistry 214
biographical 216
biography 214, 216
biological 214
biology 214
biosphere 214
biotope 214
bird 374
birth 81
biscuit 127
bishop 62
bit 380
bite 49
bitterness 279
black 94
blackboard 314
blade 54
blamable 376
blame 120, 131, 254
blank 352
blanket 183
blaze 282
blazing 282
bleak 71
bleed 54
bless 348
blew 368
blink 249
block 254, 381
bloke 381
blood 54, 133
bloody 133
bloom 110
blow 368, 374
blow up 119
blue 368, 374
bluff 348
blunder 400
board 112, 314
board game 314
boat trip 298
bodily 133
body 54, 102, 109, 282
body building 226, 282
body language 282
body odour 282
body search 282

bodyguard 282
bodywork 282
bold 401
boldness 110
bombard 255
bond 304
bondage 304
bonded 304
bondholder 304
bone 103, 374
book 71
booklet 173
boom 304
boomerang 245
boot 127, 282
bootblack 282
bootlace 282
bootlicker 282
boots 282
borough 180
borrow 334
boss 302, 348
bossy 302
botanic 227
botany 227
bottle 109, 186
bough 44
bounty 176
boutique 166
box 127, 249
boy 360, 374
boy friend 27
boycott 255
boyhood 360
brace 174
bracelet 174
Brahman 242
brake 352
branch 127, 304
branch line 304
branch manager 304
branch office 304
brand-new 340
brandy 54
bread 54
break 71
break through 279
breakable 279
breakage 279
breakdown 279
breakfast 95
breed 112
brevity 176
brew 69
brick 127
bride 54
brief 15

bright 44
brilliance 165
brilliant 165
bring 249
brisk 81
Brittany 37
broad 54
broke 71
brood 54
brook 71
brothel 86
brother 45
brought 44
brow 69
brown 69
brunch 279
brusque 166
brutality 270
buffalo 344
bulk 352
bungalow 241, 375
buoy 360, 374
buoyancy 360
burden 335
bureau 109, 190
bureaucracy 214
burn 86
burning 133
burst 249, 334
bury 102
bus 194
bus trip 298
bush 74
business 114, 192, 358
busy 116, 192, 358
but 345
butcher 127
butler 186
butt 345
butter 228, 344
button 109, 282, 403
buttoned up 282
buttonhole 282
buy 360, 368, 374
buyer 360
buzz 348
by 330, 368, 374
bye 368, 374
by-election 371

C

cab 296
cabdriver 296
cabin 296, 352
cabin cruiser 296
cabinet 296

cake 71
calculate 264
calendar 376
calf 59
calibre 236
calico 242
call 347, 352
call upon 121
callow 69
calm 117, 393
calve 59
calves 354
came 351
camp 15, 109, 257, 296
camp bed 296
camp chair 296
camp fire 296
camp ground 296
campaign 296, 391
camper 296
can 351, 379
canalise 257
cancel 296
cancellation 296
candidate 16
candles 183
candle-stick 35
candy 238
cane 109, 379
cannibal 244
canoe 244, 378
canvas 229
cap 31, 346, 379
capability 176
capable 114
capacious 168
capacity 176, 271
cape 379
capital 16, 31, 134, 299
capital assets 304
capital crime 300
capital error 300
capital goods 300, 304
capitalise 257, 304
capitalism 275, 389
capitulate 265
capitulation 31
capricious 168
capsize 32
captain 32, 299
car 16, 188, 309, 379
car cemetery 309
car ferry 309
car owner 309
car passenger 309
car pool 296, 309
car sickness 309

car sticker 309
car wash 309
carafe 237
carat 237
caravan 296
car-a-van 296
caravan site 296
carbohydrate 217
carbon 109
card 54, 305
card box 305
card game 305
card trick 305
cardboard 305
care 104, 379
career 378
careful 349
caress 118
Caribbean Sea 244
carload 309
carp 62
carpenter 188
carport 309
carriage 309
carriageway 309
carrier 309
carrot 335
carry 98, 131, 309, 358
carryall 309
carrycot 309
carve 59
cascade 109
case 16
cash 257, 304
cash desk 304
cash discount 304
cash dispenser 304
cash voucher 304
cashier 304
cashless 304
casket 351
castle 14, 124, 125
cat 49
catalogue 167, 217
catapult 257
catastrophe 377
catch 368
catechism 275
cater 300
caterer 300
cathode 216
caught 368
cause 16, 118, 127, 352
cautious 168
cavalier 180
cave 16, 382
cavity 176

cease 118
ceiling 374
celebrate 21
celebrity 273
cell 16, 348, 368
cellar 368
cement 262
cemetery 109, 132
cent 368
central 293
central heating 293
centralise 262, 293
centre 109, 262, 293
cereals 185
ceremonial 387
ceremony 16, 387
certain 304
certainty 176
certificate 377
certification 170
certify 170, 268, 304
certitude 304
chain 127
chair 183
chairman 183
chalk 87, 110, 352, 393
chamber 109, 183
champ 293
champion 293
change 127, 131, 255
chant 109
character 376
charge 109
charity 176
chart 289
chase 118, 382
cheap 62
cheerful 339
chemise 109
chemistry 234
cheque 166, 304
cheque account 304
cheque card 304
chequebook 304
cheroot 242
cherry 128
chestnut 124, 125
chicane 261
chicken 81
chief clerk 191
childish 133
children's wear 285
chimney 128, 228, 360
chimpanzee 245
chin 223, 346
Chinaman 241
chin-chin 240

Chink 241
chintz 241
chip 281, 346
chip off 281
chip pan 281
chips 281
chisel 128, 262
chocolate 244
choice 109
choke 400
cholera 225
choleric 225
choose 118
chronic 199
chronicle 199
chronicler 199
chronology 199
chronometer 199
churchly 133
churchyard 109
cinder 109
cinema 209, 231
cipher 234
circle 109
circulate 265
circulation 351
cite 131, 262
citizen 181, 403
city 181, 358
city centre 293
civil 16
civil servant 298
civil service 298
civility 176
claim 24, 351
clap 346
clarification 170
clarify 170, 267
clarity 176
class 16, 347, 374
classification 170
classify 170, 267, 268
claw 69
clean 116
clear 16, 114, 134
cleat 49
cleave 59
cleft 59
clergy 191
clergyman 191
clerical 191
clerk 190, 351, 374
clever 304
clever dick 304
cleverness 304
client 16
cliff 348

climate 222, 352, 387
climatic 387
climax 229
climb 119, 337
cling 81
clip 346
clipper 352
cloak 187
clock 187, 277, 351, 352
clock card 277
clock in 277
clock radio 277
clockface 277
clocklike 277
clockwise 277
clockwork 277
cloister 124, 125
close 21, 184, 351
closed 184
closet 184
cloth(es) 45
clothe 334
cloud 99, 352
cloven 59
clover 59
club 102, 195, 297
club chair 297
clubfoot 297
clubhouse 297
clump 352
coal 109
coast 16, 109, 124, 125
coat 49
coated 286
coat-hanger 286
coating 286
cock 128, 300, 381
cockfight 300
cocksure 300
cocktail 300, 370
cocky 300
cocoa 244
cod 381
code 257, 381
coffee 238
coffin 224
coke 381
cold 54, 112
cold cuts 314
collaborate 36, 139
collapse 139, 352
collar 16, 128, 188
colleague 139, 154, 167
collect 21, 139, 257, 287
collection 287
collective 154, 287, 355
collective noun 287

collectivism 275, 389
collector 154, 287
collector's item 287
college 139, 382
collegial 155
collide 139, 257
collocate 139
colloquial 139
colloquy 139
colonel 291
colonial 389
colonialism 275, 389
colonise 258
colony 16
colour 16, 128, 258
column 14, 291
columnist 291
combat 139
combine 139, 258
come 118, 351
comfort 172, 277
comfortable 114, 172
comforter 277
comforting 277
comfortless 277
comic 16
comical 114
coming 108, 115
command 258
commence 118, 139
comment 258, 290
commentator 290
commerce 139, 189
commercial 114, 189
commercialise 308
commissary 155
commission 155, 258
commitment 155
committee 178, 403
commodity 271
common 114, 132
commonly 127
commotion 139, 156
commune 389
communicate 265, 292
communication 292
communicative 292
communism 275, 389
community 271, 292
community home 292
companion 139, 377
comparable 172
comparative 382
compare 118, 139, 172
compassion 139
compatibility 271
compatible 173

compete 139, 387
competence 165, 387
competent 164, 165
competition 387
competitive 387
compile 139
complain 131, 139
complete 114, 258, 382
complexity 271
complicate 265
complicity 176
compliment 258
component 157
compose 21, 139, 382
composition 157
comprehend 118
compress 21, 139
compression 159
compressor 159
compulsion 157
compulsory 157
compute 24, 139
computer 352
conceal 24, 347
concede 140, 258
concentrate 265
concession 16
concise 140
conclude 24
concord 16
concrete 140
condemn 131
condense 258
condition 16, 258
conduct 118, 289, 385
conductor 152, 289
conductress 289
confer 258, 385
conference 153, 385
conferment 153
confess 21
confide 24
confidence 109, 165
confident 164, 165
configure 258, 382
confirm 24, 33, 140, 258
confiscate 265
conflict 385
conform 140
conformity 271
confront 258
confuse 21, 382
congest 140
congregate 316
congregation 316
congregational 316
congressman 316

conjecture 154
connect 24, 140
conquer 118, 140
conqueror 159
conquest 140
conscience 140, 315
conscious 168, 315
consecrate 22
consent 24, 140
conservation 316
conservation area 316
conservative 382
conserve 258, 316
consider 24, 131, 172
considerable 172
consist 140
consistence 160
consistency 165
consistent 160, 165
consolation 16
console 131
conspectus 161
conspicuous 161
conspire 258
constancy 160, 165
constant 160, 165
constitute 22
construct 22, 266
consult 258
consume 24, 258
contact 385
contain 24, 118, 140
container 309
container ship 309
containerise 309
content 114, 164
contents 128
contest 293, 385
contestant 293
continent 164
continue 24, 118
continuity 271
continuous 168
contraception 298
contraceptive 298
contract 266, 304
contract of sale 304
contractor 304
contradict 131, 140
contradiction 152
contrary 140
contrast 140, 258, 385
contravene 140
contribute 140
control 258
convene 140
convenience 162, 165

convenient 114, 162
convention 162
conversable 163
conversation 163
conversion 16, 163
convert 24, 258
convertibility 271
convertible 163, 173
convict 385
convince 24, 131, 140
convoy 360
cook 71
cool 337
cool-headed 117
coolie 241, 242
co-operate 265, 371
co-ordinate 265
cop 381
cope 381
copilot 301
copper 62
copy 258, 290, 340
copy cat 290
copy editor 290
copying 356
coquet 257
cord 109
cordial 134
cordiality 176
cork 109, 352
corn 96, 280
corn belt 312
corn bread 280
corned beef 280, 281
corner 128
cornfield 280
cornflakes 185
cornflower 280
corporal 31, 133
corporate 305
corporation 305
corps 31
corpse 109, 305
corpulence 165, 305
corpulent 31, 165, 335
corral 245
correct 22, 114, 266
correspond 258
corrode 258
corrupt 22
corruption 377
cost 112, 125, 352
costume 258
cosy 114
cot 241
cotow 241
cottage 93

cotton 238, 282
cotton pad 282
cotton wool 282
cough 44
could 370
council 16, 128
count 175, 315
countable 315
counter 315, 352
counteract 140
counterbalance 140
countercharge 140
countermarch 140
counterpane 278
counterpart 140
counterpoint 140
countersign 140
counterstroke 140
counterweight 140
counterwork 140
countess 175
countless 315
country 33, 140, 289
country road 289
country seat 289
country-like 133
countryside 133
county 33
courage 110, 335, 387
courageous 168, 387
course 351, 373
court 110, 352, 368
courteous 168
cover 118, 287, 315
cover address 287
cover girl 287
cover story 287
cover up 287
coverage 287, 315
covered 114, 132
covering letter 287
cow 69
cower 69
coyote 244
craft 310, 354
craftsman 310
craftsmanship 310
cramp 62
crank 246
crash 108, 309
crash course 309
crash helmet 309
crashing 310
cravat 188
crave 354
crawl 294
crawler 294

crayon 110
creak 71
cream 352
create 205, 265, 385
creation 205
creative 355
creature 16, 205, 382
credibility 305
credible 173, 305
credit 16, 305
creditor 305
credit-worthy 305
creed 305
crest 125
crew 300
crew cut 300
cricket 352
cries 356
crime 128, 382
criminal 16
crisp 352
critic 389
criticism 389
critique 166
crook 352
crop 62
cross 337, 348, 351
crow 69
crowd 374
crown 69
crucification 170
crucify 170, 267
crude 114, 352
cruelty 177
crust 125
cry 110, 118, 356, 358
cub 381
cube 381
cuddle 352
cuff 348
cultivate 22, 265
culture 16, 351
cup 62
cup final 294
cup winner 294
cupboard 294
cupidity 177
cure 16, 258, 352
curiosity 271
curious 16, 114, 168
curl 86
currency 165, 305
current 110, 164, 165
current account 305
current events 305
curriculum 305
curriculum vitae 305

curry 242
curtain 184
curve 24, 110
cushion 110, 352
custody 352
custom 128, 300
customary 300
customer 300
customs 300
customs officer 300
cut 174, 314, 346, 381
cutback 314
cute 381
cutlery 128, 314
cutlet 174, 314
cutter 345, 352
cut-throat 314
cutting 314

D

daily 358
dale 113
dale/dell 54
dam 346
damage 110
damp 63
danger 128
dangerous 115, 168
dapper 54, 63
daredevil 340
dark 116, 339, 352
darling 318, 368
date 238, 255
daughter 54
day 54
dead 54
deaf 54, 59
deal 54
deal out 189
dear 55
dear me 318
dearly 318
dearness 318
death 45, 55
debar 140
debate 140, 255
debt 128
debtee 178
debtor 178
decadent 140
decay 141
decease 141
decelerate 141
decide 118, 141, 255
decimate 264
decision 16

declaim 255
declaration 16
declare 131, 141, 255
decline 118, 141, 255
decorate 22, 264
decorative 382
decrease 385
deduce 255
deduct 141, 266
deduction 152
deed 55
deep 55, 63
deer 55
deer-park 368
defeat 141
defect 141
defence 33, 128
defend 24, 33, 131, 141
defensive 355
deference 153
deferential 153
defile 255
define 141, 255
definite 382
definitive 355
deform 255
deformity 270
degrade 255
degression 153
dehydrated 217
deification 170
deify 170, 268
deity 177
dejection 154
delation 153
delay 360
delayed 360
delegate 264
delete 313
deletion 313
delicate 382
delicious 168, 399
delight 112
delighted 116
delightful 114
deliver 118, 141
demagogue 214
demand 118, 128, 141
demarcate 264
demobilise 255
democracy 214, 387
democrat 214, 387
democratic 214, 387
democratism 214
demographic 215
demography 215
demolish 141

demonstrable 376
demonstrate 141, 264
demonstration 376, 387
demonstrative 376, 387
demoralise 255
denim 283
denounce 255
dense 16
density 177
deny 131
depart 141, 300
department 141, 317
department store 300
departure 110, 141
depend 24, 141, 172
dependable 172
dependence 165
dependent 164, 165
depict 141, 184
deport 24, 141, 255
deportation 158
deportee 158
deposit 157
depot 157
depress 141
depressed 159
depression 159
derive 141
descend 25, 118, 141
descendant 403
describe 118, 141
descriptive 355
desert 22, 110, 135, 255
design 110, 118, 141
designate 22
designer 282
desirable 172
desire 110, 119, 141
desk 109
desperate 382
despise 141
despot 389
despotism 274, 389
dessert 186
destination 387
destine 387
destiny 387
destroy 119, 141, 337
destroyer 360
destructive 355
detail 255
determine 25, 131, 141
detest 131
develop 119
devil 347
devious 168
devotee 178

dew 55, 69
diagram 215
dialogue 167, 217
dick 380
dictate 264
did 427
die 356, 374
differ 141, 255
different 115, 164, 198
differentiate 264
difficult 115, 141
difficulty 16, 177
diffuse 141
digest 141
dignity 128, 270
digress 141
dike 71
dim 277, 346
dim out 277
dimension 377
dimly lit 277
dimness 277
dimple 81
din 380
dine 255, 280, 380
diner 280
dinette 280
ding 83
dinghy 241
dingo 245
dining car 280, 309
dining room 280
dining table 280
dinner 110, 185, 280
dinner jacket 280
dinner party 280
dinner set 280
dinner time 280
diode 216
dip 346
diplomacy 211
diplomat 211
diplomatic 211
direct 22, 266, 292
directed by 292
direction 292
directive 292
director 175, 292
directory 292
directress 175, 292
dirigism 274
dirt 86
disabled 141
disadvantage 132
disagreement 316
disappear 141
disappoint 141

disaster 110
disastrous 168
discern 25, 141
discharge 142
discipline 16, 255, 382
discord 142
discotheque 166
discount 142, 255
discover 119, 142, 315
discoverer 287, 315
discovery 287
discredit 255
discreet 142
discriminate 264
discuss 22, 142, 351
disease 142
disgust 125, 142
dish 55
disillusion 255
disk 16, 313
disk brake 313
disk jockey 313
dismiss 142
dismissal 155, 403
dismount 142
dispatch 142
disperse 142
display 142, 313
display case 313
display unit 313
display window 313
disposable 157
disposal 157
dispose 142
disposition 157
dispute 142, 255, 385
disqualify 268
distance 110, 165, 255
distant 142, 160, 165
distinct 115, 142
distinguish 131, 142
distract 142
distribute 119, 255
district 142
disturb 25, 142
ditch 55, 113
divan 237
dive 120
diverse 203
diversification 170
diversify 170, 268
diversion 163
diversity 163, 270
divide 25, 142, 255
divine 16, 133
divinity 270
divisible 173

division 17
divorce 128, 142
divorcee 178
dizzy 81
do 55, 337, 427
document 17, 255
does 427
dog 96
doll 348
dollar 55
dome. 382
domestic 17, 134
domicile 17
dominance 165
dominant 165
dominate 22, 264
domination 17
donee 178
donkey 360
donkeywork 360
donor 178
door 55
dot 112, 346, 381
dote 381
double 115, 373
doubt 131, 402
doubtful 115
doubtless 403
dough 55
dove 55, 59
down 87, 315
downs 87
downstairs 315
downtown 315
draftee 178
drag 55
drake 71
dramatise 255
drape 255
draw 55, 118
drawee 178
drawer 178
dream 55
dreary 55
dress 187, 255, 283, 348
dress up 283
dresser 283
dressing 283
dressing gown 283
dressing room 283
dressing table 283
dressmaker 283
dressy 283
drift 354
drill 110, 348
drink 55, 282
drink off 282

drinkable 282
drinker 282
drip 63, 81
drive 55, 59
drive-in 313
driver 313
driver's cab 313
driveway 313
driving 313
driving force 313
driving instructor 313
driving lesson 313
driving license 313
driving mirror 313
driving school 313
driving test 313, 316
droll 114
dromedary 209
drop 55, 117
drop 63
drum 55
dubious 168, 402
duchess 175
duck 71
duck 55
due 300, 349
due date 300
duel 256
dues 300
duffelcoat 286
duke 175, 351, 381
dull 55
duly 349
dumb 116, 117
duplicate 264
duplicity 270
durable 172
dust 85
dutiful 349
duty 300
duty call 300
duty chemist 300
duty officer 300
duty roster 300
dwarf 354
dying 356

E

each 85
eagle 128
ear 96, 102
earl 90
earn 95
earnest 117
earth 45
easy 359

eat 49
eatable 172
eccentric 142
ecclesiastic 133
ecological 318
ecologist 318
ecology 217
economic 305
economic aid 305
economical 305
economise 305
economist 305
economy 305, 377
edible 173
edifice 382
edit 142, 256, 290
editor 290
editorial 290
educate 22, 142
education 17
effect 142
effective 355
efficiency 165
efficient 165
effort 128, 142, 376
egg 280
egg cosy 280
egg cup 280
egg timer 280
egg white 280
egg yolk 280
eggbeater 280
egghead 280
eggs 96
egg-shaped 280
eggshell 280
ego 389
egoism 274, 389
egotism 274
eight 44
either 45
ejection 142
elaborate 36, 142
elasticity 176, 270
elated 153
elation 153
elect 22, 142
election 155
electric 230, 277
electric cushion 277
electric shock 277
electric torch 277
electrician 230, 277
electricit 277
electricity 176, 230, 270
electrification 170
electrify 170, 268, 277

electrode 216
electron 230
electronic 277
electronics 230
elegance 165
elegant 142, 155, 165
elevate 22, 142
eliminate 264
elixir 234
elk 72
eloquent 17, 142
emancipate 264
embark 144
embassy 128
embed 144
embrace 144
emerge 142
emergency 142
emigrant 164
emigrate 22, 142, 264
eminence 165
eminent 142, 165
emir 236
emissary 155
emission 155
emit 25, 256
emotion 142, 156
emotional 156
emperor 175
empire 34
employ 360
employee 178, 360, 378
employer 178, 358
empress 175
emptiness 359
empty 359
emu 245
enable 144
enclose 144
encounter 110, 119, 144
encourage 144
end 110, 119, 249, 337
endanger 144
endemic 215
ending 133
endure 172
enemy 110, 144
energetic 318
energy 198, 318
energy-saving 318
enervate 264
engage 144, 256
engine 192, 315, 383
engine driver 315
engineer 128, 193, 315
engineering 315
engrave 144

enjoy 144, 172, 360
enjoyable 172, 360
enmity 177
ennead 212
enormity 270
enormous 115, 143
enough 44, 249
enrol 144
enter 119
enterprise 110, 305, 400
enterprising 305
entertain 287
entertainer 287
entertaining 287
entertainment 287
enthusiasm 274
entire 115, 144
entitle 144
entrust 144
entry 128
envelop 385
envelope 385
envious 168
environment 377
environmental 318
environmentalist 318
environs 318
envy 110, 131
epidemic 215
epigram 215
epilogue 167, 217
episcopal 220
episode 216
equal 17
equality 17, 177
erect 22, 143, 266
erode 256
erotic 389
eroticism 389
error 17, 110, 335
eruption 143
escort 256, 386
especially 143, 307
essay 360
essayist 360
Essex 39
establish 143
establishment 125
esteem 254
estimate 22
eternity 17, 177
evacuate 143
evacuee 178
evade 143
evaluate 143
evaporate 264
even 59

evening 59
evening dress 283
evening meal 113
event 143, 164
eventual 162
eversion 163
every 59
evidence 165
evident 143, 165
evil 59
exaggerate 119, 143
examination 337
examine 143, 256
examinee 178
examiner 178
example 17, 128, 143
exceed 25, 143
excel 25
except 143
excessive 355
exchange 128, 143, 306
exchangeable 307
Exchequer 304
excite 143
exclaim 25, 143
exclude 25, 119, 143
exclusive 355, 383
excursion 17, 195
excuse 128, 131, 143
execute 22, 256, 387
execution 387
executive 387
exemplification 170
exemplify 170, 268
exercise 110, 132
exhibit 143, 287
exhibition 287
exhibitionism 287
exhume 256
exile 256
exist 25, 143, 256
existence 110, 160, 165
existent 160, 164, 165
exit 143
exodus 216
expand 143, 256
expansive 355
expect 25
expectance 161
expectant 161
expectation 161
expense 143
expensive 355
experience 143
experiment 256, 333
expire 143
explain 25, 32, 143

explanation 32
explode 256
exploit 131, 386
exploration 315
exploratory 315
explore 143, 315
exponent 157
export 143, 256, 298
exportation 158
expose 143
exposition 110, 157
express 143
expression 159
expressive 159, 355
expulsion 143, 157
extempore 256
extend 25, 119, 143
extensible 161
extension 17, 161
extensive 161, 383
extinguish 143
extra 143
extract 22, 266, 386
extraneous 143
extraordinary 143
extravagant 143
extreme 115, 274, 382
extremism 274, 389
extremity 270
exult 143, 256
eye 66
eyes 368

F

fabulous 168
face 128
facility 270
factory 192, 302, 358
faculty 176, 270
fail 344
failing 110
failure 335, 383
faint 119
fair 189, 368
faithful 349
fakir 236
fall 249, 347
fallow 69
false 17, 115
falsification 170
falsify 170, 268
fame 17
familiar 17, 278
familiarity 270
family 278
family allowance 278

family tree 278
famine 110
fan club 292
fan mail 292
fanatic 292
fanaticism 292
far 336, 379
fare 368, 379
farewell 347
farm 305
farmer 305
farmhouse 305
farming 305
fascism 274
fashion 128, 187, 283
fashion show 283
fashionable 283
fast 279
fast breeder 280
fastback 280
fasten 119
fasting 279
fat 111, 346, 380
fate 17, 380
father 45
fatherly 133
fathom 45
fatigue 378
fatten 334
fault 110
favour 17
fear 102, 335
feast 124, 126
feather 45
feature 383
fee 96, 109
feeble 115
feed 55
feel 337, 344, 374
feel well 104
felly 66
felt 49
female 135
feminism 274
fence 33
ferment 256
fertile 17
fertilise 256
fertility 270
fervent 401
festivity 270
feudalism 274
fever 59
fey 66
fiction 315
fictional 315
fictitious 168, 315

fidelity 177, 289
field 83
fiend 110
fifty 85
fight 44, 83
filial 133
fill 81
fillet 174
filly 81
film 292
filter 256
fin 380
final 133, 294
final whistle 294
finality 294
finance 256
find 249
find (out) 119
fine 374, 380
finger 102, 256
finish 110, 119, 294
finished 294
finished goods 294
finishing 294
fir 81
fire 82
firm 17, 33, 115
first 82
fish 74
fit 294, 346
fitness 294
fitness centre 294
fitness test 294
fitter 294
fittings 294
five 85
fix 22, 119, 256
flake 72, 280
flake off 280
flaky 280
flank 256
flask 109
flat 108, 335, 339, 346
flat country 289
flat-chested 371
flatter 131
flawless 400
flee 249
fleet 50
flesh 74
flew 368
flexible 173
flight 44
flirt 249
flood 340
flop 313
floppy 313

flour 369, 373
flourish 131
flower 110, 369
flu 368
fluent 164
fluke 72
fly 66
flying 358
focus 256, 352
fodder 55
foil 110
fold 55
folk 111, 351, 352
folk dance 289
folks 289
follow 119, 337
food 55, 280
foolish 115
foot 50
footwear 285
forbid 337
force 111, 131, 256
ford 55
foreign 305, 391
foreign affairs 305
foreign body 305
foreign language 305
Foreign Office 303, 305
foreign policy 305
Foreign Secretary 305
foreign trade 305
foreign word 305
foreign worker 305
foreigner 305, 403
forest 111, 124, 126
foretell 120
forget 89
forgive 334
fork 17, 128
form 249, 256
formality 270
formulate 264
fortification 170
fortify 170, 268
fortune 383
found 25, 119, 256
fountain 111
fowl 69
fracture 383
fragile 17
fragility 270
fragment 164
frank 115, 256
fraternal 377
fraternity 270
freak 72
free 90, 115, 118, 120

free pass 297
freedom 90, 111
freight 44
freighter 44
frequent 17, 25
fresh 74
freshen up 281
freshness 281
friend 27, 90
friendliness 273
friendly 114, 340
friendship 108, 273
fries 358
fright 44
frit 256
frivolity 269, 270
from 330
front 17
fruit 128, 374
frustrate 264
frustration 335
fry 358
frying 358
fulfil 348
full 348
fume 17, 111, 119
fun 346
function 256
furious 168
furnace 111, 403
furnish 131, 132
fury 17
future 115, 383

G

gaily 359
gain 119
gala 236
galaxy 222, 376
gale 382
gallop 256, 376
gaol 374
gap 380
gape 62, 249, 380
garden 55
garment 187
gas 221
gate 50
gay 115, 359
geese 85
gem 17
gender 223
gene 223
genealogy 223
general 17
generalise 256

generality 270
generate 223
generation 223, 387
generator 223, 387
generic 387
generosity 270
generous 17, 168
genesis 222
genetics 223
genitals 223
genitive 223
gentle 115, 179
gentleman 179
gentry 179
genuine 383
geodesy 215
geographer 215
geographical 215
geography 215
geological 215
geologist 215
geology 215
geophysics 215
gesticulate 264
get 89, 119, 120, 341
get dressed 283
get ready 120
ghostly 133
giant 340
gift 112, 354
gifted 114
ginger 280
gird 55, 82
girdle 55, 82
girl 82
girl friend 27
give 59, 83
give rise to 118
glad 56
glade 380
gladness 111
glaze 256
glide 56
glitter 50
gloat 50
globe 17
glorification 170
glorify 170, 268
glorious 168
glory 17
gloss 348
glow 69
gnarled 391
gnash 391
gnat 391
gnaw 391
gnomic 391

gnu 245, 391
goal 294
goal area 294
goal kick 294
goal line 294
goalgetter 294
goalkeeper 403
gob 174
goblet 174
god 56, 175
goddess 175
godly 133
gold 109
gone by 116
good 56, 108
good bye 368
good-looking 335, 339
goose 85
gorge 17, 111
gorilla 245
gospel 88
govern 131, 317
governess 175
government 164, 403
governmental 317
governor 175, 317
gracious 168
grade 153, 256
gradual 153
graduate 153, 264
grain 111
grammar 215
grammatical 215
gramophone 215, 219
grand 115
grandfather 181
grandmother 181
grantee 178
grantor 178
grapes 186
graphic 216
graphite 205, 216
grass 347
grateful 349
gratification 170
gratify 170, 268
grave 59
gravity 270
grease 111
great 50
greed 367
Greek 72
green 369
greet 50
grey 374
grief 354
grieve 354

grill 249
grin 337
grip 63
gripe 63
groan 369
groove 59
grotesque 166
ground 112, 257, 337
group 257, 337
grow 119
grown 369
gruff 59
grunt 50
guard 119
guess 89
guest 297
guest room 297
guest speaker 297
guidance 403
guide 119, 297
guide dog 297
guided tour 297
guidelines 297
gullet 174
gully 174
gum 257
gurgle 249
gusto 126
guy 360
gym 226
gymnasium 226
gymnastics 226
gynæcology 217
gyration 230

H

habit 35
habitation 35
hack 249
hair spray 202
haircut 314
hairdresser 283
half 59
hall 347
halve 257, 354
halves 354
ham 93, 174, 280
hamburger 280
hamhanded 280
hamlet 93, 174
hammock 244
handle 120
handling 113
hand-rail 193
handsome 383
handy 114, 134

happiness 359
happy 115, 359
harbour 99, 112
hard 56, 115, 314, 340
hard core 314
hard cover 314
hard disk 313
hard drink 282
harden 314
hard-hearted 314
hardness 273
hardship 273, 314
hardware 313
harem 237
hark 72
harm 110, 119
harp 63
harvest 59
hashish 238
haste 126, 249
hasty 335, 339
hat 380
hate 50
hateable 172
have 59
hawk 72
head 103
headache 225
headphone 219
headstrong 116
heady 134
health 112
heap 63
hear 172, 249, 367, 373
hearable 134, 172
heard 369
heart 49, 319, 373, 374
heartache 319
heartbreaking 319
heartburn 319
hearten 319
hearth 43, 45
heartily 319, 358
heartless 319
hearty 134, 319
heat 50
heatable 172
heath 45
heave 59
heaviness 359
heavy 59
height 373
heir 175, 373
heiress 175
hell 348
help 63
helpless 337

hens 96
herd 369, 374
here 367
heredity 270
hero 389
heroism 389
hers 363
hesitant 164, 400
hesitate 22, 119
hew 69
hexagonal 212
hid 380
hidden 114, 116
hide 82
hierarchy 213
high 44
high pressure 292
higher 117, 369
highest 115, 117
hill 82
hinder 249
hip 63, 82
hippodrome 209
hippopotamus 226
hire 82
his 363
hiss 348
historian 388
historical 388
history 185, 288, 388
hit 289, 346
hoard 56
hoarse 401
hobble 294
hobby 294
hold 56, 118
hole 369
holes 87
holiday 297, 357, 358
holiday maker 297
holidays 113
holiness 359
holocaust 201, 352
holy 66
Holy Ghost 297
Holy Scripture 297
holy terror 297
Holy Thursday 297
holy water 297
Holy Week 297
home 93
Home Office 303
homely 134
honest 115, 124, 126
honesty 177
honey 66
honeymoon 358

honour 17, 25, 129, 172
honourable 172
hood 56, 118
hoof 354
hooky 195
hop 63, 346, 381
hope 63
hopeless 339
horizon 129, 377
horoscope 220
horrible 173
horrify 267
horse 310, 374
horse opera 310
horse race 310
horse sense 310
horse trading 310
horseback 310
horsehair 310
horselaugh 310
hospital 17, 124, 126
hospitality 177
host 124, 126, 175, 299
hostel 299
hostess 126, 175, 299
hostility 177
hot 50
hot bed 283
hot head 283
hot house 283
hot line 283
hot plate 283
hot spot 283
hot up 283
hot-blooded 335
hotel 111
hour 17, 310
hour hand 310
house 111, 297
house agent 297
house arrest 297
house rules 297
house search 297
houseboat 297
housebound 297
housebreaker 297
housebroken 297
housecleaning 297
household 297
house-hunting 297
housekeeping 297
housemaid 297
houseproud 297
housewife 297
housing 297
hover 310
how 365

hull 100
hum 346
humane 134
humanity 176, 271
humble 115
humid 115
humidity 271
humility 177
humorous 168
humour 111
hunger 110
hunt 118
hurricane 244
hurry 358
hurrying 356
hustle 401
hydrant 217
hydraulic 217
hydrocarbon 217
hydrofoil 217
hydrogen 217
hydrography 217
hydroplane 217
hydrostatic 217
hypnotise 257
hypochondriac 204

I

ice 368
Ice Age 279
ideal 337, 375, 377, 389
idealise 257
idealism 275, 389
identification 170
identify 170, 268
identity 176, 271
identity card 305
ideology 217
idiom 400
idiot 340
idle 56
ignorance 385
ignorant 164
ignore 257, 385
ill 104
illuminate 22
illustrate 22, 264
illustrative 355
ill-will 110
image 129
imagination 18
imagine 383
imitate 22, 264
immediate 144
immigrate 22
immobilise 257

immortal 145
immovability 156
immovable 156
immunise 257
impatience 218
impatient 218
impeller 157
imperial 389
imperialism 275, 389
implant 257
import 25, 257
importance 158, 165
important 115, 158, 165
importation 158
imposition 158
impossible 115
impostor 158
impregnate 264
impression 159
impressive 159, 355
improvise 257
impulsion 157
impulsive 157, 355, 383
in 322
include 25, 144
increase 144, 386
incredible 115
indent 144
Indian corn 280
indicate 22, 144, 264
indiction 152
indifference 165, 337
indifferent 145, 165
indignant 377
indignation 18
individual 145
individualism 275
individuality 271
induce 25, 144, 257
induct 266
induction 152
industrial 388, 389
industrialisation 388
industrialise 257
industrialism 389
industrious 191
industry 18, 191, 388
infamous 376
infancy 165
infant 18, 145, 165
infect 131, 144
infectious 168
inferior 115
infinite 383
infinitive 145
inflame 25, 144
inflate 22

influence 144
inform 25, 257
ingenious 18
inhabitant 164
inhabitants 35
inhale 257
inject 22, 266
injection 154
injure 119, 383
injury 18, 145
ink 129, 314
ink stain 314
inkpad 314
inky 314
inn 111
innocent 145
inquire 144, 159, 257
inquiry 159
inquisitor 159
insane 145, 382
insist 25, 257
insistence 160
insistent 160
inspect 144, 266
inspection 161
inspector 161
inspire 144, 257, 399
install 144, 257
instance 160
instancy 160
instant 160
instead 56
instinctive 383
institute 22
instruct 22, 266
instructive 355
insult 25, 131, 144, 386
insurance 403
intact 145
integrate 264
integrity 271
intellect 388
intellectual 340, 388
intelligence 165, 388
intelligent 155, 165
intend 25, 144, 257
intensification 170
intensify 170, 267
intensity 271
intensive 161
intention 144, 161, 340
interact 266
intercept 145
interchange 145
interdiction 152
interest 124, 126, 145
interesting 339

interjection 154
intermediate 145
intermission 155
international 30, 145
internee 178
interpret 25, 257
interrupt 22, 145
interval 145, 376
intervene 145, 257, 382
interview 145, 291
interviewee 291
interviewer 291
intimate 383
intolerance 165
intolerant 165
intrigue 167
introduce 25
introduction 152
intromission 155
introspection 161
introversive 163
invade 25, 257
invalid 18, 145
invalidity 271
invent 131, 144
invention 162
inventive 162, 355
inventor 18, 162
invest 257, 306
investment 306
investor 306
invitation 18
invite 119
involve 144, 257
irrevocable 375
irritate 22, 264
island 98
isle 126, 173
islet 173
isolate 264
italics 314
its 363

J

jacket 301
jam 280
jam-packed 280
jazz 348
jealousy 185
jean 283
jestee 178
jester 178
jet 314
jet fighter 314
jet liner 314
jet-setter 314

Jew 175
jewellery 403
Jewess 175
job 302
job sharing 302
jobber 302
job-hunting 302
jodhpurs 242
jog 294
jog trot 294
jogger 294
jogging suit 286, 294
join 188, 306
joiner 188, 306
joint 103, 188, 306
joint action 306
joint venture 188
joke 18
journal 374, 389
journalese 291
journalism 291, 389
journalist 291
journalistic 291
journey 195, 291, 403
journeyman 195
joy 111, 360
joyful 360
judge 129, 131
judgement 129
juice 111, 403
jungle 242
junk 351
just 18, 115, 135
justice 18, 383
justification 170
justify 170, 268
jute 242

K

Kaffir 236
kali 234
kangaroo 245
kaolin 240
keel 352
keen 351
keenness 113
keep 294, 351
keep fit 294
keep out 119
keeper 294
kettle 50
key 314, 360, 374
keyhole 314, 360
keyphone 314
khaki 242
kick 249, 294

kickoff 294
kickstarter 294
kid 56, 279, 346, 352
kid leather 279
kidnapper 279, 344
kidney 360
kill 348
killed in action 286
killer 344
kilo 352
kilogram 216
kind 90, 111, 351
kindly 91
king 223, 352
kingdom 112
kingly 134
kismet 237
kiss 82
kit 380
kitchen 82
kite 50
kitten 352
knack 392
knapsack 246, 392
knave 60
knead 56
knee 352, 392
kneel 392
knell 392
knelt 392
knew 352, 392
knickers 392
knife 95, 351, 392
knight 44, 83
knit 346, 352, 392
knitwear 285
knob 109
knock 352, 392
knop 63
knot 249, 334, 351, 369
know 306, 351, 369
know-all 306
know-how 306
knowing 306
knowledge 306
knuckle 392
knur 392
kraut 374

L

lab 36, 317
label 306
labelled 306
laboratory 36, 317, 377
laborious 36, 168
labour 25, 35, 258, 317

labour force 35
labourer 35, 317
labour-intensive 317
labour-saving 317
lack 380
ladder 56
lady 89, 358
lake 72
lamb 380
lamb's wool 284
lame 337, 344, 380
lament 258
lamp 230
land 249
language 111
lap 346
lapse 18
large 18, 115
lark 72
last 249
laugh 44
laughable 116, 172
laughter 44
lawyer 403
laxness 295
lay 66
layer 360
layout 110
lazy 339, 359
lead 56
leader 289
leadership 289
leaf, -ves 60
leaflet 173
league 167
leak 72
lean 249, 306, 344
lean years 306
leanness 306
leap 63
learn 120, 249, 373, 374
leather 45
leave 120
leave out 120
leaves 354
leek 72
leg 283
legalise 258
legatee 178
legator 178
leggings 283
leggy 283
legible 173
legitimate 265
legroom 283
leisure 383
lemon 238, 279

lemon juice 279
lemon squeezer 279
lemonade 279
length 45
lengthen 119
lentil 129
less 348
let 50
letter 18
lever 129
liberal 317, 389
liberal arts 317
liberalise 258
liberalism 389
liberality 271
liberate 22, 317
liberation 317
liberty 111, 271, 317
license 258
lick 83
lie 66, 82
lie down 120
lies 358
life 60
life buoy 301
life expectancy 301
life insurance 301
life raft 301
life sentence 301
lifeboat 289, 301
lifeguard 301
lifeless 289, 301
lifelike 289, 301
lifeline 301
lifelong 301
lifesaving 301
lifetime 301
lifework 301
lift 82
liftboy 297
liftman 297
lift-off 297
light 134
like 72
likelihood 273, 359
likely 116, 359
liken 118
likeness 273
lilac 242
lily 358
lime 83
limit 18, 25, 34, 306
limitation 34, 306
limited 34, 306
limp 63
line 109, 229, 258, 303
lineage 303

lineal 303
linen 229
liner 303
linesman 303
linger 398
link 83
lion 129, 175, 226
lioness 175
lip 102, 346
liquidate 265
liquidity 271
listen 337
literal 135
literature 383
lithe 85
little 116
Little Britain 37
live 60, 83
live apart 277
livelihood 359
lively 114, 134, 335, 359
liven up 289
liver 83
live-stock 97
living 301
loaf 60
loath 45
loaves 354
local 351
localise 258
locality 271
locomotion 193
locomotive 193
log cabin 296
logic 217
loiter 400
London blitz 246
loneliness 359
lonely 359
lonesome 383
long 251
long for 119
longing 110
look after 334
look up to 117
look upon 120
looking-glass 111
loose 249, 335
loot 242
lord 89
lorries 98
lose 374
lot 346
loud 56, 337
lough 44
lounge 297
lounge away 297

lounge bar 297
lounge chair 297
lounge suit 297
lousy 358
lovable 172
love 60
love bite 318
love letter 318
love match 318
love-affair 318
lovee 178
loveless 318
loveliness 109
lovely 134, 318, 339
lover 178
lovesick 318
loving 318
low 69
lower 69
lowly 115
loyalty 271
lucky 359
lucrative 355
luggage 301
luggage locker 301
luggage reclaim 301
lull 249
lunacy 182
lunatic 134, 182
lunch 280
luxurious 168, 377
lying 356

M

machine 230
mad 380
made 369, 380
magazine 111, 238
magnanimity 177
magnification 170
magnify 170, 267
mah-jong 240
maid 369
maiden 369
mail 369, 374
maintain 385
maintenance 375, 385
majesty 176, 271
majority 271
make 72
male 134, 369
malicious 168, 377
malt 50
maltreat 258
man 346, 380
man of action 286

manage 250, 303
manageable 303
management 164
manager 175, 303
manageress 175
mandarin 241
mane 344, 380
manifest 25, 258
manipulate 265
Manitou 244
manly 134
manner 111
manœuvre 259
manor-house 35
mansion 18, 35, 111
manual 134, 192, 399
manual work 303
manufactory 192
manufacture 192, 302
manufacturer 302
many 92, 340
marble 129
march 119, 259
margarine 228
marine 312
marine animal 312
marine chart 312
mariner 111
marines 312
mark 259, 308
marked 308
marker 308
market 351
marmalade 228
marriage 181, 278
married 116, 278
marry 181, 278
marrying 356
marsh 74
martial 135
mask 236, 259
masque 166
mass 259, 348
mass media 281
massacre 376
mast 126
master 18, 124, 288
master copy 288
master fuse 288
master key 288
master plan 288
master tailor 288
masterful 288
mastermind 288
masterpiece 288
masterstroke 288
mastery 126

mat 346, 380
match 120, 295
match with 295
matching 295
matchless 295
mate 236, 380
materialise 259
maternal 134
maternity 271
matrimony 18
matter 18, 335
mature 18
may 66
me 18
mead 56
meal 94, 110, 344
mean 92, 116, 250
meaningful 115
measurable 172
measure 129, 131, 172
meat 50
mechanic 230
mechanise 259
mechanism 230, 275
medicine 383
meditate 265
medium 281
meed 56
meet 119
meeting 110
melancholy 225
melody 358
melon 228
melt 50
member 14, 317
member country 317
membership fee 317
memory 111
men 27
men's wear 285
mentality 271
mention 18, 119, 132
mercenary 189
mercer 189
merchandise 189
merchant 164, 189
merciless 359
mercy 189, 359, 401
merit 18, 22, 189
merry 401
message 303, 344, 402
messenger 303, 402
messenger boy 303
metal 230
metaphysician 204
meteorology 217
method 216

methodical 205, 217
microbiology 218
microcosm 218
microfilm 218
microphone 218, 219
microscope 218
mid 56
middle 56
Middle Ages 279
midge 82
might 44, 82
mighty 134
mild 335
mile 310
mileage 310
milestone 310
militancy 165
militant 165
milk 72, 83
milksop 281
milky 281
Milky Way 221, 281
mill 82
miller 82
millionaire 340
milometer 310
milt 49
mimic 205
mimicry 205
mind 111
mineral 281
mineralise 259
mineralogy 281
minister 18, 259, 316
ministry 316
minority 271
minster 82
mint 50, 82
minute 18, 383
miracle 111
mirror 111
misprint 386
miss 250, 347
mistake 110, 335, 366
mister 175
mistress 175
mistrust 113, 335
mix 250, 278
mix up 278
mix well 278
mixed 278
mixed blessing 278
mixed double 278
mixture 278, 383
mix-up 278
mob 156
mobile 156

mobilise 259
mobility 156, 271
mock 259
model 259, 283
model builder 283
model husband 283
moderate 23
moderation 18
modern 116
modernise 259
modesty 177
modification 170
modify 170, 268
molecule 382
mollification 170
mollify 170, 267
monarch 210, 213
monarchist 210
monarchy 213
monasteries 36
monetary 306
money 18, 306, 360
money box 306
money order 306
money-maker 306
monk 72
monogram 216
monography 210
monologue 167, 217
monotheism 221
monotonous 211
monsoon 235
monstrosity 271
monstrous 168
mood 56
moony 134
mop 381
mope 381
moralise 259
morality 271
morning edition 290
morphine 204
morphology 204, 211
mortality 271
mosque 237
mother 45
mother board 314
motherly 134
motion 18, 156, 295
motivate 156, 265
motivation 156, 295
motive 156, 193, 295
motor 156, 295, 310
motor car 194
motor caravan 310
motor scooter 295
motorbike 310

motorboat 295, 310
motorcade 310
motorcar 310
motorcyclist 310
motoring 295
motorist 156, 295, 310
motorway 310
mount 18, 32, 119, 259
mountain 32, 129
mountainous 32
moustache 111, 375
mouth 85
movable 172
move 25, 172, 193, 292
moved 292
movement 129, 156
movie 156
movie camera 292
movie star 292
movies 358
moving staircase 292
mow 69
mule 129
mummify 268
mummy 235
munition 259
murderer 175
murderess 175
murderous 168
muscle 18
music 289
music book 289
music hall 289
music stand 289
musician 129, 289
musk 234
mustard 403
mute 116
mutton 136
my 85
myrrh 374
mysterious 168
mystification 170
mystify 170, 268

N

nabob 242
nadir 235
naked 116, 352
name 119
nap 380
nape 380
napkin 352
narrative 356, 383
nasal 135
nation 30

national 30
nationality 271
native 30
natural 337
nature 383
naval 311
naval base 311
naval battle 311
naval officer 311
navel 60
navigable 311
navigate 23, 311
navigation 311
navigator 311
navy 311, 358
near 118
nebulous 168
necessary 116, 135
necessity 177, 388
neck 102
necklet 173
need 56
needed 116
needy 135
negative 356, 383
neglect 23, 131, 378
negligence 403
negotiate 23
negress 175
neighbour 44
neighbourhood 273
neighbourship 273
nephew 182
nervous 169
net 50
nether 46
nettle 50
neuralgia 224
neutral 374
neutrality 271
new 69
news 291
news agency 291
news agent 291
news boy 291
news letter 291
news publisher 291
news rack 291
newspaper 291
newsstand 291
next of kin 223
nice 18, 340
niece 182
night 369, 391
night-club 297
nightingale 369
nobility 271

noble 335
nodded 345
nomadise 259
nomic 391
nominate 23, 265
nominator 178
nominee 178
noon 323
Norfolk 39
north 43, 46
nose 102, 369
nosy 114, 135, 369
not 369, 381, 391
notable 172
note 172, 259, 381
notification 170
notify 170, 268
notion 18
notorious 169
nought 44
nourish 119
novelty 177
nude 116, 382
nullification 170
nullify 170
number 259
nut 50

O

oak 72
oath 46
obedient 145
obey 119, 360
object 23, 111, 145, 386
objection 18
objective 356
oblige 145
obligee 178
obligor 178
obscure 116, 378
obscurity 271
observance 377
observe 119, 145, 259
obstacle 145
obstinate 116
obtain 119
obversion 163
obvious 145, 401
occasion 145, 400
occupied 116
occupy 145
occur 25, 145
odour 18, 111
of 60
off 60
off duty 300

off limits 34, 306
offbeat 302
offend 25, 132, 145
offensive 356, 377
offer 129, 132, 145, 259
offerer 376
offhand 302
office 190, 383
office climate 303
office hours 303
official 303
officialdom 303
officious 169
offshoot 302
offshore 302
offside 302
often 340, 369
old 56
old age 311
old-established 311
old-fashioned 311
oldster 311
oligarchy 213
omission 155
omit 25, 120
on 322
on duty 300
onion 129
opaque 166
open 116
opera 293
opera glasses 293
opera house 293
operate 23, 265
opinion 19
opponent 145, 157, 377
opportunity 271
oppose 145
opposite 145, 383
opposition 158
oppress 145
oppression 159
oppressive 159
opt 307
optic 209
optical 201
optician 201, 205, 209
optics 201, 205
optimism 275, 390
optimist 390
optional 307
optional subject 307
orange 238
orator 19
orbit 315
orbiter 315
orchestra 376

order 111, 250, 307
orderly 307
ordinal number 307
ordinary 116, 307
ore 97
organ 390
organise 259
organism 275, 390
orgasm 274
orient 259
origin 19, 111, 388
original 340, 388
originality 271, 388
orphan 369
orphanage 369
orthodoxy 205
orthopaedist 205
other 46
ought 44
ours 363
outcome 112
outlandish 117
outline 118
outlook 109
ovation 375
oven 111
over 60
overact 283
overage 284
overall 347
overbearing 284
overboard 284
overcast 284
overcharge 284
overcrowded 284
overdrive 284
overdue 284
overflow 284, 386
overhead 284
overhear 284
overland 284
overlap 284, 386
overload 284
overlook 120
overnight 284
overpower 284
overrate 284
overseas 284
oversee 284
overshadow 284
oversight 284
overstaffed 284
overstay 284
overtake 284
overthrow 119
overtime 284
overturn 127

overview 284
overweight 284
overwhelm 284
overwork 284
owl 69
own 120
owner 112
ox 136
oyster 126, 374

P

pacification 170
pacify 170, 268
pack 250
pain 225
painful 349
paint 184
painter 129, 184
painting 129, 184
pair 369
pal 380
pale 116, 380
palm 19, 393
pan 63
pane 278, 380
panoramic view 205
pantheism 221
paper 287
paper bag 287
paper chase 287
paper clip 287
paper cup 287
paper knife 287
paper money 287
paper plate 287
paper weight 287
paper-boy 287
paperhanger 287
paperwork 287
parade 259
paragraph 216
paralyse 206
paralytic 206
parasitic 206
parent 164
parents 19, 129, 164
pariah 242
parishioner 206
parity 272
park 72
parking 309
parking disc 309
parking fee 309
parking lot 309
parking ticket 302, 309
park-keeper 309

parliament 317
parliamentarian 317
parlour 317
parody 259
parole 382
parrot 403
parry 259
part 19, 23, 120, 317
partial 317
partiality 177, 317
participant 317, 388
participate 265, 317
participation 388
particle 317, 388
particular 317
partisan 317
partition 317
partner 317
partnership 317
part-time 317
party 317, 358
pass 172, 259, 297, 347
passable 172, 298
passage 298
passenger 298
passer-by 298
passive 356
password 298
past 116, 129
paste 126
pastry 126
pasture 126, 383
pasty 126
patch 284
patch blanket 284
patch pocket 284
patch up 284
patchy 284
patent 259
patentee 178
paternal 133
paternity 272
path 46, 62
pathetic 209
pathology 217
pathos 218
patience 166
patient 19, 164, 166
patrol 259
patronise 259
pause 259, 374
pavilion 377
pay 66
pay bed 307
pay packet 307
pay phone 307
pay rise 307

pay slip 307
payable 172, 307
payday 307
payee 178
payer 178
payment 360
payoff 307
pea (-cock) 63
peace 19, 369
peaceful 127
pear 129, 369
peasant 181
peculiarity 177
pedagogue 167, 209
pedestrian 377
peel 250, 337
peer 179
pellet 174
pelt 50
pen 19, 28, 346
penal 295
penal act 295
penal code 295
penal law 295
penalise 295
penalty 177, 295
penalty area 295
penalty kick 295
pencil 28
penetrate 23
penniless 116
penny 63
pension 259
pentagonal 212
people 30, 111, 374
pepper 63
perceive 146
perception 377
perennial 146
perfect 19, 116, 146
perform 289
performance 146, 289
performer 289
perfume 259, 386
period 217, 388
periodic 388
periodical 207, 217
periscope 220
perish 146
permanent 376
permissible 155, 173
permission 155, 378
permit 25, 120, 146, 386
perplexity 272
persecute 132
persistence 160
persistent 160

person 388
personal 31
personality 31, 272, 388
personification 170
personify 170, 268, 388
personnel 31, 112, 388
perspective 146, 161
perspicuous 161
persuade 26, 146, 318
perverse 146
perversion 163
perversity 176, 272
pervert 259
perverter 163
pessimism 275, 390
pessimist 390
pet 346
petal 227
petrify 194, 268
petrol 194
petticoat 286
petty 116, 286
philologist 219
philology 218, 219
philosopher 219
philosophy 219
phonetic 208
phonetics 219
phosphate 219
phosphoresce 219
phosphorus 219
photocopy 219
photographer 219, 388
photographic 388
photography 216, 378
photosensitive 219
photosynthesis 219
phrase 206
physical 204
physician 204
physicist 204
physics 204
physiology 218
pick 109, 118, 250, 380
pickle 82
picture 183, 278, 383
picture book 278
picture frame 278
picturesque 166
pie 356, 358
piece 369
piety 272
pigeon 112
pike 380
pile 63
pill 174
pillar 63

pillow 82
pilot 301
pilot film 301
pilot lamp 301
pilot study 301
pilot's licence 301
pin 250, 346, 380
pincers 112
pine 19, 129, 380
pious 169
pipe 63
pique 166
pit 50, 63, 82
pit closure 300
pit disaster 300
piteous 169
pitfall 300
pitman 300
pity 359
place 112, 260
plague 167
plain 19, 32, 129
plan 250, 337
plane 19, 32, 260
plank 112
plant 50, 63
plaque 166
plaster 64
plastic 307
plastics 307
plate 260
play 66
player 360
plead 259
pleasantry 403
please 298
pleasing 298
pleasure 112, 298, 383
plight 44, 64
plough 44, 64
pluck 64
plug 64
plum 64
plumb 112
plume 112
plunder 250
plunge 120
plurality 272
pock 381
pocket 284
pocket calculator 284
pocket edition 284
pocket money 284
pocketbook 284
pocketknife 284
poet 175
poetess 175

point 112
pointed 116
poison 186, 208
poke 72
polarise 260
polarity 272
pole 64
police 232, 378
policeman 376
policy 231, 376
polite 116, 232, 382
politeness 232
political 388
politician 231, 376, 388
politicise 260
politics 231, 388
polka 351
pollutant 318
pollute 318
polluter 318
pollution 318, 378
polo 242
polygamous 207
polytheism 221
pony 284
ponytail 284
pool 64
poor 116, 337
pop 287
pop music 287
pop singer 287
pop song 288
popular 30, 287, 337
popular edition 287
popularity 272, 288
populate 30
population 30, 288
populous 169, 288
porcelain 29
pork 351
pornography 216
porridge 185
port 64
portable 158, 172, 298
portage 158
porter 158, 298
portion 158, 260
posh 241
position 158, 260
positive 356
possess 23, 120
possibility 177
possible 116
post 64
postcard 305
posterior 146
posthumous 146

postpone 146
postscript 146
postulate 265
postwar 146
pot 346
potato 244
potent 19
pound 19
pour 374
poverty 129, 269
power 112, 310
power brake 310
power pack 310
power plant 310
power steering 310
powerboat 310
powerful 310
powerless 310
practicable 172
practice 384
practise 172, 260
praise 334, 369
pray 132
pray 64, 66
precaution 146
precede 120, 146, 382
precedent 151
precious 169
précis 260
precise 146
predestination 146
predestine 260
predict 23, 120
predictable 152
prediction 152
predictor 152
preface 146, 384
prefer 132, 146, 172
preferable 172, 376
preference 153, 388
prefix 146
pregnancy 165
pregnant 146, 165
prejudice 146, 260, 384
prelect 155
prelection 155
premature 146
premise 384
prepare 120, 146, 260
preposterous 146
prescribe 26
presence 166
present 112, 116, 260
preserve 146
preside 146, 260
presidency 166
president 164, 166

press 250, 260, 292
press agency 292
press cutting 292
pressing 292
pressure 159, 384
pretend 26, 146
pretension 161
pretentious 161
prevenient 162
prevent 23, 146
prevention 162
preventive 162, 356
previous 169
price 112
priest 126
primacy 317
primarily 317
prime 19, 317
prime time 317
prince 175
princess 175
print 291, 314
print out 291
printable 291, 314
printed characters 314
printed matter 291
printer 291
printer's error 291
printing ink 291
print-out 291, 314
priority 272, 317
prison 129
privilege 260, 337, 384
probability 272
probable 116
probe 260
problem 340
procedure 384
proceed 26, 147
process 307, 386
proclaim 147, 260
produce 26, 147, 260
producer 306
producible 376
product 306, 376
production 152, 306
productive 306, 356
productivity 272, 306
profess 23
profession 295
professional 295
professionalism 295
profile 260
profit 260, 307
profit margin 307
profit sharing 307
profitable 307, 335

profiteer 307
profound 19, 116, 133
program 216
progress 147, 386
progression 153
progressive 153, 356
prohibit 23
project 147, 260, 266
projectile 154
projection 154
projector 154
prologue 167, 202, 218
prominence 166
prominent 147, 164
promise 19, 23, 132
promote 23, 147, 308
promoter 156, 308
promotion 156, 308
promptly 333
pronoun 147
pronounce 132
proof 354
prop 64
propel 147
propeller 157
proper 116
property 112, 177
proportion 158
proposal 158
propose 132, 147
proprietor 112
propulsion 157
propulsive 157
prose 147
prosecute 147
prospect 147, 386
prospectus 161
prosper 260
prosperity 272
prosperous 169
prostitute 147
protect 23, 120, 147
protection 318, 390
protectionism 275, 390
protective 318
protector 318
protest 26, 147, 260
protestant 376
prove 354
provenance 162
provide 26, 147
provision 19
provocative 356
provoke 147, 260
prow 129
proximity 177
psalm 392, 393

psalter 392
pseudonym 392
pseudonymity 208
pseudonymous 208
psyche 220, 392
psychiatrist 220
psychiatry 220, 392
psychic 392
psychical 220
psychological 220, 392
psychologist 220, 392
psychology 218, 220
psychopath 392
psychosis 392
psychosomatic 224, 392
pub 30
puberty 272
public 30, 116, 308
public bar 308
public figure 291
public holiday 297
public school 191
publication 291, 308
publicise 308
publicist 309
publicity 272, 308
publicity campaign 308
publicity stunt 308
publish 30
publisher 309
publishers 291
puff 250, 334, 348
pull 250, 284, 348
pullet 112
pulley 284
pull-in 284
pull-out table 284
pull-up 284
pulsate 157, 265
pulsation 157
pulse 260
pulverise 260
pump 250
punch 242
punish 295
punishment 129, 295
punk 351
pure 116, 284
purge 26
purification 170, 284
purify 170, 268, 284
Puritan 284
purity 272
purse 401
pursuit 187, 403
push 64, 74
put 341, 345, 346

putt 345
pyjamas 241

Q

qualification 171
qualify 171, 268
quality 272
qualm 393
quantify 268
quantity 272
quarrel 182
quay 374
question 19, 120, 159
queue 374
quick 83
quiet 19, 339
quit 260

R

race 112, 235, 236, 295
racecourse 295
racehorse 295
racer 295
racetrack 295
racing bike 295
racing car 295
racing cyclist 295
racing driver 295
rack 296
racket 296
radial 278
radiant 164, 278
radiate 278
radiation 278
radiator 278
radio 278
radioactive 278
radioactivity 272
rage 112
railing 193
railroad 193
rails 193
railway 193
rain 369
raincoat 286, 369
rake 72
ram 250
range 260
rapidity 272
rare 339
rarefy 268
rarity 176, 272
rash 74
rasp 126
rat 346, 380

rate 380
ratification 171
ratify 171, 268
ration 260
rational 376
rationalise 260
rationality 272
rattle 50
raven 60
raw 69
ray 112
raze 260
razzia 236
react 147, 266
read 56
readable 172
readiness 359
ready 359
real 390
realise 260
realism 275, 390
realist 340
reality 272
realm 112
reap 96
reason 129, 172, 337
reasonable 116, 132
rebel 26, 147, 260, 347
rebellious 169, 336
rebuke 382
recede 147, 307
receding 307
receipt 147, 402
receive 120, 373
receiver 402
recent 19, 116
reception 147, 298
reception desk 298
receptionist 298
receptive 298, 356
recess 307
recipe 147
recite 261
reclaim 147, 261
recognise 126, 147
recognition 378
recommend 147
reconcile 147
reconstruct 266
record 290, 351, 386
record player 290
recorder 290
recount 315
recover 147
recreation 147
recruit 261
rectification 171

rectify 171, 268
reduce 26, 147, 260
reduction 152
reed 56
reek 72
re-enter 371
refer 261, 295, 385
refer (to) 147
referee 178
reference 295, 385
reference book 295
reflect 26, 147, 261
reform 261
refresh 281
refresher course 281
refreshing 281
refreshment 164
refrigerator 148
refuge 19, 389
refugee 148, 178, 389
refusal 129
refuse 132
regard 120, 130, 148
register 261
regress 148
regressive 356
regret 120, 148
regulate 23, 265
rehabilitate 265
reign 19, 26, 132, 180
rejection 154
relate 23, 148
relation 153, 309
relationship 273, 309
relative 153, 309, 353
relativeness 273
relativity 153, 309
relator 153
relax 26, 148, 295
relaxation 295
relaxed 295
release 148
relevance 165
relevant 165
reliability 177
relic 19
relief 355
relieve 355
religious 169
reluctant 148
rely 148
remain 26, 148
remake 293
remark 148, 172
remarkable 172
remember 148
remind 148

remittance 155
remitter 155
remoteness 156
removal 156
remove 148
remover 156
renovate 265
rent 112
rent(al) 311
rented car 311
renter 311
rent-free 311
repair 132, 261
repay 307
repeat 26, 132, 148, 261
repel 148
repellent 157
reply 148, 358
report 26, 148, 291, 298
report sick 291
reported speech 291
reporter 158, 291
represent 26, 261
repress 23
repression 159
repressive 159
reprimand 120
reproach 148
republic 30, 291
repulsion 157
repulsive 157
reputation 148
request 23
require 148, 159, 261
requisition 159
rescue 148
research 148
resemble 120, 148
reserve 261
reserved 340
resident 164
resign 148, 261
resist 26, 148
resistance 19, 160, 165
resistant 160, 165
resonance 165
resonant 165
respect 23, 148, 261
respectability 161
respectable 172
respective 161
respond 26, 120, 148
response 19
responsibility 177
responsible 116, 148
rest 120, 250
restaurant 280

restless 335
restoration 280
restore 261, 280
restorer 280
restrict 266
result 26, 112, 148, 261
retailer 189
retard 26, 261
retire 148, 261
retreat 148
return 120, 148, 261
reveal 26
revenge 261
revenue 162
reverse 148
reversible 163
reversion 163
revolt 261
rhapsody 206
rheum 112, 390
rheumatism 275, 390
rid 380
ride 56
ridiculous 116, 169
right 44, 83
rightful 115
rigidity 272
rigorous 169, 376
ring 109, 120, 174
ringlet 174
ripe 64
rise 98
risk 236, 261
risky 115
river 34, 174
rivulet 174
road 112, 311, 370
road accident 311
road hog 311
road safety 311
road test 311
road user 311
road works 311
roadhouse 311
roadman 311
roadway 311
roadworthy 311
roam 400
roar 110, 374, 399
roast 126, 250, 281
roastbeef 403
rob 346, 381
robe 187, 381
rock 112
rod 56
roll 250
romantic 390

romanticism 390
rood 56
room 109, 113, 298
rooming house 298
rooming-in 298
roommate 298
roomy 298
root 370
rope 64
rot 251, 346, 381
rough 117
roughness 403
route 112, 370
rover 60
royal 134, 180, 358
rub 346
rubber 344
rue 120
ruff 348
ruinous 169
rule 180, 193
ruler 180, 194
rump 64
run 174, 250, 301, 346
runlet 174
runner 301
running 301
running costs 301
running shoes 301
running track 301
runny 301
runway 345
rupee 242
rural 133
rush 311
rust 250
rustic 335
rye 96

S

sack 380
sacrifice 19
saddle 56
sadism 275
safari 236
safe 311, 337, 355
safeguard 311
safety 177, 311
safety glass 311
safety island 311
safety lock 311
safety measure 311
safety net 311
safety pin 311
sahib 236
sail 370

sailor 370
sake 72
salad dressing 283
sale 370
salesman 370
salmon 130, 400
salt 50
salute 26, 261
salve 60
same 92
sampan 240
sanctify 267
sanguine 133
sanity 19, 112, 272
sap 64
sarcasm 274, 275
Satan 237
satisfaction 19
satisfied 116, 398
satisfy 267
sauce 370
saucer 370
sausage 130
savage 116
save 120, 314, 355
saver 314
savings 314
savings bank 314
saviour 314
saw 374
say 66
scandalous 169
scarf 354
scarlet 125
school 14, 124, 125
science 130, 208, 315
scientific 315
scientist 315
scissors 112, 403
scope 209
score 295
scoreboard 295
scorer 295
scrape 278
scream 118
screen 125, 314
screen play 314
screen test 314
screw 125
script 293
script girl 293
script writer 293
scripture 125
Scriptures 293
scrupulous 169
scuff 348
scum 125

sea 370
seaman 111
seat 50
seat belt 301, 312
secrecy 317
secret 19, 116, 317
secret agent 317
secret service 190, 298
secretary 190, 317, 376
Secretary of State 190
secrete 317
secretion 317
secretive 317
secure 351
security 272
seduction 152
see 250, 370
seed 56
seek 72
seethe 46
seldom 56
select 261
selection 155
selective 155, 356
selectness 155
selector 155
self 60
sell 368
seller 368
send 251, 368
seniority 272
sensibility 272
sensible 173
sensitive 356, 384
sent 368
serene 19
serenity 272
serf 355
sergeant 373, 374
serial 368
series 368
serious 117, 132, 169
serpent 19
serrated 401
servant 164, 298
serve 120, 298, 355
service 19, 298, 384
service charge 298
service station 298
serviette 298
servile 298
servility 272, 298
servitude 298
set 50
set up 119
settle 118, 120
set-up 345

seven 60
severe 117
severity 177
sew 374
sex 319
sex and crime 319
sex bomb 319
sexism 319
sexual 319
sexual intercourse 319
sexuality 319
sexy 319
shabby 74
shade 56, 74
shadow 74
shaft 74
shake 281
shaker 281
shaky 281
shame 46
shampoo 241
shank 74
shape 64, 74
shard 74
share 74
share out 119
shared 114
shark 352
sharp 64, 75
shave 60, 75
shaven 277
shaver 277
shaving brush 277
shaving cream 277
shaving foam 277
shaving soap 277
shawl 69, 75
she 374
she cat 27
sheaf 96, 354
shear 75
shears 75
sheath 75
sheave 75
sheaves 354
shed 75
sheen 75
sheep 75
sheer 75
sheers 112
sheikh 236
shelf 75
shell 75
shelter 120
shelves 354
shepherd 57, 64, 75
sherbet 238

sherif 236
shide 75
shield 75
shimmer 75
shin 75
shine 75
shiny 340
ship 64, 75
shire 75
shirk 118
shirt 51, 75, 82
shirtsleeve 285
shit 75
shiver 60, 75
shock 261
shoe 75
shoot 75
shop 75
shop assistant 300
shop steward 300
shop talk 300
shop window 300
shopkeeper 300
shoplifter 300
shopper 300
shopping 300
shopping bag 300
shopping centre 300
shopping street 300
shop-soiled 300
shore 99, 109
short 75
short circuit 285
short cut 285, 314
short story 285
short time 285
short wave 285
shortage 285, 314
shortfall 285
shorthand 285
shortie 285
short-lived 285
shortly 285
shortness 285
short-term 285
shot 76
should 370
shoulder 57
shout 76
shove 60, 76
show 69, 76
show biz 288
show jumping 288
showcase 288
showdown 288
shower 69, 76
showgirl 288

showman 288
show-off 288
showpiece 288
show-room 288
showy 288
shred 76
shredded 76
shrill 76
shrimp 76
shrine 76
shrub 76
shudder 76
shut 51, 76
shuttle 316
shuttle bus 316
shuttle service 316
shuttle-cock 316
shy 76
shyness 335
sick 72
sickle 72
side 57
sieve 60
sigh 370
sight 44
sighted 135
sign 19, 26, 112, 132
signal 261
significance 165
significant 165
signify 268
silence 113, 166
silent 164, 166
silk 285, 351
silk stockings 285
silkworm 285
silky 285
sill 348
silliness 359
silly 66, 83
silt 51, 82
silver 60
similarity 177
simple 333, 340
simplicity 272
simplification 170, 171
simplify 171, 252, 268
simulate 23, 265
simultaneous 169
sin 82
sincere 117, 378
sincerity 177
sinew 69, 83
sing 251
singe 83
single 290
single file 279, 290

single mother 279, 290
single room 279
single-breasted 279
single-minded 279
singlet 173, 279
singularity 272
sink 83
sip 347
sirocco 235
sit 51
site 370, 381
sitting 345
sitting-room 228
six 83
skeleton 224, 351
sketch 261, 288, 351
sketchy 288
skin 103, 351
skipper 72
skirt 72
sky 99, 278, 358
skydiver 278
skyjacker 278
slab 76
slack 76, 77
slain 102
slant 77
slap 77
slaughter 44, 77
slaughterer 45
slave 91
slaver 77
slay 66, 77
slayer 360
sled 57
sleek 77
sleep 64, 77
sleepy 337
sleet 77
sleeve 77
sleigh 77
slender 77
slew 77
slice 77
slid 381
slide 57
slight 45, 77, 83
slim 77
slime 77
slimy 77
sling 77
slink 77
slip 64, 77, 82
slip of paper 285
slip of the tongue 285
slipped disc 285
slippers 285

slippery 77
slit 51, 78
slither 78
slobber 76
sloe 78
slog 78
slope 78
slot 78
slough 78
slow 78
sluice 78
slumber 78
slump 78
slur 78
smack 78
small 78
small change 306
smalt 78
smart 51, 78
smarten 307
smartness 307
smatter 78
smear 78
smell 78
smelt 78
smile 78
smirk 78
smite 51, 78
smith 46, 79
smoke 72, 79
smother 79
smug 79
smuggle 79
smut 51, 79
smutty 51
snack 281, 380
snake 79
snap 79
snappish 79
snarl 79
sneak 79
sniff 60, 79
snip 79
snipe 79, 84
snivel 79
snoop 79
snore 79
snorkel 79
snout 79
snow 69, 79
snuff 60, 79
snuffle 79
snug 79
soap 64
soap bubble 293
soapsuds 293
sober 117

sobriety 272
social 390
socialise 261
socialism 275, 390
society 180, 273, 378
sociology 218
sock 195
sofa 237
soft 85
soft drink 314
soft-boiled 282
soften 282, 314
soft-hearted 282
software 282, 313
softy 282
soil 181
solar 135, 318
solar cell 318
solar panel 318
solar power plant 318
solar system 318
solarium 318
soldiers 11
sole 130, 344
solemn 19
solemnity 272
solid 11, 335
solidarity 272
solidify 267
solve 26
some 92, 370
son 370
song 109, 289
songbird 289
song-book 289
sort 261
sought 45
sound 103, 120, 290
sound barrier 293
sound film 293
sound wave 293
soundless 290, 293
sound-proof 290
soundtrack 286
sour 114
source 113, 370
south 46
sovereignty 272
sow 70
space 113, 316
space bar 316
space flight 316
space station 316
spacecraft 316
spaceship 316
spacious 169
span 251

spar 380
spare 251, 380
spark 352
speak 72
speaker 290
speaking terms 290
special 307
specialisation 307
specialise 261, 307
specialist 307, 335, 340
speciality 273
specialty 307
specification 171
specify 171, 268, 307
spectacle 161
spectacles 161
spectator 161
spectrum 161
speculate 265
speed 57
speed limit 312
speeding 312
speedometer 312
speedy 312
spell 88
spend 251, 261
spew 70
spice 124, 125
spike 72
spin 251, 381
spine 113, 125, 381
spinning-wheel 372
spirit 14
spit 51
spite 381
spleen 225
spoke 72
sponge 124, 130, 229
spongiform 229
sponsor 309
spontaneity 273
spontaneous 378
spoon 94, 95
sport 285
sports car 285
sports jacket 285
sportsman 285
sportsmanship 285
sportswear 285
sporty 285
spot 309, 347
spot check 309
spotless 309
spotlight 309
spotted 309
spotty 309
spray 202, 360

sprayer 360
spread 57, 202, 401
spring 113, 251
sprout 51
spy 125
squeeze 404
stabilise 261
stability 176, 273
stable 20, 125, 130
staff 60
staff manager 303
staff officer 303
staff room 303
stage 288, 292
stage direction 288
stage door 292
stage fright 292
stage name 288, 292
stagy 288, 292
stalk 393
stamp 64
standard 125
star 292
star wars 292
stare 251
starlet 292
starring 292
Stars and Stripes 292
start 110, 251
starve 60
state 14, 124, 125, 317
statement 160, 164, 317
static 160
station 160, 261
statistics 160
stay 66
stays 358
steady 115
steal 251, 344
steam 312
steam engine 192
steam iron 312
steamboat 312
steamer 312
steaming hot 312
steamroller 312
steamship 312
steed 57
steep 65
steer 334
stem 113, 251
step 64
step out 119
sterilise 261
sterility 273
steward 175
stewardess 175

stick 72, 84
stiff 348
still 251
stillness 113
stilt 51, 84
stilted 51
stink 251
stir 82
stock 97
stomach 20, 130, 225
stone 112
stop 65
stop press 312
stop watch 312
stopcock 312
stopover 312
stoppage 312
stopper 312
storage 315
store 315
store house 315
storekeeper 315
storey 185, 360
storm 251
story 20, 113, 185, 288
story-book 288
storyteller 288
stove 60
stoves 94
strafe 246
straight 45
strange 117, 124, 125
strangle 126
straw 70
stream 110, 251
strength 46
stressful 335
stretcher 285
stretchy 285
strew 70
strict 135
strife 355
strike 73
strip 298
stripe 65
strive 60, 84
stroke 118
strong 135, 340
structure 384
strut 51
student 164
studious 169
study 120, 126, 261
stuff 124, 125, 348
stump 65
stupefy 267
stupid 117

stupidity 273
subconscious 148
subcontinent 312
subculture 312
subdivide 148, 312
subject 148, 386
subjection 154
subjective 154, 312
subjectivity 154
submarine 148
submerge 149, 312
submission 155, 378
submissive 155, 312
submit 26, 149, 312
subordinate 149
subscribe 149, 262, 312
subsistence 160
substance 160
substantive 160
substitute 149
subtle 20, 149
subtract 149, 266
suburb 34
suburban 34, 149
subvention 162
subversion 163
subversive 163, 356
subway 312
succeed 26, 149
success 149, 378
successful 349, 404
succession 20
successive 356
such 85
sudden 117
suffer 26, 149
sufferance 153
suffering 153
suffice 132
sufficiency 378
sufficient 149
suffix 149
suffocate 132, 149
Suffolk 39
suffrage 149
sugar 238
suggest 23
suggestion 130
suggestive 356
suit 187, 286
suitable 286
suitcase 286
sulk 352
sultan 236
sum 20, 262, 347, 370
summit 113
sun 347, 370

sunbathe 277
Sunday 370
sunny 135, 358
sup 65
superb 149
superficial 149
superfluous 149, 169
superhuman 149
superior 117, 149
supernatural 149
superposition 158
superstition 149
superstitious 169
supervention 162
supervise 149
supper 95, 113
supplier 378
supply 149
support 26, 149, 378
suppose 149
supposition 158
suppress 149
suppression 159
supreme 117
sure 117
surf 295
surf board 314
surface 149, 295, 384
surfer 295
surgeon 224, 404
surmount 149
surname 149
surpass 149
surplus 149
surprise 130, 132, 149
surrealism 149
surrender 149
surtax 149
surveillance 150
survey 120, 150, 386
surveyor 404
survive 150
suspect 149, 386
suspend 149, 262
suspicion 20, 113, 161
suspicious 161, 169
Sussex 39
sustain 149
swallow 79
swam 79
swamp 65, 70
swan 80
swank 80
sward 57
swarm 80
swart 51, 80
swear 80

sweat 51, 80
sweat blood 285
sweat gland 285
sweat it out 285
sweatband 285
sweater 285
sweaty 285
Swede 80
Sweden 80
sweep 65, 80
sweet 51, 70
sweet talk 319
sweeten 318
sweetener 318
sweetie 319
swell 80
swift 117
swim 80
swimmer 296
swimming 296
swimming bath 296
swimming cap 296
swimming trunks 296
swimsuit 296
swindle 80
swine 80
swing 80
swirl 80
switch 316
switchboard 316
swollen 80
sword 57, 80
swore 80
sworn 80
swum 80
swung 80
symbiosis 214
symbol 390
symbolic 208
symbolism 275, 390
symmetrical 208
sympathetic 208
sympathy 208
symphonic 208
symphony 219
symptomatic 208
synagogue 167
synchronical 209
synchronise 209, 262
synod 217
synthesis 286
synthesise 286
synthesiser 286
synthetic 286
synthetics 209
syrup 238
systematise 262

T

table 173
tablet 173
tack 51
tail 284, 370
tail coat 284
tailback 284
tailboard 284
tailgate 284
tail-light 284
tailor 130, 188, 189
tails 284
tailwind 284
take 302
take a bath 277
take apart 302
take in 118
take off 302
take over 302
take part 334
take-away 302
take-home pay 302
takings 302
tale 51
talk 351, 393
tall 347, 374
tambourine 404
tame 51
tameable 172
tangible 173
tanker 351
tap 51
tape 380
tapestries 229
tar 380
tardy 20
tare 238, 380
tariff 237
task 113
taste 251
tattoo 262
tavern 20
tax 209, 262
taxi 209
tea 240
teach 51
teachable 172
teacup 294
team 296, 303
team game 296, 303
team spirit 303
team-mate 296, 303
teamster 296
teamwork 296, 303
tear 51
tease 298

technique 166, 378
technological 315
technologist 315
technology 218, 315
teenage 279
teeny 279
teeth 85
telecast 292
telegram 216, 220, 292
telegraph 262
telekinesis 220
telepathy 218
telephone 219, 262, 292
telephonist 209, 378
teleprinter 292
telescope 292
television 220, 292
tell 51
temper 262
tempest 126
temple 130
temporal 135
temporary 376
ten 51
tend 262
tendency 161
tender 117, 161
tennis 296
tennis elbow 296
tennis player 296
tenniscourt 296
terminal 302
terminate 23, 302
termination 302
terminus 302
terrace 262
terrible 117, 133, 173
terrify 267
terror 113, 390
terrorise 262
terrorism 275, 390
test 126, 316, 337
test case 316
test-drive 316
tester 316
testification 171
testify 171, 267
testimony 20
tetrarch 211
tetrarchy 213
than 46
thank 46
that 46
thatch 46
thaw 46
the 46
their 366

theirs 363
then 347, 366
theological 205
theology 205
there 46, 366 ·
thermal 278
thermos flask 278
these 46
thesis 200
they 366
thick 46
thief 46, 354, 355
thieve 355
thieves 354
thin 47
thing 46
think 46
thinkable 116
third 46, 86
thirst 46
this 46
thistle 46
thole 46
thorn 43, 46
thorough 116
thorp 46 i
thou 46
though 45, 46
thought 46
thought' 45
thoughtful 116
thread 46
threat 47
threaten 47
three 47
thresh 47
threw 370
thrift 355
thrill 47
thrilled 288
thrilling 288
thrive 355
throat 47
throng 47
throstle 47
throttle 47
through 45
throw 47
thumb 47
thump 47
thunder 47
thwart 47
ticket 302
ticket collector 302
ticket machine 302
tide 52, 57
tidy 52

tie 52
tied 370
tiger 175
tigress 175
till 52
tilt 52, 84
timber 52
timbered house 93
time 52
time lag 311
time limit 311
time switch 311
time table 311
timecard 311
timeless 311
timely 135, 311
timely 52
timer 311
timeworn 311
timing 311
tin 52
tinder 52
tinker 52
· tinned 52
tinny 52
tip 52, 65
tire 313
tireless 313
tit 52
to 52
today 52
toddle 52
toddler 52, 57
toe 52
toil 174
toilet 174, 184, 374
token 52, 73
tolerant 164, 339
toll 52
tom cat 27
tomato 244, 375
ton 381
tone 381
tongs 52
tongue 52
too 52
tooth 85
toothache 225
top 52, 65
top dog 310
topee 310
top-heavy 310
topknot 310
topless 310
topograph 216
topography 216
topper 310

top-secret 310
torn 52
torrent 400
torture 384
toss 348
totality 273
totem 244
touch 130, 132
tough 45, 52
tour 373
tousle 52
towards 53
towel 401
tower 130, 302
tower block 302
towering 302
town 53
town clerk 191
toy 360
track 286
track down 286
track events 286
track record 286
track sports 286
tracker dog 286
trade 98, 189, 308
trade agreement 308
trade fair 189
trade name 308
trade price 308
trade union 308
trade wind 189
trader 308
tradesman 308
traffic 312, 404
traffic chaos 312
traffic circle 312
traffic island 312
traffic jam 280
traffic light 312
traffic offense 312
traffic warden 312
trafficker 312
train 130, 193, 262, 294
train ferry 312
train set 312
trainee 178, 294
trainer 178, 294, 312
training 294, 312
tram 313
tramcar 313
tramway 313
tranquil 20, 117
transact 150, 308
transcend 150
transfer 26, 150, 386
transfer fee 299

transferable 172, 299
transference 153
transfix 308
transform 26, 150, 262
transgress 150
transit 150, 308
translate 308
translation 150, 153
translator 153
translucent 150
transmission 155
transmit 26, 150, 308
transmitter 155
transparent 150, 308
transpire 150
transplant 150, 262
transport 150, 262, 386
transportation 158
transposition 158
transversal 163
travel 194, 299
travel sickness 299
traveller 299
traveller's cheque 299
travelogue 299
tread 57
treasure 190, 399
treat 120, 262, 317
treatise 317
treatment 113, 317
treaty 130, 317
tree 86, 227
tremble 120
tremulous 169
trench 113, 286
tribe 382
Trinity 273
trip 113, 195, 298
tripper 298
triumph 262
tropical zone 222
trot 251
trouble 182, 337, 340
trout 130
truck 313
truck driver 313
truck stop 313
trucker 313
true 117, 349
truly 349
trumpet 251
trunk 113, 352
trust 109, 308, 401
trustee 178, 308
trustful 308
trustworthy 117, 308
truth 113

truthful 115
try 358
tsetse 245
T-shirt 285
tub 53
tube 313, 381
tubular 313
tuck 53
tug 53
tune 290
tune in 290
tune up 290
tuneful 290
tuning 290
tuning fork 290
turbulent 20
turkey 351
turn 121, 172, 251, 374
turnable 172
turpentine 404
twelve 53
twenty 53
twice 53
twig 53
twilight 53
twin 53
twin beds 279
twin brother 279
twin engined 279
twin town 279
twine 279, 381
twing 53
twinkle 53
twinned with 279
twirl 53
twist 53
twitter 53
two 53
twofold 115
twosome 92
tying 356
type 208
typhoon 235, 240
typify 267
typist 208
tyrannise 262

U

unbelievable 115
uncle 20, 182
unclear 114, 115
uncouth 85
under 57, 328
understand 118
understatement 317
undue 127

ungracious 127
unification 171, 389
uniformity 273
unify 171, 268
union 374, 389
unit 381
unite 381, 389
unity 177
universality 176, 273
university 273
unless 375
unlike 115
unworkable 115
up 65
upon 322
urban 20
urge 26
urine 384
us 85
usability 177
usable 172
use 23, 172, 381
utility 273
utter 53

V

vacancy 113, 165
vacant 165
vacation 351
vague 167
validity 177
valley 113, 360
valuable 172
value 113, 172
van 380
vandal 390
vandalism 275, 390
vane 380
vanity 177
variable 172
variety 273, 378
various 169
vary 172, 262
vast 20
veal 130, 136
vegetate 265
vehement 376
veil 20
vein 20
vendor 113
ventilate 162
ventilation 162
venture 306
verandah 241
verb 20
verification 171

verify 171, 268
verity 113
versification 171
versify 171
very 20
vest 20
vex 262
vibrate 265
vicar 351
vicinity 177
vicious 169
victim 20
victorious 169
victory 20, 130
videophone 219
view 113, 291, 374
viewer 291
village 35, 113
vine 20
vinegar 130
vines 186
viola 174
violate 23
violent 117, 134
violet 174, 376
virgin 20
virginity 273
virtuosity 176, 273
virtuous 169
viscount 175
viscountess 175
visibility 177, 293
visible 135, 173, 293
vision 20, 209, 293
visionary 293
visit 121, 209, 262, 293
visualise 262
vital 20, 134
vitalise 262
vitality 176
vixen 82
voice 20, 130
volcano 404
volume 290, 384
voluminous 169, 290
voluntary 20, 135, 376
vote 23, 132, 262
voyage 113, 194
vulcanise 262
vulgarity 273

W

wade 57
waif 355
wait 120, 370
waiter 175, 370

waitress 175
waive 355
wake 71
walk 251, 351, 393
wall 347
wall-paper 287
wander 251
war 380
ward 57, 187
warden 401
warder 57
wardrobe 187
wards 101
ware 313, 365, 380
warehouse 111, 313
warlike 135
warm 251
warn 251
wash 76
wash-and-wear 285
wasp 126
watch 119
water butt 281
water closet 184
water front 281
water level 281
water pipe 281
water power 281
water supply 281
water works 281
watercourse 281
waterfall 109
watering can 281
watery 135, 281
watt 365
wave 60
waver 119
wax 251
way 66
way back 301
way home 301
way of life 301
wayside 360
weak 73
weak spot 309
weaken 119
weapon 65
wear 285, 365, 373
wear out 285
wear the trousers 285
wearisome 359
weary 359
weather 365, 370
weave 60
wedded 116
week 73
weft 355

weigh 370, 374
weight 45
weighty 115
welcome 348, 384
welfare 348
well 104, 111, 251, 347
well-behaved 116
welter 53
wen 365
wend 252
were 365
Wessex 39
wet 53
wharf 354
what 365
wheat 53
wheel 313
wheel barrow 313
wheel base 313
wheel chair 313
when 347, 365
where 365
whereas 371
whet 53
whether 365, 370
which 85
whiff 348
while 367
whip 65
whirl 101
whirlpool 101
whirlwind 101
white 53
who 365
whole 114, 115, 201
wholly 349
whom 365
whore 101
whose 365
why 365
wide 57
widen 57
wife 60
wight 45

wild 116, 135, 340
wilderness 110
will 347
willing 135
win 119, 381
wind 93, 252
window 70
wine 381
wink 252, 352
wire 101
wisdom 404
wish 82, 85
witch 365
without 199
wolf 354
wolves 354
womanish 135
wombat 245
women 27
women's wear 285
won't 364
wonder 111, 252
wonderful 114, 335
wont 344
wood 85
wool 284
woollen 284, 404
woollens 284
woolly 284
word 57
wordy 135
work 101, 113, 172, 252
work camp 303
workable 172
workaholic 303
workbench 303
workday 303
worker 303
workforce 303
workload 303
workplace 303
work-shop 97
work-to-rule 303
world 57

worm 101
worn-out 285
worry 67
worse 101
worst 101
wort 53
worth 113, 334
would 370, 373
wound 251, 374
wrack 100
wrangle 100, 392
wrap 100, 392
wrath 100, 392
wreak 73
wreath 392
wreck 393
wren 393
wrench 101
wrest 101, 393
wrestle 101, 393
wretch 101
wrick 101
wriggle 101, 392
wring 101, 392
wrinkle 101, 392
wrist 101, 392
wristlet 174
writ 381
write 53
writhe 101, 393
wrong 101, 115, 393
wrongdoer 404
wrought 101
wry 101, 393

X

xylophone 219

Y

yacht 67
yager 67
yap 67

yard 67, 110
yare 67
yarn 66, 67
yarrow 67
yawl 67
yawn 67
yea 67
year 67
yearly 114
yearn 67
yeast 67
yell 67
yellow 67
yellow fever 292
yellow pages 292
yesterday 57, 67
yield 67, 84
yodel 67
yoke 68, 73
yonder 68
you 374
young 68
yours 363
yourt 68
youth 68
youth hostel 175
youthful 299
yowl 68
Yugoslav 68

Z

zeal 113
zealous 169
zebra 245
zenith 235
zip 286
zip code 286
zoology 218